"十四五"职业教育国家规划教材

 高等职业教育校企"双元"
合作开发教材

 全国职业院校技能大赛
资源教学转化成果

纳税实务

（第三版）

新准则 新税率

主　编　喻　竹　徐庆林　夏菊子
　　　　谈先球　石林艳　马红梅

NASHUI SHIWU

新形态
教材

本书另配教学课件以及实训系统授权提货单，
使用本书的学校可申请安装"税务实训平台软件"

中国教育出版传媒集团
高等教育出版社·北京

编委会

主　编　　喻　竹　徐庆林　夏菊子
　　　　　谈先球　石林艳　马红梅
副主编　　刘计华　丁小红　张　莉
　　　　　李　洁　孙一玲　杨成晨
　　　　　章　君　周　波

第三版前言

本书是"十四五"职业教育国家规划教材。

党的二十大报告指出:"培养什么人、怎样培养人、为谁培养人是教育的根本问题。"为了落实立德树人根本任务、深化"三教"改革、"岗课赛证"综合育人,满足应用型本科、本科层次职业教育和高等职业院校财经类教育发展要求,促进财经类专业(群)建设与地方经济社会发展的深度融合,培养能够"报好税、缴好税",适应互联网十时代税务信息化要求的高技能高素质应用型人才是财经类专业人才培养的重要目标。

"纳税实务"是高等职业院校财经类专业(群)的一门核心专业课程。我们与政府税务部门、行业组织、中联集团教育科技有限公司等多家企业深入合作,根据1+X智能财税职业技能等级证书暨会计(税务)行业标准开发的"纳税实务"课程标准编写了本书。本书力求实现课程教学要求与企业(行业)岗位职业技能要求对接、课程内容标准与1+X智能财税职业技能等级证书标准(中级)对接、课程实训教学内容与全国职业院校技能大赛智能财税赛项规程内容对接,为院校人才培养模式改革创新提供支撑。

本书内容紧扣我国现行税收法律制度,在广泛吸收核心课程资源库建设优秀成果的基础上,结合全国职业院校技能大赛智能财税赛项规程内容,充分挖掘"专业能力"等四个方面的综合职业能力要求进行编写。本书特色如下:

第一,编写理念创新。按照"项目导向、任务驱动"的编写理念,遵循思政内容和专业知识相结合的原则,依据企业财经类岗位职业技能要求及1+X智能财税职业技能等级证书标准(中级),以企业的纳税实务为主线设计任务,将专业性职业伦理操守和职业道德教育融为一体,引导学生正确的价值取向,提升学生思想道德素质及情商能力,培养学生的综合职业能力和素养。

第二,体例科学合理。以职业能力为目标,设计一个综合案例,并将其分解为若干子任务进行讲解。书中穿插了"情景案例""小贴士""项目小结""技能训练"等栏目,将"教、学、做"融为一体,体现了工学结合人才培养模式改革的要求。

第三,内容全面新颖。以国家颁布的最新的有效的税收制度为依据,反映税收领域改革的最新动态,突破了过去"纳税实务"教材编写的框架,大胆创新,具有实用性、前瞻性等特点。

第四,突出重点,把握难点。针对重点知识,不仅有详细的纳税实务理论知识,而且充分利用现代信息化技术建设了丰富的课程资源库,实现理实一体化,让学生真正掌握税务理论知识和税收法规政策,达到熟练运用和举一反三的效果。

本书尝试应用教材的新形态。读者可以通过扫描书中的二维码,观看与教材内容相对应的直观微课,获取相关信息,体验立体化阅读。

　　本书由遵义职业技术学院喻竹、安徽审计职业学院徐庆林、安徽商贸职业技术学院夏菊子、南京铁路职业技术学院谈先球、贵州财经职业学院石林艳、浙江旅游职业学院马红梅担任主编。其中,喻竹、江西工业工程职业技术学院刘计华负责编写项目一,徐庆林负责编写项目二、项目四,夏菊子负责编写项目三、项目七,马红梅负责编写项目五,天津滨海职业学院孙一玲负责编写项目六,安徽审计职业学院杨成晨负责编写项目八,贵州电子商务职业技术学院丁小红、郑州铁路职业技术学院李洁负责编写项目九。谈先球、石林艳、张莉、章君、周波等为本书教学资源建设做出很多努力。

　　在本书编写过程中,除了选用现行的税收法规以外,还参考了一些专家、学者编写的有关资料和教材,同时,得到各院校领导和浙江衡信教育科技有限公司的大力支持,在此一并表示谢意。

　　由于我们理论水平和实践经验有限,书中疏漏之处在所难免,恳请读者提出宝贵意见。

编者

2024 年 1 月

目 录

资源导航

项目一　认知纳税实务

素养目标

1. 结合税收活动的历史沿革,思考"中国共产党为什么能"。
2. 结合全面依法治国精神,思考在国家治理过程中依法治税的重要性。

知识和能力目标

1. 了解税法的效力和原则。
2. 掌握税收法律关系的主体。
3. 掌握税收法律关系的产生、变更、消灭。
4. 能描述税法的构成要素。

思维导图

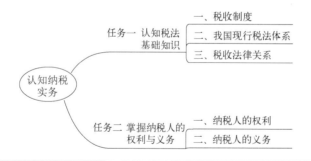

案例导入 >>

　　税收是人类社会发展到一定阶段,伴随着国家起源而产生的。夏王朝是我国历史上出现最早的奴隶制国家,自夏代开始便有了税收的雏形。

　　税收随着社会经济的发展而发展。我国奴隶社会的夏"贡"、商"助"、周"彻"三代不同的赋税形态,反映了税收早期的发展变化,开创了我国的土地赋税制度。秦商鞅变法,改革"禄厚而税多",实行"官属少,征不烦"的官不多、税不重、征不繁的赋税,使秦日益富强,奠定了其统一中国的经济基础。唐代实行"租、庸、调"的均田、均税制度,促使唐的经济发展。中唐时期实行"两税法",将地税、户税和杂税合并为夏秋两季征收,不分主户、客户,按贫富等级征收,适应农民负担能力。明代实行"一条鞭法",地主豪绅兼并土地激烈,农民失地日多,财政枯竭,改革赋、役合一,按亩征税,以银缴纳,简化手续。随着商品货币的发展,明代开创了我国由实物税向货币税的重大转变。清初社会稳定,农民人口增加,在土地不增加的情况下,农民不堪重负。为缓和矛盾,推行"地丁合一",也称"摊丁入地",废除人头税,取消地主豪绅特权,农业发展,财政增加。国民党统治时期,由于军阀割据,长期处于战争不断、政局不统一的混乱状态,是我国历史政治最黑暗、经济最困难的时期,也是税收最混乱、赋税最繁重的时代。国民党统治地区,田赋层层加倍征收,四川等地预征多年,苛捐杂税多如牛毛,民怨沸腾,不堪重负,国民党被讽刺为"万税"。

1949 年中华人民共和国成立,统一全国税收,建立新税制。废除了各解放区的税制和新解放区沿用的旧税制,按照《共同纲领》制定的《全国税政实施要则》执行,除农业税外,征收 14 种税,其中,薪给报酬所得税、遗产税未开征,后又开征契税。1953 年税制修正。1956 年我国完成生产资料所有制的社会主义改造,将多税种、多次征的复税制,按照"保持原税负,简化税制"的方针,合并税种,试行"工商统一税",减少中间产品征税,适当调整税率,同时统一全国农业税制。1973 年试行工商税。1984 年改革工商税制。根据改革开放和商品经济发展的新情况,改革单一税制为复税制,开征增值税、产品税、营业税等 17 种税,以适应商品经济的发展。1994 年再次改革税制。为适应发展社会主义市场经济、我国加入世界贸易组织(WTO)和国际接轨的新情况,本着"统一税法,公平税负,简化税制,合理分权,理顺关系,保证财政收入"的指导思想,扩大增值税,实行税款抵扣制度,对高消费产品开征消费税,合并内外资企业所得税,完善个人所得税,改革地方各税。经历半个世纪的发展,我国终于建立了适应国情的税收制度。

资本主义国家历经几个世纪,经济高度发展,税收也随之改革和发展。税收制度日趋复杂,已经渗透到社会经济的各个领域和人民生活的方方面面。有的国家公民需要聘请税务顾问,才能正确计算纳税。西方发达国家经济仍能较快发展,其与之发展相适应的现代税收制度,必然有着可供我们借鉴之处。

税收伴随国家起源而起源,国家为了执行其社会职能、提供物质基础,凭借政治权力参与社会剩余产品分配,这就是税收。马克思曾指出:"捐税体现着表现在经济上的国家存在。赋税是政府机器的经济基础,而不是其他任何东西。"税收与国家的关系,正是如此。恩格斯对此也有阐述:"为了维持这种公共权力,就需要公民缴纳费用——捐税。捐税是从前的民族社会完全没有的,但是现在我们却十分熟悉它了。"

任务一　认知税法基础知识

情景案例>>

你知道"敲竹杠"这一说法的来历吗

在中国古代,为了不使盐税流失,国家对盐实行专卖。但有些人挖空心思,把竹杠节头打通,把盐藏在里面,偷偷摸摸贩卖私盐。当时国家也有缉私队,有人抬着箩筐过关时,缉私人员先要查看一下箩筐里有没有破绽,然后用木棍敲一敲竹杠,听听声音是实心还是空心,有无夹带私盐,这就是"敲竹杠"说法的来历。

【知识准备与业务操作】

国家为履行其职能,必须有一定的财力、物力作保障。从古到今,国家取得财政收入的形式多种多样,如生产收入、专卖收入、债务收入、罚没收入等,但使用时间最长、运用范围最广、积累财政资金最有效的则是税收这种形式。目前,世界上许多国家的税收收入占财政收入的比重达90%以上,有的甚至高达95%以上。因此,税收是财政收入的一种最主要的形式。然而国家为了保证财政收入的及时性、稳定性,就必须通过税收立法,以法律形式来规定纳税主体履行纳税义务的具体项目、数额和纳税程序,惩治偷、逃税款的行为。可见,税收与税法有着必然的联系。

一、税收制度

税收制度简称"税制",是国家向纳税人征税的法律制度依据和纳税人向国家纳税的法定准则。税收制度有广义和狭义之分。广义的税收制度是指国家以法律形式规定的税种设置及各项税收征收管理制度。狭义的税收制度是指国家设置某一具体税种的课征制度,它由纳税人、征税对象、税率、纳税环节、纳税期限、税收优惠、违法处理等基本要素组成。税收制度的核心是税法。

（一）税收与税法

1. 税收

税收,是指国家为行使其职能并满足社会公共需要,凭借其政治权力,运用法律手段,按照法定标准,向社会成员强制、无偿征收而取得财政收入的一种形式。税收凭借国家政治权力来参与社会剩余产品分配,本身具有区别于其他财政收入的基本标志,即具有强制性、无偿性、固定性的特征。税收具有组织收入和调节经济两个主要职能。我们可以从以下几个方面来对税收概念加以把握:

（1）税收是财政收入的一种形式。

（2）税收的目的是国家为了实现其职能的需要。

（3）税收的主体包括征税主体和纳税主体。征税主体指国家,纳税主体指纳税单位和个人。

（4）税收课征的对象是社会产品,但并非全部社会产品,只是社会总产品扣除补偿生产过程中的消耗掉的价值后的余额部分,即社会新创造的国民收入。

（5）征税依据是国家政治权力。

（6）税收属于分配范畴。

2. 税收的基本特征

税收的基本特征就是税收作为一种特定的分配关系所固有的特点,它是税收本质的外在体现,是税收区别于其他财政收入范畴的形式界定。税收这种方式与国家取得财政收入的其他方式相比,在形式上具有三个基本特征,即税收的无偿性、强制性和固定性,习惯上称之为税收"三性"。

（1）税收的无偿性。税收的无偿性是指国家取得税收不需要向缴纳的单位和个人付出任何代价。它有两层含义，一是在取得税收的当时，国家是无偿征收，不需要与纳税人有任何交换条件或付出任何代价；二是在取得税收纳入国库以后，不再直接返还到纳税人手中。

税收的无偿性具有不可分割性、非排他性和社会成员从公共设施和服务中得到的利益不能直接计量三个特性。

税收的无偿性具有两方面作用：一是作为重要经济杠杆；二是制约着征纳双方的关系，并决定税收征收管理制度和方法。

（2）税收的强制性。税收的强制性是指国家依靠政治权力强制征税。具体来讲，是指在国家税法规定的征收范围内，任何单位和个人都必须依法纳税，否则就要受到法律的制裁。

（3）税收的固定性。税收的固定性是指课税对象和征收数额之间的数量比例，通过法律法规形式预先加以规定，征纳双方都必须共同遵守。

税收的固定性有三层含义：一是征收时间上的连续性；二是征收范围的有限性；三是征收数额的相对稳定性。同时，强调税收的固定性具有三方面作用：一是使纳税人在负担上具有数量界限，有利于保证纳税人的根本利益；二是有利于防止征税人滥用税法，随意征收；三是有利于保证国家财政收入的稳定增长。

税收"三性"是一个统一体，只有同时具备"三性"的财政收入形式才是税收。无偿性是核心，只有无偿征收，才能满足一般的社会公共需要或国家实现职能的需要。而要无偿征收，就必须凭借法律的强制手段。同时，强制、无偿地征收必须有一个标准或限度，即固定性，因此固定性是强制性、无偿性的必然结果。强制性——征之有保，无偿性——征之有用，固定性——征之有度。

3. 税法

税法，是指由国家制定的，用以调整国家与纳税人之间在征、纳税方面权利与义务关系的法律规范的总称。它是国家及纳税人依法征税、依法纳税的行为准则。对于税法的概念可以从以下几个方面加以把握：

（1）有权立法或制定法律的国家机关，主要是指国家最高权力机关，其次是地方立法机关和获得授权的行政机关。

（2）税法的调整对象是税收分配中形成的权利义务关系。

（3）税法有广义和狭义之分。从广义上讲，税法是指与税收相关的法律、法规、规章、制度等的总称；从狭义上讲，税法仅指国家立法机关或其授权制定的税收法律。

4. 税法的特点

从立法过程来看，税法属于制定法。从法律性质来看，税法属于义务性法规。但从内容看，税法具有综合性。

5. 税法的作用

（1）税法是国家取得稳定财政收入的重要保障。

（2）税法能够合理调节各方面的经济利益，是国家进行宏观调整的重要手段。

（3）税法对经济领域中的各种违法活动进行监督、检查。

（4）税法是维护国家权益、促进国际经济交往的可靠保证。

总之，税收是税法所确定的内容，而税法是税收的存在形式。

（二）税制构成的基本要素

1. 纳税人

纳税人，是税法规定直接负有纳税义务的单位和个人，也称纳税主体，它规定了税款的法律承担者。纳税人可以是自然人，也可以是法人。

2. 征税对象

征税对象，又称课税对象，是征税的目的物，即对什么征税，是征税的客体，是一种税区别于另一种税的主要标志。

3. 税目

税目，是税法上规定应征税的具体项目，是征税对象的具体化，反映各税种的具体征税项目。

4. 计税依据

计税依据，是征税对象的数量化，是应纳税额计算的基础。从价计征的税收，以计税金额为计税依据。从量计征的税收，以征税对象的数量、容积、体积为计税依据。

5. 税源

税源，即税收的源泉。从根本上说，税源来自当年的剩余产品。税源与征税对象有时是重合的，但大多数情况下两者并不一致。征税对象只是表明对什么征税，税源则表明税收的来源。

6. 税率

税率，是应纳税额与征税对象数量之间的法定比例，是计量税收负担的尺度，能体现课税的深度。税率是最活跃、最有力的税收杠杆，是税收制度的中心环节。我国目前税率形式有比例税率、定额税率、累进税率。各税率形式适用的税种如表1-1所示。

表1-1　　　　　　　　　税率的使用情况

税率形式	适用的税种
比例税率	增值税、城市维护建设税、企业所得税等
定额税率	资源税、车船税等
累进税率	个人所得税、土地增值税

【例1-1】 下列税种中，使用定额税率的有(　　　)。

A. 土地使用税　　　B. 土地增值税　　　C. 车船税　　　　　D. 资源税

【答案】 ACD。

【例1-2】 下列各项中，表述正确的是(　　　)。

A. 税目是区分不同税种的主要标志

B. 税率是衡量税负轻重的重要标志

C. 纳税人就是履行纳税义务的法人和自然人

D. 征税对象就是税收法律关系中征纳双方权利义务所指的物品

【答案】 B。

7. 纳税环节和纳税地点

纳税环节，是指按税法规定对处于不断运动中的纳税对象选定的应当征税的环节。

纳税地点,是指与征纳税活动有关的各种地理位置。如纳税人的户籍所在地、居住地、营业执照颁发地、税务登记地、生产经营所在地等。

8. 纳税时间

纳税时间,又称征税时间,是指税务机关征税和纳税人纳税的时间范围。

9. 减税免税

减税免税,是对某些纳税人或征税对象的鼓励或照顾措施。减税是对应纳税额少征一部分税款,而免税是对应纳税额全部免征税款,减税免税可分为税基式减免、税率式减免、税额式减免。

10. 附加与加成

附加也称地方附加,是地方政府按照国家规定的比例随同正税一起征收的、列入地方非税财政收入的一种款项。正税是指国家正式开征并纳入预算内收入的各种税收。税收附加由地方财政单独管理并按规定的范围使用,不得自行变更。例如,城市维护建设税只能用于城市公用事业和公共设施的维护。教育费附加只能用于支持国家教育事业。税收附加的计算方法是以正税税额为依据,按规定的附加率计算附加额。

加成,是指根据税制规定的税率征税后,再以应纳税额为依据加征一定成数的税额。它是税率的一种延伸,是税率的补充形式,是税法规定对纳税人或课税对象加重征税的措施。加征一成相当于应纳税额的 10%。

11. 法 律 责 任

税收法律责任,是指税收法律关系的主体(征税主体、纳税主体)因违反税收法律法规所应当承担的法律后果。违法行为是承担法律责任的前提,而法律制裁是追究法律责任的必然结果。法律制裁,是对纳税人违反税法的行为所采取的惩罚措施,它是税收强制性特征的具体体现。

二、我国现行税法体系

(一)税法分类

(1)按照税法基本内容和效力的不同,可分为税收基本法和税收普通法。

(2)按照税法职能作用的不同,可分为税收实体法和税收程序法。

(3)按照税法征收对象的不同,可分为商品(货物)和劳务税税法,所得税税法,财产、行为税税法,资源税及环境保护税类税法,特定目的税税法五种。

(4)按照主权国家行使税收管辖权的不同,可分为国内税法、国际税法、外国税法等。

(二)现行税法体系

我国现行税法体系由税收实体法体系和税收程序法体系构成。

1. 税收实体法体系

税收实体法体系由 18 个税收法律、法规组成,按性质作用分为五类。

(1)主体税。

① 商品(货物)和劳务税类(间接税):增值税、消费税、关税。

② 所得税类(直接税):企业所得税、个人所得税。

(2)非主体税。

① 财产税类:房产税、车船税、契税。

② 资源税类:资源税、城镇土地使用税、环境保护税。

③ 行为税类:城市维护建设税、土地增值税、车辆购置税、耕地占用税、烟叶税、船舶吨税、印花税。

2. 税收程序法体系

税收程序法是税收实体法的对称,指以国家税收活动中所发生的程序关系为调整对象的税法,是规定国家征税权行使程序和纳税人纳税义务履行程序的法律规范的总称。其内容主要包括税收确定程序、税收征收程序、税收检查程序和税务争议的解决程序。税收程序法是指如何具体实施税法的规定,是税法体系的基本组成部分。

税收程序法律体系包括《中华人民共和国税收征收管理法》(以下简称《税收征收管理法》)、《中华人民共和国海关法》(以下简称《海关法》)和《中华人民共和国进出口关税条例》(以下简称《进出口关税条例》)等。

税务机关负责征收的税种的征收管理,按照全国人大常委会发布实施的《税收征收管理法》执行。海关机关负责征收的税种的征收管理,按照《海关法》及《进出口关税条例》等有关规定执行。

(三) 我国的税收管理体制

1. 税收管理体制的概念

税收管理体制是在各级国家机构之间划分税权的制度。税权的划分包括在中央和地方国家机构之间的纵向划分和在同级立法、司法、行政等国家机构之间的横向划分。税收管理权限大体分为税收立法权和税收执法权两类。

2. 税收立法权的划分

目前我国拥有制定税法或者税收政策权利的国家机关主要有:全国人民代表大会及其常务委员会、国务院、财政部、国家税务总局、国务院关税税则委员会、海关总署、各省级人大和各省级人民政府等。

3. 税务机构的设置

国家税务总局是我国主管国家税务工作的最高职能机构,是国务院正部级直属机构,统一领导全国税务工作。地方统一设省、市、县三级税务局,实行以国家税务总局为主与省(自治区、直辖市)人民政府双重领导管理体制。另外,由海关总署及下属机构负责关税征收管理和受托征收进出口增值税、消费税等。

4. 税收收入归属(表 1-2)

表 1-2 税收征管范围

分类标准	类型	代表税种
收入支配权限	中央固定收入	关税、船舶吨税、消费税、车辆购置税、海关代管代征的进口环节增值税等
	地方固定收入	城镇土地使用税、耕地占用税、土地增值税、房产税、车船税、契税、环境保护税和烟叶税等
	中央地方共享收入	增值税、企业所得税、个人所得税、资源税、城市维护建设税、印花税等

三、税收法律关系

税收法律关系是指由国家、税务征管机关和纳税人之间的税收征纳权利、义务关系。这种关系即是税收分配关系和税收征纳关系在法律上的体现。

（一）税收法律关系的构成

税收法律关系的构成如表 1-3 所示。

表 1-3 税收法律关系的构成

构 成 要 素	内 容
税收法律关系的主体	(1) 双主体（征纳双方） (2) 对纳税方采用属地兼属人原则 (3) 权利主体双方法律地位是平等的,但权利和义务不对等
税收法律关系的客体	征税对象
税收法律关系的内容	征、纳双方各自享有的权利和承担的义务

【例 1-3】 在税收法律关系中,征纳双方法律地位的平等主要体现为双方权利与义务的对等。 （ ）

【答案与解析】 ×。征纳双方法律地位平等,而权利义务不对等。

（二）税收法律关系的产生、变更和消灭

税收法律关系是一种经常变更着的社会关系,它会因税收法律事实的变化而产生、变更和消灭。税收法律事实可分为两类,一类是行为,另一类是事件。税收法律关系会因为税收法律事实的出现而发生变化。具体有:

1. 税收法律关系的产生

税收法律关系因下列法律事实的出现而产生:国家颁布某些税收法律、法规、规章;纳税人发生了税法规定的行为或事件;新的纳税单位和个人出现等。

2. 税收法律关系的变更

税收法律关系因下列法律事实而变更:修改原有税收法律;征纳税程序发生变更;纳税人的生产经营及收入情况发生变化;纳税人发生了税法规定予以减免税的特殊事件等。

3. 税收法律关系的消灭

税收法律关系因下列法律事实而出现暂时或永久性的消灭:纳税人依法履行了某项纳税义务;废止某项税法;课税对象或税目有了变化;纳税主体消亡,如负有纳税义务的个人死亡或纳税人破产等。

（三）税收法律关系的保护

税收法律关系是与国家利益及企业和个人的权益相联系的。税收法律关系的保护对权利主体双方是对等的,不能只保护一方,而不保护另一方。

任务二　掌握纳税人的权利与义务

情景案例>>

某女士使用 Chanel 女士香水,所购买的 100 ml Chanel 香水不含税价格为 1 480元。试计算该女士应该为这款香水缴纳多少税?(此处只考虑增值税、消费税和城市维护建设税。)

该女士需缴纳 13％的增值税 192.4 元,15％的消费税 222 元,以及城市维护建设税29 元。一款 1 480 元的 Chanel 香水,所需缴纳的税款为 443.4 元。

消费需谨慎,日常忌攀比,爱美之心人皆有,但美丽的心灵更重要。我们应该养成正确的消费观念。

【知识准备与业务操作】

一、纳税人的权利

（一）知情权

知情权是指纳税人有权向税务机关了解国家税收法律、行政法规的规定以及与纳税程序有关的情况,包括:现行税收法律、行政法规和税收政策规定;办理税收事项的时间、方式、步骤以及需要提交的资料;应纳税额核定及其他税务行政处理决定的法律依据、事实依据和计算方法;与税务机关在纳税、处罚和采取强制执行措施时发生争议或纠纷时,可以采取的法律救济途径及需要满足的条件。

（二）保密权

保密权是指纳税人有权要求税务机关为自己的情况保密。税务机关将依法为纳税人的商业秘密和个人隐私保密,主要包括纳税人的技术信息、经营信息和纳税人、主要投资人以及经营者不愿公开的个人事项。上述事项,如无法律、行政法规明确规定或者纳税人的许可,税务机关将不会向对外部门、社会公众和其他个人提供。但根据法律规定,税收违法行为信息不属于保密范围。

（三）税收监督权

税收监督权是指纳税人对税务机关违反税收法律、行政法规的行为,如税务人员索贿受贿、徇私舞弊、玩忽职守,不征或者少征应征税款,滥用职权多征税款或者故意刁难等,可以进行检举和控告。同时,对其他纳税人的税收违法行为也有权进行检举。

（四）纳税申报方式选择权

纳税申报方式选择权是指纳税人可以直接到办税服务厅办理纳税申报或者报送代扣代缴、代收代缴税款报告表,也可以按照规定采取邮寄、数据电文或者其他方式办理上述申报、报送事项。但采取邮寄或数据电文方式办理上述申报、报送事项的,需经主管税务机关批准。

纳税人如采取邮寄方式办理纳税申报,应当使用统一的纳税申报专用信封,并以邮政部门收据作为申报凭据。邮寄申报以寄出的邮戳日期为实际申报日期。

数据电文方式是指税务机关确定的电话语音、电子数据交换和网络传输等电子方式。

纳税人如采用电子方式办理纳税申报,应当按照税务机关规定的期限和要求保存有关资料,并定期书面报送给税务机关。

(五)申请延期申报权

纳税人如不能按期办理纳税申报或者报送代扣代缴、代收代缴税款报告表,应当在规定的期限内向税务机关提出书面延期申请,经核准,可在核准的期限内办理。经核准延期办理申报、报送事项的,应当在税法规定的纳税期内按照上期实际缴纳的税额或者税务机关核定的税额预缴税款,并在核准的延期内办理税款结算。

(六)申请延期缴纳税款权

纳税人如因有特殊困难,不能按期缴纳税款的,经省、自治区、直辖市税务局批准,可以延期缴纳税款,但最长不得超过 3 个月。计划单列市税务局可以参照省级税务机关的批准权限,审批延期缴纳税款申请。

纳税人满足以下任何一个条件,均可以申请延期缴纳税款:一是因不可抗力,导致发生较大损失,正常生产经营活动受到较大影响的;二是当期货币资金在扣除应付职工工资、社会保险费后,不足以缴纳税款的。

(七)申请退还多缴税款权

对超过应纳税额缴纳的税款,税务机关发现后,将自发现之日起 10 日内办理退还手续;如自结算缴纳税款之日起 3 年内发现的,可以向税务机关要求退还多缴的税款并加算银行同期存款利息。税务机关将自接到纳税人退还申请之日起 30 日内查实并办理退还手续,涉及从国库中退库的,依照法律、行政法规中有关国库管理的规定退还。

(八)依法享受税收优惠权

纳税人可以依照法律、行政法规的规定书面申请减税、免税。减税、免税的申请须经法律、行政法规规定的减税、免税审查批准机关审批。减税、免税期满,应当自期满次日起恢复纳税。减税、免税条件发生变化的,应当自发生变化之日起 15 日内向税务机关报告;不再符合减税、免税条件的,应当依法履行纳税义务。

如纳税人享受的税收优惠需要备案的,应当按照税收法律、行政法规和有关政策规定,及时办理事前或事后备案。

(九)委托税务代理权

纳税人有权就以下事项委托税务代理人代为办理:办理、变更或者注销税务登记、除增值税专用发票外的发票领购手续、纳税申报或扣缴税款报告、税款缴纳和申请退税、制作涉税文书、审查纳税情况、建账建制、办理财务、税务咨询、申请税务行政复议、提起税务行政诉讼以及国家税务总局规定的其他业务。

(十)陈述与申辩权

纳税人对税务机关作出的决定,享有陈述权、申辩权。如果纳税人有充分的证据证明自己的行为合法,税务机关就不得对纳税人实施行政处罚。即使纳税人的陈述或申辩不充分合理,税务机关也会解释实施行政处罚的原因,不会因申辩而加重处罚。

(十一)对未出示税务检查证和税务检查通知书的拒绝检查权

税务机关派出人员进行税务检查时,应当向纳税人出示税务检查证和税务检查通知书;对未出示税务检查证和税务检查通知书的,纳税人有权拒绝检查。

(十二)税收法律救济权

纳税人对税务机关作出的决定,依法享有申请行政复议、提起行政诉讼、请求国家赔偿等权利。

纳税人、纳税担保人与税务机关在纳税上发生争议时，必须先依照税务机关的纳税决定缴纳或解缴税款及滞纳金，或者提供相应的担保，然后可以依法申请行政复议；对行政复议决定不服的，可以依法向人民法院起诉。对税务机关的处罚决定、强制执行措施或税收保全措施不服的，可依法申请行政复议，也可以依法向人民法院起诉。

当税务机关的职务违法行为给纳税人和其他税务当事人的合法权益造成侵害时，纳税人和其他税务当事人可以要求税务行政赔偿。主要包括两种情形：一是纳税人在限期内已缴纳税款，国税机关未立即解除税收保全措施，使纳税人的合法权益遭受损失的；二是国税机关滥用职权违法采取税收保全措施、强制执行措施或者采取税收保全措施、强制执行措施不当，使纳税人或者纳税担保人的合法权益遭受损失的。

（十三）依法要求听证的权利

对纳税人作出规定金额以上罚款的行政处罚之前，税务机关会向纳税人送达《税务行政处罚事项告知书》，告知已经查明的违法事实、证据、行政处罚的法律依据和拟将给予的行政处罚。对此，纳税人有权要求举行听证。税务机关将应纳税人的要求组织听证。如纳税人认为税务机关指定的听证主持人与本案有直接利害关系，有权申请主持人回避。

对应当进行听证的案件，税务机关不组织听证，行政处罚决定不能成立。但纳税人放弃听证权利或者被正当取消听证权利的除外。

（十四）索取有关税收凭证的权利

税务机关征收税款时，必须开具完税凭证。扣缴义务人代扣、代收税款时，纳税人要求扣缴义务人开具代扣、代收税款凭证时，扣缴义务人应当开具。

税务机关扣押商品、货物或者其他财产时，必须开付收据；查封商品、货物或者其他财产时，必须开付清单。

二、纳税人的义务

（一）依法进行税务登记的义务

纳税人应当自领取营业执照之日起 30 日内，持有关证件，向税务机关申报办理税务登记。税务登记主要包括领取营业执照后的设立登记、税务登记内容发生变化后的变更登记、依法申请停业、复业登记、依法终止纳税义务的注销登记等。

在各类税务登记管理中，纳税人应该根据税务机关的规定分别提交相关资料，及时办理。同时，应当按照税务机关的规定使用税务登记证件。税务登记证件不得转借、涂改、损毁、买卖或者伪造。

（二）依法设置账簿、保管账簿和有关资料以及依法开具、使用、取得和保管发票的义务

纳税人应当按照有关法律、行政法规和国务院财政、税务主管部门的规定设置账簿，根据合法、有效凭证记账，进行核算；从事生产、经营的，必须按照国务院财政、税务主管部门规定的保管期限保管账簿、记账凭证、完税凭证及其他有关资料；账簿、记账凭证、完税凭证及其他有关资料不得伪造、变造或者擅自损毁。

此外，纳税人在购销商品、提供或者接受经营服务以及从事其他经营活动中，应当依法开具、使用、取得和保管发票。

（三）财务会计制度和会计核算软件备案的义务

纳税人的财务、会计制度或者财务、会计处理办法和会计核算软件,应当报送税务机关备案。纳税人的财务、会计制度或者财务、会计处理办法与国务院或者国务院财政、税务主管部门有关税收的规定抵触的,应依照国务院或者国务院财政、税务主管部门有关税收的规定计算应纳税款、代扣代缴和代收代缴税款。

（四）按照规定安装、使用税控装置的义务

国家根据税收征收管理的需要,积极推广使用税控装置。纳税人应当按照规定安装、使用税控装置,不得损毁或者擅自改动税控装置。纳税人未按规定安装、使用税控装置,或者损毁、擅自改动税控装置的,税务机关将责令限期改正,并可根据情节轻重处以规定数额内的罚款。

（五）按时、如实申报的义务

纳税人必须依照法律、行政法规规定或者税务机关依照法律、行政法规确定的申报期限、申报内容如实办理纳税申报,报送纳税申报表、财务会计报表以及税务机关根据实际需要要求报送的其他纳税资料。

扣缴义务人必须依照法律、行政法规规定或者税务机关依照法律、行政法规的规定确定的申报期限、申报内容如实报送代扣代缴、代收代缴税款报告表以及税务机关根据实际需要要求报送的其他有关资料。

纳税人即使在纳税期内没有应纳税款,也应当按照规定办理纳税申报。享受减税、免税待遇的,在减税、免税期间应当按照规定办理纳税申报。

（六）按时缴纳税款的义务

纳税人应当按照法律、行政法规规定或者税务机关依照法律、行政法规的规定确定的期限,缴纳或者解缴税款。

未按照规定期限缴纳税款或者未按照规定期限解缴税款的,税务机关除责令限期缴纳外,从滞纳税款之日起,按日加收滞纳税款万分之五的滞纳金。

（七）代扣、代收税款的义务

按照法律、行政法规规定负有代扣代缴、代收代缴税款义务的,必须依照法律、行政法规的规定履行代扣、代收税款的义务。依法履行代扣、代收税款义务时,纳税人不得拒绝。纳税人拒绝的,应当及时报告税务机关。

（八）接受依法检查的义务

纳税人有接受税务机关依法进行税务检查的义务,应主动配合税务机关按法定程序进行的税务检查,如实地反映生产经营情况和执行财务制度的情况,并按有关规定提供报表和资料,不得隐瞒和弄虚作假,不能阻挠、刁难税务机关的检查和监督。

（九）及时提供信息的义务

纳税人除通过税务登记和纳税申报向税务机关提供与纳税有关的信息外,还应及时提供其他信息。如有歇业、经营情况变化、遭受各种灾害等特殊情况的,应及时向税务机关说明,以便税务机关依法妥善处理。

（十）报告其他涉税信息的义务

为了保障国家税收能够及时、足额征收入库,税收法律还规定了纳税人有义务向税务机关报告如下涉税信息:

（1）有义务就与关联企业之间的业务往来，向当地税务机关提供有关价格、费用标准等资料。有欠税情形而以财产设定抵押、质押的，应当向抵押权人、质权人说明欠税情况。

（2）报告企业合并、分立的义务。纳税人有合并、分立情形的，应当向税务机关报告，并依法缴清税款。合并时未缴清税款的，应当由合并后的纳税人继续履行未履行的纳税义务；分立时未缴清税款的，分立后的纳税人对未履行的纳税义务应当承担连带责任。

（3）报告全部账号的义务。纳税人从事生产、经营，应当按照国家有关规定，持税务登记证件，在银行或者其他金融机构开立基本存款账户和其他存款账户，并自开立基本存款账户或者其他存款账户之日起 15 日内，向主管税务机关书面报告全部账号；发生变化的，应当自变化之日起 15 日内，向主管税务机关书面报告。

（4）处分大额财产报告的义务。纳税人的欠缴税款数额在 5 万元以上的，在处分不动产或者大额资产之前，应当向税务机关报告。

项 目 小 结

税收是国家为了实现其职能，凭借政治权力，按照法律规范，强制地、无偿地参与社会产品分配，以取得财政收入的一种分配方式。

税收具有强制性、无偿性、固定性三个特征。

税收具有财政职能、调节职能和监督职能。

税收的产生和存在取决于四个条件，即剩余产品、社会公共需要、独立的经济利益主体和国家权力。

税制要素包括纳税人、征税对象、税率、纳税环节、纳税期限、减免税和违法处理。

税种按不同角度可以进行多种分类，按管理和使用权限划分为中央税、地方税和中央地方共享税。

技 能 训 练

一、单项选择题

1. 下列选项中，不属于税收特征的是（　　）。

A. 强制性　　　　　　　　　　　B. 无偿性

C. 稳定性　　　　　　　　　　　D. 固定性

2. 税收法律的效力高于税收行政法规，税收行政法规的效力高于税收行政规章。这一规定体现了税法适用原则的（　　）。

A. 法律不溯及既往原则　　　　　B. 新法优于旧法原则

C. 税收公平主义原则　　　　　　D. 法律优位原则

3. 下列选项中，不属于税法效力范围的是（　　）。

A. 税法的空间效力　　　　　　　B. 税法的时间效力

C. 税法对人的效力　　　　　　　D. 税收法律高于税收行政规章的效力

4. 根据税收法律关系的规定,下列说法中不正确的是( )。

A. 国家是真正的征税主体

B. 税务机关的征税权可以行使,也可以选择放弃

C. 税务机关通过法律授权成为法律意义上的征税主体

D. 在税收法律关系中,权利义务具有不对等性

5. 下列选项中,不会引起税收法律关系消灭的是( )。

A. 纳税人履行纳税义务

B. 因不可抗力导致纳税人不能按时如期缴纳税款

C. 纳税义务因超过期限而消灭

D. 某些税法的废止

6. 下列与纳税义务人相关的表述中,正确的是( )。

A. 纳税人就是负税人

B. 在代扣代缴关系中,代扣人是真正的纳税人

C. 在代收代缴关系中,代收人是真正的纳税人

D. 纳税人与负税人有时一致,有时不一致

7. 税目是课税对象的具体化,反映具体的征税范围。下列关于税目的表述中,不正确的是( )。

A. 税目代表征税的深度

B. 税目包括列举税目和概括税目

C. 消费税、资源税都有列举税目的税目税率表

D. 实行列举税目的税种,凡列入税目的均征税,未列入的不征税

8. 下列关于累进税率的表述中,不正确的是( )。

A. 超额累进税率计算比较复杂,但累进程度比较缓和,比较合理

B. 目前我国只有土地增值税适用的是超率累进税率

C. 当计税基数是绝对数时,超倍累进税率实质上就是超额累进税率

D. 目前,累进税率的几种具体形式在我国都有运用

9. 下列关于税收程序的说法中,不正确的是( )。

A. 税务登记是整个征收管理的首要环节

B. 纳税申报是税务机关依法进行税收管理的一个重要环节,是税收管理信息的主要来源和重要的税务管理制度

C. 税款征收是税收征管的目的,是税收征管的出发点和归宿

D. 因税务机关的责任造成未缴或少缴税款,税务机关可以在 5 年内要求纳税人、扣缴义务人补缴税款,并加收滞纳金

10. 下列选项中,不属于税收立法主体的是( )。

A. 全国人大及其常委会　　　　　　B. 国务院

C. 直辖市的人大及其常委会　　　　D. 省级人民政府

11. 下列选项中,不属于法人居民身份判定的一般标准的是( )。

A. 管理中心标准　　　　　　　　　B. 总机构标准

C. 主要营业地活动标准　　　　　　D. 习惯性住所标准

12. 居住国政府对其居民在非居住国得到税收优惠的那部分所得,视同已纳税额而给予抵免,不再按本国税法规定补征,这种避免国际重复征税的方法称为(　　　)。

A. 税收饶让　　　　　　　　　　B. 税收抵免

C. 税收减免　　　　　　　　　　D. 免税

二、多项选择题

1. 下列关于税法特点的表述中,正确的有(　　　)。

A. 从立法过程来看,税法属于制定法

B. 从立法过程来看,税法属于习惯法

C. 从法律性质来看,税法属于权利性法规

D. 从内容来看,税法具有综合性

E. 从法律性质来看,税法属于义务性法规

2. 下列关于税法基本原则的相关表述中,正确的有(　　　)。

A. 税收法律主义一方面要求纳税人必须依法纳税,另一方面课税只能在法律的授权下进行

B. 在没有正常理由的情况下禁止对特定纳税人给予特别优惠,是税收公平主义原则的体现

C. 对关联方交易实行预约定价安排体现的是税收法定主义

D. 对关联方交易实行预约定价安排体现的是税收合作信赖主义

E. 防止纳税人不正当运用转让定价制度减少计税所得体现的是实质课税原则

3. 下列选项中,属于税法的适用原则的有(　　　)。

A. 程序优于实体原则　　　　　　B. 特别法优于普通法原则

C. 新法优于旧法原则　　　　　　D. 实体从旧,程序从新原则

E. 实质课税原则

4. 税法与行政法具有十分密切的联系,下列关于税法与行政法关系的表述中,正确的有(　　　)。

A. 税法体现的是单方意志,行政法体现的是双方意志

B. 税法具有经济分配的性质,且经济利益由纳税人向国家无偿单向转移,这是一般行政法所不具备的

C. 税法与社会再生产,特别是与物质资料再生产的全过程密切相连,不论是生产、交换、分配,还是消费,都是税法参与调节,其联系的深度和广度是一般行政法无法相比的

D. 税法是一种义务性法规,并且是以货币收益转移的数额作为纳税人所尽义务的基本度量,而行政法大多为授权性法规,少数义务性法规也不涉及货币收益的转移

E. 在税法法律关系中,居于领导地位的一方是国家;在行政法律关系中,居于领导地位的一方是行政相对人

5. 下列选项中,属于税收法律关系特点的有(　　　)。

A. 主体的一方只能是企业　　　　B. 主体的一方只能是国家

C. 体现国家单方面的意志　　　　D. 权利义务关系具有不对等性

E. 具有财产所有权或支配权单向转移的性质

6. 目前,我国使用的税率有(　　　　)。

A. 比例税率　　　　　　　　　　B. 定额税率

C. 超率累进税率　　　　　　　　D. 全额累进税率

E. 超额累进税率

项目二 税收征收管理

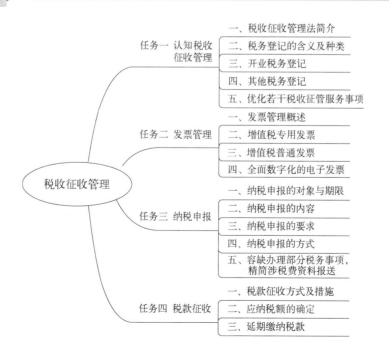

案例导入 >>

　　金税工程是国家电子政务"十二金"工程之一,先后经历了一期和二期建设阶段。2008 年 9 月金税三期工程正式启动。金税三期工程属国家级信息系统工程,是国家电子政务建设的重要组成部分。该系统融合了税收征管变革和技术创新,统一了全国国、地税征管应用系统版本,搭建了统一的纳税服务平台,实现了全国税收数据大集中,对于进一步规范全国税收执法、优化纳税服务、实现"降低税务机关征纳成本和执法风险、提高纳税人遵从度和满意度"的"两提高、两降低"的税收征管改革目标具有极其重要的意义。金税三期工程实现了全国税收征管与服务的统一规范,系统功能更强大,内容更完备,运行更流畅,是税务机关为纳税人提供方便快捷、优质全面的税收服务的坚实基础。

　　当下,金税四期的工作积极开展,致力于打造财务-税务一体化税收风险管理体系,中国的税收征管工作迈上新的高度。

任务一　认知税收征收管理

【知识准备与业务操作】

一、税收征收管理法简介

　　1992 年 9 月 4 日,七届全国人大常委会第 27 次会议通过了《中华人民共和国税收征收管理法》,并于 1995 年 2 月、2001 年 4 月、2013 年 6 月和 2015 年 4 月经全国人大常委会多次修正。现行税收征收管理的基本规范是 2015 年 4 月 24 日第十二届全国人民代表大会常务委员会第 14 次会议修订的《中华人民共和国税收征收管理法》。《中华人民共和国税收征收管理法实施细则》于 2002 年 9 月 7 日以中华人民共和国国务院令第 362 号公布,并于 2012 年 11 月、2013 年 7 月两次修订后,又于 2016 年 2 月进行修正。

　　税收征收管理,又称税收稽征管理,是税务机关依据税法规定对税收工作实施管理、征收、检查等活动的总称,简称税收征管,包括税务管理、税款征收和税务检查三个基本环节。在税收征管过程中,税务机关应当开展税收法制宣传、贯彻税收法令、掌握税源变化、加强税源管理、组织税务登记、指导纳税申报、监督税款入库、检查税收证照等一系列活动,从而规范税收征收和缴纳行为,保障国家税收收入,保护纳税人的合法权益,促进经济和社会发展。

　　纳税人、扣缴义务人有权向税务机关了解国家税收法律、行政法规的规定以及与纳税程序有关的情况;有权要求税务机关为其情况保密;有权申请减税、免税、退税;有权对税务机关作出的决定进行陈述、申辩以及申请行政复议、提起行政诉讼、请求国家赔偿;有权控告和检举税务机关、税务人员的违法违纪行为。

　　(一)税收征收管理的内容

　　税收征收管理具体包括税务登记管理、纳税申报管理、税款征收管理、减税免税及退税管理、税收票证管理、纳税检查和税务稽查、纳税档案资料管理。

　　税务机关依照法律、行政法规的规定征收税款,并可行使一系列权利,如核定纳税人的税款、实施税收保全措施、采取强制执行措施等。税务机关可以对纳税人的账务资料进行检查;到纳税人的生产、经营场所和货物存放地对纳税人的应纳税商品、货物或其他财产进行检查;询问纳税人和扣缴义务人的有关纳税情况等。税务机关对违法者实施的税务行政处罚措施包括罚款、加收滞纳金等。

（二）税收征收管理的原则

1. 税收征收管理法的立法宗旨

（1）加强税收征收管理。税收征收管理所涉及的法律关系、法律主体、法律程序以及法律责任是多方面的,税收征管的好坏,直接关系到国家财政的收入及公民合法权益的保障,只有严格、科学的执法,才能保障国库充盈,公民的合法权益不受侵犯。而科学、严格的执法首先需要有科学、严密的法律依据作保障,也就是说,首先要有相关的立法,在法律中对税收的开征、停征以及减税、免税、退税、补税等征纳制度,税务机关的职责、分工、权限、义务,纳税人的权利、义务,其他关系人的权利、义务,征收机关及人员的工作程序,税收征管所涉人员的法律责任等都要有明确、具体、严格、科学的规定。制定或修改税收征收管理法,是为了更好地加强税收征收管理,税收征收管理法中要处处体现加强管理的总的立法精神。

（2）规范税收征收和缴纳行为。这项宗旨的重点在于加强税收征管部门的权限和履行职责的手段方面。实际上,现实中既存在着欠税、偷税、漏税、抗税等影响税收收入的情况,也存在着侵犯纳税人权利的现象。因此应当规范税务部门和纳税人的征纳关系,防止两种倾向,而不仅仅是防止欠税、偷税、漏税等一种倾向。

在立法宗旨中规定"规范税收征收和缴纳行为",全面地规定了征税方和纳税方两方面的行为,平衡了权利、义务关系,合理地调整了双方法律关系,也为加强税收征收管理设定了法律保障。它不仅要求纳税人要依法纳税,也要求征税人要依法征收,两者并重。

（3）保障国家税收收入。税收是国家财政收入的主要来源,是经济建设的重要支柱,改革开放事业更需要巨大的国家财力作保障,因此税收立法的首要任务就是保证税收收入的稳定增长。为解决实际经济生活中不断出现的新问题,税务机关在法律规定的范围内,从税务登记、税收检查、税款征收、各税种之间的协调配合,一直到打击税收违法行为,建立了一整套科学、严密、规范、有效的税收管理办法,有力地保障了税收的宏观调控作用。税收征管的法律规范极大地提高了税收征管质量,堵塞了税收漏洞,有力地促进了税收收入持续、快速、稳定增长。坚持保障国家税收收入的立法宗旨,围绕着适应社会主义市场经济体制改革的要求,才能不断满足国民经济和社会发展的需要,促进经济和各项事业的发展。

（4）保护纳税人的合法权益。税收是保证国家机器正常运转的重要财源,税收立法必须保障税收征收的无偿性、强制性和固定性。同时,税法也应当保护纳税人的合法权益,维护正常公平的税收秩序。二者之间的平衡应当是税收立法的目标。

（5）促进经济和社会发展。在加强税收征收管理、规范征纳关系的同时,还应当重视培养税源,发挥税收促进经济和社会发展的作用。促进经济和社会发展,实际上是国家税收的落脚点,也是制定税收征管法的最终目的。无论是加强税收征管,还是规范征纳行为,保障国家税收收入和保护纳税人的合法权益,都体现了促进经济和社会发展的最终目的。

2. 税款征收的原则

税款征收的原则是将纳税人的应纳税款及时、足额地征缴入库,这是对税款征收在时间上和数量上的要求。所谓及时,是指纳税人要按规定的期限缴纳税款;所谓足额,是指必须依率计征、应收尽收,保证应收税款收齐,既不能多收少收,更不能不收。对于实际工作中征纳双方的疏忽、计算错误等原因造成的纳税人、扣缴义务人依法未缴或少缴的税款,须追缴、补征。

(三)税收征收管理权利和义务的规定

1. 税务人员在执法过程中的权利和义务

(1)税务管理权。包括有权办理税务登记、审核纳税申报、管理有关发票事宜等。

(2)税收征收权。这是税务机关最基本的权利,包括有权依法征收税款和在法定权限范围内依法自行确定税收征管方式、时间或地点等。

(3)税收检查权。包括有权对纳税人的财务会计核算、发票使用状况和其他纳税情况,以及纳税人的应税商品、货物或其他财产进行查验登记等。

(4)税务违法处理权。包括有权对违反税法的纳税人采取行政强制措施,以及对情节严重、触犯刑律的,移送有关机关依法追究其刑事责任。

(5)税收行政立法权。被授权的税务机关有权在授权范围内依照一定程序制定税收行政规章及其他规范性文件,作出行政解释等。

(6)代位权和撤销权。《税收征收管理法》为了保证税务机关及时、足额追回由于债务关系造成的、过去难以征收的税款,赋予了税务机关可以在特定情况下依法行使代位权和撤销权。

2. 纳税人接受税务检查过程中的权利和义务

(1)依法提出申请享受税收优惠的权利。

(2)依法请求税务机关退回多征税款的权利。

(3)依法提起税务行政复议和税务行政诉讼的权利。

(4)依法对税务人员的违法行为进行检举和控告的权利。

(5)因税务机关的行为违法或不当,致使纳税人合法权益遭受损害时,有依法请求得到赔偿的权利。

(6)向税务机关咨询税法及纳税程序的权利。

(7)要求税务机关为其保密的权利。

(8)对税务机关作出的决定有陈述和申辩的权利。

二、税务登记的含义及种类

税务登记是纳税人在开业、歇业前以及生产经营期间发生变动时,就其生产经营的有关情况向所在地税务机关办理书面登记的一种制度,包括开业登记、变更登记、停(复)业登记、注销登记、报验登记等。税务登记是税收征管的首要环节,具有应税收入、应税财产或应税行为的各类纳税人,都应依法办理税务登记。

根据《国务院办公厅关于加快推进"五证合一、一照一码"登记制度改革的通知》(国办发〔2016〕53号)的规定,我国从2016年10月1日起正式实施"五证合一、一照一码"。"五证合一"是指将营业执照、组织机构代码证、税务登记证、社会保险登记证和统计登记证合为一证。"一照一码"是指只发放记载统一社会信用代码的营业执照。全面实行"一套材料、一表登记、一窗受理"的工作模式,申请人办理企业注册登记时只需填写"一张表格",向"一个窗口"提交"一套材料"。登记部门直接核发加载统一社会信用代码的营业执照,相关信息在全国企业信用信息公示系统公示,并归集至全国信用信息共享平台。2017年10月开始又向"多证合一"发展。"多证合一"登记制度正式实施,企业在市场监管部门换发、办理"多证合一"营业执照并加载统一的社会信用代码后,即完成市场监督、质监、税务、社保、统计部门等登记,免去了登记资料的重复提供,减少了登记环节,给企业带去了极大便利。我国自2019年3月1日起,在全国启用新版营业执照,并继续推行电子营业执照的应用。

三、开业税务登记

(一)领取税务登记证件

1. 开业登记的范围

按照税收征管法及其实施细则和税务登记管理办法的有关规定,除国家机关、个人(自然人)和无固定生产经营场所的流动性农村小商贩外,纳税人都应当申报办理税务登记。国家机关所属事业单位有经营行为,取得应税收入、财产所得的,也应当办理税务登记。

纳税人领取加载统一社会信用代码的营业执照后,应及时到主管税务机关咨询税种认定登记、办理领取发票、申报纳税、相关资格登记等事宜。纳税人第一次到主管税务机关办理涉税事宜时,办税服务厅人员将提取企业登记信息并导入综合征管系统。对于企业登记已采集信息,税务机关不再重复采集;其他必要涉税基础信息,可在企业办理有关涉税事宜时,及时采集,陆续补齐。发生变化的,由企业直接向税务机关申报变更,税务机关及时更新税务系统中的企业信息。

2. 开业登记管理规程

企业在市场监管部门登记"一个窗口"统一受理申请后,申请材料和登记信息在部门间共享,各部门数据互换、档案互认。各级税务机关要加强与登记机关的沟通协调,确保登记信息采集准确、完整。

税务机关在交换平台获取"多证合一"企业登记信息后,依据企业住所(以统一代码为标识)按户分配至县(区)税务机关;县(区)税务机关确认分配有误的,将其退回至市(地)税务机关,由市(地)税务机关重新进行分配;省税务机关无法直接分配至县(区)税务机关的,将其分配至市(地)税务机关,由市(地)税务机关向县(区)税务机关进行分配。

开业税务登记流程如图2-1所示。

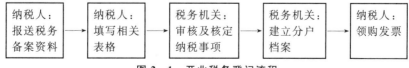

图2-1　开业税务登记流程

从事生产、经营的纳税人应当按照国家有关规定,持税务登记证件,在银行或者其他金融机构开立基本存款账户和其他存款账户,自开立账户之日起15日内向主管税务机关书面报告其全部账号;发生变化的应自变化之日起15日内向主管税务机关书面报告。

银行和其他金融机构应当在从事生产、经营的纳税人的账户中登录税务登记证件号码，并在税务登记证件中登录从事生产、经营的纳税人的账户账号。

3. 开业登记所需资料

纳税人在申报开业税务登记备案时，应当根据不同情况提供"多证合一"的营业执照副本、银行开户账号信息、法定代表人和经办人居民身份证以及税务机关要求提供的其他有关证件、资料。同时按照税务机关的要求签订三方（企业、税务局、开户行）协议。

为推进诚信纳税，防范税收流失，保障纳税人合法权益，根据《中华人民共和国税收征收管理法》及其实施细则、《中华人民共和国发票管理办法》及其实施细则、《国家税务总局关于推行实名办税的意见》（税总发〔2016〕111 号）等文件精神，自 2017 年开始实行办税人员实名办税。实名认证办税是指办税人员在税务机关办理相关涉税事项前，将对其身份信息进行采集、核实和确认。办税人员包括办理涉税事项的法定代表人（负责人、业主）、财务负责人、办税员、税务代理人和经授权的其他人员。认证需携带的资料包括认证人员身份证，实名认证采集内容包括人员影像信息、身份证件信息、联系方式、税务代理合同和办税授权委托书。

（二）税种核定

在对纳税人进行设立登记后，税务机关根据纳税人的生产经营范围及税法的有关规定，对纳税人的纳税事项和应税项目进行核定，即税种核定。

已登记的各类企、事业单位，已建账的个体户及申报征收的纳税户进行设立登记后，应针对纳税事项和应税项目进行核定，填写税种登记表。税务机关根据纳税人申报的税种登记表，按其经济性质、经营范围、房产情况、土地占用面积、拥有车辆情况及扣缴范围等登记其应纳税种，确定税目、计税依据、申报纳税期限。

纳税人在进行税种登记的同时，应报送银行基本存款账户、账号情况。从事生产经营纳税人的财务会计制度等，应报税务机关备案。

四、其他税务登记

（一）变更税务登记

变更税务登记是指纳税人办理税务登记后，需要对原登记内容进行更改，而向税务机关申报办理的税务登记。纳税人税务登记内容发生变化的，应当向原税务登记机关申报办理变更税务登记。税务机关补充采集的相关登记信息及市场监督管理机关登记时采集的生产经营地、财务负责人和核算方式等信息发生变化的，由纳税人向主管税务机关申报变更，所需资料和工作流程按照原有规定执行。

1. 变更税务登记适用范围

变更税务登记适用范围主要包括：改变名称，改变法人代表，改变经济性质，增设或撤销分支机构，改变住所或经营地点（涉及主管税务机关变动的办理注销登记），改变生产、经营范围或经营方式，增减注册资本，改变隶属关系，改变生产经营期限，改变开户银行和账号，改变生产经营权属以及改变其他税务登记的内容。

2. 变更税务登记管理规程

变更税务登记流程如图 2-2 所示。

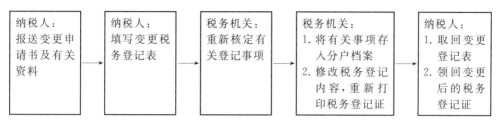

图 2-2　变更税务登记业务流程

企业注销指引(2021年修订)

（二）注销税务登记

纳税人需要申报办理注销税务登记的情形主要有三种：纳税人因发生解散、破产、撤销及其他情形，依法终止纳税义务的；纳税人因住所、经营地点变动，涉及改变税务登记机关的；纳税人被市场监督管理机关吊销营业执照的。

纳税人因发生解散、破产、撤销以及其他情形，依法终止纳税义务的，应当在向市场监督管理机关或者其他机关办理注销登记前，向税务机关申报办理注销登记。已实行"一照一码"登记模式的企业申请注销登记前，必须先向主管税务机关申报清税，填写《清税申报表》。主管税务机关按照职责进行清税，限时办理。清税完毕后，主管税务机关根据清税结果向纳税人出具《清税证明》，并将信息共享至"多证合一"数据交换中心，供市场监督管理机关核对。

纳税人因住所、经营地点变动，涉及变更税务登记机关的，应当在向市场监督管理机关申请办理变更或注销登记前，或住所、经营地点变动前，向原税务登记机关申报办理注销税务登记，并向迁达地税务机关申报办理税务登记。

纳税人被市场监督管理机关吊销营业执照的，应当自营业执照被吊销之日起 15 日内，向原税务登记机关申报办理注销税务登记。

（三）其他税务登记

实行定期定额征收方式的纳税人需要停业或复业的，应向税务机关申报办理停业或复业登记。纳税人在申报办理停业登记时，应如实填写《停业复业报告书》，说明停业理由、停业期限、停业前的纳税情况和发票的领、用、存情况，并结清应纳税款、滞纳金、罚款。

纳税人应当于恢复生产、经营之前，向税务机关提出复业登记申请，经确认后，办理复业登记手续。纳税人停业期满不能及时恢复生产经营的，应当在停业期满前到税务机关办理延长停业登记。

纳税人到外市进行生产经营的，应当向主管税务机关申请开具外出经营活动税收管理证明。主管税务机关按照"一地一证"原则，对纳税人核发《外出经营活动税收管理证明》。纳税人在到达经营地进行生产、经营前，应向经营地税务机关申请报验登记。税务机关应自收到纳税人填报的税务登记表等有关资料之日起 30 日内审核完毕，并作出予以登记或不予以登记的决定。纳税人在停业期间发生纳税义务的，应当按照税收法律、行政法规的规定申报缴纳税款。

五、优化若干税收征管服务事项

为贯彻落实中办、国办印发的《关于进一步深化税收征管改革的意见》，结合落实中央巡视整改，进一步深化税务系统"放管服"改革，从 2023 年 4 月 1 日起，优化若干税收征管服务事项。

（一）简化变更登记操作流程

1. 自动变更登记信息

自 2023 年 4 月 1 日起，纳税人在市场监管部门依法办理变更登记后，无需再向税务机关报告登记变更信息；各省、自治区、直辖市和计划单列市税务机关（以下简称各省税务机关）根据市场监管部门共享的变更登记信息，在金税三期核心征管系统（以下简称核心征管系统）自动同步变更登记信息。处于非正常、非正常户注销等状态的纳税人变更登记信息的，核心征管系统在其恢复正常状态时自动变更。

2. 自动提示推送服务

对纳税人办理变更登记所涉及的提示提醒事项，税务机关通过电子税务局精准推送提醒纳税人；涉及的后续管理事项，核心征管系统自动向税务人员推送待办消息提醒。

3. 做好存量登记信息变更工作

2023 年 4 月 1 日之前已在市场监管部门办理变更登记、尚未在税务部门变更登记信息的纳税人，由各省税务机关根据市场监管部门共享信息分类分批完成登记信息变更工作。

（二）优化跨省迁移税费服务流程

1. 优化迁出流程

纳税人跨省迁移的，在市场监管部门办结住所变更登记后，向迁出地主管税务机关填报《跨省（市）迁移涉税事项报告表》。对未处于税务检查状态，已缴销发票和税控设备，已结清税（费）款、滞纳金及罚款，以及不存在其他未办结涉税事项的纳税人，税务机关出具《跨省（市）迁移税收征管信息确认表》，告知纳税人在迁入地承继、延续享受的相关资质权益等信息，以及在规定时限内履行纳税申报义务。经纳税人确认后，税务机关即时办结迁出手续，有关信息推送至迁入地税务机关。

2. 优化迁入流程

迁入地主管税务机关应当在接收到纳税人信息后的一个工作日内完成主管税务科所分配、税（费）种认定并提醒纳税人在迁入地按规定期限进行纳税申报。

3. 明确有关事项

纳税人下列信息在迁入地承继：纳税人基础登记、财务会计制度备案、办税人员实名采集、增值税一般纳税人登记、增值税发票票种核定、增值税专用发票最高开票限额、增值税即征即退资格、出口退（免）税备案、已产生的纳税信用评价等信息。

纳税人迁移前预缴税款，可在迁入地继续按规定抵缴；企业所得税、个人所得税尚未弥补的亏损，可在迁入地继续按规定弥补；尚未抵扣的增值税进项税额，可在迁入地继续按规定抵扣，无需申请开具《增值税一般纳税人迁移进项税额转移单》。

迁移前后业务的办理可参照《跨省（市）迁移相关事项办理指引》。

（三）优化税源管理职责

各省税务机关根据本地税源特点优化分级管理职责，提升税收风险分析、重点领域重点群体税收风险管理等复杂事项管理层级，压实市、县税务机关日常管理责任。已提升至省、市税务机关管理的复杂涉税事项，原则上不再推送下级税务机关处理。

（四）加强与市场监管部门的登记业务协同

各省税务机关根据市场监管部门共享的注销登记、吊销营业执照、撤销设立登记等信息,在核心征管系统自动进行数据标识。

对已在市场监管部门办理注销,未在税务部门办理清税且处于正常状态的纳税人,主管税务机关应通知其及时办理税务注销,逾期不办理的,可提请市场监管部门依法处理。

对已在市场监管部门办理注销,但在核心征管系统 2019 年 5 月 1 日前已被列为非正常户注销状态的纳税人,主管税务机关可直接进行税务注销。

任务二 发票管理

情景案例>>

2017 年,防城港市国税局联合公安部门查处了广西闽荣贸易有限公司虚开增值税专用发票一案,法院以虚开增值税专用发票罪判处被告人李某有期徒刑 11 年,并处罚金 30 万元,没收赃款 25 万元上缴国库,未退出的犯罪所得款 239 万元继续追缴,另一名被告人唐某犯虚开增值税专用发票罪,免予刑事处罚。同时,犯罪嫌疑人杨某向公安部门投案自首,已移送检察院审查起诉。

据介绍,在 2014 年间,广西闽荣贸易有限公司股东李某为谋取个人利益,在没有实际货物交易的情况下,指使公司财务人员唐某向云南河口易山商贸有限公司虚开增值税专用发票 242 张,金额共计 2 409 万元,税额 409 万元,并按票面金额 12% 的比例收取开票费 264 万元。同时为冲抵其虚开的增值税销项税额,在没有实际购进货物的情况下,杨某为从中获取好处费,帮忙联系从大连保华中通商贸有限公司取得虚开增值税专用发票 25 张,金额共计 2 814 万元,进项税额 478 万元,按票面金额支付 10% 的开票费,并将全部进项税额申报抵扣了税款。

【知识准备与业务操作】

一、发票管理概述

(一)发票的概念与种类

发票是指在购销商品、提供或接受服务以及从事其他经营活动中,开具、收取的收、付款凭证。国务院税务主管部门统一负责全国的发票管理工作。省、自治区、直辖市税务局(以下统称省、自治区、直辖市税务机关)依据各自的职责,做好本行政区域内的发票管理工作。现行的《中华人民共和国发票管理办法》(以下简称《发票管理办法》)于 2010 年 12 月 20 日修订,自 2011 年 2 月 1 日起施行。2019 年 3 月作了第二次修订。2023 年 7 月作了第三次修订。《中华人民共和国发票管理办法实施细则》(以下简称《发票管理办法实施细则》)于 2011 年 1 月 27 日国家税务总局第 1 次局务会议审议通过,自 2011 年 2 月 1 日起施行。该实施细则分别于 2014 年 12 月、2018 年 6 月和 2019 年 3 月进行了修正。2024 年 1 月 15 日国家税务总局公布了新修改的《中华人民共和国发票管理办法实施细则》,并于 3 月 1 日起正式施行。

发票一般分为增值税普通发票和增值税专用发票。增值税普通发票(电子普通发票)适用于增值税小规模纳税人和增值税一般纳税人使用。增值税专用发票由国务院税务主

中华人民共和国发票管理办法

国家税务总局关于修改《中华人民共和国发票管理办法实施细则》的决定

管部门确定的企业印制,增值税一般纳税人领购使用。纳入"小规模纳税人自行开具增值税专用发票试点"的小规模纳税人也可自行领用、开具增值税专用发票。增值税专用发票是增值税计算和管理过程中重要的、决定性的合法专用发票。

按照填开方式的不同,发票还可分为通用机打发票、通用手工发票和通用定额发票三大类。考虑到目前有些全国统一使用的票种暂不宜取消,决定保留"航空运输电子客票行程单""机动车销售统一发票""二手车销售统一发票""不动产销售统一发票"等发票,用发票无法涵盖的公园门票也可继续保留。

为了满足纳税人发票使用需要,税务总局自 2017 年 1 月 1 日起启用增值税普通发票(卷票)。增值税普通发票(卷票)由纳税人自愿选择使用,重点在生活性服务业纳税人中推广使用。国家税务总局公告 2017 年第 9 号规定,自 2017 年 7 月 1 日起,纳税人可按照《发票管理办法》及其实施细则要求,书面向税务机关要求使用印有本单位名称的增值税普通发票(卷票),税务机关按规定确认印有该单位名称发票的种类和数量。纳税人通过增值税发票管理新系统开具印有本单位名称的增值税普通发票(卷票)。

(二)发票的领用

需要领用发票的单位和个人,应当持"多证合一"后的营业执照、经办人身份证明、按照国务院税务主管部门规定式样制作的发票专用章的印模,向主管税务机关办理发票领用手续。主管税务机关根据领用单位和个人的经营范围和规模,确认领用发票的种类、数量以及领用方式,并发放发票领用簿。单位和个人领用发票时,应按照税务机关的规定报告发票使用情况,税务机关应当按照规定进行查验。需要临时使用发票的单位和个人,可以凭购销商品、提供或接受服务以及从事其他经营活动的书面证明、经办人身份证明,直接向经营地税务机关申请代开发票。

发票的基本内容包括发票的名称、字轨号码、联次及用途,客户名称,开户银行及账号,商品名称或经营项目,计量单位、数量、单位、大小写金额,开票人,开票日期,开票单位(个人)名称(章)等。增值税专用发票还应当包括购货人地址、购货人税务登记号、增值税税率、增值税税额、供货方名称、地址及其税务登记号。有代扣、代收、委托代征税款的,其发票内容还应当包括代扣、代收、委托代征税收的税率和代扣、代收、委托代征的税额。

(三)发票的开具与使用

安装税控装置的单位和个人,应当按照规定使用税控装置开具发票,并按期向主管税务机关报送开具发票的数据。

国家税务总局公告 2017 年第 16 号规定,自 2017 年 7 月 1 日起,购买方为企业的,索取增值税普通发票时,应向销售方提供纳税人识别号或统一社会信用代码;销售方为其开具增值税普通发票时,应在"购买方纳税人识别号"栏填写购买方的纳税人识别号或统一社会信用代码。不符合规定的发票,不得作为税收凭证。

自 2017 年 7 月 1 日起,销售方开具增值税发票时,发票内容应按照实际销售情况如实开具,不得根据购买方要求填开与实际交易不符的内容。销售方开具发票时,通过销售平台系统与增值税发票税控系统后台对接,导入相关信息开票的,系统导入的开票数据内容应与实际交易相符,如不相符,应及时修改完善销售平台系统。

发票限于领购单位和个人在本省、自治区、直辖市内开具,任何单位和个人未经批准,不得跨规定的使用区域携带、邮寄、运输空白发票。禁止携带、邮寄或者运输空白发票出入境。

（四）发票的保管

使用发票的单位和个人应当妥善保管发票。发生发票丢失情形时,应当于发现丢失当日书面报告税务机关,并登报声明作废。付款方(受票方)发生发票联丢失的,在传播媒介上公告并接受主管税务机关处理以后,持加盖收款方(开票方)发票专用章的发票存根联复印件,经收款方主管税务机关确认,可作为发票联使用。税控发票发生丢失的,税控发票的电子存根联经收款方主管税务机关确认后,可作为发票联使用。

发票保管制度包括专人保管制度、专库保管制度、专账登记制度、保管交接制度、定期盘点制度。

1. 专人保管制度

税务机关和用票单位、个人,应确定专人负责发票管理、日常领发等工作。根据实际需要,可以设置专职发票管理员,明确其工作职责,并严格岗位责任考核。

2. 专库保管制度

税务机关和用票单位、个人,应有专门的发票存放设施,确保发票的安全。税务机关要严格按照规定设立专门存储发票的仓库,并配有必要的防盗、防火、防霉烂毁损、防虫蛀鼠咬、防丢失等安全设施。用票单位和个人也要配备专柜存放发票,并分门别类、按顺序号码存放,以有利于发票存取和盘查。

3. 专账登记制度

税务机关和用票单位、个人,应按规定设立专门的账、表反映发票印、领、用、存情况,并由购领人员签章,做到手续齐全,责任清晰。

4. 保管交接制度

发票保管人员发生变化时,应按下列程序办理交接手续:①清点库存发票和缴销的发票存根种类和数量。②核对发出尚未缴销的发票种类和数量。③清点、装订需要移交的有关账表、资料、印章和物品。④填写移交清单一式三份,移交人、接收人、监交人各执一份。

5. 定期盘点制度

税务机关和用票单位、个人,应在每月底对库存未用的发票进行一次清点,填报《普通发票盘存报告表》,确保发票账实相符。

二、增值税专用发票

增值税专用发票是由国家税务总局监制设计印制的,一般只限于增值税一般纳税人领购使用,既可作为纳税人反映经济活动的重要会计凭证,又可作为兼记销货方纳税义务和购货方进项税额的合法证明,是增值税计算和管理中重要的、决定性的合法专用发票。实行增值税专用发票是增值税改革中很关键的一步,它与普通发票不同,不仅具有商事凭证作用,由于凭发票注明税款进行扣税,购货方要向销货方支付增值税,还具有完税凭证的作用。更重要的是,增值税专用发票将一个产品从最初生产到最终消费之间的各环节联系起来,保持了税负的完整,体现了增值税的作用。

（一）增值税专用发票的组成

增值税专用发票由基本联次或者基本联次附加其他联次组成,基本联次为三联,包括记账联、抵扣联和发票联。这三联是具有复写功能的,一次开具,三联的内容一致。增值税专用发票实行最高开票限额管理。最高开票限额由一般纳税人申请,税务机关依法审批。最高开票限额为 10 万元及以下的,由区县级税务机关审批;最高开票限额为 100 万元的,由地市级税务机关审批;最高开票限额为 1 000 万元及以上的,由省级税务机关审批。

（二）增值税专用发票的领购、开具

电脑版增值税专用发票领购步骤:第一步,由企业持"多证合一"后加载统一社会信用代码的企业营业执照、《增值税专用发票领购簿》、经办人员身份证和税控 IC 卡等证件、资料到主管税务机关办税大厅发票发售窗口,按照核定的种类及数量申请购买纸质电脑版增值税专用发票;第二步,企业购得纸质电脑版发票后,由税务发售人员通过微机将所购发票的代码、份数以及起止号码等信息写入税控 IC 卡。

增值税一般纳税人必须通过防伪税控系统开具增值税专用发票。一般纳税人安装使用防伪税控系统后,才能领购、开具电脑版增值税专用发票。

临时到本省以外从事经营活动的单位或个人,凭所在地税务机关的证明,也可向经营地税务机关申请领购经营地的发票。

《国家税务总局关于小规模纳税人免征增值税政策有关征管问题的公告》（国家税务总局公告 2019 年第 4 号）规定:自 2019 年 1 月 1 日起,全国范围内住宿业、律师事务所、会计师事务所、税务师事务所、咨询公司等鉴证咨询业增值税小规模纳税人提供住宿服务、认证服务、鉴证服务、咨询服务、销售货物或发生其他增值税应税行为,需要开具增值税专用发票的,可通过增值税发票管理新系统自行开具,并就开具增值税专用发票的销售额计算并缴纳增值税。

（三）增值税电子专用发票的管理与操作

自 2021 年 1 月 21 日起,在北京、山西、内蒙古、辽宁、吉林、黑龙江、福建、江西、山东、河南、湖北、湖南、广西、海南、贵州、云南、西藏、陕西、甘肃、青海、宁夏、新疆、大连、厦门和青岛等 25 个省、自治区、直辖市的新办纳税人中实行专票电子化,受票方范围为全国。电子专票由各省税务局监制,采用电子签名代替发票专用章,属于增值税专用发票,其法律效力、基本用途、基本使用规定等与增值税纸质专用发票（以下简称"纸质专票"）相同。

1. 电子专票的优点

与纸质专票相比,电子专票具有以下几方面优点:

（1）发票样式更简洁。电子专票进一步简化发票票面样式,采用电子签名代替原发票专用章,将"货物或应税劳务、服务名称"栏次名称简化为"项目名称",取消了原"销售方:（章)"栏次,使电子专票的开具更加简便。

（2）领用方式更快捷。纳税人可以选择办税服务厅、电子税务局等渠道领用电子专票。通过网上申领方式领用电子专票,纳税人可以实现"即领即用"。

（3）远程交付更便利。纳税人可以通过电子邮箱、二维码等方式交付电子专票,与纸质专票现场交付、邮寄交付等方式相比,发票交付的速度更快,也更有利于企业通过税控平台软件 SEAM Tax 整合业务系统与增值税税控开票系统。

（4）财务管理更高效。电子专票属于电子会计凭证,纳税人可以便捷获取数字化的票面明细信息,并据此提升财务管理水平。同时,纳税人可以通过全国增值税发票查验平台下载增值税电子发票版式文件阅读器,查阅电子专票并验证电子签名有效性,降低接收假发票的风险。

（5）存储保管更经济。电子专票采用信息化存储方式,与纸质专票相比,无需专门场所存放,也可以大幅降低后续人工管理的成本。此外,纳税人还可以从税务部门提供的免费渠道重新下载电子专票,防范发票丢失和损毁风险。

（6）社会效益更显著。电子专票交付快捷,有利于交易双方加快结算速度,缩短回款周期,提升资金使用效率。同时,电子专票的推出,还有利于推动企业财务核算电子化的进一步普及,进而对整个经济社会的数字化建设产生积极影响。

2. UKey 的领用

实行专票电子化的新办纳税人可向税务机关免费领取税务 UKey,通过电子税务局、办税服务厅等渠道申请电子专票票种核定,在国家税务总局增值税发票查验平台上下载并安装增值税发票开票软件(税务 UKey 版)后,开具电子专票。开票完成后,纳税人可以通过电子邮件、二维码等方式,远程交付电子专票给受票方。

3. 电子签名与电子发票监制章的验证

电子专票采用可靠的电子签名代替原发票专用章,采用经过税务数字证书签名的电子发票监制章代替原发票监制章,更好地适应了发票电子化改革的需要。

纳税人可以通过全国增值税发票查验平台下载增值税电子发票版式文件阅读器,查阅电子专票并验证电子签名以及电子发票监制章有效性。

验证电子签名的具体方法如下:通过增值税电子发票版式文件阅读器打开已下载的电子专票版式文件,鼠标移动到左下角“销售方”相关信息处,点击鼠标右键,再点击提示框中的“验证”按钮,即可弹出验证结果。如验证结果为“该签章有效！受该签章保护的文档内容未被修改。该签章之后的文档内容无变更”,表明销售方的电子签名有效。

验证电子发票监制章的具体方法如下:通过增值税电子发票版式文件阅读器打开已下载的电子专票版式文件,鼠标右键点击发票上方椭圆形的发票监制章,选择“验证”,即可显示验证结果。

4. 运用电子发票进行增值税抵扣

受票方取得电子专票用于申报抵扣增值税进项税额或申请出口退税、代办退税的,应当登录增值税发票综合服务平台确认发票用途,登录地址由各省税务局确定并公布。

5. 运用电子发票进行报销与入账

依据财会〔2020〕6 号文规定,电子专票作为电子会计凭证的一种,同时满足下列条件的,可以仅使用电子专票进行报销入账归档:

（1）接收的电子会计凭证经查验合法、真实。

（2）电子会计凭证的传输、存储安全、可靠,对电子会计凭证的任何篡改能够及时被发现。

（3）使用的会计核算系统能够准确、完整、有效接收和读取电子会计凭证及其元数据,能够按照国家统一的会计制度完成会计核算业务,能够按照国家档案行政管理部门规定格式输出电子会计凭证及其元数据,设定了经办、审核、审批等必要的审签程序,且能有效防止电子会计凭证重复入账。

（4）电子会计凭证的归档及管理符合《会计档案管理办法》(财政部国家档案局令第79 号)等要求。

采用电子专票进行报销、入账且本单位财务信息系统能导出符合国家档案部门规定的电子归档格式的,应当将电子专票与其他电子会计记账凭证等一起归档保存,电子专票不再需要打印和保存纸质件;不满足上述条件的单位,采用电子专票纸质打印件进行报销、入账的,电子专票应当与其纸质打印件一并交由会计档案人员保存。

6. 电子发票的归档与保存

根据财会〔2020〕6号文规定,各单位无论采用何种报销、入账方式,只要接收的是电子专票,则必须归档保存电子专票。单位如果以电子专票的纸质打印件作为报销入账归档依据的,必须同时保存打印该纸质件的电子专票。

电子专票的纸质打印件只是承载电子专票发票信息的载体,不具备物理防伪功能,具有可复制的特点。为避免电子专票的纸质打印件重复报销入账,各单位应建立完善的内控机制,严格按照财会〔2020〕6号文规定。如果以电子专票的纸质打印件作为报销入账归档依据的,必须同时保存打印该纸质件的电子专票。同时建议各单位在报销入账时对发票代码、号码进行查重处理。对于已经使用财务信息系统的单位,可以通过建立发票数据库的方式,升级系统功能,利用系统进行自动比对;对于尚未使用财务软件实行纯手工记账的单位,可以通过电子表格等方式,建立已入账发票手工台账,有效防范重复报销、虚假入账等风险。

电子发票归档保存分以下几种情况进行:

已建立电子档案管理系统的单位,实施了会计信息系统,与电子发票相关的记账凭证、报销凭证等已全部实现电子化(不包括纸质凭证扫描,下同),可将电子发票与相关的记账凭证、报销凭证等电子会计凭证通过归档接口或手工导入电子档案管理系统进行整理、归档并长期保存,归档方法可参照《企业电子文件归档和电子档案管理指南》(档办发〔2015〕4号);如与电子发票相关的记账凭证、报销凭证等未实现电子化,可单独将电子发票通过归档接口或手工导入电子档案管理系统进行整理、归档并长期保存;整理、归档、长期保存方法可参照《企业电子文件归档电子档案管理指南》(档办发〔2015〕4号)的有关规定。

无电子档案管理系统的单位,如实施了会计信息系统,与电子发票相关的记账凭证、报销凭证等已全部实现电子化,可将电子发票与相关的记账凭证、报销凭证等移交会计档案管理人员保存,编制档号。

保存电子发票时,应当采用多重备份、定期检测等方法,保证电子发票档案在规定的保管期限内不会丢失并能被读取。

接受电子专票的单位,如部分业务的报销、入账仍采用纸质凭证,该部分纸质凭证仍应按传统纸质会计档案的管理方法进行管理。

情景案例 >>

虚开发票触犯法律

2023年2月9日,湖南省花垣县人民法院公开开庭审理董某某虚开增值税专用发票一案。经一审判决,董某某犯虚开增值税专用发票罪,判处有期徒刑四年,并处罚金人民币五万元。违法所得人民币298 659.95元继续追缴,上缴国库。

经审理查明,被告人董某某以虚开出售增值税专用发票从中赚取差价谋利为目的,成立花垣县德盛源运输有限公司。从2021年11月至2022年5月,在无真实货物交易情况下,按 3.1% 开票价格,从李某某实际控制的 3 家公司购买增值税专用发票 25 份,税额 1 009 947.87 元,价税合计金额 8 778 777.47 元。之后,在无真实货物交易和运输劳务的情况下,以花垣县德盛源运输有限公司名义,按 4.3% 价格比例收取开票费用,给 17 家公司虚开增值税专用发票 143 份,税额 1 096 056.86 元,价税合计 13 274 466.4 元。

法院审理后认为,被告人董某某违反增值税专用发票管理规定,无实际生产经营行为,为他人虚开、让他人为自己虚开增值税专用发票,其行为已触犯刑律,构成虚开增值税专用发票罪。法院遂作出上述判决。

法律援引:《中华人民共和国刑法》第六节危害税收征管罪

第二百零五条【虚开增值税专用发票、用于骗取出口退税、抵扣税款发票罪】虚开增值税专用发票或者虚开用于骗取出口退税、抵扣税款的其他发票的,处三年以下有期徒刑或者拘役,并处二万元以上二十万元以下罚金;虚开的税款数额较大或者有其他严重情节的,处三年以上十年以下有期徒刑,并处五万元以上五十万元以下罚金;虚开的税款数额巨大或者有其他特别严重情节的,处十年以上有期徒刑或者无期徒刑,并处五万元以上五十万元以下罚金或者没收财产。

单位犯本条规定之罪的,对单位判处罚金,并对其直接负责的主管人员和其他直接责任人员,处三年以下有期徒刑或者拘役;虚开的税款数额较大或者有其他严重情节的,处三年以上十年以下有期徒刑;虚开的税款数额巨大或者有其他特别严重情节的,处十年以上有期徒刑或者无期徒刑。

虚开增值税专用发票或者虚开用于骗取出口退税、抵扣税款的其他发票,是指有为他人虚开、为自己虚开、让他人为自己虚开、介绍他人虚开行为之一的。

第二百零五条之一【虚开发票罪】虚开本法第二百零五条规定以外的其他发票,情节严重的,处二年以下有期徒刑、拘役或者管制,并处罚金;情节特别严重的,处二年以上七年以下有期徒刑,并处罚金。

单位犯前款罪的,对单位判处罚金,并对其直接负责的主管人员和其他直接责任人员,依照前款的规定处罚。

三、增值税普通发票

增值税普通发票,是将除商业零售以外的增值税一般纳税人纳入增值税防伪税控系统开具和管理,也就是说一般纳税人可以使用同一套增值税防伪税控系统开具增值税专用发票、增值税普通发票等,俗称"一机多票"。

（一）增值税普通发票的组成

增值税普通发票的格式、字体、栏次、内容与增值税专用发票完全一致,按发票联次分为两联票和五联票两种,基本联次为两联:第一联为记账联,销货方用作记账凭证;第二联为发票联,购货方用作记账凭证。此外为满足部分纳税人的需要,在基本联次后添加了三联的附加联次,即五联票,供企业选择使用。增值税普通发票第二联采用防伪纸张印制。

（二）增值税电子普通发票

增值税电子普通发票的开票方和受票方需要纸质发票的,可以自行打印增值税电子普通发票的版式文件,其法律效力、基本用途、基本使用规定等与税务机关监制的增值税普通发票相同。

增值税电子普通发票的发票代码为 12 位,编码规则:第 1 位为 0,第 2~5 位代表省、自治区、直辖市和计划单列市,第 6~7 位代表年度,第 8~10 位代表批次,第 11~12 位代表票种(11 代表增值税电子普通发票)。发票号码为 8 位,按年度、分批次编制。

四、全面数字化的电子发票

全面数字化的电子发票(简称全电发票、数电票)是与纸质发票具有同等法律效力的全新发票,不以纸质形式存在、不用介质支撑、无须申请领用、发票验旧及申请增版增量。纸质发票的票面信息全面数字化,多个票种集成归并为电子发票单一票种,全国统一赋码、开具金额总额度管理、自动流转交付。

（一）全面数字化的电子发票推行意义

全电发票是商事凭证和会计核算依据。一方面,全电发票是发票发展到数字经济时代的新形态,顺应了数字经济潮流。另一方面,全电发票仍是交易行为的有效证明、财务收支的法定凭证、会计核算的原始依据,同时也是监督机关、税务机关执法检查的重要依据。全电发票与纸质发票具有相同的法律地位和效力,在安全性和便捷性方面,由于采用最先进的技术,在有效防范假发票上大大超越了纸质发票的同时,也提升了便利性。

（二）全面数字化的电子发票优点

1. 领票流程更简化

开业开票“无缝衔接”。全电发票实现“去介质”,纳税人不再需要预先领取专用税控设备;通过“赋码制”取消特定发票号段申领,发票信息生成后,系统自动分配唯一的发票号码;通过“授信制”自动为纳税人赋予开具金额总额度,实现开票“零前置”。基于此,新办纳税人可实现“开业即可开票”。

2. 开票用票更便捷

（1）发票开具渠道更多元。电子发票服务平台全部功能上线后,纳税人不仅可以通过电脑网页端开具全电发票,还可以通过客户端、移动端手机 App 随时随地开具全电发票。

（2）“一站式”服务更便捷。纳税人登录电子发票服务平台后,可进行发票开具、交付、查验以及勾选等系列操作,享受“一站式”服务,无需再登录多个平台完成相关操作。

（3）发票数据应用更广泛。通过“一户式”“一人式”发票数据归集,加强各税费数据联动,为实现“一表集成”式税费申报预填服务奠定数据基础。

（4）破除特定格式要求满足个性业务需求。全电发票增加了 XML 的数据电文格式便利交付,同时保留 PDF、OFD 等格式,降低发票使用成本,提升纳税人用票的便利度和获得感。全电发票样式根据不同业务进行差异化展示,为纳税人提供更优质的个性化服务。

（5）纳税服务渠道更畅通。电子发票服务平台提供征纳互动相关功能,如增加智能咨询,纳税人在开票、受票等过程中,平台自动接收纳税人业务处理过程中存在的问题并进行智能答疑;增设异议提交功能,纳税人对开具金额总额度有异议时,可以通过平台向税务机关提出。

3. 入账归档一体化

通过制发电子发票数据规范、出台电子发票国家标准,实现全电发票全流程数字化流转,进一步推进企业和行政事业单位会计核算、财务管理信息化。

数电票与
纸电票有
什么区别

2022年,国票信息——发票通PLUS企业数字化税务协同管理平台全新升级"数电票"功能,在继承传统税控设备开票的基础上,依托发票通PLUS平台数电票开具能力,可对接企业业务或ERP系统,集中或分散开具数电票,同时在进项发票管理中,可对接收的数电票进行集中的查验、认证,为企业推进数电票的试点提供方案及系统支撑。

目前,全国数电票开票试点省份(含计划单列市)已达到16个:上海市、内蒙古自治区、广东省、四川省、厦门市、重庆市、天津市、大连市、青岛市、陕西省、河南省、吉林省、福建省、云南省、深圳市、宁波市。受票范围为:全国。

（三）全电发票与电子发票的主要区别

（1）管理方式不同。对于全电发票,纳税人开业后,无需使用税控专用设备,无需办理发票票种核定,无需领用全电发票,系统自动赋予开具额度,并根据纳税人行为动态调整发票额度,实现开业即可开票。对于通过增值税发票管理系统开具的电子发票(以下称"纸电发票"),纳税人开业后,须先申领专用税控设备并进行票种核定,发票数量和票面限额管理同纸质发票一样,纳税人需要依申请对发票增版增量,是纸质发票管理模式下的电子化。

（2）发票交付手段不同。全电发票开具后,发票数据文件自动发送至开票方和受票方的税务数字账户,便利交付入账,减少人工收发。同时,依托税务数字账户,纳税人可对全量发票数据进行自动归集,发票数据使用更高效便捷。而纸电发票开具后,需要通过发票版式文件进行交付。即开票方将发票版式文件通过邮件、短信等方式交付给受票方;受票方人工下载后,仍需对发票的版式文件进行归集、整理、入账等操作。

（3）发票生态不同。全电发票推行后,发票管理将依托大数据管理体系,从"控票"向"控事"转变,平台功能从单一向开放生态体系转变,全电发票的开具、交付、查验等应用实现深度融合,纳税人可享受"一站式"服务。税务总局将制定发布相关标准,并向社会公众公开,不同行业、不同规模企业可免费对接税务部门信息系统,纳税人不再需要租用第三方平台。而对于纸电发票,税务部门的管理手段主要是通过专用税控设备实现"控票",发票平台功能较为单一,且发票开具、交付、查验等平台互相独立。

（4）推行全电发票后税务机关对发票的管理变化。全电发票推广后,税务机关将大幅精简发票管理流程,同步推进税务岗责体系优化调整,逐步实现从流程管理向数字化智能管理转变,提高税务管理现代化水平。通过对税务管理行为全程留痕,构建发票管理与内部督察审计监督实时互通互动机制,紧盯发票权力运行各环节,完善发现问题、纠正偏差、精准问责管理模式,为数字化人事管理、督察内审和绩效考核奠定基础。

情景案例>>

"多证合一"后企业如何办理申领发票?

在未推出"多证合一"时,企业拿到营业执照和相关证照后,还需要到税务部门办理"税务登记证"。但"多证合一"后,营业执照上加载了18位统一社会信用代码,这相当于企业的身份证号码,各部门均以该代码作为企业唯一身份标识,免去了"税务登记证"。

那么,"多证合一"后,该如何申领发票?

　　某新办公司相关负责人张女士由于企业业务需要,申请购买发票。在办税服务大厅,纳税服务科副科长李先生对张女士就此事进行了解释和答疑。企业在办理营业执照时,应及时备份"公司章程""股东决议书"和"核准设立通知书"这三种材料,然后以这些材料和营业执照副本原件及复印件,法定代表人身份证原件和复印件,就可以到企业所在区的税务部门进行资料补充录入后申领发票。

　　张女士的补充录入完毕后,又至7号窗口免费申领UKey,用于网上申报系统登录。

　　随后,张女士来到发票申领窗口进行发票申领。在这里,需要提供"办理人身份证原件和复印件",并现场填写"纳税人领用发票票种核定表",签收"税务文书送达回证",在此期间,还需要相关印章,之后便可根据需求申领发票了。不过,在申领发票前,张女士需要购买税控盘,该税控盘税务部门并不提供,需要到第三方公司进行购买。

　　纳税服务科科长张先生提醒张女士,在补登完相关信息后,一定要按时进行报税,企业可以在网上直接报税。

【案例解析】

　　申领发票的完整流程可概括如下:

　　步骤一:企业在办理企业营业执照时,应注意备份"公司章程""股东决议书""核准设立通知书"。

　　步骤二:带好法定代表人身份证、营业执照副本和企业的所有印章,到企业所辖区的税务部门,填写"税务登记表",进行补充登记。

　　步骤三:在补充登记后,企业领到UKey。

　　步骤四:如果有发票需求,需进行发票申领,需要提供办理人身份证原件和复印件,还需用到相关印章,现场填写"纳税人领用发票票种核定表",并签收"税务文书送达回证",再购买"税控盘",经相关人员核定后,便可申领发票。

任务三　纳税申报

【知识准备与业务操作】

一、纳税申报的对象与期限

　　纳税申报是指纳税人、扣缴义务人在发生法定纳税义务后,按照税法或税务机关相关行政法规所规定的内容,在申报期限内,以书面形式向主管税务机关提交有关纳税事项及应缴税款的法律行为。如纳税人无经营收入或所得,也必须进行零申报。

　　(一)纳税申报对象

　　纳税申报对象一般包括以下三类:

　　(1)依法已向税务机关办理税务登记的纳税人。包括:各项收入均应当纳税的纳税人;全部或部分产品、项目或者税种享受减税、免税照顾的纳税人;当期营业额未达起征点或没有营业收入的纳税人;实行定期定额纳税的纳税人;应当向税务机关缴纳企业所得税以及其他税种的纳税人。

（2）按规定不需向税务机关办理税务登记，以及应当办理而未办理税务登记的纳税人。

（3）扣缴义务人和税务机关确定的委托代征人。

（二）纳税申报期限

1. 纳税申报期限一般规定

缴纳增值税、消费税、企业所得税等的纳税申报期限在以后相关章节会详细学习。其他税种，税法已明确规定纳税申报期限的，按税法规定的期限申报；税法未明确规定纳税申报期限的，按主管税务机关根据具体情况确定的期限申报。

2. 申报期限的顺延

纳税人办理纳税申报的期限最后日，如遇公休、节假日的，可以顺延。

纳税人、扣缴义务人、代征人按照规定的期限办理纳税申报或者报送代扣代缴、代收代缴税款报告表、委托代征税款报告表确有困难需要延期的，应当在规定的申报期限内向主管税务机关提出书面延期申请，经主管税务机关核准，在核准的期限内办理。纳税人、扣缴义务人、代征人因不可抗力情形，不能按期办理纳税申报或者报送代扣代缴、代收代缴税款或委托代征税款报告的，可以延期办理。但是，应当在不可抗力情形消除后立即向主管税务机关报告。

实行定期定额缴纳税款的纳税人，可以实行简易申报、简并征期等申报纳税方式。

3. 各税种的纳税申报期限

增值税、消费税、企业所得税、城市维护建设税、教育费附加、资源税、土地增值税、环境保护税、房产税、车船税等纳税申报期限详见后面相应章节。

二、纳税申报的内容

在申报期内无论有无收入都必须在规定的期限内如实填报申报表并附送有关资料，享受减免税待遇的，在减免税期间也应办理纳税申报。

纳税人办理纳税申报时，应当如实填写纳税申报表以及税务机关根据实际需要要求纳税人报送的其他资料，具体包括：

（1）财务会计报表及其说明材料。

（2）与纳税有关的合同、协议书及凭证。

（3）税控装置的电子报税资料。

（4）外出经营活动税收管理证明和异地完税凭证。

（5）境内或者境外公证机构出具的有关证明文件。

（6）税务机关规定应当报送的其他有关证件、资料。

三、纳税申报的要求

（一）《税收征收管理法》对纳税申报的规定

（1）纳税人必须依照法律、行政法规规定或税务机关依照法律、行政法规的规定确定的申报期限、申报内容如实办理纳税申报，报送纳税申报表、财务会计报表以及税务机关根据实际需要要求纳税人报送的其他纳税资料。扣缴义务人必须依照法律、行政法规规定或者税务机关依照法律、行政法规的规定确定的申报期限、申报内容如实报送代扣代缴、代收代缴税款报告表以及税务机关根据实际需要要求扣缴义务人报送的其他有关资料。

(2) 纳税人、扣缴义务人可以直接到税务机关办理纳税申报或者报送代扣代缴、代收代缴税款报告表,也可以按照规定采取邮寄、数据电文或其他方式办理上述申报、报送事项。

(3) 纳税人、扣缴义务人不能按期办理纳税申报或者报送代扣代缴、代收代缴税款报告表的,经税务机关核准,可以延期申报。经核准延期办理所规定的申报、报送事项的,应当在纳税期内按照上期实际缴纳的税额或者税务机关核定的税额预缴税款,并在核准的延期内办理税款结算。

(二)纳税申报的材料要求

(1) 纳税人、扣缴义务人、代征人应当到当地税务机关购领纳税申报表或者代扣代缴、代收代缴税款报告表、委托代征税款报告表,按照表式内容全面、如实填写,并按规定加盖印章。

(2) 纳税人办理纳税申报时,应根据不同情况提供下列有关资料和证件:

① 财务、会计报表及其说明材料。

② 增值税专用发票领、用、存月报表,增值税销项税额和进项税额明细表。

③ 增值税纳税人先征税后返还申请表。

④ 外商投资企业超税负返还申请表。

⑤ 与纳税有关的经济合同、协议书、联营企业利润转移单。

⑥ 未建账的个体工商户,应当提供收支凭证粘贴簿、进货销货登记簿。

⑦ 外出经营活动税收管理证明。

⑧ 境内或者境外公证机构出具的有关证明文件。

⑨ 国家税务机关规定应当报送的其他证件、资料。

(3) 扣缴义务人或者代征人应当按照规定报送代扣代缴、代收代缴税款的报告表或者委托代征税款报告表,代扣代缴、代收代缴税款或者委托代征税款的合法凭证,与代扣代缴、代收代缴税款或者委托代征税款有关的经济合同、协议书。

四、纳税申报的方式

税务机关应当建立、健全纳税人自行申报纳税制度。但经税务机关批准,纳税人、扣缴义务人亦可以采取邮寄、数据电文方式办理纳税申报或者报送代扣代缴、代收代缴税款报告表。另外,实行定期定额缴纳税款的纳税人,可以实行简易申报、简并征期等申报纳税方式。

(一)直接申报

直接申报是指纳税人或纳税人的税务代理人直接到税务机关进行申报。根据申报地点的不同,直接申报又可分为直接到办税服务厅申报、到巡回征收点申报和到代征点申报三种。

(二)邮寄申报

邮寄申报是指纳税人将纳税申报表及有关纳税资料以邮寄的方式送达税务机关。具体做法如下:纳税人自行或者委托税务代理人核算应纳税款,填写纳税申报表(对于自核自缴的纳税人还应填写缴款书并到银行缴纳税款),在法定的申报纳税期内使用国家税务总局和邮电部联合制定的专用信封将纳税申报表及有关资料送邮政部门交寄,或者由投递员上门收寄,以交寄时间为申报时间;邮政部门将邮寄申报信件以同城邮政特快的方式送交税务机关；税务机关打印完税凭证，以挂号的形式寄回纳税人（自核自缴纳税的除外）。

（三）电子申报

电子申报是指纳税人将纳税申报表及其有关资料所列的信息通过计算机网络传送给税务机关。电子申报主要有微机申报、专用报税机申报、电话申报三种方式。

纳税人无论采用哪一种申报方式，都需要根据各税种的要求，向税务机关报送纳税申报表和有关申报资料。

五、容缺办理部分税务事项，精简涉税费资料报送

为深入贯彻党中央、国务院关于深化"放管服"改革、优化营商环境的决策部署，认真落实中办、国办印发的《关于进一步深化税收征管改革的意见》，切实减轻纳税人缴费人办税缴费负担，税务总局决定自2023年2月1日起对部分税务事项实行容缺办理，进一步精简涉税费资料报送。具体规定如下：

（一）税务事项容缺办理

1. 容缺办理事项

符合容缺办理情形的纳税人，可以选择《容缺办理涉税费事项及容缺资料清单》所列的一项或多项税费业务事项，按照可容缺资料范围进行容缺办理。

容缺办理的纳税人签署《容缺办理承诺书》，书面承诺知晓容缺办理的相关要求，愿意承担容缺办理的相关责任。对符合容缺办理情形的纳税人，税务机关以书面形式（含电子文本）一次性告知纳税人需要补正的资料及具体补正形式、补正时限和未履行承诺的法律责任，并按照规定程序办理业务事项。

2. 容缺办理资料补正

纳税人可选择采取现场提交、邮政寄递或税务机关认可的其他方式补正容缺办理资料，补正时限为20个工作日。采取现场提交的，补正时间为资料提交时间；采取邮政寄递方式的，补正时间为资料寄出时间；采取其他方式的，补正时间以税务机关收到资料时间为准。

纳税人应履行容缺办理承诺，承担未履行承诺的相关责任。纳税人未按承诺时限补正资料的，相关记录将按规定纳入纳税信用评价。

3. 不适用容缺办理的情形

重大税收违法失信案件当事人不适用容缺办理。相关当事人已履行相关法定义务，经实施检查的税务机关确认的，在公布期届满后可以适用容缺办理。

超出补正时限未提交容缺办理补正资料的纳税人，不得再次适用容缺办理。

（二）精简涉税费资料报送

1. 取消报送的涉税费资料

纳税人办理《取消报送涉税费资料清单》所列的税费业务事项，不再向税务机关报送《取消报送涉税费资料清单》明确取消报送的相关资料。

2. 改为留存备查的涉税费资料

纳税人办理《改留存备查涉税费资料清单》所列的税费业务事项，不再向税务机关报送《改留存备查涉税费资料清单》明确改留存备查的相关资料，改由纳税人完整保存留存备查。纳税人对留存备查资料的真实性和合法性承担法律责任。

任务四　税　款　征　收

改留存备
查涉税费
资料清单

取消报送
涉税费资
料清单

容缺办理
涉税费事
项及容缺
资料清单

【知识准备与业务操作】

一、税款征收方式及措施

（一）税款征收方式

1. 自核自缴方式

生产经营规模较大，财务制度健全，会计核算准确，一贯依法纳税的企业，经主管税务机关批准，企业依照税法规定，自行计算应纳税额，自行填写纳税申报表，自行填写税收缴款书，到开户银行解缴应纳税款，并按规定向主管税务机关办理纳税申报，报送纳税资料和财务会计报表。

2. 申报核实缴纳方式

生产经营正常，财务制度基本健全，账册、凭证完整，会计核算较准确的企业依照税法规定计算应纳税款，自行填写纳税申报表，按照规定向主管税务机关办理纳税申报，并报送纳税资料和财务会计报表，经主管税务机关审核，并填开税收缴款书，纳税人按规定期限到开户银行缴纳税款。

3. 申报查验缴纳方式

对于财务制度不够健全，账簿凭证不完备的经营场所固定的业户，应当如实向主管税务机关办理纳税申报并提供其生产能力、原材料、能源消耗情况及生产经营情况等，经主管税务机关审查测定或实地查验后，填开税收缴款书或者完税凭证，纳税人按规定期限到开户银行或者税务机关缴纳税款。

4. 定额申报缴纳方式

对于生产规模较小，确无建账能力或者账证不健全，不能提供准确纳税资料的经营场所固定的业户，按照税务机关核定的销售额和征收率在规定期限内向主管税务机关申报缴纳税款。

纳税人采取何种方式缴纳税款，由主管税务机关确定。

（二）税款征收措施

《税收征收管理法》规定税务机关在税款征收中可以采取下列措施：

1. 加收滞纳金

纳税人未按规定期限缴纳税款的，扣缴义务人未按规定期限解缴税款的，税务机关除责令其限期缴纳外，从滞纳税款之日起，按日加收滞纳税款0.5‰的滞纳金。纳税人因有特殊困难的，不能按期缴纳税款的，经省、自治区、直辖市税务局批准，可以延期缴纳税款，但最长不得超过3个月。经过批准延期缴纳的，不加收滞纳金。

2. 补缴和追征税款

因税务机关的责任，使纳税人、扣缴义务人未缴或少缴税款的，税务机关在3年内可以要求纳税人、扣缴义务人补缴税款，但是不得加收滞纳金。因纳税人、扣缴义务人计算错误等失误，未缴或少缴税款的，税务机关在 3 年内可以追征税款。对偷税、抗税、骗税的，税务机关追征其未缴或少缴的税款、滞纳金或所骗取的税款，不受期限的限制。

3. 税收保全措施

税收保全措施是指税务机关为使纳税人在发生纳税义务后保证履行纳税义务所采取的一种控制管理措施。税务机关有根据认为从事生产、经营的纳税人有逃避纳税义务行为的，可以在规定的纳税期限之前，责令限期缴纳应纳税款；在限期内发现纳税人有明显地转移、隐匿其应纳税的商品、货物以及其他财产或应纳税的收入的迹象的，税务机关可以责成纳税人提供纳税担保。如果纳税人不能提供纳税担保，经县以上税务局（分局）局长批准，税务机关可以采取以下税收保全措施：书面通知纳税人开户银行或者其他金融机构冻结纳税人金额相当于应纳税款的存款；扣押、查封纳税人的价值相当于应纳税款的商品、货物或者其他财产。

纳税人在税务机关规定的限期内缴纳税款的，税务机关必须立即解除税收保全措施；限期期满仍未缴纳税款的，经县以上税务局（分局）局长批准，税务机关可以书面通知纳税人开户银行或者其他金融机构从其冻结的存款中扣缴税款，或者依法拍卖、变卖所扣押、查封的商品、货物或者其他财产，以拍卖或变卖所得抵缴税款。

个人及其所抚养家属维持生活必需的住房和用品，不在税收保全措施的范围之内。个人所抚养家属，是指与纳税人共同居住生活的配偶、直系亲属以及无生活来源并由纳税人抚养的其他亲属。个人及其所抚养家属维持生活必需的住房和用品不包括机动车辆、金银饰品、古玩字画、豪华住宅或者一处以外的住房。

税务机关对单价 5 000 元以下的其他生活用品，不采取税收保全措施和强制执行措施。

4. 强制执行措施

强制执行措施是指对纳税人、扣缴义务人未按规定期限缴纳或者解缴税款，纳税担保人未按规定的期限缴纳所担保的税款，经税务机关责令限期缴纳而逾期仍未缴纳的，由税务机关采取的强制手段。税务机关可以采取下列强制执行措施：书面通知其开户银行或者其他金融机构从其存款中扣缴税款；扣押、查封、依法拍卖或者变卖其价值相当于应纳税款的商品、货物或者其他财产，以拍卖或者变卖所得抵缴税款。

对个人及其抚养家属维持生活所必需的住房和用品，不在强制执行措施的范围之内。

税务机关对从事生产、经营的纳税人以前纳税期的纳税情况进行税务检查时，发现纳税人有逃避纳税义务的行为，并有明显地转移、隐匿其纳税的商品、货物以及其他财产或者应纳税收入的迹象的，可以按照法定批准权限采取强制执行措施。

5. 出境清税

出境清税是指欠缴税款的纳税人需要出境的，应在出境前向税务机关结清应纳税款或者提供担保。未结清税款又不提供担保的，税务机关可以通知出境管理机关阻止其出境。出境清税的目的，在于防止欠缴税款的纳税人利用国家司法管理和行政管辖在空间上的局限，逃避纳税，损害国家利益，故出境清税亦可打击税收违法行为。

二、应纳税额的确定

（一）核定税额

1. 核定税额的条件

除特殊行业、特殊类型的纳税人和一定规模以上的纳税人外，纳税人具有下列情形之一的,税务机关有权核定其应纳税额:依照法律、行政法规的规定可以不设置账簿的;依照法律、行政法规规定应当设置但未设置账簿的;擅自销毁账簿或者拒不提供纳税资料的;虽设置账簿,但账目混乱或者成本资料、收入凭证、费用凭证残缺不全,难以查账的;发生纳税义务,未按照规定的期限办理纳税申报,经税务机关责令限期申报,逾期仍不申报的;纳税人申报的计税依据明显偏低,又无正当理由的。

2. 核定税额的方法

纳税人有以上情形之一的,税务机关有权采用下列任何一种方法核定其应纳税额,采用所列一种方法不足以正确核定应纳税所得额或应纳税额的,可以同时采用两种以上的方法核定:参照当地同类行业或者类似行业中经营规模和收入水平相近的纳税人的税负水平核定;按照应税收入额或成本费用支出额定率核定;按照耗用的原材料、燃料、动力等推算或者测算核定;按照其他合理的方法核定。

纳税人对税务机关确定的企业所得税征收方式、核定的应纳所得税税额有异议的,应当提供合法、有效的相关证据,税务机关经核实认定后调整有异议的事项。

(二)个体工商户建账及税收征收管理

国家税务总局令 2006 年 17 号《个体工商户建账管理暂行办法》(以下简称"办法")已经国家税务总局于 2006 年 12 月 7 日第 4 次局务会议审议通过,自 2007 年 1 月 1 日起施行,根据 2018 年 6 月 15 日《国家税务总局关于修改部分税务部门规章的决定》进行了修正。

修订后的办法规定:符合条件的个体工商户必须和企业一样建账纳税,接受税务部门监督管理。个体工商户应按照税务部门的规定正确建立账簿,准确进行核算。对账证健全、核算准确的个体工商户,税务部门对其实行查账征收;对生产经营规模小又确无建账能力的个体工商户,税务部门对其实行定期定额征收;具有一定情形的个体工商户,税务部门有权核定其应纳税额,实行核定征收。

从事生产、经营并有固定生产、经营场所的个体工商户,都应当按照法律、行政法规和本办法的规定设置、使用和保管账簿及凭证,并根据合法、有效凭证记账核算。税务机关应同时采取有效措施,巩固已有建账成果,积极引导个体工商户建立健全账簿,正确进行核算,如实申报纳税。

(1)对资金和月销售额达到一定标准的个体工商户,应当自领取营业执照或者发生纳税义务之日起 15 日内,按照法律、行政法规和本办法的有关规定设置账簿并办理账务,不得伪造、变造或者擅自损毁账簿、记账凭证、完税凭证和其他有关资料。应当设置复式账,达到建账标准的个体工商户,应当根据自身生产、经营情况和本办法规定的设置账簿条件,对照选择设置复式账或简易账,并报主管税务机关备案。账簿方式一经确定,在一个纳税年度内不得进行变更。

设置复式账的个体工商户应按《个体工商户会计制度》的规定设置总分类账、明细分类账、日记账等,进行财务会计核算,如实记载财务收支情况。成本、费用列支和其他财务核算规定按照《个体工商户个人所得税计税办法》执行。

设置复式账的个体工商户在办理纳税申报时,应当按照规定向当地主管税务机关报送财务会计报表和有关纳税资料。月度会计报表应当于月份终了后 10 日内报出,年度会计报表应当在年度终了后 30 日内报出。

税务机关对建账户采用查账征收方式征收税款。建账初期,也可以采用查账征收与定期定额征收相结合的方式征收税款。

（2）达不到上述建账标准的个体工商户，经县以上税务机关批准，可按照《税收征收管理法》的规定，建立收支凭证粘贴簿、进货销货登记簿或者使用税控装置。

按照税务机关规定的要求使用税控收款机的个体工商户，其税控收款机输出的完整的书面记录，可以视同经营收入账。

设置简易账的个体工商户应当设置经营收入账、经营费用账、商品（材料）购进账、库存商品（材料）盘点表和利润表，以收支方式记录、反映生产、经营情况并进行简易会计核算。

三、延期缴纳税款

作为纳税人，在生产经营过程中，确有特殊困难，不能按期缴纳税款的，可以依法向税务机关申请延期缴纳。依法经核准允许延期申报，不等于可以延期纳税。

（一）特殊困难的规定

（1）水、火、风、雹、海潮、地震等人力不可抗拒的自然灾害。

（2）可供纳税的现金、支票以及其他财产等遭遇偷盗、抢劫等意外事故。

（3）国家调整经济政策的直接影响。

（4）短期货款拖欠。

（5）其他经省、自治区、直辖市税务局明文列举的特殊困难。

（二）延期纳税程序

纳税人不能按照法定期限缴纳税款的，必须在法律、行政法规规定或者税务机关依照法律、行政法规的规定确定的申报期之前，以书面形式，向县及县以上税务局（分局）提出延期缴纳税款申请，载明延期缴纳的税种、税额、税款所属时间以及申请延期缴纳税款的理由。税务机关在收到纳税人延期缴纳税款申请后，要严格进行审查。纳税人应当提供灾情报告、公安机关出具的事故证明、政策调整依据、货款拖欠情况说明，必要时，税务机关应当实地调查。

延期缴纳税款申请经税务机关审查合格，纳税人应当填写税务机关统一格式的《延期缴纳税款申请审批表》，经基层征收单位对准予延期的税额和期限签注意见，报县及县以上税务局（分局）局长批准，方可延期缴纳，但最长不得超过3个月。申请延期缴纳税款数额较大且申请延期在2至3个月的，必须报经地市一级税务局局长批准。

同一纳税人应纳的同一税种的税款，符合延期缴纳法定条件的，在一个纳税年度内只能申请延期缴纳一次；需要再次延期缴纳的，必须逐级报经省、自治区、直辖市税务局局长批准。

（三）延期纳税申请资料

延期纳税申请所需资料主要包括以下内容：

（1）纳税申报表。

（2）申请延期缴纳税款报告及延期缴纳税款申请审批表。

（3）当期货币资金余额情况及所有银行存款账户的对账单。

（4）资产负债表。

（5）应付职工工资和社会保险费支出预算。

（6）税务机关要求提供的其他支出预算或其他资料。

项 目 小 结

　　税收征管，又称税收稽征管理，是税务机关依据税法的规定对税收工作实施管理、征收、检查等活动的总称。税收征管包括税务管理、税款征收和税务检查三个基本环节，具体内容包括税务登记管理、纳税申报管理、税款征收管理、减税免税及退税管理、税收票证管理、纳税检查和税务稽查、纳税档案资料管理。

　　税务登记是纳税人在开业、歇业前以及生产经营期间发生变动时，就其生产经营的有关情况向所在地税务机关办理书面登记的一种制度，包括开业登记、变更登记、停（复）业登记、注销登记、报验登记等。

　　开业税务登记包括企业进行税务登记备案、税种认定、办理一般纳税人登记、出口退税认定及个人所得税扣缴义务认定等。

　　其他税务登记包括变更税务登记、注销税务登记、歇业复业税务登记、外出经营活动税务登记等。

　　增值税专用发票的管理包括领、用、开及认定的管理，普通发票和专用发票有不同的使用范围。

　　纳税申报是指纳税人、扣缴义务人在发生法定纳税义务后，按照税法或税务机关相关行政法规所规定的内容，在申报期限内，以书面形式向主管税务机关提交有关纳税事项及应缴税款的法律行为。如纳税人无经营收入或所得，也必须进行零申报。

　　纳税申报可采取上门申报、邮寄申报、数据电文申报等方式。

　　税款征收可采取自核自缴、申报核实、申报查验、定额申报等缴纳方式。

　　税务机关在税款征收中可以采取加收滞纳金、补缴和追征税款、税收保全、强制执行和离境清税等措施。

　　作为纳税人，在生产经营过程中，确有特殊困难，不能按期缴纳税款的，可以依法向税务机关申请延期缴纳。

技 能 训 练

一、单项选择题

　　1. 目前实行的《中华人民共和国税收征收管理法实施细则》是于（　　）进行第三次修正的。

A. 2002 年 9 月 7 日　　　　　　　　B. 2015 年 4 月 24 日

C. 2013 年 7 月 18 日　　　　　　　 D. 2016 年 2 月 6 日

　　2. "多证合一、一照一码"中的"码"是指（　　）。

A. 统一社会信用代码　　　　　　　B. 纳税人识别号码

C. 税务登记证号码　　　　　　　　D. 组织机构代码

3. 推行增值税电子发票系统开具的增值税电子普通发票是从（　　　）开始的。

A. 2015 年 1 月 1 日　　　　　　　　B. 2016 年 1 月 1 日

C. 2017 年 1 月 1 日　　　　　　　　D. 2017 年 7 月 1 日

4. 缴纳增值税、消费税的纳税人，以 1 个月为一期纳税的，于期满后（　　　）日内进行申报。

A. 7　　　　　　　　　　　　　　　B. 10

C. 15　　　　　　　　　　　　　　D. 20

二、多项选择题

1. 税收征收管理包括的环节有（　　　）。

A. 税务管理　　　　　　　　　　　B. 税款征收

C. 税务检查　　　　　　　　　　　D. 税务筹划

E. 税源管理

2. 以下属于税收征收管理具体内容的有（　　　）。

A. 税务登记管理　　　　　　　　　B. 纳税申报管理

C. 税款征收管理　　　　　　　　　D. 减税免税及退税管理

E. 纳税档案资料管理

3. 税务人员在执法过程中拥有的权利有（　　　）。

A. 税务管理权　　　　　　　　　　B. 税收征收权

C. 税收检查权　　　　　　　　　　D. 税务违法处理权

E. 税收行政立法权

4. 税款征收方式有（　　　）。

A. 自核自缴　　　　　　　　　　　B. 申报核实缴纳

C. 申报查验缴纳　　　　　　　　　D. 定额申报缴纳

三、判断题

1. 税务机关依照法律和行政法规的规定征收税款，可以对纳税人的账务资料进行检查，或到纳税人的生产、经营场所和货物存放地对纳税人的应纳税商品、货物或其他财产进行检查。　　　　　　　　　　　　　　　　　　　　　　　　　　　（　　　）

2. 实行"多证合一、一照一码"后，纳税人不需到税务机关办理任何税务登记手续。
　　　　　　　　　　　　　　　　　　　　　　　　　　　　　　　　　（　　　）

3. 办税人员在税务机关办理相关涉税事项前，税务机关需要对其身份信息进行采集、核实和确认。　　　　　　　　　　　　　　　　　　　　　　　　　　　　　（　　　）

4. 发票一般分为增值税普通发票和增值税专用发票。　　　　　　　　（　　　）

5. 增值税专用发票是由国家税务总局监制设计印制的，只限于增值税一般纳税人领购使用。　　　　　　　　　　　　　　　　　　　　　　　　　　　　　　　（　　　）

6. 作为纳税人，在生产经营过程中，确有特殊困难，不能按期缴纳税款的，可以依法向税务机关申请延期纳税。　　　　　　　　　　　　　　　　　　　　　　（　　　）

四、综合题

2019 年 3 月 18 日，安徽双凤太阳能销售有限公司经合肥市市场监督管理局批准注册成立,主营太阳能热水器销售、安装和维修。公司注册地址和经营地址均位于合肥市双凤开发区阜阳北路 1236 号,准备在中国建设银行合肥双岗支行开户;公司注册资本 200 万元,其中自然人刘红星投资 80 万元,占 40%;安徽长奉集团公司投资 80 万元,占 40%;自然人张二方投资 40 万元,占 20%。法人代表刘红星,身份证号为 340103196610280546。

要求:若你是公司的会计,公司委托你办理以下涉税事宜:

(1)办理"多证合一"后的营业执照。

(2)办理税务登记备案。

(3)领购发票。

请写出以上涉税事宜的办理流程。

项目三　增值税纳税实务

素养目标

1. 了解国家的增值税减税降费政策,以及"增进人民幸福感"的决心。
2. 了解不同行业增值税减税降费力度,领悟国家产业政策。
3. 学习增值税节税方法,同时强化税收筹划底线思维。

知识和能力目标

1. 了解增值税的概念、类型、特点及优点。
2. 了解增值税纳税人的分类、认定及管理和扣缴义务人。
3. 熟悉增值税的征税范围和税率。
4. 掌握增值税一般纳税人和小规模纳税人应纳税额的计税方法。
5. 熟悉增值税税收优惠及增值税专用发票使用规定。
6. 能够进行增值税申报与缴纳。

思维导图

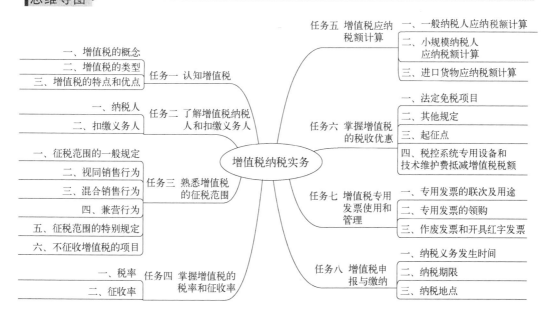

纳税人跨县(市、区)提供建筑服务增值税征收管理暂行办法

案例导入 >>

纳税人跨县(市、区)提供建筑服务应如何缴纳增值税?

　　鲁班建筑公司为增值税一般纳税人,位于芜湖市南陵县,2023 年 3 月起在合肥市包河区承揽了一项建筑工程,合同总造价 500 万元。3 月预收含税工程款 120 万元,当月支付含税分包款 20 万元。假设该公司当月购买材料进项税额为 1 万元。

　　请问:该公司当月应如何缴纳增值税?

　　【案例解析】　依据国家税务总局公告〔2016〕17 号文规定,一般纳税人跨县(市、区)提供建筑服务,按照以下规定预缴税款:

　　第一,一般纳税人跨县(市、区)提供建筑服务,适用一般计税方法计税的,以取得的全部价款和价外费用扣除支付的分包款后的余额,按照 2% 的预征率计算应预缴税款。

　　第二,一般纳税人跨县(市、区)提供建筑服务,适用简易计税方法计税的,以取得的全部价款和价外费用扣除支付的分包款后的余额,按照 3% 的征收率计算应预缴税款。

　　根据上述规定,分两种情况计算:

　　(1)如果该公司选择简易计税方法:

　　在合肥市包河区税务局预缴税款＝(120－20)÷(1＋3%)×3%＝2.91(万元)

　　在芜湖市南陵县税务局纳税申报时:

　　应纳增值税税额＝(120－20)÷(1＋3%)×3%＝2.91(万元)

　　应补(退)税额＝2.91－2.91＝0

　　(2)如果该公司选择一般计税方法:

　　在合肥市包河区税务局预缴税款＝(120－20)÷(1＋9%)×2%＝1.83(万元)

　　在芜湖市南陵县税务局纳税申报时:

　　销项税额＝120÷(1＋9%)×9%＝9.91(万元)

　　进项税额＝1(万元)

　　应纳税额＝销项税额－进项税额＝9.91－1＝8.91(万元)

　　应补(退)税额＝8.91－1.83＝7.08(万元)

　　讨论:

　　(1)简述增值税纳税人的划分标准及认定管理。

　　(2)什么是一般计税法和简易计税法?

　　(3)什么是差额计税?

任务一 认知增值税

【知识准备与业务操作】

一、增值税的概念

增值税是以单位和个人在生产经营过程中取得的增值额为课税对象征收的一种税。

增值额是指企业在生产经营过程中新创造的价值,即货物或劳务价值中的 $V+M$ 部分,其中 V 为劳动者活劳动所创造的价值中归劳动者个人支配的部分,即以工资形式付给劳动者的报酬;M 为劳动者活劳动消耗所创造的价值中,归社会支配的部分,即税金、利润等。增值额可从以下两个角度理解:

(1)就某一个生产经营单位来说,增值额是指该单位销售货物或提供劳务的收入扣除为生产经营该种货物(包括劳务,下同)而外购的那部分货物价款后的余额。

(2)就某一货物来说,增值额是该货物经历的生产和流通各个环节所创造的增值额之和,也就是该项货物的最终销售额。例如,某项货物经过制造、批发和零售三个环节创造,最终销售额为 310 元。该三个环节分别实现增值额为 200 元、60 元和 50 元,增值额之和为 310 元,等于该货物的最终销售额。这种情况说明,在税率一致的情况下,对每一生产流通环节征收的增值税之和,实际上就是按货物最终销售额征收的增值税。该货物在各环节的增值额和销售额关系如表 3-1 所示。(为便于计算,假定每一环节没有物质消耗,都是该环节新创造的价值)

表 3-1　　　　　　　　货物在各环节的增值额和销售额关系　　　　　　　　单位:元

项　目	制　造	批　发	零　售	合　计
增值额	200	60	50	310
销售额	200	260	310	

增值额这一概念只有从理论角度看才具有现实意义,在实际工作中,确定增值额是一件很困难的事,因此,在实际计税时一般不直接以增值税作为计税依据,而是采取从销售总额的应纳税额中扣除外购项目已纳税款抵扣法,具体体现在以下几个方面:

(1)按全部销售额计算税款,但只对货物或劳务价值中新增价值部分征税。

(2)实行税款抵扣制度,对以前环节已纳税款予以扣除。

(3)税款随着货物的销售环节转移,最终消费者是全部税款的承担者,但政府并不直接向消费者征税,而是在生产经营的各个环节分段征收,各环节的纳税人并不承担增值税税款。

二、增值税的类型

实行增值税的国家,据以征税的增值额是一种法定增值额,并非理论增值额。法定增值额是指各国政府根据各自国家的国情、政策要求,在增值税制度中人为确定的增值额。

　　按对外购固定资产价款的处理方法的不同,增值税可划分为生产型增值税、收入型增值税、消费型增值税三种。我国自 2009 年 1 月 1 日起实行增值税转型,由生产型增值税转为消费型增值税。增值税三种类型比较如表 3-2 所示。

表 3-2　　　　　　　　　　　增值税的三种类型

类　型	特　点	优　点	缺　点
生产型增值税	(1) 不允许扣除任何外购固定资产价款; (2) 法定增值额＞理论增值额	保证财政收入	不利于鼓励投资
收入型增值税	(1) 对外购固定资产只允许扣除当期计入产品价值的折旧费部分; (2) 法定增值额＝理论增值额	避免重复征税	给以票扣税造成困难
消费型增值税	(1) 允许将当期购入的固定资产价款一次全部扣除; (2) 法定增值额＜理论增值额	体现增值税优越性,便于操作	财政收入减少

三、增值税的特点和优点

　　(一) 增值税的特点

　　1. 不重复征税,具有中性税收的特征

　　增值税具有中性税收的特征,是因为增值税只对货物或劳务销售额中没有征过税的那部分增值额征税,对销售额中属于转移过来的、以前环节已征过税的那部分销售额则不再征税,有效地消除了重复征税,对经济行为包括企业生产决策、生产组织形式等,不产生影响,由市场对资源配置发挥基础性、主导性作用。此外,绝大部分货物一般都是按一个统一的基本税率征税,且同一货物在经历的所有生产和流通各环节的整体税负也是一样的。这种情况使增值税对生产经营活动以及消费行为基本不发生影响,从而使增值税具有了中性税收的特征。

　　2. 逐环节征税,逐环节扣税,最终消费者是全部税款的承担者

　　作为一种新型流转税,增值税保留了传统间接税按流转额全额计税和道道征税的特点,同时实行税款抵扣制度。即在逐环节征税的同时,还实行逐环节扣税。各环节经营者作为纳税人只是把从买方收取的税款抵扣自己支付给卖方的税款后的余额缴给政府,而经营者本身实际上并没有承担增值税税款。随着各环节交易活动的进行,经营者在出售货物的同时也转移了该货物所承担的增值税税款,直到货物卖给最终消费者时,货物在以前环节已纳的税款连同本环节的税款也一同转嫁给了最终消费者。

　　3. 税基广阔,具有征收的普遍性和连续性

　　无论是从横向来看还是从纵向来看,增值税都具有广阔的税基。从生产经营的横向关系来看,无论工业、商业或者劳务服务活动,只要有增值收入,就须纳税;从生产经营的纵向关系来看,每一货物无论经过多少生产经营环节,都要按各道环节上发生的增值税逐次征税。

（二）增值税的优点

从增值税的特点可知,增值税具有以下优点:

1. 能够平衡税负,促进公平竞争

增值税具有不重复征税的特点,能够彻底解决同种货物由全能厂生产和由非全能厂生产所产生的税负不平衡问题。这种内在合理性使得增值税能够适应商品经济的发展,为在市场经济下的公平竞争提供良好的外部条件。

2. 既便于对出口商品退税,又可避免对进口商品征税不足

流转税是由消费者负担的,出口货物是在国外消费的,因此,各国对出口货物普遍实行退税政策,使出口货物以不含税价格进入国际市场。对于进口货物征收增值税,有利于贯彻国家间同等纳税的原则,避免产生进口货物的税负轻于国内同类货物的假象,同时又维护了国家经济利益。

3. 在组织财政收入上具有稳定性和及时性

征税范围的广阔性,征收的普遍性和连续性,使增值税有着充足的税源和为数众多的纳税人,从而使通过增值税组织的财政收入具有稳定性和可靠性。

4. 在税收征管上可以互相制约,交叉审计

增值税实行凭票抵扣的征收制度,通过发票把买卖双方连在一起,并形成一个有机的扣税链条。即销售方销售货物开具的增值税发票既是销货方计算销项税额的凭证,同时也是购货方据以扣税的凭证。正是通过发票,才得以把货物承担的税款从一个经营环节传递到下一个经营环节,最后传递到最终消费者身上。在这一纳税链条中,如有哪一环节少缴了税款,必然导致下一环节多缴税款。可见,增值税发票使买卖双方在纳税上形成了一种利益制约的关系。

任务二　了解增值税纳税人和扣缴义务人

【知识准备与业务操作】

一、纳税人

（一）基本规定

根据《增值税暂行条例》及《营业税改征增值税试点实施办法》（财税〔2016〕36 号）的规定,凡在我国境内销售货物或提供加工、修理修配劳务,销售服务、无形资产或者不动产,以及进口货物的单位和个人,为增值税的纳税人。其中,单位是指一切从事销售或进口货物、提供应税劳务、销售服务、无形资产或者不动产的单位,包括企业、行政单位、事业单位、军事单位、社会团体及其他单位。个人是指从事销售或进口货物、提供应税劳务、销售服务、无形资产或者不动产的个人,包括个体工商户和其他个人。

单位租赁或者承包给其他单位或者个人经营的,以承租人或者承包人为纳税人。单位以承包、承租、挂靠方式经营的,承包人、承租人、挂靠人（以下统称承包人）以发包人、出租人、被挂靠人（以下统称发包人）名义对外经营并由发包人承担相关法律责任的,以该发

营改增试点实施办法

包人为纳税人。否则,以承包人为纳税人。

在中华人民共和国境内销售货物或提供加工、修理修配劳务是指销售货物的起运地或所在地为境内;提供的应税劳务发生地为境内。

在境内销售货物和劳务、服务、无形资产或者不动产,是指:

(1) 所销售货物的起运地或者所在地在境内。

(2) 所提供的劳务发生地在境内。

(3) 服务(租赁不动产除外)或者无形资产(自然资源使用权除外)的销售方或者购买方在境内。

(4) 所销售或者租赁的不动产在境内。

(5) 所销售自然资源使用权的自然资源在境内。

(6) 财政部和国家税务总局规定的其他情形。

(二) 纳税人分类

1. 增值税纳税人分类的依据

现行增值税法律制度是依据纳税人年应税销售额的大小、会计核算水平和能否提供准确税务资料等标准,将纳税人划分一般纳税人和小规模纳税人。

2. 划分一般纳税人与小规模纳税人的目的

对增值税纳税人进行分类管理,主要是为了适应纳税人经营管理规模差异大、财务核算水平不一的实际情况。分类管理有利于税务机关加强重点税源管理,简化小型企业的计算缴纳程序,也有利于落实对专用发票的正确使用与安全管理。

(三) 纳税人的登记及管理

1. 小规模纳税人的登记及管理

(1) 小规模纳税人的登记。按照现行规定,凡符合下列条件的视为小规模纳税人:

① 增值税小规模纳税人标准为年应征增值税销售额500万元及以下。

年应税销售额是指纳税人在连续不超过12个月或4个季度的经营期内累计应征增值税销售额,包括纳税申报销售额、稽查查补销售额、纳税评估调整销售额、税务机关代开发票销售额和免税销售额。稽查查补销售额和纳税评估调整销售额计入查补税款申报当月的销售额,不计入税款所属期销售额。销售服务、无形资产或者不动产(以下简称"应税行为")有扣除项目的纳税人,其应税行为年应税销售额按未扣除之前的销售额计算。纳税人偶然发生的销售无形资产、转让不动产的销售额,不计入应税行为年应税销售额。

② 已登记为增值税一般纳税人的单位和个人,转登记日前连续12个月(以1个月为1个纳税期)或者连续4个季度(以1个季度为1个纳税期)累计销售额未超过500万元的一般纳税人,在2020年12月31日前,可选择转登记为小规模纳税人。

转登记纳税人按规定再次登记为一般纳税人后,不得再转登记为小规模纳税人。

年应税销售额超过小规模纳税人标准的其他个人按小规模纳税人纳税;小规模纳税人的标准由国务院财政、税务主管部门规定。

【思考3-1】 某建筑安装公司销售水泥预制构件取得年应税销售额600万元,提供建筑安装劳务取得年应税销售额400万元,上述年应税销售额均为不含税销售额。请问:该建筑安装公司经营规模是否超过小规模纳税人标准?

【解析】 依据现行增值税相关文件规定,纳税人兼有销售货物、提供加工修理修配劳务和应税行为的,应货物及劳务销售额与应税行为销售额分别计算,分别适用增值税一般纳税人资格登记标准。也就是说,只要一方面达到一般纳税人标准了,除不经常发生应税行为的纳税人外,均应办理一般纳税人登记手续。该建筑安装公司销售货物的销售额为 600 万元,超过小规模纳税人标准,应办理一般纳税人登记。

(2) 小规模纳税人的管理。

小规模纳税人实行简易办法征收增值税。小规模纳税人(其他个人除外)发生增值税应税行为,需要开具增值税专用发票的,可以使用增值税发票管理系统自行开具。选择自行开具增值税专用发票的小规模纳税人,税务机关不再为其代开增值税专用发票。

【例 3-1】 下列纳税人中,不属于增值税一般纳税人的是(   )。

A. 年销售额为 600 万元的从事货物生产的个体经营者

B. 年销售额为 600 万元的从事货物批发的其他个人

C. 年销售额为 600 万元的从事货物生产的企业

D. 年销售额为 600 万元的从事货物批发零售的企业

【答案与解析】 B。年应税销售额超过小规模纳税人标准的其他个人按小规模纳税人纳税。

2. 一般纳税人的登记及管理

(1) 一般纳税人的登记范围。①增值税纳税人,年应税销售额超过财政部、国家税务总局规定的小规模纳税人标准的企业和企业性单位。②年应税销售额未超过规定标准的纳税人,会计核算健全,能够提供准确税务资料的,可以向主管税务机关办理一般纳税人登记。会计核算健全,是指能够按照国家统一的会计制度规定设置账簿,根据合法、有效凭证进行核算。

下列纳税人不办理一般纳税人登记:①按照政策规定,选择按照小规模纳税人纳税的;②年应税销售额超过规定标准的其他个人。

【例 3-2】 下列纳税人,其年应税销售额超过增值税一般纳税人认定标准,可以不申请一般纳税人认定的有(   )。

A. 个体工商户

B. 选择按小规模纳税人纳税的事业单位和行政单位

C. 选择按小规模纳税人纳税的不经常发生应税行为的企业

D. 销售增值税免税产品的企业

【答案与解析】 BC。选择按照小规模纳税人纳税的非企业性单位和不经常发生应税行为的企业,不得申请一般纳税人认定。

(2) 一般纳税人的管理。

① 纳税人在年应税销售额超过规定标准的月份(或季度)的所属申报期结束后 15 日内按照规定办理相关手续;未按规定时限办理的,主管税务机关应当在规定时限结束后 5 日内制作《税务事项通知书》,告知纳税人应当在 5 日内向主管税务机关办理相关手续;逾期仍不办理的,次月起按销售额依照增值税税率计算应纳税额,不得抵扣进项税额,直至纳税人办理相关手续为止。

② 除国家税务总局另有规定外,纳税人一经登记为正式一般纳税人,不得再转为小

增值税一般纳税人登记管理办法

规模纳税人。

③ 纳税人自一般纳税人生效之日起,按照增值税一般计税方法计算应纳税额,并可以按照规定领用增值税专用发票,财政部、国家税务总局另有规定的除外。生效之日,是指纳税人办理登记的当月 1 日或者次月 1 日,由纳税人在办理登记手续时自行选择。

3. 一般纳税人纳税辅导期管理

(1)适用范围。《增值税一般纳税人纳税辅导期管理办法》规定,主管税务机关可以在一定期限内对下列一般纳税人实行纳税辅导期管理:

一是新认定为一般纳税人的小型商贸批发企业,即指注册资金在 80 万元(含 80 万元)以下、职工人数在 10 人(含 10 人)以下的批发企业(只从事出口贸易,不需要使用增值税专用发票的企业除外);

二是国家税务总局规定的其他一般纳税人,是指具有下列情形之一者:①增值税偷税数额占应纳税额的 10% 以上,且偷税数额在 10 万元以上的。②骗取出口退税的。③虚开增值税扣税凭证的。④国家税务总局规定的其他情形。

(2)纳税辅导期限。新认定为一般纳税人的小型商贸批发企业实行纳税辅导期管理的期限为 3 个月,自主管税务机关制作《税务事项通知书》的当月起执行;其他一般纳税人实行纳税辅导期管理的期限为 6 个月,自主管税务机关制作《税务事项通知书》的次月起执行。

(3)进项税额的抵扣。辅导期纳税人取得的增值税专用发票抵扣联和海关进口增值税专用缴款书应当在交叉稽核比对无误后,方可抵扣进项税额。

(4)发售增值税专用发票。辅导期纳税人专用发票的领购实行按次限量控制,每次发售专用发票数量不得超过 25 份。辅导期纳税人领购的专用发票未使用完而再次领购的,主管税务机关发售专用发票的份数不得超过核定的每次领购专用发票份数与未使用完的专用发票份数的差额。

(5)预缴增值税。①辅导期纳税人一个月内多次领购专用发票的,应从当月第二次领购专用发票起,按照上一次已领购并开具的专用发票销售额的 3% 预缴增值税。②按规定预缴的增值税可在本期增值税应纳税额中抵减,抵减后预缴增值税仍有余额的,可抵减下期再次领购专用发票时应当预缴的增值税。③纳税辅导期结束后,纳税人因增购专用发票发生的预缴增值税有余额的,主管税务机关应在纳税辅导期结束后的第一个月内,一次性退还纳税人。

【思考 3-2】 实行辅导期管理的增值税一般纳税人购进农产品开具的农产品收购发票是否也需交叉比对通过后才能抵扣进项税?

【解析】《增值税一般纳税人纳税辅导期管理办法》规定,辅导期纳税人取得的增值税专用发票抵扣联和海关进口增值税专用缴款书应当在交叉稽核比对无误后,方可抵扣进项税额。一般纳税人取得开具日期在 2022 年 12 月 1 日起的农产品收购发票、农产品销售发票、3% 征收率的农产品增值税专用发票,需要使用税务数字账户抵扣勾选确认,才能申报抵扣。开具日期在此之前的无需进行抵扣勾选操作,直接填写申报表申报抵扣即可。纳税人仍可以直接填写《增值税及附加税费申报表附列资料(二)》第六栏(农产品收购发票或销售发票或 3% 征收率的农产品增值税专用发票按 9% 扣除率计算抵扣)进行抵扣。

二、扣缴义务人

中华人民共和国境外的单位或者个人在境内提供应税劳务、销售服务、无形资产或者不动产,在境内未设有经营机构的,以其境内代理人为扣缴义务人;在境内没有代理人的,以购买方为扣缴义务人。

任务三　熟悉增值税的征税范围

【知识准备与业务操作】

一、征税范围的一般规定

增值税征税范围包括在中华人民共和国境内销售货物或者劳务,销售服务、无形资产、不动产以及进口货物。

（一）销售货物

销售货物是指有偿转让货物的所有权。有偿是指从购买方取得货币、货物或者其他经济利益,货物是指有形动产,包括电力、热力、气体在内,不包括销售的不动产和转让的无形资产。

（二）销售劳务

销售劳务是指纳税人提供加工和修理修配劳务。加工是指纳税人受托加工货物,即由委托方提供原料及主要材料,受托方按照委托方的要求制造货物并收取加工费的业务。修理修配是指受托对损伤和丧失功能的货物进行修复,使其恢复原状和功能的业务。

【注意】　销售劳务指的是有偿提供加工和修理修配劳务,不包括单位或个体工商户聘用的员工为本单位或雇主提供的加工、修理修配劳务。

（三）销售服务

销售服务是指提供交通运输服务、邮政服务、电信服务、建筑服务、金融服务、现代服务、生活服务。

1. 交通运输服务

交通运输服务是指利用运输工具将货物或者旅客送达目的地,使其空间位置得到转移的业务活动,包括陆路运输服务、水路运输服务、航空运输服务和管道运输服务。

（1）陆路运输服务。陆路运输服务是指通过陆路（地上或地下）运送货物或者旅客的运输业务活动,包括铁路运输服务和其他陆路运输服务。

铁路运输服务是指通过铁路运送货物或者旅客的运输业务活动。其他陆路运输服务是指铁路运输以外的陆路运输业务活动,包括公路运输、缆车运输、索道运输、地铁运输、城市轻轨运输等。出租车公司向使用本公司自有出租车的出租车司机收取的管理费用,按照陆路运输服务缴纳增值税。

（2）水路运输服务。水路运输服务是指通过江、河、湖、川等天然、人工水道或者海洋航道运送货物或者旅客的运输业务活动。

水路运输的程租、期租业务,属于水路运输服务。程租业务是指运输企业为租船人完成某一特定航次的运输任务并收取租赁费的业务。期租业务是指运输企业将配备有操作人员的船舶承租给他人使用一定期限,承租期内听候承租方调遣,不论是否经营,均按天向承租方收取租赁费,发生的固定费用均由船东负担的业务。

（3）航空运输服务。航空运输服务是指通过空中航线运送货物或者旅客的运输业务活动。

航空运输的湿租业务属于航空运输服务。湿租业务是指航空运输企业将配备有机组人员的飞机承租给他人使用一定期限,承租期内听候承租方调遣,不论是否经营,均按一定标准向承租方收取租赁费,发生的固定费用均由承租方承担的业务。

航天运输服务,是指利用火箭等载体将卫星、空间探测器等空间飞行器发射到空间轨道的业务活动。航天运输服务按照航空运输服务缴纳增值税。

（4）管道运输服务。管道运输服务是指通过管道设施输送气体、液体、固体物质的运输业务活动。

无运输工具承运业务按照交通运输服务缴纳增值税。无运输工具承运业务是指经营者以承运人身份与托运人签订运输服务合同,收取运费并承担承运人责任,然后委托实际承运人完成运输服务的经营活动。

2. 邮政服务

邮政服务是指中国邮政集团公司及其所属邮政企业提供邮件寄递、邮政汇兑和机要通信等邮政基本服务的业务活动。包括邮政普遍服务、邮政特殊服务和其他邮政服务。

（1）邮政普遍服务。邮政普遍服务是指函件、包裹等邮件寄递,以及邮票发行、报刊发行和邮政汇兑等业务活动。函件是指信函、印刷品、邮资封片卡、无名址函件和邮政小包等。包裹是指按照封装上的名址递送给特定个人或者单位的独立封装的物品,其重量不超过 50 千克,任何一边的尺寸不超过 150 厘米,长、宽、高合计不超过 300 厘米。

（2）邮政特殊服务。邮政特殊服务是指义务兵平常信函、机要通信、盲人读物和革命烈士遗物的寄递等业务活动。

（3）其他邮政服务。其他邮政服务是指邮册等邮品销售、邮政代理等业务活动。

3. 电信服务

电信服务是指利用有线、无线的电磁系统或者光电系统等各种通信网络资源,提供语音通话服务,传送、发射、接收或者应用图像、短信等电子数据和信息的业务活动,包括基础电信服务和增值电信服务。

（1）基础电信服务。基础电信服务是指利用固网、移动网、卫星、互联网,提供语音通话服务的业务活动,以及出租或者出售带宽、波长等网络元素的业务活动。

（2）增值电信服务。增值电信服务是指利用固网、移动网、卫星、互联网、有线电视网络,提供短信和彩信服务、电子数据和信息的传输及应用服务、互联网接入服务等业务活动。卫星电视信号落地转接服务,按照增值电信服务缴纳增值税。

4. 建筑服务

建筑服务是指各类建筑物、构筑物及其附属设施的建造、修缮、装饰,线路、管道、设备、设施等的安装以及其他工程作业的业务活动。包括工程服务、安装服务、修缮服务、装饰服务和其他建筑服务。

（1）工程服务。工程服务是指新建、改建各种建筑物、构筑物的工程作业,包括与建筑物相连的各种设备、支柱、操作平台的安装或者装设工程作业,以及各种窑炉和金属结构工程作业。

（2）安装服务。安装服务是指生产设备、动力设备、起重设备、运输设备、传动设备、医疗实验设备以及其他各种设备、设施的装配、安置工程作业,包括与被安装设备相连的工作台、梯子、栏杆的装设工程作业,以及被安装设备的绝缘、防腐、保温、油漆等工程作业。

固定电话、有线电视、宽带、水、电、燃气、暖气等经营者向用户收取的安装费、初装费、开户费、扩容费以及类似收费,按照安装服务缴纳增值税。

小贴士

甲方无论是自行采购电梯交给电梯企业（一般纳税人,下同）安装,还是从电梯企业采购电梯并由其安装,电梯企业提供的安装服务均可以按照甲供工程选择适用简易计税方法计税。同时,对电梯进行日常清洁、润滑等保养服务,应按现代服务适用6%的税率计税。

（3）修缮服务。修缮服务是指对建筑物、构筑物进行修补、加固、养护、改善,使之恢复原来的使用价值或者延长其使用期限的工程作业。

（4）装饰服务。装饰服务是指对建筑物、构筑物进行修饰装修,使之美观或者具有特定用途的工程作业。

（5）其他建筑服务。其他建筑服务是指上列工程作业之外的各种工程作业服务,如钻井（打井）、拆除建筑物或者构筑物、平整土地、园林绿化、疏浚（不包括航道疏浚）、建筑物平移、搭脚手架、爆破、矿山穿孔、表面附着物（包括岩层、土层、沙层等）剥离和清理等工程作业。

5.金融服务

金融服务是指经营金融保险的业务活动。包括贷款服务、直接收费金融服务、保险服务和金融商品转让。

（1）贷款服务。贷款是指将资金贷予他人使用而取得利息收入的业务活动。

各种占用、拆借资金取得的收入,包括金融商品持有期间（含到期）利息（保本收益、报酬、资金占用费、补偿金等）收入、信用卡透支利息收入、买入返售金融商品利息收入、融资融券收取的利息收入,以及融资性售后回租、押汇、罚息、票据贴现、转贷等业务取得的利息及利息性质的收入,按照贷款服务缴纳增值税。

融资性售后回租是指承租方以融资为目的,将资产出售给从事融资性售后回租业务的企业后,从事融资性售后回租业务的企业将该资产出租给承租方的业务活动。

以货币资金投资收取的固定利润或者保底利润,按照贷款服务缴纳增值税。

（2）直接收费金融服务。直接收费金融服务是指为货币资金融通及其他金融业务提供相关服务并收取费用的业务活动。包括提供货币兑换、账户管理、电子银行、信用卡、信用证、财务担保、资产管理、信托管理、基金管理、金融交易场所（平台）管理、资金结算、资金清算、金融支付等服务。

（3）保险服务。保险服务是指投保人根据合同约定，向保险人支付保险费，保险人对于合同约定的可能发生的事故因其发生所造成的财产损失承担赔偿保险金责任，或者当被保险人死亡、伤残、疾病或者达到合同约定的年龄、期限等条件时承担给付保险金责任的商业保险行为。包括人身保险服务和财产保险服务。

人身保险服务是指以人的寿命和身体为保险标的的保险业务活动。财产保险服务是指以财产及其有关利益为保险标的的保险业务活动。

（4）金融商品转让。金融商品转让是指转让外汇、有价证券、非货物期货和其他金融商品所有权的业务活动。其他金融商品转让包括基金、信托、理财产品等各类资产管理产品和各种金融衍生品的转让。

6. 现代服务

现代服务是指围绕制造业、文化产业、现代物流产业等提供技术性、知识性服务的业务活动。包括研发和技术服务、信息技术服务、文化创意服务、物流辅助服务、租赁服务、鉴证咨询服务、广播影视服务、商务辅助服务和其他现代服务。

（1）研发和技术服务。研发和技术服务包括研发服务、合同能源管理服务、工程勘察勘探服务、专业技术服务。

① 研发服务，也称技术开发服务，是指就新技术、新产品、新工艺或者新材料及其系统进行研究与试验开发的业务活动。

② 合同能源管理服务是指节能服务公司与用能单位以契约形式约定节能目标，节能服务公司提供必要的服务，用能单位以节能效果支付节能服务公司投入及其合理报酬的业务活动。

③ 工程勘察勘探服务是指在采矿、工程施工前后，对地形、地质构造、地下资源蕴藏情况进行实地调查的业务活动。

④ 专业技术服务是指气象服务、地震服务、海洋服务、测绘服务、城市规划、环境与生态监测服务等专项技术服务。

（2）信息技术服务。信息技术服务是指利用计算机、通信网络等技术对信息进行生产、收集、处理、加工、存储、运输、检索和利用，并提供信息服务的业务活动。包括软件服务、电路设计及测试服务、信息系统服务、业务流程管理服务和信息系统增值服务。

① 软件服务是指提供软件开发服务、软件维护服务、软件测试服务的业务活动。

② 电路设计及测试服务是指提供集成电路和电子电路产品设计、测试及相关技术支持服务的业务活动。

③ 信息系统服务是指提供信息系统集成、网络管理、网站内容维护、桌面管理与维护、信息系统应用、基础信息技术管理平台整合、信息技术基础设施管理、数据中心、托管中心、信息安全服务、在线杀毒、虚拟主机等业务活动，包括网站对非自有的网络游戏提供的网络运营服务。

④ 业务流程管理服务是指依托信息技术提供的人力资源管理、财务经济管理、审计管理、税务管理、物流信息管理、经营信息管理和呼叫中心等服务的活动。

⑤ 信息系统增值服务是指利用信息系统资源为用户附加提供的信息技术服务。包括数据处理、分析和整合、数据库管理、数据备份、数据存储、容灾服务、电子商务平台等。

（3）文化创意服务。文化创意服务包括设计服务、知识产权服务、广告服务和会议展览服务。

① 设计服务是指把计划、规划、设想通过文字、语言、图画、声音、视觉等形式传递出来的业务活动。包括工业设计、内部管理设计、业务运作设计、供应链设计、造型设计、服装设计、环境设计、平面设计、包装设计、动漫设计、网游设计、展示设计、网站设计、机械设计、工程设计、广告设计、创意策划、文印晒图等。

② 知识产权服务是指处理知识产权事务的业务活动。包括对专利、商标、著作权、软件、集成电路布图设计的登记、鉴定、评估、认证、检索服务。

③ 广告服务是指利用图书、报纸、杂志、广播、电视、电影、幻灯、路牌、招贴、橱窗、霓虹灯、灯箱、互联网等各种形式为客户的商品、经营服务项目、文体节目或者通告、声明等委托事项进行宣传和提供相关服务的业务活动。包括广告代理和广告的发布、播映、宣传、展示等。

④ 会议展览服务是指为商品流通、促销、展示、经贸洽谈、民间交流、企业沟通、国际往来等举办或者组织安排的各类展览和会议的业务活动。

（4）物流辅助服务。物流辅助服务包括航空服务、港口码头服务、货运客运场站服务、打捞救助服务、装卸搬运服务、仓储服务和收派服务。

① 航空服务包括航空地面服务和通用航空服务。航空地面服务是指航空公司、飞机场、民航管理局、航站等向在境内航行或者在境内机场停留的境内外飞机或者其他飞行器提供的导航等劳务性地面服务的业务活动。包括旅客安全检查服务、停机坪管理服务、机场候机厅管理服务、飞机清洗消毒服务、空中飞行管理服务、飞机起降服务、飞行通信服务、地面信号服务、飞机安全服务、飞机跑道管理服务、空中交通管理服务等。

通用航空服务是指为专业工作提供飞行服务的业务活动，包括航空摄影、航空培训、航空测量、航空勘探、航空护林、航空吊挂播撒、航空降雨、航空气象探测、航空海洋监测、航空科学实验等。

② 港口码头服务是指港务船舶调度服务、船舶通信服务、航道管理服务、航道疏浚服务、灯塔管理服务、航标管理服务、船舶引航服务、理货服务、系解缆服务、停泊和移泊服务、海上船舶溢油清除服务、水上交通管理服务、船只专业清洗消毒检测服务和防止船只漏油服务等为船只提供服务的业务活动。

港口设施经营人收取的港口设施保安费按照港口码头服务缴纳增值税。

③ 货运客运场站服务是指货运客运场站提供货物配载服务、运输组织服务、中转换乘服务、车辆调度服务、票务服务、货物打包整理、铁路线路使用服务、加挂铁路客车服务、铁路行包专列发送服务、铁路到达和中转服务、铁路车辆编解服务、车辆挂运服务、铁路接触网服务、铁路机车牵引服务等业务活动。

④ 打捞救助服务是指提供船舶人员救助、船舶财产救助、水上救助和沉船沉物打捞服务的业务活动。

⑤ 装卸搬运服务是指使用装卸搬运工具或者人力、畜力将货物在运输工具之间、装卸现场之间或者运输工具与装卸现场之间进行装卸和搬运的业务活动。

⑥ 仓储服务是指利用仓库、货场或者其他场所代客贮放、保管货物的业务活动。

⑦ 收派服务是指接受寄件人委托，在承诺的时限内完成函件和包裹的收件、分拣、派

送服务的业务活动。收件服务是指从寄件人收取函件和包裹,并运送到服务提供方同城的集散中心的业务活动。分拣服务是指服务提供方在其集散中心对函件和包裹进行归类、分发的业务活动。派送服务是指服务提供方从其集散中心将函件和包裹送达同城的收件人的业务活动。

(5)租赁服务。租赁服务包括融资租赁服务和经营租赁服务。

① 融资租赁服务是指具有融资性质和所有权转移特点的租赁活动。即出租人根据承租人所要求的规格、型号、性能等条件购入有形动产或者不动产租赁给承租人,合同期内租赁物所有权属于出租人,承租人只拥有使用权,合同期满付清租金后,承租人有权按照残值购入租赁物,以拥有其所有权。不论出租人是否将租赁物销售给承租人,均属于融资租赁。

按照标的物不同,融资租赁服务可分为有形动产融资租赁服务和不动产融资租赁服务。

融资性售后回租不按照本税目缴纳增值税。

② 经营租赁服务是指在约定时间内将有形动产或者不动产转让他人使用且租赁物所有权不变更的业务活动。

按照标的物不同,经营租赁服务可分为有形动产经营租赁服务和不动产经营租赁服务。

将建筑物、构筑物等不动产或者飞机、车辆等有形动产的广告位出租给其他单位或者个人用于发布广告,按照经营租赁服务缴纳增值税。

车辆停放服务、道路通行服务(包括过路费、过桥费、过闸费等)等按照不动产经营租赁服务缴纳增值税。

水路运输的光租业务、航空运输的干租业务,属于经营租赁。光租业务是指运输企业将船舶在约定的时间内出租给他人使用,不配备操作人员,不承担运输过程中发生的各项费用,只收取固定租赁费的业务活动。干租业务是指航空运输企业将飞机在约定的时间内出租给他人使用,不配备机组人员,不承担运输过程中发生的各项费用,只收取固定租赁费的业务活动。

(6)鉴证咨询服务。鉴证咨询服务包括认证服务、鉴证服务和咨询服务。

① 认证服务,是指具有专业资质的单位利用检测、检验、计量等技术,证明产品、服务、管理体系符合相关技术规范、相关技术规范的强制性要求或者标准的业务活动。

② 鉴证服务,是指具有专业资质的单位受托对相关事项进行鉴证,发表具有证明力的意见的业务活动。包括会计鉴证、税务鉴证、法律鉴证、职业技能鉴定、工程造价鉴证、工程监理、资产评估、环境评估、房地产土地评估、建筑图纸审核、医疗事故鉴定等。

③ 咨询服务,是指提供信息、建议、策划、顾问等服务的活动。包括金融、软件、技术、财务、税收、法律、内部管理、业务运作、流程管理、健康等方面的咨询。

翻译服务和市场调查服务按照咨询服务缴纳增值税。

(7)广播影视服务。广播影视服务包括广播影视节目(作品)的制作服务、发行服务和播映(含放映,下同)服务。

① 广播影视节目(作品)制作服务是指进行专题(特别节目)、专栏、综艺、体育、动画片、广播剧、电影等广播影视节目和作品制作的服务。具体包括与广播影视节目和作

品相关的策划、采编、拍摄、录音、音视频文字图片素材制作、场景布置、后期的剪辑、翻译（编译）、字幕制作、片头、片尾、片花制作、特效制作、影片修复、编目和确权等业务活动。

② 广播影视节目（作品）发行服务，是指以分账、买断、委托等方式，向影院、电台、电视台、网站等单位和个人发行广播影视节目（作品）以及转让体育赛事等活动的报道及播映权的业务活动。

③ 广播影视节目（作品）播映服务，是指在影院、剧院、录像厅及其他场所播映广播影视节目（作品），以及通过电台、电视台、卫星通信、互联网、有线电视等无线或者有线装置播映广播影视节目（作品）的业务活动。

（8）商务辅助服务。商务辅助服务包括企业管理服务、经纪代理服务、人力资源服务、安全保护服务。

① 企业管理服务，是指提供总部管理、投资与资产管理、市场管理、物业管理、日常综合管理等服务的业务活动。

② 经纪代理服务，是指各类经纪、中介、代理服务。包括金融代理、知识产权代理、货物运输代理、代理报关、法律代理、房地产中介、职业中介、婚姻中介、代理记账、拍卖等。其中的货物运输代理服务是指接受货物收货人、发货人、船舶所有人、船舶承租人或者船舶经营人的委托，以委托人的名义，为委托人办理货物运输、装卸、仓储和船舶进出港口、引航、靠泊等相关手续的业务活动。代理报关服务是指接受进出口货物的收、发货人委托，代为办理报关手续的业务活动。

③ 人力资源服务是指提供公共就业、劳务派遣、人才委托招聘、劳动力外包等服务的业务活动。

④ 安全保护服务是指提供保护人身安全和财产安全，维护社会治安等的业务活动。包括场所住宅保安、特种保安、安全系统监控以及其他安保服务。

（9）其他现代服务。其他现代服务是指除研发和技术服务、信息技术服务、文化创意服务、物流辅助服务、租赁服务、鉴证咨询服务、广播影视服务和商务辅助服务以外的现代服务。

7. 生活服务

生活服务是指为满足城乡居民日常生活需求提供的各类服务活动。包括文化体育服务、教育医疗服务、旅游娱乐服务、餐饮住宿服务、居民日常服务和其他生活服务。

（1）文化体育服务。文化体育服务包括文化服务和体育服务。

① 文化服务是指为满足社会公众文化生活需求提供的各种服务。包括：文艺创作、文艺表演、文化比赛，图书馆的图书和资料借阅，档案馆的档案管理，文物及非物质遗产保护，组织举办宗教活动、科技活动、文化活动，提供游览场所。

② 体育服务是指组织举办体育比赛、体育表演、体育活动，以及提供体育训练、体育指导、体育管理的业务活动。

（2）教育医疗服务。教育医疗服务包括教育服务和医疗服务。

① 教育服务是指提供学历教育服务、非学历教育服务、教育辅助服务的业务活动。学历教育服务是指根据教育行政管理部门确定或者认可的招生和教学计划组织教学，并颁发相应学历证书的业务活动。包括初等教育、初级中等教育、高级中等教育、高等教育

等。非学历教育服务包括学前教育、各类培训、演讲、讲座、报告会等。教育辅助服务包括教育测评、考试、招生等服务。

② 医疗服务是指提供医学检查、诊断、治疗、康复、预防、保健、接生、计划生育、防疫服务等方面的服务,以及与这些服务有关的提供药品、医用材料器具、救护车、病房住宿和伙食的业务。

(3) 旅游娱乐服务。旅游娱乐服务包括旅游服务和娱乐服务。

① 旅游服务是指根据旅游者的要求,组织安排交通、游览、住宿、餐饮、购物、文娱、商务等服务的业务活动。

② 娱乐服务是指为娱乐活动同时提供场所和服务的业务。具体包括:歌厅、舞厅、夜总会、酒吧、台球、高尔夫球、保龄球、游艺(包括射击、狩猎、跑马、游戏机、蹦极、卡丁车、热气球、动力伞、射箭、飞镖)。

(4) 餐饮住宿服务。餐饮住宿服务包括餐饮服务和住宿服务。

① 餐饮服务是指通过同时提供饮食和饮食场所的方式为消费者提供饮食消费服务的业务活动。

② 住宿服务是指提供住宿场所及配套服务等的活动。包括宾馆、旅馆、旅社、度假村和其他经营性住宿场所提供的住宿服务。

(5) 居民日常服务。居民日常服务是指主要为满足居民个人及其家庭日常生活需求提供的服务,包括市容市政管理、家政、婚庆、养老、殡葬、照料和护理、救助救济、美容美发、按摩、桑拿、氧吧、足疗、沐浴、洗染、摄影扩印等服务。

(6) 其他生活服务。其他生活服务是指除文化体育服务、教育医疗服务、旅游娱乐服务、餐饮住宿服务和居民日常服务之外的生活服务,如植物养护服务。

(四) 销售无形资产

销售无形资产是指转让无形资产所有权或者使用权的业务活动。无形资产,是指不具实物形态,但能带来经济利益的资产,包括技术、商标、著作权、商誉、自然资源使用权和其他权益性无形资产。

技术包括专利技术和非专利技术。

自然资源使用权包括土地使用权、海域使用权、探矿权、采矿权、取水权和其他自然资源使用权。

其他权益性无形资产包括基础设施资产经营权、公共事业特许权、配额、经营权(包括特许经营权、连锁经营权、其他经营权)、经销权、分销权、代理权、会员权、席位权、网络游戏虚拟道具、域名、名称权、肖像权、冠名权、转会费等。

(五) 销售不动产

销售不动产是指转让不动产所有权的业务活动。

不动产是指不能移动或者移动后会引起性质、形状改变的财产,包括建筑物、构筑物等。建筑物包括住宅、商业营业用房、办公楼等可供居住、工作或者进行其他活动的建造物。构筑物包括道路、桥梁、隧道、水坝等建造物。

转让建筑物有限产权或者永久使用权的,转让在建的建筑物或者构筑物所有权的,以及在转让建筑物或者构筑物时一并转让其所占土地使用权的,按照销售不动产缴纳增值税。

（六）进口货物

进口货物，是指申报进入中国海关境内的货物。凡报关进口的应税货物，除享受免税政策外，均属于增值税的征税范围，在进口环节缴纳增值税。

（七）相关政策

1. 非营业活动的界定

销售服务、无形资产或者不动产，是指有偿提供服务、有偿转让无形资产或者不动产，但属于下列非经营活动的情形除外：

（1）行政单位收取的同时满足以下条件的政府性基金或者行政事业性收费：①由国务院或者财政部批准设立的政府性基金，由国务院或者省级人民政府及其财政、价格主管部门批准设立的行政事业性收费。②收取时开具省级以上（含省级）财政部门监（印）制的财政票据。③所收款项全额上缴财政。

（2）单位或者个体工商户聘用的员工为本单位或者雇主提供取得工资的服务。

（3）单位或者个体工商户为聘用的员工提供服务。

（4）财政部和国家税务总局规定的其他情形。

2. 境内销售服务、无形资产或者不动产的界定

在境内销售服务、无形资产或者不动产，是指：

（1）服务（租赁不动产除外）或者无形资产（自然资源使用权除外）的销售方或者购买方在境内。

（2）所销售或者租赁的不动产在境内。

（3）所销售自然资源使用权的自然资源在境内。

（4）财政部和国家税务总局规定的其他情形。

下列情形不属于在境内销售服务或者无形资产：

（1）境外单位或者个人向境内单位或者个人销售完全在境外发生的服务。

（2）境外单位或者个人向境内单位或者个人销售完全在境外使用的无形资产。

（3）境外单位或者个人向境内单位或者个人出租完全在境外使用的有形动产。

（4）财政部和国家税务总局规定的其他情形。

二、视同销售行为

单位或者个体工商户的下列行为，视同销售货物、服务、无形资产或者不动产：

（1）将货物交付其他单位或者个人代销；

（2）销售代销货物；

【例3-3】 某商业企业（一般纳税人）为A公司代销货物，按零售价的6%收取手续费6000元，尚未收到A公司开来的增值税专用发票。则该商业企业代销业务如何进行税务处理？

【答案与解析】 零售价＝6 000÷6%＝100 000（元）

销售代销货物销项税额＝100 000÷（1＋16%）×16%＝13 793.10（元）

收取手续费应纳增值税税额＝6 000×6%＝360（元）

（3）设有两个以上机构并实行统一核算的纳税人，将货物从一个机构移送其他机构用于销售，但相关机构设在同一县（市）的除外；用于销售，是指受货机构发生以下情形之一的经营行为：向购货方开具发票；向购货方收取货款。

（4）将自产、委托加工的货物用于非应税项目；

（5）将自产、委托加工的货物用于集体福利或者个人消费；

（6）将自产、委托加工或者购进的货物作为投资，提供给其他单位或者个体工商户；

（7）将自产、委托加工或者购进的货物分配给股东或者投资者；

（8）将自产、委托加工或者购进的货物无偿赠送其他单位或者个人。

（9）单位或者个体工商户向其他单位或者个人无偿提供服务，但用于公益事业或者以社会公众为对象的除外；

（10）单位或者个人向其他单位或者个人无偿转让无形资产或者不动产，但用于公益事业或者以社会公众为对象的除外；

（11）财政部和国家税务总局规定的其他情形。

【例 3-4】 下列行为中，应视同销售货物征收增值税的有（　　　　）。

A. 将外购货物分配给股东　　　　　　B. 将外购货物用于个人消费

C. 将自产货物无偿赠送他人　　　　　D. 将自产货物用于在建工程

【答案与解析】 ACD。将外购货物用于个人消费不是视同销售，不得抵扣进项税。

【思考 3-3】 某年春节期间，某大型商场"买一赠一"活动规定，购买一件西装赠送一件相同品牌衬衣，当月销售西装 1 000 件，单位售价 600 元，单位成本 250 元；赠送衬衣 1 000 件，单位售价 200 元，单位成本 100 元。请问该商场"买一赠一"活动是否视同销售？

【解析】 "买一赠一"可以不认定为销售，但须有严格的形式要求。如果赠品和主商品在同一张发票注明，就可以证明随货赠送的商品实为有偿销售，其销售价格隐含在销售商品总售价中，可视为捆绑销售或者实物折扣，因此不适用增值税和企业所得税有关无偿赠送视同销售的相关规定。除此之外，一律按照无偿赠送视同销售计征增值税。之所以设置如此严格的要求，是为了防止纯粹的"无偿赠送"混入"买一赠一"之类的有偿赠送，从而逃避缴纳税款，是为了堵塞征管漏洞、维护税收公平的需要。

三、混合销售行为

混合销售行为是指一项销售行为中既涉及货物又涉及服务。混合销售行为的特点是：销售货物与服务是由同一纳税人实现的，价款是同时从一个购买方取得的。例如，某空调专卖店向 A 公司销售空调并负责安装调试，根据合同规定，销售空调的货款及安装调试的劳务款由 A 公司一并支付。在这项业务中，既存在销售货物，又存在销售服务，属于混合销售行为。

依据《增值税暂行条例实施细则》，除另有规定外，对于从事货物的生产、批发或零售的企业、企业性单位及个体经营者的混合销售行为，均视为销售货物，征收增值税；对于其他单位和个人的混合销售行为，视为销售服务，征收增值税。

上述从事货物的生产、批发或零售的企业、企业性单位及个体经营者，包括以从事货物的生产、批发或零售为主，兼营销售服务的企业、企业性单位及个体经营者。

四、兼营行为

兼营行为是指纳税人的经营范围既包括销售货物和加工修理修配劳务,又包括销售服务、无形资产或者不动产,但销售货物、加工修理修配劳务、服务、无形资产或者不动产不同时发生在同一项销售行为中。例如,某大型商场除销售商品外,还提供餐饮服务,其餐饮服务即属于商场兼营的非应税劳务。

依据《增值税暂行条例实施细则》等相关法律制度规定,纳税人兼营销售货物、劳务、服务、无形资产或者不动产,适用不同税率或者征收率的,应当分别核算适用不同税率或征收率的销售额;未分别核算的,从高适用税率。

小贴士

混合销售与兼营行为的异同点及其税务处理方法如表3-3所示。

表3-3　　　　　混合销售与兼营行为的比较

特殊行为	相 同 点	不 同 点	税 务 处 理
混合销售	同时涉及销售货物和服务	同一项销售行为中存在着两类经营项目的混合,且针对同一个购买方	依据纳税人的主营业务划分,分别按照"销售货物""销售服务"征收增值税
兼营行为	同时涉及销售货物、提供加工修理修配劳务和销售服务、无形资产或者不动产这两类经营项目	同一纳税人的经营活动中存在着两类经营项目,不一定针对同一个购买方	应当分别核算适用不同税率或者征收率征收增值税;未分别核算,从高计征

纳税人在销售活动板房、机器设备、钢结构件等自产货物的同时提供建筑、安装服务,明确不属于混合销售,应分别核算货物和建筑服务的销售额,分别适用不同的税率或者征收率

【例3-5】　下列各项中,属于混合销售行为的有(　　　　)。

A.商店销售电视的同时又提供安装劳务

B.餐饮公司提供餐饮服务的同时又销售烟酒

C.装饰公司销售木质地板的同时又提供安装服务

D.酒店提供住宿服务的同时又提供娱乐服务

【答案与解析】　ABC。D项酒店属于单纯的销售服务行为,没有涉及销售货物,因而不属于混合销售行为。

五、征税范围的特别规定

增值税的征收范围有一些特别规定,主要有以下几点。

(1)货物期货(包括商品期货和贵金属期货),在期货的实物交割环节纳税。上海国际能源交易中心股份有限公司的会员和客户通过上海国际能源交易中心股份有限公司交易的原油期货保税交割业务,大连商品交易所的会员和客户通过大连商品交易所交易的铁矿石期货保税交割业务,暂免征收增值税。

（2）执罚部门和单位查处的属于一般商业部门经营的商品,具备拍卖条件的,由执罚部门或单位商同级财政部门同意后,公开拍卖。其拍卖收入作为罚没收入,由执罚部门和单位如数上缴财政,不予征税。对经营单位购入拍卖物品再销售的,应照章征收增值税。

（3）电力公司向发电企业收取的过网费,应当征收增值税。

（4）印刷企业接受出版单位委托,自行购买纸张,印刷有统一刊号（CN）以及采用国际标准书号编序的图书、报纸和杂志,按货物销售征收增值税。

（5）纳税人转让土地使用权或者销售不动产的同时一并销售的附着于土地或者不动产上的固定资产中,凡属于增值税应税货物的,按适用税率计算缴纳增值税;凡属于不动产的,应按照"销售不动产"税目计算缴纳增值税。

纳税人应分别核算增值税应税货物和不动产的销售额,未分别核算或核算不清的,从高适用税率（征收率）计算缴纳增值税。

（6）财政部和国家税务总局规定的其他情形。

六、不征收增值税的项目

不征收增值税的项目有下列几种:

（1）根据国家指令无偿提供的铁路运输服务、航空运输服务,属于《营业税改征增值税试点实施办法》规定的用于公益事业的服务。

（2）存款利息。

（3）被保险人获得的保险赔付。

（4）房地产主管部门或者其指定机构、公积金管理中心、开发企业以及物业管理单位代收的住宅专项维修资金。

（5）在资产重组过程中,通过合并、分立、出售、置换等方式,将全部或者部分实物资产以及与其相关联的债权、负债和劳动力一并转让给其他单位和个人,其中涉及的货物转让以及不动产、土地使用权转让行为。

【思考 3 - 4】 房地产开发企业将自建商品房转作固定资产,需要缴纳增值税吗?

【解析】 对房地产开发企业将开发产品转作固定资产用于本企业自用、样品等行为,作为房地产开发企业既未取得货币、货物及其他经济利益,又不属于无偿赠送他人,不征收增值税。所以,对货物在统一法人实体内部之间的转移,不视同销售,不征收销售不动产增值税。

任务四 掌握增值税的税率和征收率

【知识准备与业务操作】

一、税率

（一）具体规定

增值税的税率,适用于一般纳税人,目前增值税有 13%、9%、6% 和 0% 共四档税率。

具体如表 3-4 所示。

表 3-4 　　　　　　　　　　　增值税税目税率表

序号	行　业　内　容	税率/%
1	纳税人销售或者进口货物,除下面第 2 项、第 3 项规定外	13
2	纳税人销售或者进口《增值税暂行条例》中列举的低税率货物	9
3	纳税人出口货物;国务院另有规定的除外	0
4	纳税人提供加工、修理修配劳务(以下称应税劳务)	13
5	纳税人提供增值电信服务、金融服务、现代服务(租赁服务除外)、生活服务、转让土地使用权以外的其他无形资产	6
6	纳税人提供交通运输、邮政、基础电信、建筑、不动产租赁服务、销售不动产、转让土地使用权	9
7	纳税人提供有形动产租赁服务	13
8	境内单位和个人发生的跨境应税行为,具体范围由财政部和国家税务总局另行规定	0

(二)其他规定

(1)纳税人兼营不同税率的货物或者应税劳务的,应当分别核算不同税率货物或者应税劳务的销售额。未分别核算销售额的,从高适用税率。

(2)试点纳税人销售电信服务时,附带赠送用户识别卡、电信终端等货物或者电信服务的,应对其取得的全部价款和价外费用分别进行核算,按各自适用的税率计算缴纳增值税。

(3)油气田企业发生应税行为,适用《试点实施办法》规定的增值税税率,不再适用《财政部 国家税务总局关于印发〈油气田企业增值税管理办法〉的通知》(财税〔2009〕8 号)规定的增值税税率。

(三)纳税人销售或进口《增值税暂行条例》中列举的低税率货物(9%)

(1)粮食、食用植物油、鲜奶。

以粮食为原料加工的速冻食品、方便面、副食品和各种熟食品及淀粉,不属于本货物的征税范围。鲜奶加工的各种奶制品,如酸奶、奶酪、奶油等,适用 13% 税率。

(2)自来水、暖气、冷气、热水、煤气、石油液化气、天然气、沼气、居民用煤炭制品。

农业灌溉用水、引水工程输送的水等,不属于本货物的范围,不征收增值税。居民用煤炭制品是指煤球、煤饼、蜂窝煤和引火炭。

(3)图书、报纸、杂志。

(4)饲料、化肥、农药、农机、农膜。

直接用于动物饲养的粮食、饲料添加剂不属于本货物的范围。用于人类日常生活的各种类型包装的日用卫生用药(如卫生杀虫剂、驱虫剂、驱蚊剂、蚊香、消毒剂等),不属于农药范围。农机零部件不属于本货物的征收范围。

(5)国务院及有关部门规定的其他货物:农产品、音像制品、电子出版物、二甲醚、食用盐。

【例3-6】 下列货物中,适用9%增值税税率的有(　　　　)。

A. 利用工业余热生产的热水　　　　　　B. 石油液化气

C. 饲料添加剂　　　　　　　　　　　　D. 蚊香、驱蚊剂

【答案与解析】 AB。饲料添加剂、蚊香、驱蚊剂不属于9%增值税税率的范围。

二、征收率

（一）小规模纳税人适用3%征收率的规定

（1）小规模纳税人增值税征收率为3%,征收率的调整,由国务院决定。

（2）小规模纳税人（除其他个人外）销售自己使用过的固定资产,减按2%征收率征收增值税。且只能开具普通发票,不得由税务机关代开增值税专用发票。

（3）小规模纳税人销售自己使用过的除固定资产以外的物品,应按3%的征收率征收增值税。

关于全面推开营改增试点有关税收征收管理事项的公告

（二）纳税人适用5%征收率的规定

（1）小规模纳税人销售自建或者取得的不动产。

（2）一般纳税人选择简易计税方法的不动产销售。

（3）房地产开发企业中的小规模纳税人,销售自行开发的房地产项目。

（4）其他个人销售其取得（不含自建）的不动产（不含其购买的住房）。

（5）一般纳税人选择简易计税方法计税的不动产经营租赁。

（6）小规模纳税人出租（经营租赁）其取得的不动产（不含个人出租住房）。

（7）其他个人出租（经营租赁）其取得的不动产（不含住房）。

（8）个人出租住房,应按照5%的征收率减按1.5%计算应纳税额。

（9）一般纳税人和小规模纳税人提供劳务派遣服务选择差额纳税的。

（10）一般纳税人2016年4月30日前签订的不动产融资租赁合同,或以2016年4月30日前取得的不动产提供的融资租赁服务,选择适用简易计税方法的。

（11）一般纳税人收取试点前开工的一级公路、二级公路、桥、闸通行费,选择适用简易计税方法的。

（12）一般纳税人提供人力资源外包服务,选择适用简易计税方法的。

（13）一般纳税人转让2016年4月30日前取得的土地使用权,选择适用简易计税方法的。

（14）房地产开发企业中的一般纳税人购入未完工的房地产老项目（2006年4月30日之前的建筑工程项目）继续开发后,以自己名义立项销售的不动产,属于房地产老项目,可以选择适用简易计税方法按照5%的征收率计算缴纳增值税。

（三）一般纳税人按照简易办法依照3%的征收率征收增值税的征收率规定（表3-5）

表3-5　　　　　　　　适用简易计税办法项目明细表

序号	适用简易计税办法的项目	征收率/%
1	县级及县级以下小型水力发电单位生产的电力	3
2	建筑用和生产建筑材料所用的沙、土、石料	3
3	以自己采掘的沙、土、石料或其他矿物连续生产的砖、瓦、石灰	3

续　表

序　号	适用简易计税办法的项目	征收率/%
4	用微生物、微生物代谢产物、动物毒素、人或动物的血液或组织制成的生物制品	3
5	自来水	3
6	商品混凝土	3
7	寄售商店代销寄售物品	3
8	典当业销售死当物品	3
9	营改增试点纳税人提供的公共交通运输等试点服务	3
10	旧货,以及特定固定资产	3%征收率减按2%征收

【例3-7】　某旧机动车交易公司当年4月份收购旧机动车50辆,支付收购款350万元,销售旧机动车60辆,取得销售收入480万元,同时协助客户办理车辆过户手续,取得收入3万元。

要求:计算当年4月份该旧机动车交易公司应纳增值税税额。

【答案与解析】　所谓旧货,是指进入二次流通的具有部分使用价值的货物(含旧汽车、旧摩托车和旧游艇),但不包括自己使用过的物品。需要注意的是,对从事二手车经销业务的纳税人销售其收购的二手车,自2020年5月1日至2023年12月31日减按0.5%的征收率征收增值税,其销售额的计算公式为:

销售额=含税销售额÷(1+0.5%)

应纳增值税税额=(480+3)÷(1+0.5%)×0.5%=9.38(万元)

小贴士

一般纳税人和小规模纳税人销售使用过的物品的税务处理比较如表3-6所示。

表3-6　一般纳税人和小规模纳税人销售自己使用过的物品的税务处理比较

纳税人	销　售　情　形	税　务　处　理	计税公式
一般纳税人	2008年12月31日以前购进或者自制的固定资产(未抵扣进项税额)	3%征收率减按2%征收增值税	增值税=售价÷(1+3%)×2%
	销售自己使用过的2009年1月1日以后购进或者自制的固定资产	按正常销售货物适用税率征收增值税 提示:该固定资产的进项税额在购进当期已抵扣	增值税=售价÷(1+13%)×13%
	销售自己使用过的除固定资产以外的物品		
小规模纳税人(除其他个人外)	销售自己使用过的固定资产	3%征收率减按2%征收增值税	增值税=售价÷(1+3%)×2%
	销售自己使用过的除固定资产以外的物品	按3%的征收率征收增值税	增值税=售价÷(1+3%)×3%

任务五 增值税应纳税额计算

【知识准备与业务操作】

一、一般纳税人应纳税额计算

一般纳税人销售货物,提供劳务,销售应税服务、无形资产或者不动产,采用扣税法计算应纳增值税税额。其计算公式为:

$$应纳税额 = 当期销项税额 - 当期进项税额$$

当期销项税额小于当期进项税额,不足抵扣时,其不足部分可以结转下期继续抵扣。

（一）销项税额

纳税人销售货物,提供劳务,销售应税服务、无形资产或者不动产,按照销售额和税法规定的税率计算并向购买方收取的增值税税额,为销项税额。对于销售方来说,在没有依法抵扣进项税额前,销项税额不是其应纳增值税,而是从购买方收取的,体现了价外税性质。

$$销项税额 = 销售额 \times 税率$$

或:

$$销项税额 = 组成计税价格 \times 税率$$

1. 销售额的一般规定

依据《增值税暂行条例》第六条的规定,销售额为纳税人销售货物或应税劳务向购买方收取的全部价款和价外费用,但不包括收取的销项税额。销售额包括以下三项内容:

（1）销售货物或应税劳务取自购买方的全部价款。

（2）向购买方收取的各种价外费用（即价外收入）。具体包括违约金、包装费、包装物租金、储备费、优质费、运输装卸费、代收款项、代垫款项及其他各种性质的价外收费。

（3）消费税税款。消费税属于价内税,因此,凡征收消费税的货物在计征增值税时,其应税销售额应包括消费税税款。

【例3-8】 某企业2023年6月销售粮食一批,取得不含税销售额430 000元,另收取包装费和运输费15 000元。

要求:计算该企业此项业务的销项税额。

【答案与解析】 包装费和运输费属于价外费用,视为含税收入,在并入销售额征税时,应将其换算为不含税收入,再并入销售额征税。

$$销项税额 = \left(430\,000 + \frac{15\,000}{1+9\%}\right) \times 9\% = 39\,938.53(元)$$

销售额不包括向购买方收取的销项税额。因为增值税属于价外税,其税款不应包含在销售货物的价款中。此外,还不包括:

（1）受托加工应征消费税的货物，而由受托方代收代缴的消费税。

（2）同时符合以下两个条件的代垫运费：①承运部门的运费发票开具给购买方，并由纳税人将该项发票转交给购买方。②纳税人只是为购货人代办运输业务代垫运费。

（3）符合条件的代为收取的政府性基金或行政事业性收费。

（4）销售货物的同时代办保险等而向购买方收取的保险费，以及向购买方收取的代购买方缴纳的车辆购置税、车辆牌照费。

【例3-9】　甲公司销售给乙公司同类商品1 000件，每件不含税售价为200元，交给A运输公司运输，代垫运输费用6 800元，运费发票已转交给乙公司。

要求：阐述甲公司的税务处理。

【答案与解析】　根据题意可知，甲公司收取的代垫运输费用不是价外费用，不能并入销售额计征税额。

销项税额＝1 000×200×13％＝26 000（元）

2. 特殊销售方式下销售额的确定

（1）折扣方式销售。折扣销售是指销货方在销售货物、提供应税劳务，销售服务、无形资产或者不动产时，因购货方购买数量多等原因而给予的价格优惠。

纳税人采取折扣方式销售货物，如果销售额和折扣额在同一张发票上分别注明，可以按折扣后的销售额征收增值税；如果将折扣额另开发票，不论其在财务上如何处理，均不得从销售中减除折扣额。

小贴士

税法中所指的折扣销售与现金折扣、销售折让是不相同的。现金折扣是为了鼓励购货方及时偿还货款而给予的折扣优待，现金折扣发生在销货之后，不能从销售额中扣除。销售折让是指由于货物的品种或质量等原因引起的销售额减少，可以通过开具红字专用发票从销售中减除。

【例3-10】　某书店于2023年8月批发图书一批，每册标价30元，共计1 000册，由于购买方购买数量多，按6折优惠价格成交，并将折扣部分与销售额同开在一张发票上。10日内付款1％折扣，购买方如期付款。

要求：计算此项业务的计税销售额及销项税额。

【答案与解析】　此项业务象征增值税。根据《财政部 税务总局关于延续宣传文化增值税优惠政策的公告》（财政部 税务总局公告2021年第10号）规定，自2021年1月1日起至2023年12月31日，免征图书批发、零售环节增值税。因此，此项业务免征增值税。

（2）以旧换新方式销售。以旧换新销售是指纳税人在销售过程中，折价收回同类旧货物，并以折价款部分冲减货物价款的一种销售方式。

纳税人采取以旧换新方式销售货物的（金银首饰除外），应按新货物的同期销售价格确定销售额。

【例3-11】　某金店为增值税一般纳税人，当月零售金银首饰取得含税销售额23.4万元,其中包括以旧换新销售金银首饰实际取得的含税销售额 3.51 万元,该批以旧换新销售的金银首饰零售价为 8.19 万元。

要求:计算该金店此业务销项税额。

【答案与解析】 对金银首饰以旧换新业务,按销售方实际收取的不含增值税的全部价款征收增值税。

销项税额 $=23.4\div(1+13\%)\times13\%=2.69$(万元)

(3)还本销售方式销售。还本销售是指销货方将货物出售之后,按约定时间,一次或分次将购货款部分或全部退还给购货方,退还的货款即为还本支出。采取还本销售方式销售货物的,其销售额就是货物的销售价格,不得从销售额中减除还本支出。

(4)以物易物方式销售。以物易物是指购销双方不是以货币结算,而是以同等价款的货物相互结算,实现货物购销的一种方式。以物易物双方都应作购销处理,以各自发出的货物核算销售额并计算销项税额,以各自收到的货物按规定核算购货额并计算进项税额。在以物易物活动中,应分别开具合法票据,如收到的货物不能取得相应的增值税专用发票或其他合法票据的,不能抵扣进项税额。

(5)直销方式销售。具体分两种情况:一是直销企业先将货物销售给直销员,直销员再将货物销售给消费者,直销企业的销售额为其向直销员收取的全部价款和价外费用。直销员将货物销售给消费者时,应按规定缴纳增值税。二是直销企业通过直销员向消费者销售货物,直接向消费者收取货款,直销企业的销售额为其向消费者收取的全部价款和价外费用。

(6)包装物押金计税问题。包装物是指纳税人包装本单位货物的各种物品。通常情况下,销货方向购买方收取包装物押金,购货方在规定时间内返还包装物,销货方再将收取的包装物押金返还。

① 纳税人为销售货物而出租、出借包装物收取的押金,单独记账核算的,且时间在 1 年内,又未过期的,不并入销售额征税。

② 对收取的包装物押金,逾期(超过 12 个月)的,要并入销售额征税。押金视为含增值税收入,并入销售额征税时要换算为不含税销售额。应纳增值税计算公式为:

$$应纳增值税=逾期押金\div(1+税率)\times税率$$

③ 对销售除啤酒、黄酒外的其他酒类产品收取的包装物押金,无论是否返还以及会计上如何核算,均应并入当期销售额征税。啤酒、黄酒包装物押金按是否逾期,视不同情况处理。

【例 3-12】 某酒厂为一般纳税人,当月向一小规模纳税人销售白酒,开具的普通发票上注明金额 93 600 元;同时收取单独核算的包装物押金 2 000 元(尚未逾期),逾期包装物押金 6 000 元。此业务酒厂应计算的销项税额为( )元。

A. 13 600 B. 10 998.23 C. 15 011.32 D. 15 301.92

【答案与解析】 B。销项税额 $=(93\,600+2\,000)\div(1+13\%)\times13\%=10\,998.23$(元)

3. 其他销售情形销售额的确定

其他销售情形包括两种:一是视同销售中无价款结算的;二是售价明显偏低且无正当

理由或无销售额的。对这两种情况,主管税务机关有权核定其销售额。其确定顺序及方法如下:

(1)按纳税人最近时期同类货物的平均销售价格确定。

(2)按其他纳税人最近时期销售同类货物的平均销售价格确定。

(3)如以上两种方法均不能确定其销售额的,可按组成计税价格确定销售额。计算公式为:

$$组成计税价格=成本×(1+成本利润率)$$

属于应征消费税的货物,其组成计税价格中应加入消费税税额。计算公式为:

$$组成计税价格=成本×(1+成本利润率)+消费税税额$$

式中,"成本"分为两种情况:属于销售自产货物的为实际生产成本;属于销售外购货物的为实际采购成本。"成本利润率"为10%。但属于应从价定率计征消费税的货物,其组成计税价格公式中成本利润率,为《消费税若干具体问题的规定》中规定的成本利润率。

根据《营业税改征增值税试点实施办法》(财税〔2016〕36号),纳税人发生应税行为价格明显偏低或偏高且不具有合理商业目的的,或者发生本办法第十四条所列行为而无类似销售额的,主管税务机关有权按照下列顺序确定销售额:

(1)按照纳税人最近时期销售同类服务、无形资产或者不动产的平均价格确定。

(2)按照其他纳税人最近时期销售同类服务、无形资产或者不动产的平均价格确定。

(3)按照组成计税价格确定。组成计税价格的公式为:

$$组成计税价格=成本×(1+成本利润率)$$

式中,成本利润率由国家税务总局确定。

不具有合理商业目的是指以谋取税收利益为主要目的,通过人为安排,减少、免除、推迟缴纳增值税税款,或者增加退还增值税税款。

纳税人发生《增值税暂行条例实施细则》第四条规定的固定资产视同销售行为,对已使用过的固定资产无法确定销售额的,以固定资产净值为销售额。固定资产净值是指纳税人按照财务会计制度计提折旧后计算的固定资产净值。

【例3-13】 某空调厂(一般纳税人)将特制的200台空调奖励给本厂职工,每台成本2000元,无同类产品售价,成本利润率为10%。

要求:计算该事项产生的销项税额。

【答案与解析】 销项税额=200×2000×(1+10%)×13%=57200(元)

4.含税销售额的换算

增值税实行价外税,计算销项税额时,销售额中不应含有增值税款。但如果纳税人(包括一般纳税人和小规模纳税人)在销售货物或提供劳务时,将价款和税款合并定价,并收取价款时,必须将含税销售额换算成不含税销售额,作为增值税的税基。换算公式为:

$$不含税销售额=含税销售额÷(1+税率或征收率)$$

需要换算的情形包括:①商业企业零售价。②普通发票上注明的销售额(一般纳税人和小规模纳税人都有这种情况)。③价税合并收取的金额。④价外费用一般为含税收入。

⑤包装物押金一般为含税收入。⑥建筑安装合同上的货物金额（主要涉及销售自产货物并提供建筑业劳务的合同）。

5."营改增"试点行业的销售额

（1）贷款服务，以提供贷款服务取得的全部利息及利息性质的收入为销售额。

（2）直接收费金融服务，以提供直接收费金融服务收取的手续费、佣金、酬金、管理费、服务费、经手费、开户费、过户费、结算费、转托管费等各类费用为销售额。

（3）金融商品转让，按照卖出价扣除买入价后的余额为销售额。

转让金融商品出现的正负差，按盈亏相抵后的余额为销售额。若相抵后出现负差，可结转下一纳税期与下期转让金融商品销售额相抵，但年末时仍出现负差的，不得转入下一个会计年度。

金融商品的买入价，可以选择按照加权平均法或者移动加权平均法进行计算，选择后36个月内不得变更。

金融商品转让不得开具增值税专用发票。

（4）经纪代理服务，以取得的全部价款和价外费用，扣除向委托方收取并代为支付的政府性基金或者行政事业性收费后的余额为销售额。向委托方收取的政府性基金或者行政事业性收费，不得开具增值税专用发票。

（5）融资租赁和融资性售后回租业务。

① 经人民银行、银监会（现国家金融监督管理总局，下同）或者商务部批准从事融资租赁业务的试点纳税人，提供融资租赁服务，以取得的全部价款和价外费用，扣除支付的借款利息（包括外汇借款和人民币借款利息）、发行债券利息和车辆购置税后的余额为销售额。

② 经人民银行、银监会或者商务部批准从事融资租赁业务的试点纳税人，提供融资性售后回租服务，以取得的全部价款和价外费用（不含本金），扣除对外支付的借款利息（包括外汇借款和人民币借款利息）、发行债券利息后的余额作为销售额。

③ 试点纳税人根据 2016 年 4 月 30 日前签订的有形动产融资性售后回租合同，在合同到期前提供的有形动产融资性售后回租服务，可继续按照有形动产融资租赁服务缴纳增值税。

继续按照有形动产融资租赁服务缴纳增值税的试点纳税人，经人民银行、银监会或者商务部批准从事融资租赁业务的，根据 2016 年 4 月 30 日前签订的有形动产融资性售后回租合同，在合同到期前提供的有形动产融资性售后回租服务，可以选择以下方法之一计算销售额：

第一，以向承租方收取的全部价款和价外费用，扣除向承租方收取的价款本金，以及对外支付的借款利息（包括外汇借款和人民币借款利息）、发行债券利息后的余额为销售额。

纳税人提供有形动产融资性售后回租服务，计算当期销售额时可以扣除的价款本金，为书面合同约定的当期应当收取的本金。无书面合同或者书面合同没有约定的，为当期实际收取的本金。

试点纳税人提供有形动产融资性售后回租服务，向承租方收取的有形动产价款本金，不得开具增值税专用发票，但可以开具普通发票。

第二,以向承租方收取的全部价款和价外费用,扣除支付的借款利息(包括外汇借款和人民币借款利息)、发行债券利息后的余额为销售额。

④ 经商务部授权的省级商务主管部门和国家经济技术开发区批准的从事融资租赁业务的试点纳税人,2016 年 5 月 1 日后实收资本达到 1.7 亿元的,从达到标准的当月起按照上述第①、②、③点规定执行;2016 年 5 月 1 日后实收资本未达到 1.7 亿元但注册资本达到 1.7 亿元的,在 2016 年 7 月 31 日前仍可按照上述第①、②、③点规定执行,2016 年 8 月 1 日后开展的融资租赁业务和融资性售后回租业务不得按照上述第①、②、③点规定执行。

(6) 航空运输企业的销售额,不包括代收的机场建设费和代售其他航空运输企业客票而代收转付的价款。

(7) 试点纳税人中的一般纳税人(以下称一般纳税人)提供客运场站服务,以其取得的全部价款和价外费用,扣除支付给承运方运费后的余额为销售额。

(8) 试点纳税人提供旅游服务,可以选择以取得的全部价款和价外费用,扣除向旅游服务购买方收取并支付给其他单位或个人的住宿费、餐饮费、交通费、签证费、门票费和支付给其他接团旅游企业的旅游费用后的余额为销售额。

选择上述办法计算销售额的试点纳税人,向旅游服务购买方收取并支付的上述费用,不得开具增值税专用发票,可以开具普通发票。

(9) 房地产开发企业中的一般纳税人销售其开发的房地产项目(选择简易计税方法的房地产老项目除外),以取得的全部价款和价外费用,扣除受让土地时向政府部门支付的土地价款后的余额为销售额。房地产老项目,是指《建筑工程施工许可证》注明的合同开工日期在 2016 年 4 月 30 日前的房地产项目。

(10) 试点纳税人按照上述(4)～(9)的规定从全部价款和价外费用中扣除的价款,应当取得符合法律、行政法规和国家税务总局规定的有效凭证。否则,不得扣除。

有效凭证是指:①支付给境内单位或者个人的款项,以发票为合法有效凭证。②支付给境外单位或者个人的款项,以该单位或者个人的签收单据为合法有效凭证,税务机关对签收单据有疑义的,可以要求其提供境外公证机构的确认证明。③缴纳的税款,以完税凭证为合法有效凭证。④扣除的政府性基金、行政事业性收费或者向政府支付的土地价款,以省级以上(含省级)财政部门监(印)制的财政票据为合法有效凭证。⑤国家税务总局规定的其他凭证。纳税人取得的上述凭证属于增值税扣税凭证的,其进项税额不得从销项税额中抵扣。

(11) 一般纳税人跨县(市、区)提供建筑服务,适用一般计税方法计税的,以取得的全部价款和价外费用扣除支付的分包款后的余额,按照 2% 的预征率计算应预缴税款。纳税人选择简易计税方法计税的,按 3% 的征收率计算应预缴税款。小规模纳税人按照 3% 的征收率计算应预缴税款(月销售额未超过 10 万元的,当期无需预缴税款)。纳税人在同一地级行政区范围内跨县(市、区)提供建筑服务的,不实行《纳税人跨县(市、区)提供建筑服务增值税征收管理暂行办法》中异地预征的征管模式。

(12) 一般纳税人销售其取得(不含自建)的不动产,应适用一般计税方法,以取得的全部价款和价外费用为销售额计算应纳税额。纳税人应以取得的全部价款和价外费用减去该项不动产购置原价或者取得不动产时的作价后的余额,按照 5% 的预征率在不动产所在地预缴税款。

（13）一般纳税人销售其自建的不动产，适用一般计税方法计税的，以取得的全部价款和价外费用之和作为销售额计算应纳税额。纳税人应以取得的全部价款和价外费用，按照5％的预征率在不动产所在地预缴税款。

（14）一般纳税人出租其2016年5月1日后取得的、与机构所在地不在同一县（市）的不动产，应按照3％的预征率在不动产所在地预缴税款。

（15）房地产开发企业中的一般纳税人销售房地产老项目，以及一般纳税人出租其2016年4月30日前取得的不动产，适用一般计税方法计税的，应以取得的全部价款和价外费用，按照3％的预征率在不动产所在地预缴税款。

6. 销售额确定的特殊规定

纳税人发生应税销售行为，开具增值税专用发票后，发生开票有误或者销售折让、中止、退回等情形的，应当按照国家税务总局的规定开具红字增值税专用发票；未按照规定开具红字增值税专用发票的，不得扣减销项税额或者销售额。

7. 外币销售额的折算

纳税人按人民币以外的货币结算销售额的，其销售额的人民币折合率可以选择销售额发生的当天或者当月1日的人民币外汇中间价。纳税人应在事先确定采用何种折合率，确定后在1年内不得变更。

（二）进项税额

1. 进项税额的含义

纳税人购进货物、加工修理修配劳务、服务、无形资产或者不动产，支付或者负担的增值税税额为进项税额。它与销售方收取的销项税额相对应。

2. 准予抵扣的进项税额

（1）销售方取得的增值税专用发票上注明的增值税税额。

（2）从海关取得的进口增值税专用缴款书上注明的增值税税额。

（3）纳税人购进用于生产销售或委托受托加工13％税率货物的农产品，按照农产品收购发票或者销售发票上注明的农产品买价和10％的扣除率计算进项税额，即：

$$进项税额 = 买价 \times 扣除率$$

买价包括纳税人购进农产品时在农产品收购发票或者销售发票上注明的价款和按规定缴纳的烟叶税。用于生产销售其他货物服务的，按照9％的税率或扣除率计算进项税额。

除上述规定外，纳税人购进农产品时，取得一般纳税人开具的增值税专用发票或海关进口增值税专用缴款书的，以增值税专用发票或海关进口增值税专用缴款书上注明的增值税税额为进项税额；从按照简易计税方法依照3％征收率计算缴纳增值税的小规模纳税人取得增值税专用发票的，以增值税专用发票上注明的金额和9％的扣除率计算进项税额；取得（开具）农产品销售发票或收购发票的，以农产品销售发票或收购发票上注明的农产品买价和9％的扣除率计算进项税额。

（4）接受境外单位或者个人提供的应税服务，从税务机关或者境内代理人取得的解缴税款的中华人民共和国税收通用缴款书上注明的增值税税额为进项税额，准予从销项税额中抵扣。

（5）不动产进项税额的抵扣。

自 2019 年 4 月 1 日起,纳税人取得不动产或者不动产在建工程的进项税额不再分 2 年抵扣。此前按照规定分 2 年抵扣的尚未抵扣完毕的待抵扣进项税额,可自 2019 年 4 月税款所属期起从销项税额中抵扣。

取得的不动产,包括以直接购买、接受捐赠、接受投资入股以及抵债等各种形式取得的不动产。

按照规定不得抵扣进项税额的不动产,发生用途改变,用于允许抵扣进项税额项目的,按照下列公式在改变用途的次月计算可抵扣进项税额。

$$可抵扣进项税额 = 增值税扣税凭证注明或计算的进项税额 \times 不动产净值率$$

已抵扣进项税额的不动产,发生非正常损失,或者改变用途,专用于简易计税方法计税项目、免征增值税项目、集体福利或者个人消费的,按照下列公式计算:

$$不得抵扣的进项税额 = 已抵扣进项税额 \times 不动产净值率$$
$$不动产净值率 = (不动产净值 \div 不动产原值) \times 100\%$$

(6)原增值税一般纳税人自用的应征消费税的摩托车、汽车、游艇,其进项税额准予从销项税额中抵扣。

(7)收费公路通行费增值税抵扣有关情况如下:

增值税一般纳税人支付的道路、桥、闸通行费,暂凭取得的通行费发票(不含财政票据,下同)上注明的收费金额,按照下列公式计算可抵扣的进项税额:

$$高速公路通行费可抵扣进项税额 = 高速公路通行费发票上注明的金额 \div (1 + 3\%) \times 3\%$$

$$\begin{matrix} 一级公路、二级公路、桥、 \\ 闸通行费可抵扣进项税额 \end{matrix} = \begin{matrix} 一级公路、二级公路、桥、 \\ 闸通行费发票上注明的金额 \end{matrix} \div (1 + 5\%) \times 5\%$$

通行费,是指有关单位依法或者依规设立并收取的过路、过桥和过闸费用。

(8)纳税人购进国内旅客运输服务,其进项税额允许从销项税额中抵扣。

纳税人未取得增值税专用发票的,暂按照以下规定确定进项税额:

① 取得增值税电子普通发票的,为发票上注明的税额。

② 取得注明旅客身份信息的航空运输电子客票行程单的,按照下列公式计算进项税额:

$$航空旅客运输进项税额 = (票价 + 燃油附加费) \div (1 + 9\%) \times 9\%$$

③ 取得注明旅客身份信息的铁路车票的,为按照下列公式计算的进项税额:

$$铁路旅客运输进项税额 = 票面金额 \div (1 + 9\%) \times 9\%$$

④ 取得注明旅客身份信息的公路、水路等其他客票的,按照下列公式计算进项税额:

$$公路、水路等其他旅客运输进项税额 = 票面金额 \div (1 + 3\%) \times 3\%$$

(9)纳税人租入固定资产、不动产,既用于一般计税方法计税项目,又用于简易计税方法计税项目、免征增值税项目、集体福利和个人消费的,其进项税额准予从销项税额中全额抵扣。

(10)自 2023 年 1 月 1 日至 2023 年 12 月 31 日,允许生产、生活性服务业纳税人分别按照当期可抵扣进项税额加计 5% 和 10% 抵减应纳税额(以下称加计抵减政策)。

生产性服务业纳税人,是指提供邮政服务、电信服务、现代服务、生活服务取得的销售额占全部销售额的比重超过 50% 的纳税人。

生活性服务业纳税人,是指提供生活服务取得的销售额占全部销售额的比重超过 50% 的纳税人。

按照现行规定不得从销项税额中抵扣的进项税额,不得计提加计抵减额;已计提加计抵减额的进项税额,按规定作进项税额转出的,应在进项税额转出当期,相应调减加计抵减额。计算公式如下:

$$生产性服务业纳税人当期计提的加计抵减额 = 当期可抵扣进项税额 \times 5\%$$
$$生活性服务业纳税人当期计提的加计抵减额 = 当期可抵扣进项税额 \times 10\%$$
$$当期可抵减加计抵减额 = 上期末加计抵减额余额 + 当期计提加计抵减额 - 当期调减加计抵减额$$

纳税人应按照现行规定计算一般计税方法下的应纳税额(以下称抵减前的应纳税额)后,区分以下情形加计抵减:

① 抵减前的应纳税额等于零的,当期可抵减加计抵减额全部结转下期抵减;

② 抵减前的应纳税额大于零,且大于当期可抵减加计抵减额的,当期可抵减加计抵减额全额从抵减前的应纳税额中抵减;

③ 抵减前的应纳税额大于零,且小于或等于当期可抵减加计抵减额的,以当期可抵减加计抵减额抵减应纳税额至零。未抵减完的当期可抵减加计抵减额,结转下期继续抵减。

纳税人适用加计抵减政策的其他有关事项,按照《财政部 税务总局 海关总署关于深化增值税有关政策的公告》(财政部 税务总局 海关总署公告 2019 年第 39 号)、《财政部 税务总局关于明确生活性服务业增值税加计抵减政策的公告》(财政部 税务总局公告 2019 年第 87 号)等有关规定执行。

3. 不能从销项税额中抵扣的进项税额

(1) 用于简易计税方法计税项目、免征增值税项目、集体福利或者个人消费的购进货物、加工修理修配劳务、服务、无形资产和不动产。其中涉及的固定资产、无形资产、不动产,仅指专用于上述项目的固定资产、无形资产(不包括其他权益性无形资产)、不动产。

【注意】 纳税人的交际应酬消费属于个人消费。

(2) 非正常损失的购进货物,以及相关的加工修理修配劳务和交通运输服务。

(3) 非正常损失的在产品、产成品所耗用的购进货物(不包括固定资产)、加工修理修配劳务和交通运输服务。

(4) 非正常损失的不动产,以及该不动产所耗用的购进货物、设计服务和建筑服务。

(5) 非正常损失的不动产在建工程所耗用的购进货物、设计服务和建筑服务。纳税人新建、改建、扩建、修缮、装饰不动产,均属于不动产在建工程。

(6) 购进的旅客运输服务、贷款服务、餐饮服务、居民日常服务和娱乐服务。

(7) 财政部和国家税务总局规定的其他情形。

上述(4)项、第(5)项所称货物,是指构成不动产实体的材料和设备,包括建筑装饰材料和给排水、采暖、卫生、通风、照明、通信、煤气、消防、中央空调、电梯、电气、智能化楼宇设备及配套设施。不动产、无形资产的具体范围,按照本办法所附的《销售服务、无形资产或者不动产注释》执行。固定资产,是指使用期限超过 12 个月的机器、机械、运输工具以及其他与生产经营有关的设备、工具、器具等有形动产。非正常损失,是指因管理不善造成货物被盗、丢失、霉烂变质,以及因违反法律法规造成货物或者不动产被依法没收、销毁、拆除的情形。

(8) 适用一般计税方法的纳税人,兼营简易计税方法计税项目、免征增值税项目而无法划分不得抵扣的进项税额,按照下列公式计算不得抵扣的进项税额:

$$\begin{array}{l}\text{不得抵扣的} \\ \text{进项税额}\end{array} = \begin{array}{l}\text{当期无法} \\ \text{划分的全部} \\ \text{进项税额}\end{array} \times \left[\begin{array}{l}\text{当期简易计} \\ \text{税方法计税} + \\ \text{项目销售额}\end{array} \begin{array}{l}\text{免征增值税} \\ \text{项目销售额}\end{array}\right] \div \begin{array}{l}\text{当期全部} \\ \text{销售额}\end{array}$$

主管税务机关可以按照上述公式依据年度数据对不得抵扣的进项税额进行清算。

(9) 纳税人购进货物或者应税劳务,取得的增值税扣税凭证不符合法律、行政法规或者国务院税务主管部门有关规定的,其进项税额不得从销项税额中抵扣。

(10) 有下列情形之一者,应按销售额依照增值税税率计算应纳增值税,不得抵扣进项税额,也不得使用增值税专用发票:①一般纳税人会计核算不健全,或者不能够提供准确税务资料的。②除另有规定的外,纳税人销售额超过小规模纳税人标准,未申请办理一般纳税人认定手续的。

【例 3 - 14】　根据我国增值税相关法律制度的规定,下列项目的进项税额不得从销项税额中抵扣的有(　　　　)。

A. 因自然灾害毁损的库存商品

B. 因管理不善被盗窃的产成品所耗用的外购原材料

C. 生产用在建工程耗用的外购原材料

D. 生产免税产品接受的劳务

E. 外购的待销售小轿车

【答案与解析】　BD。A 属于正常损失,进项税额可以抵扣;C 在营业税改征增值税后,生产用在建工程耗用的外购材料其所含进项税额可以抵扣;E 外购商品用于销售,其所含进项税额可以抵扣。

(11) 财政部和国家税务总局规定的其他情形。

4. 扣减进项税的规定

如果已抵扣进项税额的不动产改变用途,如专用于简易计税方法、免征增值税项目、集体福利或个人消费、发生非正常损失等,应按下列公式计算不得抵扣的进项税额:

不得抵扣的进项税额 = 已抵扣的进项税额 × 不动产净值率

不动产净值率 = (不动产净值 ÷ 不动产原值) × 100%

小贴士

一般纳税人因购进货物退出或者折让而收回的增值税税额,应从发生购进货物退出或者折让当期的进项税额中扣减。

增值税纳税人 2011 年 12 月 1 日(含 12 月 1 日当天)以后初次购买增值税税控系统专用设备(包括分开票机)支付的费用以及缴纳的技术维护费(不包括培训费、资料费等其他附加费用)可凭购买增值税税控系统专用设备取得的增值税专用发票,在增值税应纳税额中全额抵减(抵减额为价税合计额),不足抵减的可结转下期继续抵减。其取得的增值税专用发票不作为增值税抵扣凭证,其进项税额不得从销项税额中抵扣。

【例 3 - 15】 某企业外购原材料,取得的防伪税控增值税专用发票上注明金额 200 万元、增值税税额 26 万元,运输途中发生 5% 的损失,经查实属于非正常损失。向农民收购一批免税农产品,收购凭证上注明买价 40 万元;另支付运输费,取得增值税专用发票上注明的运费 5 万元(不含税),购进后将其中的 60% 用于企业职工食堂。

要求:计算可以抵扣的进项税额。

【答案与解析】 非正常损失的购进货物进项税不能抵扣;将外购的货物用于集体福利不是视同销售,进项税不得抵扣。

$$允许抵扣的进项税额 = 26 \times (1-5\%) + (40 \times 9\% + 5 \times 9\%) \times (1-60\%)$$
$$= 26.32(万元)$$

【例 3 - 16】 某农产品加工企业月末盘点时发现,上月从农民手中购进的农产品(库存账面成本为 117 500 元,已申报抵扣进项税额)发生霉烂,使账面成本减少 30 000 元(包括运费成本 500 元)。假设取得农产品收购凭证抵扣率为 9%。

要求:计算进项税转出额。

【答案与解析】

$$进项税转出额 = (30\,000 - 500) \div (1-9\%) \times 9\% + 500 \times 9\% = 2\,962.58(元)$$

(三)应纳税额的计算

$$应纳税额 = 当期销项税额 - 当期进项税额$$

1. 计算应纳税额的时间限定

(1)计算销项税额的时间限定。

销项税额的"当期"即纳税义务发生时间,总的要求是:销项税计算当期不得滞后。增值税纳税义务发生时间有以下两个方面:销售货物或应税劳务,为收讫销售款或取得索取销售款凭据的当天;先开具发票的,为开具发票的当天;进口货物,为报关进口的当天。

(2)进项税额抵扣的时间规定。

① 增值税一般纳税人取得 2017 年 1 月 1 日及以后开具的增值税专用发票、海关进口增值税专用缴款书、机动车销售统一发票、收费公路通行费增值税电子普通发票,取消认证确认、稽核比对、申报抵扣的期限。纳税人在进行增值税纳税申报时,应当通过本省(自治区、直辖市和计划单列市)增值税发票综合服务平台对上述扣税凭证信息进行用途确认。

② 增值税一般纳税人取得 2016 年 12 月 31 日及以前开具的增值税专用发票、海关进口增值税专用缴款书、机动车销售统一发票,超过认证确认、稽核比对、申报抵扣期限,但符合规定条件的,仍可按照《国家税务总局关于逾期增值税扣税凭证抵扣问题的公告》(2011 年第 50 号,国家税务总局公告 2017 年第 36 号、2018 年第 31 号修改)、《国家税务总局关于未按期申报抵扣增值税扣税凭证有关问题的公告》(2011 年第 78 号,国家税务总局公告 2018 年第 31 号修改)规定,继续抵扣进项税额。

③ 自 2016 年 12 月 1 日起,取消增值税发票认证的纳税人范围包括纳税信用 A 级、B 级和 C 级的增值税一般纳税人。

2.计算应纳税额进项税额不足抵扣的处理

应纳税额＝当期销项税额－当期进项税额＜0,余额留抵下期继续抵扣增值税

3.自 2019 年 4 月 1 日起,试行增值税期末留抵税额退税制度

(1)留抵退税条件:

① 自 2019 年 4 月税款所属期起,连续 6 个月(按季纳税的,连续 2 个季度)增量留抵税额均大于零,且第 6 个月增量留抵税额不低于 50 万元;

② 纳税信用等级为 A 级或者 B 级;

③ 申请退税前 36 个月未发生骗取留抵退税、出口退税或虚开增值税专用发票情形的;

④ 申请退税前 36 个月未因偷税被税务机关处罚两次及以上的;

⑤ 自 2019 年 4 月 1 日起未享受即征即退、先征后返(退)政策的。

(2)留抵退税计算:

增量留抵税额。纳税人获得一次性存量留抵退税前,增量留抵税额为当期期末留抵税额与 2019 年 3 月 31 日相比新增加的留抵税额。纳税人获得一次性存量留抵退税后,增量留抵税额为当期期末留抵税额。

存量留抵税额。纳税人获得一次性存量留抵退税前,按照当期期末留抵税额与 2019 年 3 月 31 日期末留抵税额相比孰小的原则确定可退存量留抵税额。纳税人获得一次性存量留抵退税后,存量留抵税额为零。

允许退还的增量留抵税额＝增量留抵税额×进项构成比例×100％

允许退还的存量留抵税额＝存量留抵税额×进项构成比例×100％

进项构成比例,为 2019 年 4 月至申请退税前一税款所属期已抵扣的增值税专用发票(含带有"增值税专用发票"字样全面数字化的电子发票、税控机动车销售统一发票)、收费公路通行费增值税电子普通发票、海关进口增值税专用缴款书、解缴税款完税凭证注明的增值税额占同期全部已抵扣进项税额的比重。

(3)纳税人应在增值税纳税申报期内,向主管税务机关申请退还留抵税额。

(4)纳税人出口货物劳务、发生跨境应税行为,适用免抵退税办法的,办理免抵退税后,仍符合本公告规定条件的,可以申请退还留抵税额;适用免退税办法的,相关进项税额不得用于退还留抵税额。

(5)纳税人取得退还的留抵税额后,应相应调减当期留抵税额。按照本条规定再次满足退税条件的,可以继续向主管税务机关申请退还留抵税额,但本条规定的连续期间,不得重复计算。

【例 3-17】　2023 年 4 月,某电视机厂生产出最新型号的彩色电视机,每台不含税销售单价 5 000 元。当月发生如下经济业务:

(1)5 日,向各大商场销售电视机 2 000 台,对这些大商场在当月 20 天内付清的 2 000 台电视机购货款均给予了 5％的销售折扣。

(2)8 日,发货给外省分支机构 200 台,用于销售,并支付发货运费,取得的运费增值税专用发票上注明的运费为 5 000 元,增值税为 450 元。

（3）10日，采取以旧换新方式，从消费者个人手中收购旧型号电视机，销售新型号电视机100台，每台旧型号电视机折价为500元。

（4）15日，购进生产电视机用原材料一批，取得增值税专用发票上注明的价款为200万元，增值税税额为26万元，专用发票已认证。

（5）20日，向某福利机构赠送电视机20台。

要求：计算当期应纳增值税税额。

【答案与解析】

业务（1）的销项税额为：$2\,000×0.5×13\%＝130$（万元）

销售折扣不应减少销售额和销项税额。

业务（2）的销项税额为：$200×0.5×13\%＝13$（万元）

允许抵扣的进项税额为：$0.5×9\%＝0.045$（万元）

发货给外省分支机构的200台电视机用于销售，应视同销售计算销项税额。同时，所支付的运费进项税额允许抵扣。

业务（3）的销项税额为：$100×0.5×13\%＝6.5$（万元）

以旧换新方式销售货物，应以新货物的同期销售价格确定销售额计算销项税额，不得扣减旧货物的收购价格，同时收购的旧电视机不能计算进项税额进行抵扣，因为不可能从消费者手中取得增值税专用发票。

业务（4）的进项税额为26万元，专用发票已认证，允许在当期全部抵扣。

业务（5）的销项税额为：$20×0.5×13\%＝1.3$（万元），赠送电视机应视同销售计算销项税额。

综上所述，当月应纳增值税税额＝$130＋13＋6.5＋1.3－0.045－26＝124.76$（万元）

二、小规模纳税人应纳税额计算

小规模纳税人销售货物或者应税劳务，实行简易办法按照销售额和规定的征收率计算应纳税额，不得抵扣进项税额。计算公式为：

$$应纳税额＝不含税销售额×征收率$$

对小规模纳税人销售货物或者提供应税劳务采取销售额和增值税税款合并定价的，须将取得的含税销售额换算为不含税销售额，其计算公式为：

$$不含税销售额＝含税销售额÷（1＋征收率）$$

小贴士

增值税小规模纳税人购置税控收款机，经主管税务机关审核批准后，可凭购进税控收款机取得的增值税专用发票，按照发票上注明的增值税税额，抵免当期应纳增值税。或者按照购进税控收款机取得的普通发票上注明的价款，依下列公式计算可抵免的税额：

$$可抵免的税额＝价款÷（1＋13\%）×13\%$$

当期应纳税额不足抵免的，未抵免的部分可在下期继续抵免。

【例 3-18】 某企业为增值税小规模纳税人,主要从事汽车修理和装潢业务。当月提供汽车修理业务取得收入 21 万元,销售汽车装饰用品取得收入 15 万元;购进的修理用配件被盗,账面成本 6 000 元;经主管税务机关核准,购进税控收款机一台,取得普通发票,支付金额 5 850 元。

要求:计算该企业应纳增值税税额。

【答案与解析】 增值税小规模纳税人购置税控收款机,经主管税务机关审核批准后,可依规定计算抵免当期应纳增值税税额。

应纳增值税税额=(21+15)÷(1+3%)×3%-0.585÷(1+13%)×13%=0.98(万元)

【例 3-19】 某商店为增值税小规模纳税人,2023 年 6 月采取"以旧换新"方式销售 24 K 全项链一条,新项链对外销售价格 9 000 元,旧项链作价 2 000 元,从消费者收取新旧差价款 7 000 元;另以"以旧换新"方式销售燃气热水器一台,新燃气热水器对外销售价格 2 000 元,旧热水器作价 100 元,从消费者收取新旧差价款 1 900 元。假如以上价款中均含增值税,该商店应缴纳增值税(   )元。

A. 262.14   B. 270   C. 320.39   D. 360

【答案与解析】 A。应纳增值税税额=(9 000-2 000)÷(1+3%)×3%+2 000÷(1+3%)×3%=262.14(元)

三、进口货物应纳税额计算

进口货物的纳税人是进口货物的收货人或办理报关手续的单位和个人。进口货物计税一律使用组成计税价格计算应纳增值税,进口货物应纳税额的计算公式为:

$$应纳税额=组成计税价格×税率$$

组成计税价格的构成分两种情况:

(1) 如果进口货物不征消费税,则:

$$组成计税价格=关税完税价格+关税$$

(2) 如果进口货物征收消费税,则:

$$组成计税价格=关税完税价格+关税+消费税$$

根据《海关法》和《进出口关税条例》规定,一般贸易下进口货物的关税完税价格以海关审定的成交价格为基础的到岸价格作为完税价格。到岸价格为货价加上货物运抵我国境内输入地点起卸关的包装费、运费、保险费和其他劳务费等费用构成的一种价格。

【例 3-20】 某汽车生产企业当月进口内燃发动机(1 升<排量<1.5 升)的小汽车成套配件一批,境外成交价格 68 万美元,运抵中国境内输入地点起卸前的运输费 5 万美元、保险费 1 万美元。已知小汽车成套配件进口关税税率为 30%,人民币汇率中间价为 1 美元兑换人民币 7.2 元。

要求:计算该汽车生产企业进口小汽车成套配件应纳增值税税额。

【答案与解析】 根据增值税法律制度规定,进口货物应纳增值税,按照组成计税价格和规定税率计算。

应纳增值税税额=(68+5+1)×7.2×(1+30%)×13%=90.04(万元)

任务六　掌握增值税的税收优惠

【知识准备与业务操作】

一、法定免税项目

（一）《增值税暂行条例》及其实施细则规定的免税项目

（1）农业生产者销售的自产农产品。

所谓农业,是指种植业、养殖业、林业、牧业、水产业。农业生产者包括从事农业生产的单位和个人。农产品是指初级农产品,具体范围由财政部、国家税务总局确定。

（2）避孕药品和用具。

（3）古旧图书,是指向社会收购的古书和旧书。

（4）直接用于科学研究、科学试验和教学的进口仪器、设备。

（5）外国政府、国际组织无偿援助的进口物资和设备。

（6）由残疾人的组织直接进口供残疾人专用的物品。

（7）销售的自己使用过的物品。自己使用过的物品是指其他个人自己使用过的物品。

（二）营业税改征增值税试点过渡政策及有关部门规定的税收优惠政策

1. 下列项目免征增值税

（1）托儿所、幼儿园提供的保育和教育服务。托儿所、幼儿园,是指经县级以上教育部门审批成立、取得办园许可证的实施0～6岁学前教育的机构,包括公办和民办的托儿所、幼儿园、学前班、幼儿班、保育院、幼儿院。

公办托儿所、幼儿园免征增值税的收入是指,在省级财政部门和价格主管部门审核报省级人民政府批准的收费标准以内收取的教育费、保育费。

民办托儿所、幼儿园免征增值税的收入是指,在报经当地有关部门备案并公示的收费标准范围内收取的教育费、保育费。

超过规定收费标准的收费,以开办实验班、特色班和兴趣班等为由另外收取的费用以及与幼儿入园挂钩的赞助费、支教费等超过规定范围的收入,不属于免征增值税的收入。

（2）养老机构提供的养老服务。养老机构,是指依照民政部《养老机构设立许可办法》（民政部令第48号）设立并依法办理登记的为老年人提供集中居住和照料服务的各类养老机构;养老服务,是指上述养老机构按照民政部《养老机构管理办法》（民政部令第49号）的规定,为收住的老年人提供的生活照料、康复护理、精神慰藉、文化娱乐等服务。

（3）残疾人福利机构提供的育养服务。

（4）婚姻介绍服务。

（5）殡葬服务。殡葬服务,是指收费标准由各地价格主管部门会同有关部门核定,或者实行政府指导价管理的遗体接运（含抬尸、消毒）、遗体整容、遗体防腐、存放（含冷藏）、火化、骨灰寄存、吊唁设施设备租赁、墓穴租赁及管理等服务。

（6）残疾人员本人为社会提供的服务。

营改增试点过渡政策的规定

（7）医疗机构提供的医疗服务。医疗机构,是指依据国务院《医疗机构管理条例》（国务院令第 149 号）及卫生部《医疗机构管理条例实施细则》（卫生部令第 35 号）的规定,经登记取得《医疗机构执业许可证》的机构,以及军队、武警部队各级各类医疗机构。具体包括:各级各类医院、门诊部（所）、社区卫生服务中心（站）、急救中心（站）、城乡卫生院、护理院（所）、疗养院、临床检验中心,各级政府及有关部门举办的卫生防疫站（疾病控制中心）、各种专科疾病防治站（所）,各级政府举办的妇幼保健所（站）、母婴保健机构、儿童保健机构,各级政府举办的血站（血液中心）等医疗机构。

本项所称的医疗服务,是指医疗机构按照不高于地（市）级以上价格主管部门会同同级卫生主管部门及其他相关部门制定的医疗服务指导价格（包括政府指导价和按照规定由供需双方协商确定的价格等）为就医者提供《全国医疗服务价格项目规范》所列的各项服务,以及医疗机构向社会提供卫生防疫、卫生检疫的服务。

（8）从事学历教育的学校提供的教育服务。

① 学历教育,是指受教育者经过国家教育考试或者国家规定的其他入学方式,进入国家有关部门批准的学校或者其他教育机构学习,获得国家承认的学历证书的教育形式。具体包括:

初等教育:普通小学、成人小学。

初级中等教育:普通初中、职业初中、成人初中。

高级中等教育:普通高中、成人高中和中等职业学校（包括普通中专、成人中专、职业高中、技工学校）。

高等教育:普通本专科、成人本专科、网络本专科、研究生（博士、硕士）、高等教育自学考试、高等教育学历文凭考试。

② 从事学历教育的学校,包括:

普通学校。

经地（市）级以上人民政府或者同级政府的教育行政部门批准成立、国家承认其学员学历的各类学校。

经省级及以上人力资源社会保障行政部门批准成立的技工学校、高级技工学校。

经省级人民政府批准成立的技师学院。

上述学校均包括符合规定的从事学历教育的民办学校,但不包括职业培训机构等国家不承认学历的教育机构。

③ 提供教育服务免征增值税的收入,是指对列入规定招生计划的在籍学生提供学历教育服务取得的收入,具体包括:经有关部门审核批准并按规定标准收取的学费、住宿费、课本费、作业本费、考试报名费收入,以及学校食堂提供餐饮服务取得的伙食费收入。除此之外的收入,包括学校以各种名义收取的赞助费、择校费等,不属于免征增值税的范围。

学校食堂是指依照《学校食堂与学生集体用餐卫生管理规定》（教育部令第 14 号）管理的学校食堂。

（9）学生勤工俭学提供的服务。

（10）农业机耕、排灌、病虫害防治、植物保护、农牧保险以及相关技术培训业务,家禽、牲畜、水生动物的配种和疾病防治。

（11）纪念馆、博物馆、文化馆、文物保护单位管理机构、美术馆、展览馆、书画院、图书馆在自己的场所提供文化体育服务取得的第一道门票收入。

（12）寺院、宫观、清真寺和教堂举办文化、宗教活动的门票收入。

（13）行政单位之外的其他单位收取的符合《试点实施办法》第十条规定条件的政府性基金和行政事业性收费。

（14）个人转让著作权。

（15）个人销售自建自用住房。

（16）公共租赁住房经营管理单位出租公共租赁住房。

（17）台湾航运公司、航空公司从事海峡两岸海上直航、空中直航业务在大陆取得的运输收入。

（18）纳税人提供的直接或者间接国际货物运输代理服务。

（19）符合规定条件的利息收入。

（20）被撤销金融机构以货物、不动产、无形资产、有价证券、票据等财产清偿债务。

（21）保险公司开办的一年期以上人身保险产品取得的保费收入。

（22）符合规定条件的金融商品转让收入。

（23）金融同业往来利息收入。

（24）同时符合规定条件的担保机构从事中小企业信用担保或者再担保业务取得的收入（不含信用评级、咨询、培训等收入）3年内免征增值税。

（25）国家商品储备管理单位及其直属企业承担商品储备任务，从中央或者地方财政取得的利息补贴收入和价差补贴收入。

（26）纳税人提供技术转让、技术开发和与之相关的技术咨询、技术服务。

（27）同时符合规定条件的合同能源管理服务。

（28）科普单位的门票收入，以及县级及以上党政部门和科协开展科普活动的门票收入。

（29）政府举办的从事学历教育的高等、中等和初等学校（不含下属单位），举办进修班、培训班取得的全部归该学校所有的收入。

（30）政府举办的职业学校设立的主要为在校学生提供实习场所、并由学校出资自办、由学校负责经营管理、经营收入归学校所有的企业，从事《销售服务、无形资产或者不动产注释》中"现代服务"（不含融资租赁服务、广告服务和其他现代服务）、"生活服务"（不含文化体育服务、其他生活服务和桑拿、氧吧）业务活动取得的收入。

（31）家政服务企业由员工制家政服务员提供家政服务取得的收入。

（32）福利彩票、体育彩票的发行收入。

（33）军队空余房产租赁收入。

（34）为了配合国家住房制度改革，企业、行政事业单位按房改成本价、标准价出售住房取得的收入。

（35）将土地使用权转让给农业生产者用于农业生产。

（36）涉及家庭财产分割的个人无偿转让不动产、土地使用权。

（37）土地所有者出让土地使用权和土地使用者将土地使用权归还给土地所有者。

（38）县级以上地方人民政府或自然资源行政主管部门出让、转让或收回自然资源使用权（不含土地使用权）。

（39）随军家属就业。

（40）军队转业干部就业。

2. 增值税即征即退

（1）一般纳税人提供管道运输服务，对其增值税实际税负超过3％的部分实行增值税即征即退政策。

（2）经人民银行、银监会（现国家金融监督管理总局）或者商务部批准从事融资租赁业务的试点纳税人中的一般纳税人，提供有形动产融资租赁服务和有形动产融资性售后回租服务，对其增值税实际税负超过3％的部分实行增值税即征即退政策。商务部授权的省级商务主管部门和国家经济技术开发区批准的从事融资租赁业务和融资性售后回租业务的试点纳税人中的一般纳税人，2016年5月1日后，实收资本达到1.7亿元的，从达到标准的当月起按照上述规定执行；2016年5月1日后，实收资本未达到1.7亿元但注册资本达到1.7亿元的，在2016年7月31日前仍可按照上述规定执行，2016年8月1日后开展的有形动产融资租赁业务和有形动产融资性售后回租业务不得按照上述规定执行。

（3）本规定所称增值税实际税负，是指纳税人当期提供应税服务实际缴纳的增值税税额占纳税人当期提供应税服务取得的全部价款和价外费用的比例。

3. 扣减增值税规定

（1）退役士兵创业就业。

（2）重点群体创业就业。

4. 其他规定

（1）金融企业发放贷款后，自结息日起90天内发生的应收未收利息按现行规定缴纳增值税，自结息日起90天后发生的应收未收利息暂不缴纳增值税，待实际收到利息时按规定缴纳增值税。

（2）个人将购买不足2年的住房对外销售的，按照5％的征收率全额缴纳增值税；个人将购买2年以上（含2年）的住房对外销售的，免征增值税，上述政策适用于北京市、上海市、广州市和深圳市之外的地区。

个人将购买不足2年的住房对外销售的，按照5％的征收率全额缴纳增值税；个人将购买2年以上（含2年）的非普通住房对外销售的，以销售收入减去购买住房价款后的差额按照5％的征收率缴纳增值税；个人将购买2年以上（含2年）的普通住房对外销售的，免征增值税。上述政策仅适用于北京市、上海市、广州市和深圳市。

（三）跨境应税行为免征增值税的政策规定

境内的单位和个人销售的下列服务和无形资产免征增值税，但财政部和国家税务总局规定适用增值税零税率的除外：

（1）工程项目在境外的建筑服务。

（2）工程项目在境外的工程监理服务。

（3）工程、矿产资源在境外的工程勘察勘探服务。

（4）会议展览地点在境外的会议展览服务。

（5）存储地点在境外的仓储服务。

（6）标的物在境外使用的有形动产租赁服务。

（7）在境外提供的广播影视节目（作品）的播映服务。

（8）在境外提供的文化体育服务、教育医疗服务、旅游服务。

（9）为出口货物提供的邮政服务、收派服务、保险服务。

（10）向境外单位销售的完全在境外消费的电信服务。

（11）向境外单位销售的完全在境外消费的知识产权服务。

（12）向境外单位销售的完全在境外消费的物流辅助服务（仓储服务、收派服务除外）。

（13）向境外单位销售的完全在境外消费的鉴证咨询服务。

（14）向境外单位销售的完全在境外消费的专业技术服务。

（15）向境外单位销售的完全在境外消费的商务辅助服务。

（16）向境外单位销售的广告投放地在境外的广告服务。

（17）向境外单位销售的完全在境外消费的无形资产（技术除外）。

（18）为境外单位之间的货币资金融通及其他金融业务提供的直接收费金融服务，且该服务与境内的货物、无形资产和不动产无关。

（19）以无运输工具承运方式提供的国际运输服务。

（20）符合零税率政策但适用简易计税方法或声明放弃适用零税率选择免税的下列应税行为：国际运输服务；航天运输服务；向境外单位提供的完全在境外消费的研发服务、合同能源管理服务、设计服务、广播影视节目（作品）的制作和发行服务、软件服务、电路设计及测试服务、信息系统服务、业务流程管理服务、离岸服务外包业务。

二、其他规定

（1）纳税人兼营免税、减税项目的，应当分别核算免税、减税项目的销售额；未分别核算销售额的，不得免税、减税。

（2）纳税人销售货物或者应税劳务适用免税规定的，可以放弃免税，依照《增值税暂行条例》的规定缴纳增值税。放弃免税后，36个月内不得再申请免税。

（3）纳税人发生应税销售行为同时适用免税和零税率规定的，纳税人可以选择适用免税或者零税率。

三、起征点

增值税起征点的适用范围限于个人，但不适用于已登记为一般纳税人的个体工商户。纳税人销售额未达到起征点的，免征增值税；达到起征点的，全额计算缴纳增值税。增值税起征点的幅度规定如下：

（1）销售货物的，为月销售额5 000～20 000元。

（2）销售应税劳务的，为月销售额5 000～20 000元。

（3）按次纳税的，为每次（日）销售额300～500元。

省、自治区、直辖市财政厅（局）和国家税务局应在规定的幅度内，根据实际情况确定本地区适用的起征点，并报财政部、国家税务总局备案。

自2023年1月1日起，增值税小规模纳税人发生增值税应税销售行为，合计月销售额未超过10万元（以1个季度为1个纳税期的，季度销售额未超过30万元，下同）的，免征增值税。

【例3-21】 下列项目中，免征增值税的是（   ）。

A. 中药饮片   B. 古旧图书   C. 教材   D. 卷烟

【答案与解析】 B。根据规定，古旧图书，即指向社会收购的古书和旧书，免征增值税。

四、税控系统专用设备和技术维护费抵减增值税税额

（1）增值税纳税人 2011 年 12 月 1 日（含，下同）以后初次购买增值税税控系统专用设备（包括分开票机）支付的费用，可凭购买增值税税控系统专用设备取得的增值税专用发票，在增值税应纳税额中全额抵减（抵减额为价税合计额），不足抵减的可结转下期继续抵减。增值税纳税人非初次购买增值税税控系统专用设备支付的费用，由其自行负担，不得在增值税应纳税额中抵减。

增值税税控系统包括增值税防伪税控系统、货物运输业增值税专用发票税控系统、机动车销售统一发票税控系统和公路、内河货物运输业发票税控系统。

增值税防伪税控系统的专用设备包括金税卡、IC 卡、读卡器或金税盘和报税盘。货物运输业增值税专用发票税控系统专用设备包括税控盘和报税盘。机动车销售统一发票税控系统和公路、内河货物运输业发票税控系统专用设备包括税控盘和传输盘。

（2）增值税纳税人 2011 年 12 月 1 日以后缴纳的技术维护费（不含补缴的 2011 年 11 月 30 日以前的技术维护费），可凭技术维护服务单位开具的技术维护费发票，在增值税应纳税额中全额抵减，不足抵减的可结转下期继续抵减。技术维护费按照价格主管部门核定的标准执行。

（3）增值税一般纳税人支付的两项费用在增值税应纳税额中全额抵减的，其增值税专用发票不作为增值税抵扣凭证，其进项税额不得从销项税额中抵扣。

（4）纳税人购买的增值税税控系统专用设备，自购买之日起 3 年内因质量问题无法正常使用的，由专用设备供应商负责免费维修，无法维修的免费更换。

（5）纳税人在填写纳税申报表时，对可在增值税应纳税额中全额抵减的增值税税控系统专用设备费用以及技术维护费，应按以下要求填报：

增值税一般纳税人将抵减金额填入《增值税纳税申报表（适用于增值税一般纳税人）》第 23 栏"应纳税额减征额"。当本期减征额小于或等于第 19 栏"应纳税额"与第 21 栏"简易征收办法计算的应纳税额"之和时，按本期减征额实际填写；当本期减征额大于第 19 栏"应纳税额"与第 21 栏"简易征收办法计算的应纳税额"之和时，按本期第 19 栏与第 21 栏之和填写，本期减征额不足抵减部分结转下期继续抵减。

小规模纳税人将抵减金额填入《增值税纳税申报表（适用于小规模纳税人）》第 11 栏"本期应纳税额减征额"。当本期减征额小于或等于第 10 栏"本期应纳税额"时，按本期减征额实际填写；当本期减征额大于第 10 栏"本期应纳税额"时，按本期第 10 栏填写，本期减征额不足抵减部分结转下期继续抵减。

任务七　增值税专用发票使用和管理

【知识准备与业务操作】

增值税专用发票，是增值税一般纳税人销售货物或者提供应税劳务所开具的发票，是购买方支付增值税税额并可按照增值税有关规定据以抵扣增值税进项税额的凭证。一般

纳税人应通过增值税防伪税控系统使用专用发票。这里的使用包括领购、开具、缴销、认证纸质专用发票及其相应的数据电文。自 2021 年 12 月 1 日起,我国全面启动数字化电子发票(简称"数电票")试点。一般纳税人通过电子发票服务平台进行增值税专用发票的开具、交付和查验等相关操作。

电子发票全流程电子化管理指南

一、专用发票的联次及用途

纸质专用发票由基本联次或者基本联次附加其他联次构成,基本联次为三联。第一联记账联,销售方核算销售收入和增值税销项税额的记账凭证;第二联抵扣联,购买方报送主管税务机关认证和留存备查的凭证;第三联发票联,购买方核算采购成本和增值税进项税额的记账凭证;其他联次用途,由一般纳税人自行确定。数电票无联次。

二、专用发票的领购

增值税专用发票的领购使用者为增值税一般纳税人,小规模纳税人(特殊情况除外)及非增值税纳税人不能领购和使用。但一般纳税人有下列情况之一者,不得领购使用专用发票:

(1)会计核算不健全,不能向税务机关准确提供增值税销项税额、进项税额、应纳税额数据及其他有关增值税税务资料的。

(2)有《税收征管法》规定的税收违法行为,拒不接受税务机关处理的。

(3)有下列行为之一,经税务机关责令限期改正而仍未改正的:虚开增值税专用发票;私自印制专用发票;向税务机关以外的单位和个人买取专用发票;借用他人专用发票;未按规定开具专用发票;未按规定保管专用发票和专用设备;未按规定申请办理防伪税控系统变更发行;未按规定接受税务机关检查。

(4)销售的货物全部属于免税项目者。

此外,按照规定,纳税人当月购买增值税专用发票而未申报纳税的,不得向其发售增值税专用发票。

三、作废发票和开具红字发票

增值税专用发票的开票限额、开具范围和开具要求在项目二的任务二"发票管理"中已经阐述,不再赘述。

【思考 3-5】　月末增值税专用发票不够用,纳税人当月发生的应税行为,可以在次月开票吗?

【解析】　纳税人因个别月份增值税发票量不够用,而次月开具发票是违反发票管理法规的。《发票管理办法实施细则》规定,填开发票的单位和个人必须在发生经营业务确认营业收入时开具发票。未发生经营业务一律不准开具发票。《发票管理办法》规定,应当开具而未开具发票,或者未按照规定时限、顺序、栏目,全部联次一次性开具发票,或者未加盖发票专用章的,由税务机关责令改正,可以处 1 万元以下的罚款;有违法所得的予以没收。

(一)作废发票

增值税一般纳税人在开具专用发票当月,发生销货退回、开票有误等情形,收到退回的发票联、抵扣联符合作废条件的,按作废处理;开具时发现有误的,可即时作废。符合作废条件是指同时具有以下情形:

(1)收到退回的发票联、抵扣联时间未超过销售方开票当月。

(2)销售方未抄税并且未记账。

(3)购买方未认证或者认证结果为"纳税人识别号认证不符""专用发票代码、号码认证不符"。

作废专用发票须在防伪税控系统中将相应的数据电文按"作废"处理,在纸质专用发票(含未打印的专用发票)各联次上注明"作废"字样,全联次留存。开具增值税电子专用发票后,如发生销售退回、开票有误、应税服务中止、销售折让等情形的,不能作废,需要按规定开具红字电子发票。

（二）开具红字发票

增值税一般纳税人在增值税防伪税控系统开具增值税专用发票后,发生销货退回、开票有误、应税服务中止等情形但不符合发票作废条件,或者因销货部分退回及发生销售折让,需要开具红字专用发票的,按以下方法处理:

（1）购买方取得专用发票已用于申报抵扣的,购买方可在增值税发票管理新系统(以下简称新系统)中填开并上传《开具红字增值税专用发票信息表》(以下简称《信息表》),在填开《信息表》时不填写相对应的蓝字专用发票信息,应暂依《信息表》所列增值税税额从当期进项税额中转出,待取得销售方开具的红字专用发票后,与《信息表》一并作为记账凭证。专用发票未用于申报抵扣、发票联或抵扣联无法退回的,购买方填开《信息表》时应填写相对应的蓝字专用发票信息。销售方开具专用发票尚未交付购买方,以及购买方未用于申报抵扣并将发票联及抵扣联退回的,销售方可在新系统中填开并上传《信息表》。销售方填开《信息表》时应填写相对应的蓝字专用发票的信息。

（2）主管税务机关通过网络接收纳税人上传的《信息表》,系统自动校验通过后,生成带有"红字发票信息表编号"的《信息表》,并将信息同步至纳税人端系统中。

（3）销售方凭税务机关系统校验通过的《信息表》开具红字专用发票,在新系统中以销项负数开具。红字专用发票应与《信息表》一一对应。

（4）纳税人也可凭《信息表》电子信息或纸质资料到税务机关对《信息表》内容进行系统校验。

数电票试点纳税人开具红字发票操作规定

小贴士

从 2017 年 7 月 1 日开始,购买方为企业的,在索取增值税普通发票时,应提供纳税人识别号或统一社会信用代码,并在发票上开具。这项规定只针对买方是企业,对于以个人或者政府机关、事业单位等非企业单位为抬头的发票就不需要填写这些信息。同时要求开票方必须按照国家税务总局推行的"按商品和服务编码规范"开票。

任务八　增值税申报与缴纳

【知识准备与业务操作】

一、纳税义务发生时间

（一）基本规定

销售货物或者应税劳务,纳税义务发生时间为收讫销售款项或者取得索取销售款项凭据的当天;先开具发票的,纳税义务发生时间为开具发票的当天。进口货物的纳税义务发生时间为报关进口的当天。

扣缴义务发生时间为纳税人增值税纳税义务发生的当天。

(二)具体规定

纳税义务发生时间的具体规定如下:

(1)采取直接收款方式销售货物的,不论货物是否发出,均为收到销售额或取得索取销售额凭据的当天。

(2)采取托收承付和委托银行收款方式销售货物的,为发出货物并办妥托收手续的当天。

(3)采取赊销和分期收款方式销售货物的,为书面合同约定的收款日期的当天。无书面合同或者书面合同没有约定收款日期的,为货物发出的当天。

(4)采取预收货款方式销售货物的,为货物发出的当天。但生产销售、生产工期超过12个月的大型机械设备、船舶、飞机等货物,为收到预收款或者书面合同约定的收款日期的当天。

(5)委托其他纳税人代销货物的,为收到代销单位销售的代销清单或者收到全部或者部分货款的当天;未收到代销清单及货款的,其纳税义务发生时间为发出代销货物满180天的当天。

(6)销售应税劳务的,为提供劳务同时收讫销售额或取得索取销售额凭据的当天。

(7)发生视同销售货物行为的,为货物移送的当天。

(三)"营改增"行业纳税义务发生时间

"营改增"行业增值税纳税义务、扣缴义务发生时间的规定如下:

(1)纳税人发生应税行为为其纳税义务发生时间收讫销售款项或者取得索取销售款项凭据的当天;先开具发票的,其纳税义务发生时间为开具发票的当天。收讫销售款项是指纳税人销售服务、无形资产、不动产过程中或者完成后收到款项。取得索取销售款项凭据的当天是指书面合同确定的付款日期;未签订书面合同或者书面合同未确定付款日期的,为服务、无形资产转让完成的当天或者不动产权属变更的当天。

(2)纳税人提供建筑服务、租赁服务采取预收款方式的,其纳税义务发生时间为收到预收款的当天。

(3)纳税人从事金融商品转让的,其纳税义务发生时间为金融商品所有权转移的当天。

(4)纳税人发生《营业税改征增值税试点实施办法》第十四条规定情形的,其纳税义务发生时间为服务、无形资产转让完成的当天或者不动产权属变更的当天。

(5)增值税扣缴义务发生时间为纳税人增值税纳税义务发生的当天。

二、纳税期限

(一)纳税期限的规定

《增值税暂行条例》规定,增值税的纳税期限分别为1日、3日、5日、10日、15日、1个月或者1个季度。纳税人的具体纳税期限,由主管税务机关根据纳税人应纳税额的大小分别核定;不能按照固定期限纳税的,可以按次纳税。

"营改增"行业以1个季度为纳税期限的规定适用于小规模纳税人、银行、财务公司、信托投资公司、信用社,以及财政部和国家税务总局规定的其他纳税人。不能按固定期限纳税的,可以按次纳税。

（二）报缴税款期限的规定

（1）纳税人以1个月或者1个季度为1个纳税期的,自期满之日起15日内申报纳税;以1日、3日、5日、10日或者15日为1个纳税期的,自期满之日起5日内预缴税款,于次月1日起15日内申报纳税并结清上月应纳税款。扣缴义务人解缴税款的期限,依照前两款规定执行。

（2）纳税人进口货物,应当自海关填发海关进口增值税专用缴款书之日起15日内缴纳税款。

三、纳税地点

（1）固定业户的纳税地点。分三种情况:

① 固定业户应当向其机构所在地的主管税务机关申报纳税。总机构和分支机构不在同一县（市）的,应当分别向各自所在地的主管税务机关申报纳税;经国务院财政、税务主管部门或者其授权的财政、税务机关批准,可以由总机构汇总向总机构所在地的主管税务机关申报纳税。

② 固定业户到外县（市）销售货物或者应税劳务,应当向其机构所在地的主管税务机关申请开具外出经营活动税收管理证明,并向其机构所在地的主管税务机关申报纳税;未开具证明的,应当向销售地或者劳务发生地的主管税务机关申报纳税;未向销售地或者劳务发生地的主管税务机关申报纳税的,由其机构所在地的主管税务机关补征税款。

③ 固定业户临时到外省、市销售货物的,必须向经营地税务机关出示《外出经营活动税收管理证明》回原地纳税,需要向购货方开具专用发票的,也需回到原地补开。

（2）非固定业户的纳税地点。非固定业户销售货物或者提供应税劳务和应税行为,应当向销售地或者劳务和应税行为发生地主管税务机关申报纳税;未向销售地或者劳务和应税行为发生地主管税务机关申报纳税的,由其机构所在地或者居住地的主管税务机关补征税款。

（3）其他个人提供建筑服务,销售或者租赁不动产,转让自然资源使用权,应向建筑服务发生地、不动产所在地、自然资源所在地主管税务机关申报纳税。

（4）纳税人跨县（市、区）提供建筑服务,在建筑服务发生地预缴税款后,向机构所在地主管税务机关进行纳税申报。

（5）纳税人销售不动产,在不动产所在地预缴税款后,向机构所在地主管税务机关进行纳税申报。

（6）纳税人租赁不动产,在不动产所在地预缴税款后,向机构所在地主管税务机关进行纳税申报。

一般纳税人跨省（自治区、直辖市或者计划单列市）提供建筑服务或者销售、出租取得的与机构所在地不在同一省（自治区、直辖市或者计划单列市）的不动产,在机构所在地申报纳税时,计算的应纳税额小于已预缴税额,且差额较大的,由国家税务总局通知建筑服务发生地或者不动产所在地省级税务机关,在一定时期内暂停预缴增值税。

（7）进口货物纳税地点。进口货物应当由进口人或其代理人向报关地海关申报纳税。扣缴义务人应当向其机构所在地或者居住地的主管税务机关申报缴纳其扣缴的税款。

【例 3 - 22】 关于增值税的纳税义务发生时间和纳税地点,下列表述正确的有(　　)。

A. 纳税人发生视同销售货物行为的,纳税义务发生时间为货物移送的当天

B. 委托其他纳税人代销货物的,未收到代销清单,则不发生纳税义务

C. 固定业户到外县(市)提供应税劳务并持有《外出经营活动税收管理证明》的,应向劳务所在地主管税务机关申报纳税

D. 固定业户的分支机构与总机构不在同一县(市)的,应当分别向各自所在地主管税务机关申报纳税

【答案与解析】 AD。委托其他人代销货物,为收到代销清单的当天;对于发出代销商品超过 180 天仍未收到代销清单及货款的,视同销售实现,一律征收增值税,其纳税义务发生时间为发出代销商品满 180 天的当天。固定业户到外县(市)提供应税劳务并持有《外出经营活动税收管理证明》的,应向其机构所在地主管税务机关申报纳税。

项 目 小 结

本项目全面介绍了增值税的概念和基本理论知识;重点阐述了增值税的征税范围和税率,增值税的一般计税方法和简易计税法,一般销售额和特殊销售额的确定,进项税抵扣、不得抵扣和扣减进项税的适用情形,包装物押金的税务处理规定,增值税税收优惠;强调指出增值税专用发票的使用管理规定和如何规范申报与缴纳增值税;结合丰富的案例训练提升增值税涉税业务处理的技术水平、增强纳税责任风险意识。

技 能 训 练

一、单项选择题

1. 下列项目所包含的进项税额,不得从销项税额中抵扣的是(　　)。

A. 生产过程中出现的报废产品

B. 用于返修产品修理的易损零配件

C. 生产企业用于经营管理的办公用品

D. 生产免税药品耗用的外购材料

2. 根据增值税法律制度的有关规定,下列项目中,增值税一般纳税人不可以按3%征收率计算纳税的是(　　)。

A. 以自己采掘的砂、土、石料或其他矿物连续生产的砖、瓦、石灰

B. 黏土实心砖、瓦

C. 建筑用和生产建筑材料所用的砂、土、石料

D. 用人或动物血液或组织制成的生物制品

3. 下列不属于 9% 低税率范围的是(　　)。

A. 中药饮片 　　　　　　　　　　B. 咖啡豆

C. 林苗栽植机械 　　　　　　　　D. 煤炭

4. 按照最新政策规定,下列关于增值税放弃免税权的陈述,正确的是(　　)。

A. 生产和销售免征增值税货物或劳务的纳税人要求放弃免税权,纳税人自提交备案资料的当月起,按现行规定计算缴纳增值税

B. 放弃免税权的纳税人符合一般纳税人认定条件尚未认定为增值税一般纳税人的,应按照现行规定认定为增值税一般纳税人

C. 纳税人自税务机关受理纳税人放弃免税权声明的当月起 36 个月内不得申请免税

D. 纳税人可以根据不同的销售对象选择部分货物或劳务放弃免税权

5. 某工艺品厂为增值税一般纳税人,当月销售给甲企业 200 套工艺品,每套不含税价 600 元。由于部分工艺品存在瑕疵,该工艺品厂给予甲企业 15% 的销售折让,已开具红字专用发票。为了鼓励甲企业及时付款,该工艺品厂提出(2/20, n/30)的付款条件,甲企业于当月 15 日付款。该工艺品厂此项业务的销项税额为(　　)元。

A. 16 993.20 　　　　　　　　　　B. 13 260

C. 19 992 　　　　　　　　　　　　D. 20 400

6. 某增值税一般纳税人购进玉米一批,支付给某农业开发基地收购价款 10 000 元,取得普通发票,并支付不含税运费 3 000 元,取得企业开具的增值税专用发票,验收入库后,因管理不善损失 1/5,则该项业务准予抵扣的进项税额为(　　)元。

A. 936 　　　　　B. 1 158.75 　　　　　C. 1 510 　　　　　D. 1 525

7. 某制药厂(增值税一般纳税人)3 月份销售抗生素药品,取得含税收入 113 万元,销售免税药品 50 万元(不含税),当月购入生产用原材料一批,取得的增值税专用发票上注明税额 6.8 万元,抗生素药品与免税药品无法划分耗料情况,则该制药厂当月应纳增值税为(　　)万元。

A. 14.73 　　　　　B. 8.47 　　　　　C. 10.20 　　　　　D. 17.86

8. 某食品厂为增值税小规模纳税人,当月销售糕点一批,取得含税销售额 40 000 元,经主管税务机关核准购进税控收款机一台,取得的增值税普通发票注明价款 1 800 元。该食品厂当月应纳增值税(　　)元。

A. 957.97 　　　　　　　　　　　B. 111.05

C. 1 112.62 　　　　　　　　　　D. 1 165.05

9. 下列关于固定资产处理的说法中,正确的是(　　)。

A. 纳税人购进固定资产时为小规模纳税人,登记为一般纳税人后销售该固定资产的,按照 13% 税率计算增值税

B. 小规模纳税人销售自己使用过的除固定资产以外的物品,应减按 2% 的征收率征收增值税

C. 增值税一般纳税人销售自己使用过的 2009 年 1 月 1 日后购进的固定资产,按照 3% 征收率减半征收增值税

D. 纳税人发生的固定资产视同销售行为,对已使用过的固定资产无法确定销售额的,以固定资产净值为销售额

10. 某化妆品生产企业,从国外进口一批化妆品香粉,关税完税价格为 60 000 元,缴纳关税 35 000 元。取得海关进口增值税专用缴款书,当月已向税务机关申请并通过认证,则该企业进口环节应缴纳的增值税为(　　)元。

A. 18 071.56
B. 15 810.43
C. 23 000.00
D. 14 529.41

11. 下列结算方式中,以货物发出当天为增值税纳税义务发生时间的是(　　)。

A. 预收货款
B. 赊销
C. 分期收款
D. 将货物交付他人代销

12. 下列关于增值税征税范围的说法中,表述有误的是(　　)。

A. 电力公司向发电企业收取的过网费,应当征收增值税

B. 自 2013 年 2 月 1 日起,纳税人取得的中央财政补贴,不属于增值税应税收入,不征收增值税

C. 在资产重组过程中,通过合并、分立等方式,将全部或者部分实物资产以及与其相关联的债权、债务和劳动力一并转让给其他单位的,其中涉及的货物转让应征收增值税

D. 集邮商品的生产、调拨,需要缴纳增值税

13. 某制药企业为增值税一般纳税人,主要生产降压药品和避孕药品,当月购买用于生产降压药品的原材料,取得增值税专用发票上注明的增值税为 12 万元,购买用于生产避孕药品的原材料,取得增值税专用发票上注明的增值税为 5 万元。另外为降压药品和避孕药品生产线职工购进劳保服装,取得的增值税专用发票上注明增值税 2 万元。当月销售药品共计取得不含税销售收入 108 万元,其中包括避孕药品销售收入 18 万元。则该制药企业当月应缴纳增值税(　　)万元。

A. 0
B. 1.33
C. 0.03
D. 3.33

14. 某企业为增值税小规模纳税人,当月销售自己使用过的包装材料一批,取得含税收入 20 600 元,销售自己使用过 1 年的小汽车一辆,取得含税收入 120 000 元。则该企业当月应缴纳增值税(　　)元。

A. 4 095.15
B. 2 930.10
C. 2 952.94
D. 2 756.86

15. 根据现行增值税政策的有关规定,下列说法中正确的是(　　)。

A. 非企业性单位应税服务年销售额超过规定标准的,一律按照一般纳税人纳税

B. 不经常提供应税服务的企业可选择按照小规模纳税人纳税

C. 应税服务年销售额超过规定标准的自然人,按照一般纳税人纳税

D. 年销售额超过 500 万元的货物运输业纳税人,按照小规模纳税人纳税

16. 某运输企业为增值税一般纳税人,2024 年 1 月提供货物运输劳务,取得含税收入 20 万元;提供装卸搬运服务,取得含税收入 5 万元;出租仓库一栋,取得租金收入 2 万元。则该运输企业当月应缴纳增值税(　　)万元。

A. 1.93
B. 2.39
C. 2.38
D. 2.48

17. 按现行增值税法律制度规定,下列纳税人中,可以登记为增值税一般纳税人的是(　　)。

A. 选择按照小规模纳税人纳税的非企业性单位

B. 年销售额在 500 万元以上的商业企业

C. 年应税销售额未超过小规模纳税人标准的非企业性单位

D. 个体经营者以外的其他个人

18. 根据增值税法律制度的有关规定,下列关于特殊销售方式下销售额的确定,表述正确的是(　　)。

A. 纳税人采取折扣方式销售货物的,折扣额一律不得冲减销售额

B. 纳税人采取还本销售方式销售货物的,销售额不得扣除还本支出

C. 纳税人销售白酒收取的包装物押金,逾期未收回包装物不再退还的押金,应并入当期销售额计征增值税

D. 纳税人采取以旧换新方式销售洗衣机,按照扣除旧洗衣机的收购价格以后实际收取的价款作为销售额计征增值税

19. 某啤酒厂为增值税一般纳税人,2024 年 1 月销售啤酒取得不含税销售额 300 万元,另收取期限为 5 个月的包装物押金 17.55 万元;没收以前月份收取的啤酒包装物押金 23.4 万元。当月该啤酒厂的增值税销项税额为(　　)万元。

A. 51　　　　　　　B. 41.69　　　　　　　C. 51.23　　　　　　　D. 56.95

二、多项选择题

1. 下列适用 3% 征收率的行为有(　　)。

A. 寄售商店代销寄售物品　　　　　　B. 对水泥厂销售自产的混凝土应税货物

C. 典当业销售死当物品　　　　　　　D. 自来水公司销售自来水

2. 下列表述中,不符合税法有关规定的有(　　)。

A. 自产货物用于实物折扣的,应视同销售货物,该实物款额不得从销售额中扣除

B. 纳税人销售啤酒收取的包装物押金,应于包装物押金逾期时,并入销售额中征税

C. 以物易物方式销售货物,由多交付货物的一方以价差计算缴纳增值税

D. 纳税人采取以旧换新方式销售货物的,都应按照新货物的同期销售价格确定销售额

3. 下列行为,属于增值税视同销售的有(　　)。

A. 将外购的货物抵付员工工资　　　　B. 将自产货物作为股利分配给股东

C. 将外购的货物用于集体福利　　　　D. 将委托加工收回的货物用于个人消费

4. 下列选项中,应计算缴纳增值税的有(　　)。

A. 各地派出所按规定收取的居民身份证工本费用

B. 影楼提供照相服务并附带销售相框

C. 集邮商品的生产、调拨以及邮政部门以外的其他单位与个人销售集邮商品

D. 典当业销售的死当物品

5. 外购的货物发生下列用途,不可以抵扣进项税额的有(　　)。

A. 外购一批材料用于工程建设　　　　B. 外购的货物无偿赠送他人

C. 外购的产品由于管理不善被盗　　　D. 外购的货物作为集体福利

6. 根据现行增值税法律制度的规定,下列业务免征增值税的有(　　　　)。

A. 以煤矸石为原料生产的氧化铝　　　　B. 非营利性医疗机构自产自用制剂

C. 血站供应医疗机构临床用血　　　　D. 污泥处理劳务

7. 下列货物,适用9%增值税税率的有(　　　　)。

A. 玉米胚芽　　　　B. 石油液化气　　　　C. 农机零部件　　　　D. 氢化植物油

8. 增值税纳税人年应税销售额超过小规模纳税人标准的,除另有规定外,应申请一般纳税人登记。下列各项中应计入年应税销售额的有(　　　　)。

A. 预售销售额　　　　B. 免税销售额

C. 稽查查补销售额　　　　D. 纳税评估调整销售额

9. 下列关于增值税的纳税义务发生时间的陈述中,正确的有(　　　　)。

A. 采取预收货款方式销售货物的,为收到货款的当天

B. 采取托收承付和委托银行收款方式销售货物的,为发出货物并办妥托收手续的当天

C. 采取直接收款方式销售货物的,不论货物是否发出,均为收到销售额或取得销售额凭据的当天

D. 委托其他纳税人代销货物的,为收到代销单位销售的代销清单或者收到全部或部分货款或发出货物满180天的当天

10. 下列各项中,属于增值税价外费用的有(　　　　)。

A. 销项税额　　　　B. 违约金

C. 包装物租金　　　　D. 受托加工税消费品所代收代缴的消费税

11. 下列项目中,属于增值税征税范围的有(　　　　)。

A. 广告设计　　　　B. 会议展览

C. 技术咨询　　　　D. 有形动产租赁

12. 下列各项中,属于增值税免税项目的有(　　　　)。

A. 农业生产者销售的自产农产品

B. 避孕药品

C. 直接用于科学研究、科学试验和教学的进口仪器、设备

D. 由残疾人组织直接进口供残疾人专用的物品

13. 下列各项中,符合增值税纳税义务发生时间的有(　　　　)。

A. 将货物交付他人代销的,为收到代销清单的当天

B. 采用预收货款结算方式的,为发出货物的当天

C. 采用分期付款结算方式的,为收到首期货款的当天

D. 销售应税劳务的,为提供劳务同时收讫销售额或者取得索取销售款凭证的当天

14. 下列各项中,属于增值税扣税凭证的有(　　　　)。

A. 增值税专用发票　　　　B. 海关进口增值税专用缴款书

C. 农产品收购发票　　　　D. 运输费用结算单据

15. 按照现行增值税法律制度的规定,下列项目中应当征收增值税的有(　　　　)。

A. 典当业销售死当物品　　　　B. 邮政部门销售集邮商品

C. 报社销售报刊的收入　　　　D. 商品期货的实物交割环节

三、判断题

1. 商业企业一般纳税人零售烟、酒、食品、服装、鞋帽（包括劳保用品），可以开具增值税专用发票。（　　）

2. 增值税起征点的适用范围限于个人。（　　）

3. 年应征增值税销售额超过小规模纳税人标准的自然人，应向主管税务机关申请一般纳税人登记。（　　）

4. 基本建设单位和从事建筑安装业务的企业附设工厂、车间生产的水泥预制构件、其他构件或建筑材料，凡用于本单位或本企业建筑工程的，不征收增值税。（　　）

5. 增值税一般纳税人销售自己使用过的除固定资产以外的物品，应按照适用税率征收增值税。（　　）

6. 增值税一般纳税人兼营不同税率的货物，应当分别核算货物的销售额，未分别核算的，从高适用税率计征增值税。（　　）

7. 增值税纳税人按人民币以外的货币结算销售额的，其销售额的人民币折合率可以选择销售额发生的当天或者当月1日的人民币汇率中间价。（　　）

8. 增值税一般纳税人采取邮寄方式销售、购买货物所支付的邮寄费，可以按邮寄费金额和9％的扣除率计算抵扣增值税进项税额。（　　）

9. 未实行海关进口增值税专用缴款书"先比对后抵扣"管理办法的增值税一般纳税人取得2010年1月1日以后开具的海关缴款书，应自开具之日起180日内向主管税务机关申报抵扣进项税额。（　　）

10. 增值税起征点的适用范围仅限于个人。（　　）

11. 纳税人销售额未达到起征点的，免征增值税，超过起征点的，就超过部分计算缴纳增值税。（　　）

12. 以一个季度为增值税纳税期限的规定仅适用于一般纳税人。（　　）

13. 单位或者个体工商户聘用的员工为本单位或雇主提供交通运输业和部分现代服务业服务，不属于提供应税服务，不征收增值税。（　　）

14. 某装卸公司在"营改增"试点地区，其应属于交通运输业范畴。（　　）

15. 一般纳税人提供现代服务业服务，都应按6％的税率计税。（　　）

16. 会议展览地点在境外的会议展览服务，应征增值税。（　　）

17. 某注册税务师事务所提供应税服务销售额超过小规模纳税人标准的，可选择申请认定为一般纳税人。（　　）

18. "营改增"的意义之一是可以减少重复征税。（　　）

19. 纳税人兼营免税、减税项目的，应当分别核算免税、减税项目的销售额；未分别核算的，不得免税、减税。（　　）

20. 对部分项目采用增值税差额征税是指以取得的全部价款和价外费用作为增值税计税依据。（　　）

四、计算分析题

1. 某电视机厂为一般纳税人，当年8月发生以下经营业务：

（1）批发销售电视机一批，取得销售额600万元，开具增值税专用发票；同时提供运输服务，收取运费4.68万元，开具普通发票。

（2）向个体户销售电视机一批，价税合并收取销售额 234 万元。

（3）将不含税价 5 万元的电视机作为礼品赠送给客户。

（4）购进原材料一批，增值税专用发票上注明的货款和进项税额分别为 307.69 万元、40 万元，专用发票本月已通过税务机关的认证。另外支付运费 8 万元，并取得承运单位开具的专用发票。

（5）购进生产设备一台，增值税专用发票上注明的价款和税款分别为 147.69 万元、19.2 万元。

（6）本企业免税项目领用原材料一批，价款 10 万元。

要求：计算电视机厂当月的应纳增值税税额。

2. 某电器商场为增值税一般纳税人，当年 8 月发生以下经营业务：

（1）购入冰柜 500 台，增值税专用发票上注明的价款和税款分别为 96 万元、12.48 万元（发票已认证）。另外支付运费，承运单位开具了增值税专用发票，金额为 2 万元（不含税）。

（2）批发空调一批，取得不含税销售额 350 万元，采用委托银行收款方式结算，货已发出并办妥托收手续，货款尚未收回。

（3）零售电视机取得零售收入总额 23.4 万元，货款已收回。

（4）采取以旧换新方式销售微波炉 468 台，每台零售价 1 000 元，另支付顾客每台旧空调收购价 500 元。

（5）商场将 7 月份购进的自动榨汁机 50 台作为福利发放给职工，增值税专用发票上注明的价款和税款分别为 4 万元、0.52 万元。

要求：计算电视机厂该月的应纳增值税税额。

3. 某工业企业（增值税一般纳税人），当年 7 月购销业务情况如下：

（1）购进生产原料一批，已验收入库，取得的防伪税控系统开具的增值税专用发票上注明的价、税款分别为 28.31 万元、3.68 万元，取得运输公司开具的增值税专用发票，注明运费金额 3 万元。

（2）直接向农民收购用于生产加工的农产品一批，收购发票上注明价款为 42 万元；运费 4 万元，取得增值税专用发票。

（3）销售 A 产品一批，货已发出并办妥银行托收手续，但货款未到，向买方开具的专用发票注明销售额 82 万元。

（4）销售 B 产品一批，采取分期收款方式结算，合同约定货款自当年 7 月底开始分五次结算，每期结算金额为含税价格 5.85 万元，应购货方要求，企业于 7 月 30 日全额开具增值税专用发票。

（5）上期留抵税额 2.5 万元。（本月取得的相关票据符合税法规定，并在当月通过认证并申报抵扣。）

要求：根据上述资料，计算该企业本月应纳增值税税额。

4. 某商业企业为增值税一般纳税人，当年 8 月发生下列经济业务：

（1）因购进商品质量问题，退回上月从 A 企业购进的货物 40 件，每件不含税价 500元。商业企业取得了税务机关开具的进货退出证明单，退货手续符合规定。

（2）销售给 B 企业货物一批，不含税价为 26 万元，合同约定的折扣条件为"5/10，2/20，n/30"。B 企业于提货后 9 天全部付清货款。该企业以自有汽车运送上述货物，同时向购买方收取运费 2 000 元。

（3）企业促销开办以旧换新业务,回收旧电视机 50 台,原价每台 3 000 元,换出新电视机市场价为 2 500 元(含税价)。

已知商业企业当月允许抵扣的进项税额为 10 万元,除上述业务,另销售商品取得收入 234 万元(含税价)。

要求:计算商业企业当期应缴纳的增值税税额。

5. 某进出口公司当年 8 月进口 120 辆小轿车,每辆到岸价格 7 万元,该公司当月销售了其中的 110 辆,每辆零售收入 23.4 万。已知小轿车适用的关税税率为 15%,消费税税率 6%。

要求:该公司应如何缴纳增值税? 请计算应纳税额。

项目四 企业所得税纳税实务

素养目标

1. 归纳企业所得税税收优惠政策,理解国家的战略导向。
2. 了解企业所得税汇算清缴工作流程,领悟"职业操守"在税务工作中的作用。

知识和能力目标

1. 了解企业所得税的概念及特点。
2. 熟悉企业所得税的纳税人、征税范围和税率。
3. 熟悉企业所得税的税收优惠政策。
4. 掌握应纳税所得额和应纳税额计算。
5. 能够进行企业所得税申报与缴纳。

思维导图

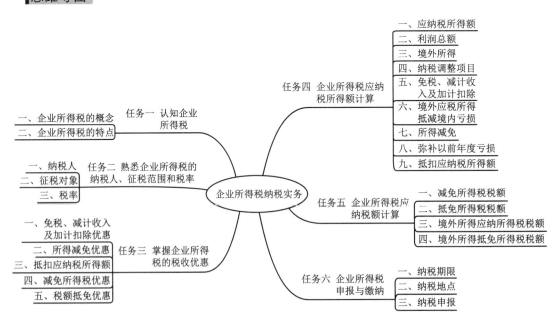

案例导入 >>

企业赞助支出纳税调整案例

小精灵公司是一家儿童玩具生产企业,2017 年度该公司加入了所属行业的同业协会,每年须向行业协会支付一定金额的会费。2017 年该公司向该协会支付赞助费用 5 万元,同时取得对方开具的财政监制收据。该公司财务人员认为该笔赞助费用是生产经营中发生的费用,且该赞助费用有利于提高公司知名度,将该费用在企业所得税前列支。

税务机关对其进行税务稽查,检查出该事项,认为该公司与行业协会签订的合同中并未列明同业协会有为该公司提供广告宣传义务的内容,该笔费用应属于赞助支出,与生产经营活动无关,不得在税前扣除。

【案例解析】《中华人民共和国企业所得税法》(以下简称《企业所得税法》)第十条第六项规定,在计算应纳税所得额时,赞助支出不得扣除。但在实践中,企业往往不能明确区分赞助支出、公益性捐赠以及广告费和业务宣传费,导致企业将不符合规定的赞助支出在企业所得税前进行列支。

(一) 赞助支出不同于公益性捐赠、广告费和业务宣传费

根据《中华人民共和国企业所得税法实施条例》(以下简称《企业所得税法实施条例》)第五十四条的规定,《企业所得税法》第十条第六项所称赞助支出,是指企业发生的与生产经营活动无关的各种非广告性质支出。

1. 赞助支出与公益性捐赠的区别

根据《企业所得税法实施条例》第五十一条的规定,公益性捐赠,是指企业通过公益性社会团体或者县级以上人民政府及其部门,用于《中华人民共和国公益事业捐赠法》规定的公益事业的捐赠。《企业所得税法实施条例》第五十三条规定,企业发生的公益性捐赠支出,不超过年度利润总额 12% 的部分,准予扣除;超过年度利润总额 12% 的部分,准予结转以后 3 年内在计算应纳税所得额时扣除。

赞助支出不同于公益性捐赠。公益性捐赠是指企业用于公益事业的捐赠,不具有有偿性;赞助支出具有明显的商业目的,所捐助范围一般也不具有公益性质。

2. 赞助支出与广告费和业务宣传费的区别

广告费与业务宣传费都是为了达到促销目的进行宣传而支付的费用。广告费是指企业通过一定媒介和形式直接或者间接地介绍自己所推销的商品或所提供的服务,激发消费者对其产品或劳务的购买欲望,以达到促销的目的,而支付给广告经营者、发布者的费用;业务宣传费是指企业开展业务宣传活动所支付的费用,主要是指未通过广告发布者传播的广告性支出,包括企业发放的印有企业标志的礼品、纪念品等。

《企业所得税法实施条例》第四十四条规定,企业发生的符合条件的广告费和业务宣传费,除国务院财政、税务主管部门另有规定外,不超过当年销售(营业)收入 15% 的部分,准予扣除;超过部分,准予在以后纳税年度结转扣除。

赞助支出不同于广告费和业务宣传费。广告费和业务宣传费,是通过广告或其他形式达到宣传促销的目的支出的费用;赞助支出主要是为了提高社会声誉,而不是为了宣传促销,不对不特定公众进行宣传。

（二）赞助支出不符合税前扣除原则，不得在企业所得税税前扣除

企业所得税的税前扣除项目，要满足相关性和合理性两个扣除原则。《企业所得税法》第八条规定，企业实际发生的与取得收入有关的、合理的支出，包括成本、费用、税金、损失和其他支出，准予在计算应纳税所得额时扣除。有关的支出，是指与取得收入直接相关的支出；合理的支出，是指符合生产经营活动常规，应当计入当期损益或者有关资产成本的必要和正常的支出。

根据上述对赞助支出与公益性捐赠、广告支出和业务宣传费的区分，赞助支出实质上与企业取得收入无关，并且不属于正常和必要的支出，不符合相关性和合理性两个扣除原则，《企业所得税法》第十条第六项规定，在计算应纳税所得额时，赞助支出不得扣除。

（三）赞助支出应按照税法规定进行纳税调整

本案中，小精灵公司支出的该笔赞助费 5 万元，其支付的对象不具有公益性质，赞助支出也具有明显的商业目的，故不属于捐赠支出；且赞助行业协会也无法起到向不特定公众宣传的作用，在小精灵公司与该行业协会签订的合同中，行业协会并没有提供广告宣传服务的义务，与企业的生产经营无关。故小精灵公司的该笔赞助费不同于公益性捐赠、广告费和业务宣传费，属于赞助支出，不得在税前扣除。在计算应纳税所得额时，应调增应纳税所得额。

小结：

在实践中，区分赞助支出与广告费和业务宣传费，首先应判断企业签订的合同性质是否为有偿劳务合同，其次看企业是否使自己的产品或者服务通过一定媒介和形式表现出来，费用的支付对象是否为具有合法经营资格的广告经营者或广告发布者以及是否取得内容为广告费或业务宣传费的发票。计算应纳税所得额时，对不符合税法规定的收入或支出项目需要进行纳税调整。

讨论：

（1）什么是纳税调整？

（2）会计利润和应纳税所得额有什么区别和联系？

任务一　认知企业所得税

【知识准备与业务操作】

一、企业所得税的概念

企业所得税是指对中华人民共和国境内的企业（居民企业及非居民企业）和其他取得收入的组织以其生产经营所得为课税对象所征收的一种税收。

企业所得税是国家参与企业利润分配并调节其收益水平的一个重要税种，体现国家与企业的分配关系，也是正确处理国家、集体、个人三者利益关系的重要手段。

二、企业所得税的特点

企业所得税是我国税制的主要税种之一,具有以下主要特点:

(1)征税范围广。企业所得税征税对象是所得额,从范围上看,包括来源于中国境内和境外的所得;从内容上看,包括来源于生产经营所得和其他所得。

(2)税负直接,不易转嫁。企业所得税纳税人和实际负担人通常是一致的。

(3)计税技术复杂。企业所得税的计税依据为应纳税所得额,应税所得额的计算比较复杂,它是纳税人的收入总额按税法规定的标准扣除各项成本、费用、税金、损失等支出后的净所得额。

(4)征税体现量能负担原则。企业所得多、多纳税;所得少、少纳税;无所得、不纳税,以体现税收公平的原则。

(5)实行按年计征、分期预缴的征收管理办法。企业所得税以全年的应纳税所得额作为计税依据,分月或分季预缴,年终汇算清缴。

任务二　熟悉企业所得税的纳税人、征税范围和税率

【知识准备与业务操作】

一、纳税人

在中华人民共和国境内,企业和其他取得收入的组织(以下统称企业)为企业所得税的纳税人。作为企业所得税纳税人,应依照《中华人民共和国企业所得税法》(以下简称《企业所得税法》)缴纳企业所得税,但个人独资企业及合伙企业除外。

小贴士

个人独资企业、合伙企业,是指依照中国法律、行政法规成立的个人独资企业、合伙企业。个人独资企业和合伙企业均为个人所得税纳税人。

(一)纳税义务人

我国企业所得税法按登记注册地和实际管理机构地相结合的标准,将企业所得税纳税人划分为居民企业和非居民企业,并分别规定其纳税义务。

(1)居民企业。居民企业,是指依法在中国境内成立,或者依照外国(地区)法律成立但实际管理机构在中国境内的企业。具体包括:国有企业、集体企业、私营企业、联营企业、股份制企业、中外合资经营企业、中外合作经营企业、外商投资企业、外国企业以及从事生产、经营活动所得的其他组织,如事业单位、社会团体等。

(2)非居民企业。非居民企业,是指依照外国(地区)法律成立且实际管理机构不在中国境内,但在中国境内设立机构、场所的,或者在中国境内未设立机构、场所,但有来源于中国境内所得的企业。非居民企业委托代理人在中国境内从事生产经营活动的,包括

委托单位或个人经常代其签订合同,或储存、交付货物等,该营业代理人视为非居民企业在中国境内设立的机构、场所。

实际管理机构是指对企业的生产经营、人员、账务、财产等实施实质性全面管理和控制的机构;实际联系是指非居民企业在中国境内设立的机构、场所拥有据以取得所得的股权、债权,以及拥有、管理、控制据以取得所得的财产等。

小贴士

居民企业确认标准:注册地或者实际管理机构是否在境内。

非居民企业确认标准:机构场所或者所得是否在境内。

（二）扣缴义务人

（1）对非居民企业在中国境内未设立机构、场所的,或者虽设立机构、场所,但取得的所得与其所设机构、场所没有实际联系的,就其来源于中国境内所得缴纳的所得税,实行源泉扣缴,以支付人为扣缴义务人。

（2）对非居民企业在中国境内取得工程作业和劳务所得应缴纳的所得税,税务机关可以指定工程价款或者劳务费的支付人为扣缴义务人。

二、征税对象

企业所得税征税对象是企业的所得,包括销售货物所得、提供劳务所得、转让财产所得、股息红利等权益性投资所得、利息所得、租金所得、特许权使用费所得、接受捐赠所得和其他所得。

（一）企业的所得来源确定

企业的所得来源按照以下原则确定:

（1）销售货物所得,按照交易活动发生地确定。

（2）提供劳务所得,按照劳务发生地确定。

（3）转让财产所得,不动产转让所得,按照不动产所在地确定,动产转让所得按照转让动产的企业或者机构、场所所在地确定,权益性投资资产转让所得按照被投资企业所在地确定。

（4）股息、红利等权益性投资所得,按照分配所得的企业所在地确定。

（5）利息所得、租金所得、特许权使用费所得,按照负担、支付所得的企业或者机构、场所所在地确定,或者按照负担、支付所得的个人的住所地确定。

（6）其他所得,由国务院财政、税务主管部门确定。

（二）居民企业征税对象

居民企业应当就其来源于中国境内、境外的所得缴纳企业所得税。

（三）非居民企业征税对象

（1）非居民企业在中国境内设立机构、场所的,应当就其所设机构、场所取得的来源于中国境内的所得,以及发生在中国境外但与其所设机构、场所有实际联系的所得,缴纳企业所得税。

（2）非居民企业在中国境内未设立机构、场所的,或者虽设立机构、场所,但取得的所得与其所设机构、场所没有实际联系的,应当就其来源于中国境内的所得缴纳企业所得税。来源于中国境内的所得包括：①股息、红利等权益性投资收益和利息、租金、特许权使用费所得，以收入全额为应纳税所得额；②转让财产所得，以收入全额减除财产净值后的余额为应纳税所得额；③其他所得，参照前两项规定的方法计算应纳税所得额。

三、税率

企业所得税的纳税人不同，适用的税率也不同。企业所得税的税率规定如下：

（一）居民企业税率

居民企业就其来源于中国境内、境外的所得，按 25% 的税率征税。

（二）非居民企业税率

（1）在我国境内设立机构、场所的，取得所得与设立机构、场所有实际联系的，就其来源于中国境内的所得，以及发生在中国境外但与其所设机构、场所有实际联系的所得，按 25% 的税率征税。

（2）在我国境内设立机构、场所的，取得所得与设立机构、场所没有实际联系的，或者未在我国设立机构、场所，却有来源于我国的所得的，就来源于中国境内的所得，按 20% 的税率缴纳企业所得税，实际征收时，减按 10% 的税率征收企业所得税。

（三）特殊税率

在我国企业所得税税收优惠政策中，为了促进企业技术创新和技术服务能力的提升，国家对重点扶持和鼓励发展的产业和项目，给予企业所得税优惠税率。

（1）对于居民企业中符合条件的小型微利企业，其所得减按 50% 计入应纳税所得额，减按 20% 税率征税。

（2）对于国家需要重点扶持的高新技术企业，减按 15% 税率征税。

（3）对于经认定的技术先进型服务企业，减按 15% 税率征税。

小贴士

按照现行非居民企业涉税政策规定，对于非居民企业两类所得的征管规定不同。

（1）非居民企业在我国设立机构、场所从事经营活动而取得的所得，具体包括提供劳务所得和承包工程作业所得，企业所得税适用税率为 25%。类同于我国居民企业的管理，实行按纳税年度计算、分季度预缴、年终汇算清缴。该类非居民企业进行企业所得税纳税申报时，应当如实报送纳税申报表，并附送税法要求的相关资料。

（2）非居民企业在我国境内未设立机构、场所，但有来源于我国境内的所得，具体包括股息、红利、利息、租金、特许权使用费所得、转让财产所得或其他所得，基本税率为 20% 减按 10% 的税率征收企业所得税，实行源泉扣缴方式。

任务三　掌握企业所得税的税收优惠

【知识准备与业务操作】

我国企业所得税税收优惠的主要原则是建立产业优惠为主、区域优惠为辅的税收优惠体系,促进技术创新和科技进步,鼓励基础设施建设,鼓励农业发展及环境保护与节能,支持安全生产,统筹区域发展,促进公益事业和照顾弱势群体等,进一步促进国民经济全面、协调、可持续发展和社会全面进步。我国企业所得税优惠政策对企业的免减企业所得税收入、加计扣除税额抵免等方面做了具体规定。

一、免税、减计收入及加计扣除优惠

在企业所得税年度纳税申报表(A 类,2019 年修订版)的《免税、减计收入及加计扣除优惠明细表》中列出的企业以下项目,享有免税、减计收入及加计扣除优惠。

（一）免税收入

税法规定,企业的下列收入为免税收入:

1. 国债利息收入

国债利息收入是指企业持有国务院、财政部发行的国债取得的利息收入。

2. 符合条件的居民企业之间的股息、红利等权益性投资收益

符合条件的居民企业之间的股息、红利等权益性投资收益,是指居民企业直接投资于其他居民企业取得的投资收益。

3. 在中国境内设立机构、场所的非居民企业从居民企业取得与该机构、场所有实际联系的股息、红利等权益性投资收益

股息、红利等权益性投资收益,不包括连续持有居民企业公开发行并上市流通的股票不足 12 个月取得的投资收益。

4. 符合条件的非营利组织的收入

符合条件的非营利组织,是指同时符合下列条件的组织:

（1）依法履行非营利组织登记手续。

（2）从事公益性或者非营利性活动。

（3）取得的收入除用于与该组织有关的、合理的支出外,全部用于登记核定或者章程规定的公益性或者非营利性事业。

（4）财产及其孳息不用于分配。

（5）按照登记核定或者章程规定,该组织注销后的剩余财产用于公益性或者非营利性目的,或者由登记管理机关转赠给与该组织性质、宗旨相同的组织,并向社会公告。

（6）投入人对投入该组织的财产不保留或者享有任何财产权利。

（7）工作人员工资福利开支控制在规定的比例内,不变相分配该组织的财产。

小贴士

（1）国债持有期间的利息收入,免征企业所得税;国债转让的价差收入,计征企业所得税。

（2）对来自所有非上市企业以及持有股份 12 个月以上取得的股息、红利收入,适用免税政策。

（3）投资方必须是在境内设有机构的非居民企业,才享有免税收入优惠。

5. 其他专项免税收入

其他专项免税收入是指按照税收优惠政策规定,在企业所得税年度纳税申报表(A类,2019年修订版)的《免税、减计收入及加计扣除优惠明细表》中列出的其他免税收入项目。

（二）减计收入

1. 综合利用资源生产产品取得的收入

企业综合利用资源,生产符合国家产业政策规定的产品所取得的收入,是指企业以《资源综合利用企业所得税优惠目录》规定的资源作为主要原材料,生产国家非限制和禁止并符合国家和行业相关标准的产品取得的收入,减按90%计入收入总额。

2. 其他专项减计收入

其他专项减计收入是指按照税收优惠政策规定,在企业所得税年度纳税申报表(A类)的《免税、减计收入及加计扣除优惠明细表》中列出的其他减计收入项目。

【例4-1】 某企业2023年利用废旧物资生产A产品,全年销售A产品共取得收入5 000万元。请计算企业生产销售A产品的应税收入。

【答案与解析】 税收优惠政策规定,企业综合利用资源,生产符合国家产业政策规定的产品所取得的收入,减按90%计入收入总额。根据上述规定,该项业务应税收入计算如下：

应税收入=5 000×90%=4 500(万元)

（三）加计扣除

加计扣除指按照税法规定在实际发生数额的基础上,再加成一定比例,作为计算应纳税所得额时的扣除数额的一种税收优惠措施。

1. 开发新技术、新产品、新工艺发生的研究开发费用

对企业的研发费用实施加计扣除,称之为研发费用加计扣除。除烟草制造业、住宿和餐饮业、批发和零售业、房地产业、租赁和商务服务业、娱乐业等以外,企业开展研发活动中实际发生的研发费用,未形成无形资产计入当期损益的,在按规定据实扣除的基础上,自2023年1月1日起,再按照实际发生额的100%在税前加计扣除;形成无形资产的,自2023年1月1日起,按照无形资产成本的200%在税前摊销。无形资产摊销年限不得低于10年。作为投资或者受让的无形资产,有关法律规定或者合同约定了使用年限的,可以按照法律规定或者合同约定的使用年限分期摊销。

（1）委托、合作、集中研发费用的加计扣除：

① 企业委托境内的外部机构或个人进行研发活动发生的费用,按照费用实际发生额的80%计入委托方研发费用并按规定计算加计扣除;委托境外(不包括境外个人)进行研发活动所发生的费用,按照费用实际发生额的80%计入委托方的委托境外研发费用。委托境外研发费用不超过境内符合条件的研发费用三分之二的部分,可按规定在企业所得税前加计扣除。

② 企业共同合作开发的项目,由合作各方就自身实际承担的研发费用分别计算加计扣除。

③ 企业集团根据生产经营和科技开发的实际情况,对技术要求高、投资数额大,需要集中研发的项目,其实际发生的研发费用,可以按照权利和义务相一致、费用支出和收益分享相配比的原则,合理确定研发费用的分摊方法,在受益成员企业间进行分摊,由相关成员企业分别计算加计扣除。

企业为获得创新性、创意性、突破性的产品进行创意设计活动而发生的相关费用,可以按照规定进行加计扣除。

(2)"研发费用加计扣除"与"研发费用据实扣除"的相同点主要体现在以下方面:

① 研发活动特征相同。两者都是企业为获得科学与技术(不包括人文、社会科学)新知识,创造性运用科学技术新知识,或实质性改进技术、工艺、产品(服务)而持续进行的具有明确目标的研究开发活动。

② 研发费用处理方式相同。企业实际发生的研发支出费用化与资本化处理的原则,按照财务会计制度执行。

③ 不允许税前扣除费用的范围相同。法律、行政法规和国务院财税主管部门规定不允许企业所得税前扣除的费用和支出项目,同样不允许加计扣除。

④ 核算要求基本相同。企业未设立专门的研发机构或企业研发机构同时承担生产经营任务的,应对研发费用和生产经营费用分开进行核算,准确、合理地计算研发费用。

(3)"研发费用加计扣除"与"研发费用据实扣除"的不同点主要体现在以下方面:

① 适用对象不同。研发费用加计扣除仅适用于财务核算健全并能准确归集核算研发费用的居民企业,而研发费用据实扣除适用于能够准确核算研发费用的所有企业。

② 行业限制不同。享受研发费用加计扣除的企业有负面清单行业的限制,而据实扣除则没有负面清单行业的限制。

③ 研发费用范围不同。加计扣除的研发费用范围限于财税〔2015〕119 号等文件列举的 6 项费用及明细项,而据实扣除的研发费用范围遵从税收及财务会计制度的规定。

2. 安置残疾人员所支付的工资

对鼓励安置残疾人员的优惠政策是按照企业支付给符合条件的残疾人员工资的一定比例加成计算扣除办法,即按照支付给残疾职工工资据实扣除的基础上,按照支付给上述人员工资的 100％加计扣除。

3. 企业投入基础研究加计扣除相关政策

为鼓励企业加大创新投入,支持我国基础研究发展,对企业出资给非营利性科学技术研究开发机构(科学技术研究开发机构以下简称科研机构)、高等学校和政府性自然科学基金用于基础研究的支出,在计算应纳税所得额时可按实际发生额在税前扣除,并可按 100％在税前加计扣除。

对非营利性科研机构、高等学校接收企业、个人和其他组织机构基础研究资金收入,免征企业所得税。

小贴士

非营利性科研机构、高等学校包括国家设立的科研机构和高等学校、民办非营利性科研机构、高等学校,具体按以下条件确定:

(1)国家设立的科研机构和高等学校是指利用财政性资金设立的、取得《事业单位法人证书》的科研机构和公办高等学校,包括中央和地方所属科研机构和高等学校。

（2）民办非营利性科研机构和高等学校，是指同时满足以下条件的科研机构和高等学校：根据《民办非企业单位登记管理暂行条例》在民政部门登记，并取得《民办非企业单位（法人）登记证书》；对于民办非营利性科研机构，其《民办非企业单位（法人）登记证书》记载的业务范围应属于科学研究与技术开发、成果转让、科技咨询与服务、科技成果评估范围。对业务范围存在争议的，由税务机关转请县级（含）以上科技行政主管部门确认，对于民办非营利性高等学校，应取得教育主管部门颁发的《民办学校办学许可证》，记载学校类型为"高等学校"；经认定取得企业所得税非营利组织免税资格。

政府性自然科学基金是指国家和地方政府设立的自然科学基金委员会管理的自然科学基金。

小贴士

基础研究是指通过对事物的特性、结构和相互关系进行分析，从而阐述和检验各种假设、原理和定律的活动。具体依据以下内容判断：

（1）基础研究不预设某一特定的应用或使用目的，主要是为获得关于现象和可观察事实的基本原理的新知识，可针对已知或具有前沿性的科学问题，或者针对人们普遍感兴趣的某些广泛领域，以未来广泛应用为目标。

（2）基础研究可细分为两种类型：一是自由探索性基础研究，即为了增进知识，不追求经济或社会效益，也不积极谋求将其应用于实际问题或把成果转移到负责应用的部门。二是目标导向（定向）基础研究，旨在获取某方面知识、期望为探索解决当前已知或未来可能发现的问题奠定基础。

（3）基础研究成果通常表现为新原理、新理论、新规律或新知识，并以论文、著作、研究报告等形式为主。同时，由于基础研究具有较强的探索性、存在失败的风险，论文、著作、研究报告等也可以体现为试错或证伪等成果。

上述基础研究不包括在境外开展的研究，也不包括社会科学、艺术或人文学方面的研究。

4. 其他专项加计扣除项目

其他专项加计扣除项目是指按照税收优惠政策规定，在企业所得税年度纳税申报表（A类）的《免税、减计收入及加计扣除优惠明细表》中列出的其他加计扣除项目。如企业为获得创新性、创意性、突破性的产品进行创意设计活动而发生的相关费用加计扣除等。

二、所得减免优惠

在企业所得税年度纳税申报表（A类，2019年修订版）的《所得减免优惠明细表》中列出了企业的下列各项所得，可以免征、减征企业所得税。

（一）农、林、牧、渔业项目的所得

（1）企业从事以下农、林、牧、渔业项目的所得，免征企业所得税。①蔬菜、谷物、薯

研发费用
税前加计
扣除政策
执行指引

类、油料、豆类、棉花、麻类、糖料、水果、坚果的种植。②农作物新品种的选育。③中药材的种植。④林木的培育和种植。⑤牲畜、家禽的饲养。⑥林产品的采集。⑦灌溉、农产品初加工、兽医、农技推广、农机作业和维修等农、林、牧、渔服务业项目。⑧远洋捕捞。

（2）企业从事下列项目的所得，减半征收企业所得税。①花卉、茶以及其他饮料作物和香料作物的种植。②海水养殖、内陆养殖。

（二）国家重点扶持的公共基础设施项目投资经营的所得

从事国家重点扶持的公共基础设施项目投资经营的所得，自项目取得第一笔生产经营收入所属纳税年度起，第1年至第3年免征企业所得税，第4年至第6年减半征收企业所得税。

国家重点扶持的公共基础设施项目，是指《公共基础设施项目企业所得税优惠目录》规定的港口码头、机场、铁路、公路、城市公共交通、电力、水利等项目。

（三）符合条件的环境保护、节能节水项目的所得

从事符合条件的环境保护、节能节水项目的所得，自项目取得第一笔生产经营收入所属纳税年度起，第1年至第3年免征企业所得税，第4年至第6年减半征收企业所得税。

符合条件的环境保护、节能节水项目，包括公共污水处理、公共垃圾处理、沼气综合开发利用、节能减排技术改造、海水淡化等。

（四）符合条件的技术转让项目的所得

符合条件的技术转让所得免征、减征企业所得税，是指一个纳税年度内，居民企业技术转让所有权所得不超过500万元的部分，免征企业所得税；超过500万元的部分，减半征收企业所得税。

【例4-2】 某居民企业转让专利技术取得银行存款800万元，该专利技术账面原值200万元，累计摊销50万元，相关税费68万元。请计算该项业务应纳税所得额。

【答案与解析】 税收优惠政策规定，一个纳税年度内，居民企业技术转让所得不超过500万元的部分，免征企业所得税；超过500万元的部分，减半征收企业所得税。根据上述规定，该项业务应纳税所得额计算过程如下：

技术转让所得=800-（200-50）-68=582（万元）

其中：500万元免征企业所得税；82万元减半征收企业所得税。

应纳税所得额=（582-500）×50%=41（万元）

（五）非居民企业的税收优惠

在中国境内未设立机构、场所的，或者虽设立机构、场所但取得的所得与其所设机构、场所没有实际联系的非居民企业，来源于中国境内的所得，减按10%的税率征收企业所得税。该类非居民企业取得下列所得可以免征企业所得税：

（1）外国政府向中国政府提供贷款取得的利息所得。

（2）国际金融组织向中国政府和居民企业提供优惠贷款取得的利息。

（3）经国务院批准的其他所得。

（六）其他专项所得减免项目

其他专项所得减免项目是指按照税收优惠政策规定，在企业所得税年度纳税申报表（A类）的《所得减免优惠明细表》中列出的其他所得减免项目。如实施清洁机制发展项目的所得、符合条件的节能服务公司实施合同能源管理项目的所得等。

三、抵扣应纳税所得额

创业投资企业从事国家需要重点扶持和鼓励的创业投资,可以按投资额的一定比例抵扣应纳税所得额。创业投资企业采取股权投资方式投资于未上市的中小高新技术企业2年以上的,可以按照其投资额的70%在股权持有满2年的当年抵扣该创业投资企业的应纳税所得额;当年不足抵扣的,可以在以后纳税年度结转抵扣。

四、减免所得税优惠

减免所得税是指企业按照企业所得税税收优惠政策规定,实际减免的企业所得税额。在企业所得税年度纳税申报表(A类,2019年修订版)的《减免所得税优惠明细表》中列出了企业的下列项目,可以享有减免所得税优惠。

(一)符合条件的小型微利企业所得税优惠政策

《关于进一步实施小微企业所得税优惠政策的公告》(财政部、税务总局公告2022年第13号)规定:对小型微利企业年应纳税所得额超过100万元但不超过300万元的部分,减按25%计入应纳税所得额,按20%的税率缴纳企业所得税。执行期间:2021年1月1日至2024年12月31日。

《财政部　税务总局关于小微企业和个体工商户所得税优惠政策的公告》(财政部　税务总局公告2023年第6号)规定:对小型微利企业年应纳税所得额不超过100万元的部分,减按25%计入应纳税所得额,按20%的税率缴纳企业所得税。执行期间:2023年1月1日至2024年12月31日。

小型微利企业无论按查账征收方式或核定征收方式缴纳企业所得税,均可享受小型微利企业所得税优惠政策。企业设立不具有法人资格分支机构的,应当汇总计算总机构及其各分支机构的从业人数、资产总额、年度应纳税所得额,依据合计数判断是否符合小型微利企业条件。

原不符合小型微利企业条件的企业,在年度中间预缴企业所得税时,按照相关政策标准判断符合小型微利企业条件的,应按照截至本期预缴申报所属期末的累计情况,计算减免税额。当年度此前期间如因不符合小型微利企业条件而多预缴的企业所得税税款,可在以后季度应预缴的企业所得税税款中抵减。企业预缴企业所得税时享受了小型微利企业所得税优惠政策,但在汇算清缴时发现不符合相关政策标准的,应当按照规定补缴企业所得税税款。

小贴士

小型微利企业,是指从事国家非限制和禁止行业,且同时符合年度应纳税所得额不超过300万元、从业人数不超过300人、资产总额不超过5 000万元等三个条件的企业。

从业人数,包括与企业建立劳动关系的职工人数和企业接受的劳务派遣用工人数。

所称从业人数和资产总额指标,应按企业全年的季度平均值确定。具体计算公式如下:

$$季度平均值=(季初值+季末值)÷2$$
$$全年季度平均值=全年各季度平均值之和÷4$$

年度中间开业或者终止经营活动的,以其实际经营期作为一个纳税年度确定上述相关指标。

（二）国家需要重点扶持的高新技术企业减按 15％ 的税率征收企业所得税

国家需要重点扶持的高新技术企业，是指拥有核心自主知识产权，并同时符合下列条件的企业：

（1）产品（服务）属于《国家重点支持的高新技术领域》规定的范围。

（2）研究开发费用占销售收入的比例不低于规定比例。

（3）高新技术产品（服务）收入占企业总收入的比例不低于规定比例。

（4）科技人员占企业职工总数的比例不低于规定比例。

（5）高新技术企业认定管理办法规定的其他条件。

（三）对于经认定的技术先进型服务企业，减按 15％ 税率征税

为了发挥外资对优化服务贸易结构的积极作用，引导外资更多投向高技术、高附加值服务业，促进企业技术创新和技术服务能力的提升，增强我国服务业的综合竞争力，对经认定的技术先进型服务企业，减按 15％ 的税率征收企业所得税；经认定的技术先进型服务企业发生的职工教育经费支出，不超过工资薪金总额 8％ 的部分，准予在计算应纳税所得额时扣除；超过部分，准予在以后纳税年度结转扣除。

（四）设在西部地区的鼓励类产业企业减按 15％ 的税率征收企业所得税

《财政部、税务总局、国家发展改革委关于延续西部大开发企业所得税政策的公告》（财政部公告 2020 年第 23 号）规定：自 2021 年 1 月 1 日至 2030 年 12 月 31 日，对设在西部地区的鼓励类产业企业减按 15％ 的税率征收企业所得税。鼓励类产业企业是指以《西部地区鼓励类产业目录》中规定的产业项目为主营业务，且其主营业务收入占企业收入总额 60％ 以上的企业。

（五）从事污染防治的第三方企业减按 15％ 的税率征收企业所得税

自 2019 年 1 月 1 日至 2023 年 12 月 31 日，对符合条件的从事污染防治的第三方企业（以下称第三方防治企业）减按 15％ 的税率征收企业所得税。

第三方防治企业是指受排污企业或政府委托，负责环境污染治理设施（包括自动连续监测设施，下同）运营维护的企业。

第三方防治企业应当同时符合以下条件：在中国境内（不包括港、澳、台地区）依法注册的居民企业；具有 1 年以上连续从事环境污染治理设施运营实践，且能够保证设施正常运行；具有至少 5 名从事本领域工作且具有环保相关专业中级及以上技术职称的技术人员，或者至少 2 名从事本领域工作且具有环保相关专业高级及以上技术职称的技术人员；从事环境保护设施运营服务的年度营业收入占总收入的比例不低于 60％；具备检验能力，拥有自有实验室，仪器配置可满足运行服务范围内常规污染物指标的检测需求；保证其运营的环境保护设施正常运行，使污染物排放指标能够连续稳定达到国家或者地方规定的排放标准要求；具有良好的纳税信用，近三年内纳税信用等级未被评定为 C 级或 D 级。

（六）对注册在海南自由贸易港并实质性运营的鼓励类产业企业，减按 15％ 的税率征收企业所得税，从 2020 年 1 月 1 日起执行至 2024 年 12 月 31 日

注册在海南自由贸易港并实质性运营的鼓励类产业企业，是指以海南自由贸易港鼓励类产业目录中规定的产业项目为主营业务，且其主营业务收入占企业收入总额 60％ 以上的企业。所称实质性运营，是指企业的实际管理机构设在海南自由贸易港，并对企业生

产经营、人员、账务、财产等实施实质性全面管理和控制。

对总机构设在海南自由贸易港的符合条件的企业,仅就其设在海南自由贸易港的总机构和分支机构的所得,适用 15% 税率;对总机构设在海南自由贸易港以外的企业,仅就其设在海南自由贸易港内的符合条件的分支机构的所得,适用 15% 税率。具体征管办法按照税务总局有关规定执行。

对在海南自由贸易港设立的旅游业、现代服务业、高新技术产业企业新增境外直接投资取得的所得,免征企业所得税。新增境外直接投资所得应当符合以下条件:从境外新设分支机构取得的营业利润,或从持股比例超过 20%(含)的境外子公司分回的,与新增境外直接投资相对应的股息所得;被投资国(地区)的企业所得税法定税率不低于 5%。

(七)对集成电路产业和软件产业实行"十免""五免五减半""两免三减半"优惠政策

国发〔2020〕8 号《国务院关于印发新时期促进集成电路产业和软件产业高质量发展若干政策的通知》规定:

国家鼓励的集成电路线宽小于 28 纳米(含),且经营期在 15 年以上的集成电路生产企业或项目,第一年至第十年免征企业所得税;国家鼓励的集成电路线宽小于 65 纳米(含),且经营期在 15 年以上的集成电路生产企业或项目,第一年至第五年免征企业所得税,第六年至第十年按照 25% 的法定税率减半征收企业所得税;国家鼓励的集成电路线宽小于 130 纳米(含),且经营期在 10 年以上的集成电路生产企业或项目,第一年至第二年免征企业所得税,第三年至第五年按照 25% 的法定税率减半征收企业所得税。国家鼓励的线宽小于 130 纳米(含)的集成电路生产企业纳税年度发生的亏损,准予向以后年度结转,总结转年限最长不得超过 10 年。

对于按照集成电路生产企业享受税收优惠政策的,优惠期自获利年度起计算;对于按照集成电路生产项目享受税收优惠政策的,优惠期自项目取得第一笔生产经营收入所属纳税年度起计算。国家鼓励的集成电路生产企业或项目清单由国家发展改革委、工业和信息化部会同相关部门制定。

国家鼓励的集成电路设计、装备、材料、封装、测试企业和软件企业,自获利年度起,第一年至第二年免征企业所得税,第三年至第五年按照 25% 的法定税率减半征收企业所得税。国家鼓励的集成电路设计、装备、材料、封装、测试企业条件由工业和信息化部会同相关部门制定。

国家鼓励的重点集成电路设计企业和软件企业,自获利年度起,第一年至第五年免征企业所得税,接续年度减按 10% 的税率征收企业所得税。国家鼓励的重点集成电路设计企业和软件企业清单由国家发展改革委、工业和信息化部会同相关部门制定。

国家对集成电路企业或项目、软件企业实施的所得税优惠政策条件和范围,根据产业技术进步情况进行动态调整。集成电路设计企业、软件企业在本政策实施以前年度的企业所得税,按照国发〔2011〕4 号文件明确的企业所得税"两免三减半"优惠政策执行。

(八)其他专项减免所得税项目

其他专项减免所得税项目是指按照税收优惠政策规定,在企业所得税年度纳税申报表(A 类)的《减免所得税优惠明细表》中列出的其他减免所得税项目。

五、税额抵免优惠

企业购置用于环境保护、节能节水、安全生产等专用设备的投资额,可以按一定比例实行税额抵免。企业购置并实际使用《环境保护专用设备企业所得税优惠目录》《节能节水专用设备企业所得税优惠目录》和《安全生产专用设备企业所得税优惠目录》规定的环境保护、节能节水、安全生产等专用设备,其设备投资额的10%可以从企业当年的应纳税额中抵免;当年不足抵免的,可以在以后5个纳税年度结转抵免。

任务四　企业所得税应纳税所得额计算

【知识准备与业务操作】

一、应纳税所得额

企业所得税应纳税所得额是企业所得税的计税依据。企业所得税法规定,应纳税所得额为企业每一纳税年度的收入总额,减除不征税收入、免税收入、各项扣除,以及允许弥补的以前年度亏损后的余额。

(1)收入总额是指企业在纳税年度内各项应税收入的总和,包括纳税人来源于中国境内、境外的企业以货币形式和非货币形式从各种来源取得的收入。具体包括:销售货物收入,提供劳务收入,转让财产收入,股息、红利等权益性投资收益,利息收入,租金收入,特许权使用费收入,接受捐赠收入,其他收入。

(2)不征税收入是指从性质和根源上不属于企业营利性活动带来的经济利益、不负有纳税义务并不作为应纳税所得额组成部分的收入(详见纳税调整项目)。

(3)免税收入是指属于企业的应税所得但按照税法规定免予征收企业所得税的收入,免税收入属于税收优惠政策范围。

(4)企业实际发生的与取得收入有关的、合理的支出,包括成本、费用、税金、损失和其他支出,准予在计算应纳税所得额时扣除。

企业应纳税所得额的计算,以权责发生制为原则,属于当期的收入和费用,不论款项是否收付,均作为当期的收入和费用;不属于当期的收入和费用,即使款项已经在当期收付,均不作为当期的收入和费用。在计算应纳税所得额时,企业财务会计处理与税收法律、行政法规的规定不一致的,应当依照税收法律、行政法规的规定计算。

小贴士

应纳税所得额的计算,以权责发生制为原则,在此基础上,注重强调企业收入与费用的时间配比,为确保税款及时足额征收,需要对每种类型的收入和支出加以明确。税法规定的收入不同于会计制度规定的收入,税法规定的准予扣除项目不同于会计制度规定的成本、费用、税金、损失。纳税人的财务会计处理与税法规定不一致的,应依照税法规定予以调整。

纳税实务中,对于实行查账征收企业所得税的居民企业纳税人,按照企业所得税申报办法,应纳税所得额是在企业依据有关财务会计制度规定计算的利润总额的基础上,按照税法的规定对相关纳税事项进行调整确定。根据中华人民共和国企业所得税年度纳税申报表(A类,2019年修订版)列示的项目填报内容,应纳税所得额计算公式如下:

$$应纳税所得额＝利润总额－境外所得＋纳税调整增加额－纳税调整减少额$$
$$－免税、减计收入及加计扣除＋境外应税所得抵减境内亏损$$
$$－所得减免－弥补以前年度亏损－抵扣应纳税所得额$$

小贴士

应纳税所得额和会计利润的联系和区别:

应纳税所得额是根据税法确定纳税人一定纳税期间的计税所得;会计利润是指企业依据有关财务会计制度规定核算出来的,反映企业一定会计期间的经营成果。会计制度与税法对收益、费用、资产、负债等的确认时间和范围的规定不同,导致税前会计利润与应纳税所得额之间产生差异。会计利润是应纳税所得额的基础,但是不能等同于应纳税所得额。企业依据财务会计制度规定核算出来的会计利润应该根据税法规定进行纳税调整后,才能作为企业的应纳税所得额。

二、利润总额

利润总额是企业按照国家统一会计制度规定核算出来的,是应纳税所得额的基础。在企业所得税申报时,纳税人其数据可直接取自利润表。

$$利润总额＝营业收入－营业成本－税金及附加－销售费用－管理费用－研发费用$$
$$－财务费用－资产减值损失＋公允价值变动收益$$
$$＋投资收益＋营业外收入－营业外支出$$

(1)营业收入包括纳税人主要经营业务和其他业务所确认的收入总额。

(2)营业成本包括纳税人主要经营业务和其他业务发生的实际成本总额。

(3)税金及附加是指企业发生的除企业所得税和允许抵扣的增值税以外的企业缴纳的各项税金及附加。即纳税人经营活动中发生并按规定缴纳的相关税费,包括:消费税、城市维护建设税、资源税、教育费附加及房产税、土地使用税、车船税、印花税等。企业缴纳的增值税属于价外税,在应纳税所得额中不得扣除。

(4)销售费用是指纳税人在销售商品和材料、提供劳务的过程中发生的各种费用。

(5)管理费用是指纳税人为组织和管理企业生产经营发生的管理费用。

(6)研发费用是指纳税人在研究开发过程中发生的费用。

(7)财务费用是指纳税人为筹集生产经营所需资金等而发生的筹资费用。

(8)资产减值损失是指纳税人计提各项资产准备发生的减值损失。

(9)公允价值变动收益是指纳税人资产或负债因公允价值变动所形成的收益。

(10)投资收益是指纳税人以各种方式对外投资确认所取得的收益或发生的损失。

(11)营业外收入是指纳税人取得的与其经营活动无直接关系的各项收入。

（12）营业外支出是指纳税人取得的与其经营活动无直接关系的各项支出。

三、境外所得

境外所得是指纳税人取得的境外所得且已计入利润总额的金额。

小贴士

境外的税后所得已计入会计利润的,在计算应纳税所得额时需调出来单独处理。

四、纳税调整项目

纳税调整是指在计算企业应税所得时,以会计上的利润总额为基础,按照税法的规定进行调整,以计算出应税所得,并按规定计算缴纳企业所得税。根据中华人民共和国企业所得税年度纳税申报表(A 类,2019 年修订版)《纳税调整项目明细表》(A105000)的列示的内容,纳税调整项目包括:收入类调整项目、扣除类调整项目、资产类调整项目、特殊事项调整项目、特别纳税调整应税所得以及其他。

（一）收入类调整项目

在收入确认上,企业财务会计制度与税收法律法规在收入确认原则和条件、收入确认时间和范围、收入计量和选择等方面存在差异,在计算应纳税所得额时,应按照税法规定进行纳税调整。

1. 视同销售收入

企业发生非货币性资产交换,以及将货物、财产、劳务用于捐赠、偿债、赞助、集资、广告、样品、职工福利或者利润分配等用途的,应视同销售货物、转让财产或者提供劳务。视同销售收入是指会计处理不确认销售收入,而税收规定确认为应税收入。包括:非货币性资产交换视同销售收入、用于市场推广或销售视同销售收入、用于交际应酬视同销售收入、用于职工奖励或福利视同销售收入、用于股息分配视同销售收入、用于对外捐赠视同销售收入、用于对外投资项目视同销售收入、提供劳务视同销售收入等。在计算应纳税所得额时,视同销售收入应调增应纳税所得额。

2. 未按权责发生制原则确认的收入

未按权责发生制原则确认的收入是指会计处理按照权责发生制确认收入、税收规定未按权责发生制确认的收入。包括:跨期收取的租金、利息、特许权使用费收入、分期确认收入、政府补助递延收入等。对上述收入项目,由于财务会计处理与税法规定不一致所产生的差异,按照税法规定进行相应的纳税调增或纳税调减。

3. 投资收益

纳税人持有投资项目,会计核算确认投资收益与税收规定确认投资收益的差异需要按照税法规定进行相应的纳税调增或纳税调减。包括:交易性金融资产、其他权益工具投资、债权投资、衍生工具、交易性金融负债、长期股权投资等。

如纳税人采取权益法核算长期股权投资,在每个会计年度末,根据权责发生制基本假设的要求,以取得投资时被投资企业单位的各项可辨认资产的公允价值为基础,对投资单位的净利润或净亏损进行调整后,按应享有或应分担的份额确认投资收益或损失,而税法不确认因公允价值变化形成的投资收益或损失,应作纳税调整,对于会计确认的投资收益应调减应纳税所得额,对于会计确认的投资损失应调增应纳税所得额。

4.按权益法核算长期股权投资对初始投资成本调整确认收益

纳税人采取权益法核算,初始投资成本小于取得投资时应享有被投资单位可辨认净资产公允价值份额的差额计入取得投资当期的营业外收入,税法不确认这部分收入,应调减应纳税所得额。

5.交易性金融资产初始投资调整

纳税人根据税收规定确认交易性金融资产初始投资金额与会计核算的交易性金融资产初始投资账面价值的差额。会计上规定将交易性金融资产所发生的相关交易费用,减少投资收益,税法规定将其计入初始成本,所产生的差异应调增应纳税所得额。

6.公允价值变动净损益

纳税人在会计核算中以公允价值计量的金融资产、金融负债以及投资性房地产类项目,将其公允价值变动金额计入当期损益;税法以历史成本为基础,不确认公允价值变动净损益,需要按照税法规定进行相应的纳税调增或纳税调减。

7.不征税收入

纳税人计入收入总额,但属于税收规定不征税的财政拨款、依法收取并纳入财政管理的行政事业性收费以及政府性基金和国务院规定的其他不征税收入,在计算应纳税所得额时,应调减应纳税所得额。纳税人以前年度取得财政性资金且已作为不征税收入处理,在5年(60个月)内未发生支出且未缴回财政部门或其他拨付资金的政府部门,应调增应纳税所得额。

(1)财政拨款。财政拨款是指各级人民政府对纳入预算管理的事业单位、社会团体等组织拨付的财政资金,但国务院和国务院财政、税务主管部门另有规定的除外。

(2)依法收取并纳入财政管理的行政事业性收费、政府性基金。包括:

① 行政事业性收费,是指依照法律法规等有关规定,按照国务院规定程序批准,在实施社会公共管理,以及在向公民、法人或者其他组织提供特定公共服务过程中,向特定对象收取并纳入财政管理的费用。

② 政府性基金,是指企业依照法律、行政法规等有关规定,代政府收取的具有专项用途的财政资金。

③ 财政性资金,是指企业取得的来源于政府及其有关部门的财政补助、补贴、贷款贴息,以及其他各类财政专项资金,包括直接减免的增值税和即征即退、先征后退、先征后返的各种税收,但不包括企业按规定取得的出口退税款。

(3)国务院规定的其他不征税收入。指企业取得的,由国务院财政、税务主管部门规定专项用途并经国务院批准的财政性资金。

小贴士

不征税收入与免税收入区别:

(1)不征税收入不属于税收优惠;免税收入属于税收优惠。

(2)不征税收入用于支出所形成的费用或者财产,不得税前扣除或者计算对应的折旧、摊销扣除;免税收入可以。

8. 销售折扣、折让和退回

不符合税收规定的销售折扣和折让应进行纳税调整,发生的销售退回因会计处理与税收规定有差异需要进行纳税调整。

(二)扣除类调整项目

企业所得税的税前扣除项目,要满足相关性和合理性两个扣除原则。《企业所得税法》规定,企业实际发生的与取得收入有关的、合理的支出,包括成本、费用、税金、损失和其他支出,准予在计算应纳税所得额时扣除。有关的支出,是指与取得收入直接相关的支出。合理的支出,是指符合生产经营活动常规,应当计入当期损益或者有关资产成本的必要和正常的支出。

企业发生的支出应当区分收益性支出和资本性支出。收益性支出在发生当期直接扣除;资本性支出应当分期扣除或者计入有关资产成本,不得在发生当期直接扣除。

纳税人会计核算计入当期损益的不符合税法规定的支出,在计算应纳税所得额时,应按照税法规定进行纳税调整。

1. 视同销售成本

视同销售成本是指视同销售收入所对应的成本。根据收入成本配比原则,视同销售成本包括:非货币性资产交换视同销售成本、用于市场推广或销售视同销售成本、用于交际应酬视同销售成本、用于职工奖励或福利视同销售成本、用于股息分配视同销售成本、用于对外捐赠视同销售成本、用于对外投资项目视同销售成本、提供劳务视同销售成本等。在计算应纳税所得额时,视同销售成本应调减应纳税所得额。

2. 职工薪酬

职工薪酬包括工资薪金支出、职工福利费支出、职工教育经费支出、按税收规定全额扣除的职工培训费用、工会经费支出、各类基本社会保障性缴款、住房公积金、补充养老保险、补充医疗保险等。

(1)企业发生的合理的工资薪金支出,准予扣除。工资薪金是指企业每一纳税年度支付给在本企业任职或者受雇的员工的所有现金形式或者非现金形式的劳动报酬,包括基本工资、奖金、津贴、补贴、年终加薪、加班工资以及与员工任职或者受雇有关的其他支出。

(2)企业发生的职工福利费支出,不超过工资薪金总额14%的部分,准予扣除,超过部分应调增应纳税所得额;企业拨缴的工会经费,不超过工资薪金总额2%的部分,准予扣除,超过部分应调增应纳税所得额;企业发生的职工教育经费支出,不超过工资薪金总额8%的部分,准予扣除;超过部分,准予在以后纳税年度结转扣除,当年应调增应纳税所得额。以后纳税年度结转扣除时,仍需符合规定的扣除基数和比例标准。

(3)企业按标准为职工缴纳的"五险一金"可以扣除,即企业依照国务院有关主管部门或者省级人民政府规定的范围和标准为职工缴纳的基本养老保险费、基本医疗保险费、失业保险费、工伤保险费、生育保险费等基本社会保险费和住房公积金,准予扣除,超过部分应调增应纳税所得额;企业为投资者或者职工支付的补充养老保险费、补充医疗保险费,在国务院财政、税务主管部门规定的范围和标准内,准予扣除,超过部分应调增应纳税所得额;除企业依照国家有关规定为特殊工种职工支付的人身安全保险费和国务院财政、税务主管部门规定可以扣除的其他商业保险费外,企业为投资者或者职工支付的商业保险费,不得扣除,应调增应纳税所得额。

【例4-3】　某居民企业2023年计入成本、费用中的实发工资300万元,实际发生的工会经费7万元、职工福利费45万元、职工教育经费25万元。计算上述"三项经费"的纳税调整额。

【答案与解析】　根据税法规定的"三项经费"扣除标准,纳税调整额计算如下:

(1) 工会经费限额=300×2%=6(万元),实际发生的工会经费7万元,超过扣除限额(6万元),当年应调增应纳税所得额=7-6=1(万元)。

(2) 职工福利费限额=300×14%=42(万元),实际发生的职工福利费45万元,超过扣除限额(42万元),当年应调增应纳税所得额=45-42=3(万元)。

(3) 职工教育经费限额=300×8%=24(万元),实际发生的职工教育经费25万元,超过扣除限额1万元,超支部分结转以后年度扣除,当年应调增的应纳税所得额=25-24=1(万元)。

"三项经费"的纳税调增金额合计=1+3+1=5(万元)。

3. 业务招待费支出

企业发生的与生产经营活动有关的业务招待费支出,按照发生额的60%扣除,但最高不得超过当年销售(营业)收入的5‰,超过部分应调增应纳税所得额。

小贴士

计算广告费和业务宣传费、业务招待费扣除限额的计算基数为销售(营业)收入,为主营业务收入、其他业务收入、视同销售收入的合计数。但是不含营业外收入、投资收益。

主营业务收入包括销售货物收入、提供劳务收入。股权投资企业获得的投资收益属于企业的主营业务收入,可以按规定比例计算业务招待费扣除限额。

其他业务收入如资产使用权收入(特许权使用费)、固定资产使用权收入(租赁收入)等。

营业外收入包括非流动资产毁损报废利得、盘盈利得等。

【例4-4】　(1) 某居民企业年销售收入3 000万元,当年实际发生业务招待费30万元,请计算该企业当年可在税前列支的业务招待费以及纳税调整额。

(2) 某企业年销售收入4 000万元,当年实际发生业务招待费30万元,请计算该企业当年可在税前列支的业务招待费以及纳税调整额。

【答案与解析】　税法规定,业务招待费支出,按照发生额的60%扣除,但最高不得超过当年销售(营业)收入的5‰,超过部分应调增应纳税所得额。该企业当年可在税前列支的业务招待费以及纳税调整额计算如下:

(1) 企业年销售收入3 000万元,实际发生业务招待费30万元:

发生额的60%的扣除金额=30×60%=18(万元)

销售(营业)收入的5‰的扣除限额=3 000×0.5%=15(万元)

18万元>15万元,税前可列支的业务招待费为15万元。

应调增应纳税所得额＝30－15＝15（万元）

（2）企业年销售收入 4 000 万元，实际发生业务招待费 30 万元：

发生额的 60％的扣除金额＝30×60％＝18（万元）

销售（营业）收入的 5‰的扣除限额＝4 000×0.5‰＝20（万元）

18 万元＜20 万元，税前可列支的业务招待费为 18 万元。

应调增应纳税所得额＝30－18＝12（万元）

4. 广告费和业务宣传费支出

企业发生的符合条件的广告费和业务宣传费支出，除国务院财政、税务主管部门另有规定外，不超过当年销售（营业）收入 15％的部分，准予扣除；超过部分，准予在以后纳税年度结转扣除，当年应调增应纳税所得额。以后纳税年度结转扣除时，仍需符合规定的扣除基数和比例标准。

化妆品制造与销售、医药制造、饮料制造（不含酒类制造）企业发生的广告费和业务宣传费支出，不超过当年销售（营业）收入 30％的部分，准予扣除；超过部分，准予结转以后纳税年度扣除。烟草企业的广告费和业务宣传费，一律不得税前扣除。

小贴士

广告费支出和非广告性赞助支出的区别：广告费支出一般都是通过平面媒体，非广告性赞助支出则一般不通过媒体。广告费支出按照税法规定标准限额扣除，非广告性赞助支出不得税前扣除。

【例 4-5】 某家具厂 2023 年销售收入 3 000 万元，转让技术使用权收入 200 万元，当年实际发生广告费和业务宣传费 680 万元。请计算该企业当年可在税前列支的广告费和业务宣传费以及纳税调整额。

【答案与解析】 税法规定，广告费和业务宣传费支出，不超过当年销售（营业）收入 15％的部分，准予扣除；超过部分，准予在以后纳税年度结转扣除，当年应调增应纳税所得额。销售（营业）收入，为主营业务收入、其他业务收入、视同销售收入的合计数。该企业当年可在税前列支的广告费和业务宣传费以及纳税调整额计算如下：

广告费和业务宣传费扣除限额＝（3 000＋200）×15％＝480（万元）

广告费和业务宣传费实际发生额 680 万元，680 万元＞480 万元，可在税前列支的广告费和业务宣传费为 480 万元。

应调增应纳税所得额＝680－480＝200（万元）

注意，这 200 万元可结转以后年度限额扣除。

5. 捐赠支出

企业发生的公益性捐赠支出，在年度利润总额 12％以内的部分，准予在计算应纳税所得额时扣除；超过年度利润总额 12％的部分，准予结转以后 3 年内在计算应纳税所得额时扣除，当年应调增应纳税所得额。企业发生的非公益性捐赠支出不允许税前扣除，应调增应纳税所得额。对企业、个人通过公益性社会团体、县级以上人民政府及其部门向受灾地区的捐赠,允许在当年企业所得税前和当年个人所得税前全额扣除。

年度利润总额是指企业依照国家统一会计制度的规定计算的年度会计利润。如果企业的会计利润总额为零或出现亏损,其符合规定的捐赠支出也不得在当年度税前扣除。

公益性捐赠,是指企业通过公益性社会团体或者县级以上人民政府及其部门,用于《中华人民共和国公益事业捐赠法》规定的公益事业的捐赠。《中华人民共和国公益事业捐赠法》规定的向公益事业的捐赠支出,具体范围包括:①救助灾害、救济贫困、扶助残疾人等困难的社会群体和个人的活动;②教育、科学、文化、卫生、体育事业;③环境保护、社会公共设施建设;④促进社会发展和进步的其他社会公共和福利事业。

【例4-6】 某居民企业,2023年发生经营业务如下:取得产品销售收入4 000万元;发生产品销售成本2 600万元;发生销售费用750万元;管理费用480万元;财务费用60万元;税金及附加40万元;营业外收入80万元;营业外支出50万元(其中通过公益性社会团体向灾区捐款30万元,直接向灾民捐款10万元)。请计算该企业当年可在税前列支的公益性捐赠支出以及纳税调整额。

【答案与解析】 税法规定,企业发生的公益性捐赠支出,在年度利润总额12%以内的部分,准予在计算应纳税所得额时扣除;超过年度利润总额12%的部分,准予结转以后3年内在计算应纳税所得额时扣除,当年应调增应纳税所得额。企业发生的非公益性捐赠支出不允许税前扣除,应调增应纳税所得额。该企业当年可在税前列支的公益性捐赠支出及纳税调整额计算如下:

(1)公益性捐赠支出30万元限额扣除:

利润总额$=4\ 000-2\ 600-750-480-60-40+80-50=100$(万元)

公益性捐赠支出扣除限额$=100\times12\%=12$(万元)

公益性捐赠支出实际发生额30万元,30万元$>$12万元,可在税前列支的公益性捐赠支出为12万元。

应调增应纳税所得额$=30-12=18$(万元)

注意,这18万元可以结转以后3年内在计算应纳税所得额时扣除。

(2)非公益性捐赠支出10万元不得扣除,全额调增。

纳税调整额合计$=18+10=28$(万元)

6.利息支出

企业在经营活动中发生的,在会计核算计入当期损益的利息支出,税前扣除规定如下:

(1)非金融企业向金融企业借款的利息支出、金融企业的各项存款利息支出和同业拆借利息支出、企业经批准发行债券的利息支出,可以据实扣除;

(2)非金融企业向非金融企业借款的利息支出,不超过按照金融企业同期同类贷款利率计算的数额的部分,可以税前扣除,超过部分应调增应纳税所得额。

企业在生产经营活动中发生的合理的不需要资本化的借款费用准予扣除,企业为购置、建造固定资产、无形资产和经过12个月以上的建造才能达到预定可销售状态的存货发生借款的,在有关资产购置、建造期间发生的合理的借款费用,应当作为资本性支出计入有关资产的成本,需调增应纳税所得额。

小贴士

在通常情况下,纳税人在生产经营期间向金融企业支付的借款利息支出(包括浮动利息、加息、罚息等),据实在发生年度的企业所得税前扣除;企业在资产购置、项目建设期间的借款利息据实作为资本性支出计入有关资产的成本,通过折旧或者摊销形式逐渐在税前扣除。

【例4-7】　某居民企业2023年发生财务费用40万元,其中含向非金融企业借款200万元所支付的年利息16万元,假设当年金融企业贷款的年利率为4.5%。请计算该企业当年可在税前列支的利息支出以及纳税调整额。

【答案与解析】　税法规定,非金融企业向非金融企业借款的利息支出,不超过按照金融企业同期同类贷款利率计算的数额的部分,可以税前扣除,超过部分应调增应纳税所得额。该企业当年可在税前列支的利息支出以及纳税调整额计算如下:

利息支出税前扣除限额=200×4.5%=9(万元)

向非金融企业借款利息支出16万元,16万元>9万元,可在税前列支的利息支出为9万元。

应调增应纳税所得额=16-9=7(万元)

7. 罚金、罚款和被没收财物的损失

纳税人会计核算计入当期损益的罚金、罚款和被罚没财物的损失,不得税前扣除,应调增应纳税所得额。

罚金、罚款和被没收财物的损失,是指纳税人因违反国家有关法律、法规规定,被有关部门处以的罚款,以及被司法机关处以的罚金和被没收财物。

小贴士

罚款分为两类:

第一类是行政性罚款,不可税前扣除。行政性罚款是由国家行政管理部门依据国家法律、行政法规向纳税人采取的一种惩罚性措施,具有较强的法定性和强制性,如企业登记部门、税务部门、公安部门对企业的罚款。

第二类是经营性罚款,可税前扣除。经营性罚款主要是根据经济合同或行业惯例,对企业在经营活动中的违约行为给予的惩罚,如违约金、银行罚息、诉讼费等。

8. 税收滞纳金、加收利息

纳税人会计核算计入当期损益的税收滞纳金、加收利息,不得在税前扣除,应调增应纳税所得额。税收滞纳金,是指纳税人违反税收法规被税务机关收取的滞纳金。

9. 赞助支出

赞助支出,是指企业发生的与生产经营活动无关的各种非广告性质支出。纳税人会计核算计入当期损益的不符合税收规定的公益性捐赠的赞助支出的金额,包括直接向受赠人的捐赠、赞助支出等,不得在税前扣除,应调增应纳税所得额。

小贴士

赞助支出与公益性捐赠、广告费和业务宣传费的区别:

赞助支出不同于公益性捐赠。公益性捐赠是指企业用于公益事业的捐赠,不具有有偿性;赞助支出具有明显的商业目的,所捐助范围一般不具有公益性质。

赞助支出不同于广告费和业务宣传费。广告费和业务宣传费,是通过广告或其他形式达到宣传促销目的而支出的费用;赞助支出主要是为了提高社会声誉,而不是为了宣传促销。

在计算应纳税所得额时,赞助支出不得扣除,公益性捐赠、广告费和业务宣传费按照税法规定限额扣除。

10. 与未实现融资收益相关在当期确认的财务费用

纳税人会计核算的与未实现融资收益相关并在当期确认的财务费用的金额,税法不允许在税前扣除,应作纳税调整。

如纳税人采取具有融资性质的分期收款销售商品时,按会计准则规定,应收的合同或协议价款与其公允价值之间的差额,按实际利率法计算进行摊销,分期冲减财务费用。税法规定企业以分期收款方式销售货物的,按照合同约定的收款日期确认收入的实现。因此,对于会计确认的未确认融资收益分期摊销冲减的财务费用,应调减应纳税所得额。

11. 佣金和手续费支出

纳税人会计核算计入当期损益的佣金和手续费金额,超过税法规定的扣除限额的部分,应调增应纳税所得额。

12. 不征税收入用于支出所形成的费用

符合条件的不征税收入用于支出所形成的计入当期损益的费用化支出,应调增应纳税所得额。

13. 跨期扣除项目

跨期扣除项目主要包括:维简费、安全生产费用、预提费用、预计负债等。

企业按照会计准则对某些费用进行计提,由于费用未实际发生,不允许在企业所得税前扣除,应调增应纳税所得额;但未来费用实际发生时,允许在企业所得税前扣除,应调减应纳税所得额。

14. 与取得收入无关的支出

纳税人会计核算计入当期损益的与取得收入无关的支出的金额,应调增应纳税所得额。

15. 境外所得分摊的共同支出

纳税人境外分支机构应合理分摊的总部管理费等有关成本费用以及纳税人实际发生

与取得境外所得有关但未直接计入境外所得应纳税所得的成本费用支出,应调增应纳税所得额。

16. 党组织工作经费

党组织工作经费由企业纳入年度预算。纳入管理费用的党组织工作经费,实际支出不超过职工年度工资薪金总额1%的部分,可据实在企业所得税前扣除。年末如有结余,结转下一年度使用。累计结转超过上一年度职工工资总额2%的,当年不再从管理费用中安排。

(三)资产类调整项目

税法规定,企业的各项资产,包括固定资产、生物资产、无形资产、长期待摊费用、投资资产、存货等,以历史成本为计税基础。企业持有各项资产期间资产增值或者减值,除国务院财政、税务主管部门规定可以确认损益外,不得调整该资产的计税基础。税法对各项资产在计税基础、折旧及摊销方法、年限、范围等方面作出规定。在计算应纳税所得额时,企业按照税法规定计算的各项资产折旧、摊销,准予扣除。企业财务、会计处理办法与税收法律、行政法规的规定不一致的,应当依照税收法律、行政法规的规定计算,并作相应的纳税调整。

1. 资产折旧、摊销

(1)固定资产。固定资产是指企业为生产产品、提供劳务、出租或者经营管理而持有的、使用时间超过12个月的非货币性资产,包括房屋、建筑物、机器、机械、运输工具以及其他与生产经营活动有关的设备、器具、工具等。税法对固定资产在计税基础、折旧方法、折旧年限、折旧范围等方面作出如下规定。

① 固定资产按照以下方法确定计税基础:

外购的固定资产,以购买价款和支付的相关税费以及直接归属于使该资产达到预定用途发生的其他支出为计税基础。

自行建造的固定资产,以竣工结算前发生的支出为计税基础。

融资租入的固定资产,以租赁合同约定的付款总额和承租人在签订租赁合同过程中发生的相关费用为计税基础,租赁合同未约定付款总额的,以该资产的公允价值和承租人在签订租赁合同过程中发生的相关费用为计税基础。

盘盈的固定资产,以同类固定资产的重置完全价值为计税基础。

通过捐赠、投资、非货币性资产交换、债务重组等方式取得的固定资产,以该资产的公允价值和支付的相关税费为计税基础。

改建的固定资产,除已足额提取折旧的固定资产的改建支出和租入固定资产的改建支出外,以改建过程中发生的改建支出增加计税基础。

② 固定资产按照直线法计算的折旧,准予扣除。

企业拥有并用于生产经营的主要或关键的固定资产,由于技术进步,产品更新换代较快或常年处于强震动、高腐蚀状态,确需加速折旧的,可以缩短折旧年限或者采取加速折旧的方法。采取缩短折旧年限方法的,最低折旧年限不得低于规定折旧年限的60%;采取加速折旧的方法的,可以采取双倍余额递减法或者年数总和法。

企业应当自固定资产投入使用月份的次月起计算折旧;停止使用的固定资产,应当自停止使用月份的次月起停止计算折旧。企业应当根据固定资产的性质和使用情况,合理确定固定资产的预计净残值。固定资产的预计净残值一经确定,不得变更。

③ 除国务院财政、税务主管部门另有规定外,固定资产计算折旧的最低年限如下:

房屋、建筑物,为 20 年;飞机、火车、轮船、机器、机械和其他生产设备,为 10 年;与生产经营活动有关的器具、工具、家具等,为 5 年;飞机、火车、轮船以外的运输工具,为 4 年;电子设备,为 3 年。

④ 下列固定资产不得计算折旧扣除:房屋、建筑物以外未投入使用的固定资产;以经营租赁方式租入的固定资产;以融资租赁方式租出的固定资产;已足额提取折旧仍继续使用的固定资产;与经营活动无关的固定资产;单独估价作为固定资产入账的土地;其他不得计算折旧扣除的固定资产。

小贴士

企业在 2018 年 1 月 1 日至 2023 年 12 月 31 日期间新购进的设备、器具,单位价值不超过 500 万元的,允许一次性计入当期成本费用在计算应纳税所得额时扣除,不再分年度计算折旧。

【例 4-8】　某居民企业购入一项固定资产 1 000 万元,会计确定的与税法规定的折旧方法一致,均为直线法,无残值;会计确定折旧年限为 5 年,税法规定的折旧年限为 10 年。请列表计算折旧年限内的纳税调整额。

【答案与解析】　会计确定的与税法规定的折旧年限不一致,在计算应纳税所得额时,应按照税法规定进行纳税调整。折旧年限内纳税调整额计算如表 4-1 所示。

表 4-1　　　　　　　　　　纳税调整计算表　　　　　　　　　　单位:万元

折旧方式	第 1 年	第 2 年	第 3 年	第 4 年	第 5 年	第 6 年	第 7 年	第 8 年	第 9 年	第 10 年	合计
会计折旧	200	200	200	200	200	0	0	0	0	0	1 000
税法折旧	100	100	100	100	100	100	100	100	100	100	1 000
纳税调整	100	100	100	100	100	-100	-100	-100	-100	-100	0

(2)生产性生物资产。生产性生物资产是指企业为生产农产品、提供劳务或者出租等目的而持有的生物资产,包括经济林、薪炭林、产畜和役畜等。

① 生产性生物资产按照以下方法确定计税基础:

外购的生产性生物资产,以购买价款和支付的相关税费为计税基础。

通过捐赠、投资、非货币性资产交换、债务重组等方式取得的生产性生物资产,以该资产的公允价值和支付的相关税费为计税基础。

② 生产性生物资产按照直线法计算的折旧,准予扣除。

企业应当自生产性生物资产投入使用月份的次月起计算折旧;停止使用的生产性生物资产,应当自停止使用月份的次月起停止计算折旧。企业应当根据生产性生物资产的性质和使用情况,合理确定生产性生物资产的预计净残值。生产性生物资产的预计净残值一经确定,不得变更。

③ 生产性生物资产计算折旧的最低年限如下：

林木类生产性生物资产，为 10 年；畜类生产性生物资产，为 3 年。

（3）无形资产。无形资产是指企业为生产产品、提供劳务、出租或者经营管理而持有的没有实物形态的非货币性长期资产，包括专利权、商标权、著作权、土地使用权、非专利技术、商誉等。

① 无形资产按照以下方法确定计税基础：

外购的无形资产，以购买价款和支付的相关税费以及直接归属于使该资产达到预定用途发生的其他支出为计税基础。

自行开发的无形资产，以开发过程中该资产符合资本化条件后至达到预定用途前发生的支出为计税基础。

通过捐赠、投资、非货币性资产交换、债务重组等方式取得的无形资产，以该资产的公允价值和支付的相关税费为计税基础。

② 无形资产按照直线法计算的摊销费用，准予扣除。

无形资产的摊销年限不得低于 10 年。作为投资或者受让的无形资产，有关法律规定或者合同约定了使用年限的，可以按照规定或者约定的使用年限分期摊销。外购商誉的支出，在企业整体转让或者清算时，准予扣除。

③ 下列无形资产不得计算摊销费用扣除：自行开发的支出已在计算应纳税所得额时扣除的无形资产；自创商誉；与经营活动无关的无形资产；其他不得计算摊销费用扣除的无形资产。

（4）长期待摊费用。企业发生的下列支出作为长期待摊费用，按照税法规定摊销的，准予扣除：已足额提取折旧的固定资产的改建支出；租入固定资产的改建支出；固定资产的大修理支出；其他应当作为长期待摊费用的支出。

2. 资产减值准备金

税法规定，未经核定的准备金支出在计算应纳税所得额时不得扣除，应调增应纳税所得额。因价值恢复等原因转回的资产减值准备金，应调减应纳税所得额。

未经核定的准备金支出是指不符合国务院财政、税务主管部门规定的各项资产减值准备、风险准备等准备金支出。

3. 资产损失

准予在企业所得税税前扣除的资产损失是指企业在实际处置、转让上述资产过程中发生的合理损失（简称实际资产损失），以及企业虽未实际处置、转让上述资产，但符合税收法律、行政法规的规定条件计算确认的损失（简称法定损失）。

小贴士

（1）资产发生非正常损失，已抵扣进项税额的，要作进项税额转出，减少当期准予抵扣的进项税额；转出的进项税额准予在所得税税前按规定扣除，增加所得税税前扣除金额。

（2）保险公司赔偿部分，所得税税前不得扣除，所得税税前按规定扣除的是净损失。

（3）企业在计算应纳税所得额时已经扣除的资产损失，在以后纳税年度全部或者部分收回时，其收回部分应当作为收入计入收回当期的应纳税所得额。

（4）企业境内、境外营业机构发生的资产损失应分开核算，对境外营业机构由于发生资产损失而产生的亏损，不得在计算境内应纳税所得额时扣除。

【例4-9】　某企业2023年毁损一批库存材料，账面成本10 000元，该损失得到税务机关的审核和确认，请计算税前可扣除的损失金额。

【答案与解析】　资产发生非正常损失，已抵扣进项税额的要作进项税额转出，转出的进项税额连同资产损失准予在所得税税前按规定扣除。税前可扣除的损失金额计算如下：

进项税额转出＝10 000×13%＝1 300(元)

所得税前可扣除的损失金额＝10 000＋1 300＝11 300(元)

（四）特殊事项调整项目

1. 企业重组及递延纳税事项

企业重组，是指企业在日常经营活动之外，引起企业法律或经济结构改变的交易，包括企业法律形式改变、资本结构调整、股权收购、资产收购、合并、分立等。

除国务院财政、税务主管部门另有规定外，企业在重组过程中，应当在交易发生时确认有关资产的转让所得或者损失，相关资产应当按照交易价格重新确定计税基础，财务会计制度与税收法律法规存在差异时，在计算应纳税所得额时，应按照税法规定进行纳税调整。

小贴士

企业重组与企业普通资产交易的区别：普通资产交易限于企业一部分资产或商品的转让、处置，不涉及股东层次的股权交易；企业重组是针对股权交易或者由于整体资产、负债的交易，进而引起企业资本经济结构或法律形式的变更。

资产重组的税务处理分为一般性税务处理和特殊性税务处理。符合国家规定条件的特殊重组，可享受税收优惠政策。

2. 政策性搬迁

企业政策性搬迁，是指由于社会公共利益的需要，在政府主导下企业进行整体搬迁或部分搬迁。税法规定，企业在搬迁期间发生的搬迁收入和搬迁支出，可以暂不计入当期应纳税所得额，而在完成搬迁的年度，对搬迁收入和支出进行汇总清算，并进行纳税调整。企业搬迁期间新购置的各类资产，不得从搬迁收入中扣除。

3. 特殊行业准备金

根据税法规定，保险、证券、期货、金融、担保、小额贷款公司等特殊行业纳税人发生的特殊行业准备金，可以限额税前扣除。会计处理与税收规定不一致时，需要进行纳税调整。

4. 房地产开发企业特定业务计算的纳税调整额

房地产开发企业特定业务是指,房地产企业销售未完工产品、未完工产品转完工产品特定业务。

房地产开发企业在未完工前采取预售方式销售取得的预售收入,按照规定的预计利润率分季(或月)计算出预计利润额,计入当期应纳税所得额,预缴企业所得税;开发产品完工、结算计税成本后,按照实际利润再行纳税调整。

5. 有限合伙企业法人合伙方应分得的应纳税所得额

税法规定,合伙企业以每一个合伙人为纳税义务人。合伙企业合伙人是自然人的,缴纳个人所得税;合伙人是法人和其他组织的,缴纳企业所得税。合伙企业生产经营所得和其他所得采取"先分后税"的原则。生产经营所得和其他所得,包括合伙企业分配给所有合伙人的所得和企业当年留存的所得(利润)。

有限合伙企业法人合伙方本年会计核算上确认的对有限合伙企业的投资所得和从合伙企业分得的法人合伙方应纳税所得额有差异的,应按照税法规定进行纳税调整。

(五)特别纳税调整应税所得

税法规定,企业与其关联方之间的业务往来,不符合独立交易原则而减少企业或者其关联方应纳税收入或者所得额的,税务机关有权按照合理方法调整。企业与其关联方共同开发、受让无形资产,或者共同提供、接受劳务发生的成本,在计算应纳税所得额时应当按照独立交易原则进行分摊。

关联方,是指与企业有下列关联关系之一的企业、其他组织或者个人:①在资金、经营、购销等方面存在直接或者间接的控制关系;②直接或者间接地同为第三者控制;③在利益上具有相关联的其他关系。

独立交易原则,是指没有关联关系的交易各方,按照公平成交价格和营业常规进行业务往来遵循的原则。

合理的转让定价方法包括:可比非受控价格法、再销售价格法、成本加成法、交易净利润法、利润分割法等。

小贴士

随着经济全球化的发展,大型企业尤其是跨国公司避税问题日益突出。关联企业之间在销售货物、提供劳务、转让无形资产等时以及在跨国经济活动中,利用关联企业之间的转让定价进行避税已成为一种常见的税收逃避方法。为了维护我国税收权益,税收征管法及实施细则、企业所得税法及实施条例规定了特别纳税调整条款,确立了我国的反避税制度。

特别纳税调整不同于税务与会计差异导致的一般纳税调整,它不是由于税务与会计差异产生的,而是税务机关出于实施反避税目的而对纳税人特定纳税事项所作的调整,包括针对纳税人转让定价、资本弱化、受控外国企业及其他避税情况所进行的税务调整。

五、免税、减计收入及加计扣除

根据税法及相关税收优惠政策规定,纳税人本年度所享受免税收入、减计收入、加计扣除等优惠项目的金额合计。

六、境外应税所得抵减境内亏损

税法规定,企业在汇总计算缴纳企业所得税时,境外所得可以弥补境内亏损,其境外营业机构的亏损不得抵减境内营业机构的盈利。

计算应纳税所得额时,当"利润总额－境外所得＋纳税调整增加额－纳税调整减少额－免税、减计收入及加计扣除"余额小于零时,境外应税所得可以抵减境内亏损。

七、所得减免

根据税法及相关税收优惠政策规定,纳税人本年度享受减免所得额(包括农、林、牧、渔项目和国家重点扶持的公共基础设施项目、环境保护、节能节水项目以及符合条件的技术转让项目等)优惠项目的金额合计。

八、弥补以前年度亏损

税法规定,企业纳税年度发生的亏损,准予向以后年度结转,用以后年度的所得弥补,但结转年限最长不得超过 5 年。特殊规定,自 2018 年 1 月 1 日起,将高新技术企业和科技型中小企业亏损结转年限由 5 年延长至 10 年。

小贴士

(1) 企业所得税允许弥补的"亏损"并不是企业利润表中的亏损额,而是企业利润表中的亏损额按税法规定调整后的余额。即企业每一纳税年度的收入总额,减除不征税收入、免税收入、各项扣除后小于零的数额。

(2) 5 年内不管是盈利还是亏损,都作为实际弥补期限,连续计算,先亏先补。

【例 4-10】　某生产企业第 1 年至第 8 年的应纳税所得额如表 4-2 所示。该企业适用企业所得税税率 25%。

要求:计算该生产企业第 8 年度应缴纳的企业所得税。

表 4-2　　　　　　　　　　各年应纳税所得额　　　　　　　　　　　单位:万元

第 1 年	第 2 年	第 3 年	第 4 年	第 5 年	第 6 年	第 7 年	第 8 年
－200	－100	50	80	－50	150	50	100

【答案与解析】　税法规定,企业纳税年度发生的亏损,准予向以后年度结转,用以后年度的所得弥补,但结转年限最长不得超过 5 年。5 年内不管是盈利还是亏损,都作为实际弥补期限,连续计算,先亏先补。弥补亏损计算过程如下:

企业第 1 年发生亏损 200 万元,弥补期限到第 6 年。

第 6 年弥补亏损后应纳税所得额＝50＋80＋150－200＝80(万元)

企业第 2 年亏损 100 万元,弥补期限到第 7 年。

第 7 年弥补亏损后应纳税所得额＝80＋50－100＝30(万元)

企业第 5 年亏损 50 万元,弥补期限到第 10 年。

第 8 年弥补亏损后应纳税所得额＝30＋100－50＝80(万元)

因此,第 8 年度应缴纳的企业所得税＝80×25％＝20(万元)

九、抵扣应纳税所得额

根据税法及相关税收优惠政策规定,纳税人本年度享受创业投资企业抵扣应纳税所得额优惠的情况和金额。纳税人有以前年度结转的尚未抵扣的股权投资余额的,应进行以前年度累计结转。

任务五　企业所得税应纳税额计算

【知识准备与业务操作】

企业所得税应纳税额,是指企业的应纳税所得额乘以适用税率,减除依照企业所得税税收优惠的规定减免和抵免的税额后的余额。计算公式为:

$$实际应纳所得税税额＝应纳税所得额×适用税率－减免所得税税额－抵免所得税税额$$
$$＋境外所得应纳所得税税额－境外所得抵免所得税税额$$

$$本年应补(退)所得税税额＝实际应纳所得税税额－本年累计实际已缴纳的所得税税额$$

一、减免所得税税额

减免所得税税额是指依照企业所得税法和税收优惠政策规定实际减免的企业所得税税额。包括小型微利企业、国家需要重点扶持的高新技术企业、对于经认定的技术先进型服务企业以及其他专项减免所得税项目。

(1)高新技术企业减免所得税税额的计算:

$$高新技术企业减免所得税税额＝应纳税所得额×(25％－15％)$$

(2)技术先进型服务企业减免所得税税额的计算:

$$高新技术企业减免所得税税额＝应纳税所得额×(25％－15％)$$

(3)小型微利企业减免所得税税额的计算:

① 如果年应纳税所得额不超过 100 万元:

$$应纳所得税税额＝年应纳税所得额×25％×20％$$
$$减免所得税税额＝年应纳税所得额×25％－应纳所得税税额$$
$$＝年应纳税所得额×25％－年应纳税所得额×25％×20％$$
$$＝年应纳税所得额×20％$$

② 如果年应纳税所得额超过 100 万元:

应纳所得税税额＝100×25％×20％＋(年应纳税所得额－100)×50％×20％

减免所得税税额＝年应纳税所得额×25％－应纳所得税税额

　　　　　　　＝年应纳税所得额×25％－[100×25％×20％

　　　　　　　　＋(年应纳税所得额－100)×50％×20％]

　　　　　　　＝年应纳税所得额×15％＋5

【例4-11】　某小型微利企业2023年第1、2季度预缴企业所得税时,相应的累计应纳税所得额分别为80万元、240万元。

要求:计算该企业2023年第1、2季度预缴企业所得税时减免税额和应纳所得税税额。

【答案与解析】　税收优惠政策规定,对小型微利企业年应纳税所得额不超过100万元的部分,减按25％计入应纳税所得额,按20％的税率缴纳企业所得税;对年应纳税所得额超过100万元但不超过300万元的部分,减按50％计入应纳税所得额,按20％的税率缴纳企业所得税。该企业2023年第1、2季度预缴企业所得税时减免所得税税额和应纳所得税税额计算如下:

(1)第1季度:

应纳所得税税额＝80×25％×20％＝4(万元)

减免税额＝80×25％－4＝16(万元)

(2)第2季度:

应纳所得税税额＝100×25％×20％＋(240－100)×50％×20％＝19(万元)

减免税额＝240×25％－19＝41(万元)

二、抵免所得税税额

抵免所得税税额是指依照企业所得税法和税收优惠政策规定实际抵免的企业所得税税额。包括纳税人购置用于环境保护、节能节水、安全生产等专用设备的投资额抵免企业所得税优惠。

三、境外所得应纳所得税税额

居民企业在境外投资设立不具有独立纳税地位的分支机构,其来源于境外的所得,以境外收入总额扣除与取得境外收入有关的各项合理支出后的余额为应纳税所得额。

居民企业应就其来源于境外的股息、红利等权益性投资收益,以及利息、租金、特许权使用费、转让财产等收入,扣除与取得该项收入有关的各项合理支出后的余额为应纳税所得额。

境外应纳税所得额＝境外税前所得±纳税调整－弥补境外以前年度亏损

　　　　　　　　－抵减境内亏损

境外所得应纳所得税税额＝境外应纳税所得额×税率

四、境外所得抵免所得税税额

居民企业来源于中国境外的应税所得已在境外缴纳的所得税税额,可以从其当期应纳税额中抵免,抵免限额为该项所得依照企业所得税法和条例的规定计算的应纳税额;超过抵免限额的部分,可以在以后 5 个年度内,用每年度抵免限额抵免当年应抵税额后的余额进行抵补。

境外所得抵免限额按以下公式计算:

$$抵免限额 = 中国境内、境外所得依照企业所得税法及实施条例的规定计算的应纳税总额 \times 来源于某国(地区)的应纳税所得额 \div 中国境内、境外应纳税所得总额$$

式中,计算"中国境内、境外所得依照企业所得税法及实施条例的规定计算的应纳税总额"所使用的税率,除国务院财政、税务主管部门另有规定外,应为企业所得税法定税率 25%。

已在境外缴纳的所得税税额,是指企业来源于中国境外的所得依照中国境外税收法律以及相关规定应当缴纳并已经实际缴纳的企业所得税性质的税款。

具体抵免时,根据境外所得税收抵免政策规定,对于来源于境外的应纳税所得额,企业可以选择按国(地区)别分别计算,即"分国(地区)不分项"的抵免方式;或者不按国(地区)别汇总计算,选择"不分国(地区)不分项"的抵免方式,并按规定的税率,分别计算其可抵免境外所得税税额和抵免限额。抵免方式一经选择,5 年内不得改变。

【例 4 - 12】　境内某居民企业在甲国和乙国设有分支机构,2023 年企业境内利润 500 万元,企业所得税税率为 25%;甲国分支机构营业利润 100 万元,甲国企业所得税税率 30%;乙国分支机构营业利润 200 万元,乙国企业所得税税率 10%。该企业采用不分国不分项的综合抵免方式。

要求:计算该企业 2023 年应纳所得税税额。(不考虑纳税调整、所得减免等各项因素)

【答案与解析】　采用不分国不分项的综合抵免方式,该企业当年应纳税额计算过程如下:

企业境内外利润总额 = 500 + 100 + 200 = 800(万元)

境外所得应纳税所得额 = 100 + 200 = 300(万元)

境外所得境外应纳税额(即可抵免税额) = 100 × 30% + 200 × 10% = 50(万元)

境外税后所得 = 300 - 50 = 250(万元)

境内所得应纳税所得额 = 500(万元)

境内所得应纳税所得税额 = 500 × 25% = 125(万元)

境外所得境内应纳税额 = (100 + 200) × 25% = 75(万元)

境外所得境内抵免限额 = (100 + 200) × 25% = 75(万元);与境外所得可抵免税额相比,根据孰小原则,实际抵免的境外税额为 50 万元。

该企业当年应纳所得税税额 = 境内所得应纳税额 + 境外所得境内应纳税额 - 境外所得实际抵免税额 = 125 + 75 - 50 = 150(万元)

【例 4 - 13】　某居民企业适用企业所得税税率 25%。2023 年企业账面会计利润 628 万元,已预缴企业所得税 157 万元,具体生产经营情况如下:

(1)销售收入 4 500 万元;销售成本 2 000 万元;增值税 700 万元,税金及附加 80 万元。

(2)其他业务收入 300 万元。

（3）销售费用 1 500 万元，其中：广告费 800 万元，业务宣传费 20 万元。

（4）管理费用 500 万元，其中：业务招待费 50 万元，新产品研究费用 40 万元。

（5）财务费用 80 万元，其中：向非金融机构借款 1 年的利息 50 万元，年息 10%（银行同期同类贷款利率 6%）。

（6）营业外支出 30 万元，其中：向供货商支付违约金 5 万元，市场监督管理局罚款 1 万元，通过政府部门向灾区捐赠 20 万元。

（7）投资收益 18 万元，其中：从直接投资外地居民公司而分回税后利润 17 万元（该居民公司适用企业所得税税率 15%）以及取得国债利息 1 万元。

要求：计算 2023 年该企业应纳企业所得税和应补缴的企业所得税税额。

【答案与解析】　根据企业所得税相关政策规定，按照企业所得税纳税申报表填报内容要求，进行相关项目的年度纳税调整，计算过程如下：

第一步，计算当年利润总额。

（1）营业收入＝主营业务收入＋其他业务收入＝4 500＋300＝4 800（万元）。

（2）营业利润＝营业收入－营业成本－税金及附加－销售费用－管理费用－财务费用－资产减值损失±投资收益＝4 800－2 000－80－1 500－500－80＋18＝658（万元）。

（3）利润总额＝营业利润＋营业外收入－营业外支出＝658－30＝628（万元）。

第二步，计算当年应纳税所得额。

（1）纳税调整增加额：

① 销售费用中，广告费和业务宣传费支出共计 820 万元，广告费和业务宣传费限额＝4 800×15%＝720（万元），应调增应税所得额＝820－720＝100（万元）。

② 管理费用中，业务招待费 50 万元，50×60%＝30（万元）＞4 800×5‰＝24（万元），应调增应税所得额＝50－24＝26（万元）。

③ 财务费用中，利息支出 50 万元，利息超标，应调增应税所得额＝50÷10%×（10%－6%）＝20（万元）。

④ 营业外支出中，向供货商支付的违约金 5 万元可以扣除，市场监督管理局的罚款 1 万元不得税前扣除，应调增应税所得额 1 万元；捐赠扣除限额＝628×12%＝75.36（万元），公益性捐赠 20 万元未超限额，不用调整。

纳税调整增加额共计＝100＋26＋20＋1＝147（万元）。

（2）免税、减计收入及加计扣除调减额：

① 国债利息收入 1 万元和符合条件的居民企业之间的股息红利等权益性投资收益 17 万元属于免税收入，应调减应税所得额 18 万元。

② 研发费用支出 40 万元，根据税收优惠政策，可按实际发生额的 100% 加计扣除，应调减应税所得额＝40×100%＝40（万元）。

免税、减计收入及加计扣除调减额共计＝18＋40＝58（万元）。

第三步，计算当年企业所得税应纳税所得额、应纳税额和应补缴的企业所得税税额。

① 该企业当年应纳税所得额＝628＋147－58＝717（万元）。

② 该企业当年应纳所得税＝717×25%＝179.25（万元）。

③ 该企业当年应补缴的企业所得税税额＝179.25－157＝22.25（万元）。

任务六　企业所得税申报与缴纳

【知识准备与业务操作】

一、纳税期限

企业所得税是按纳税年度计算的,实行按年计征、分月或者分季预缴、年终汇算清缴、多退少补的征收办法。

（一）企业所得税的纳税年度

企业所得税的纳税年度,自公历 1 月 1 日起至 12 月 31 日止。企业在一个纳税年度的中间开业,或者由于合并、关闭等原因终止经营活动,使该纳税年度的实际经营期不足 12 个月的,应当以其实际经营期为 1 个纳税年度。企业依法清算时,应当以清算期间作为 1 个纳税年度。企业在年度中间终止经营活动的,应当自实际经营终止之日起 60 日内,向税务机关办理当期企业所得税汇算清缴。企业应当在办理注销登记前,就其清算所得向税务机关申报并依法缴纳企业所得税税额。

（二）企业所得税分月或者分季预缴

纳税人应当自月份或者季度终了之日起 15 日内,向税务机关报送预缴企业所得税纳税申报表,预缴税款。企业所得税分月或者分季预缴,由税务机关具体核定。企业预缴所得税时,应当按照月度或者季度的实际数预缴;按照月度或者季度的实际数预缴有困难的,可以按照上一纳税年度应纳税所得额的月度或者季度平均数额预缴,或者按照经税务机关认可的其他方法预缴。预缴方法一经确定,该纳税年度内不得随意更改。

小型微利企业所得税统一实行按季度预缴。按月度预缴企业所得税的企业,在当年度 4 月、7 月、10 月预缴申报时,若按相关政策标准判断符合小型微利企业条件的,下一个预缴申报期起调整为按季度预缴申报,一经调整,当年度内不再变更。

（三）企业所得税年终汇算清缴

企业应当自年度终了之日起 5 个月内,向税务机关报送年度企业所得税纳税申报表,并汇算清缴,结清应缴应退税款。企业在报送企业所得税纳税申报表时,应当按照规定附送财务会计报告和其他有关资料。纳税人在纳税年度内预缴的税款少于全年应纳税额的,应在汇算清缴期限内结清应补缴的税款,预缴的税款超过全年应纳税额的,主管税务机关应及时办理退税或者抵缴其下一年度应缴纳的所得税。

扣缴义务人每次代扣的税款,应当自代扣之日起 7 日内缴入国库,并向所在地的税务机关报送扣缴企业所得税报告表。

二、纳税地点

企业所得税由纳税人向其所在地主管税务机关缴纳。

（一）居民企业的纳税地点

（1）居民企业以企业登记注册地为纳税地点;但登记注册地在境外的,以实际管理机构所在地为纳税地点。企业登记注册地,是指企业依照国家有关规定登记注册的住所地。

（2）居民企业在中国境内设立不具有法人资格的营业机构的，应当汇总计算并缴纳企业所得税。企业汇总计算并缴纳企业所得税时，应当按照国务院财政、税务主管部门的规定统一核算应纳税所得额。除国务院另有规定外，企业之间不得合并缴纳企业所得税。

（二）非居民企业的纳税地点

（1）非居民企业在中国境内设立机构、场所的，就其所设机构、场所取得的来源于中国境内的所得，以及发生在中国境外，但与其所设机构、场所有实际联系的所得，以机构、场所所在地为纳税地点。非居民企业在中国境内存在多处所得发生地的，由纳税人选择其中之一申报缴纳企业所得税。

（2）非居民企业在中国境内未设立机构、场所的，或者虽设立机构、场所但取得的所得与其所设机构、场所没有实际联系的，应当就其来源于中国境内的所得，以扣缴义务人所在地为纳税地点。扣缴义务人未依法扣缴或者无法履行扣缴义务的，由纳税人在所得发生地缴纳。纳税人未依法缴纳的，税务机关可以从该纳税人在中国境内其他收入项目的支付人应付的款项中，追缴该纳税人的应纳税款。

三、纳税申报

企业在纳税年度内无论有没有应纳税款，都应当依照企业所得税法规定的期限，向主管税务机关报送预缴企业所得税纳税申报表、年度企业所得税纳税申报表、财务会计报告和税务机关规定应当报送的其他有关资料。依照企业所得税法缴纳的企业所得税，以人民币计算。所得以人民币以外的货币计算的，应当折合成人民币计算并缴纳税款。

（一）预缴纳税申报

（1）实行查账征收企业所得税的居民纳税人以及在中国境内设立机构的非居民纳税人，在月（季）度申报缴纳企业所得税时，应填制"中华人民共和国企业所得税月（季）度预缴纳税申报表（A）类"，预缴税款。

（2）实行核定征收（包括核定应税所得率和核定税额征收方式）企业所得税的纳税人，在月（季）度申报缴纳企业所得税时，应填制"中华人民共和国企业所得税月（季）度预缴纳税申报表（B）类"，预缴税款。

（二）年度纳税申报

查账征收企业所得税的纳税人在年度汇算清缴时，向主管税务机关办理年度企业所得税纳税申报，填制企业所得税年度纳税申报基础信息表、企业所得税年度纳税申报表（A）类主表及相关附表，并汇算清缴，结清应缴应退税款。

国家税务总局发布的《中华人民共和国企业所得税年度纳税申报表（A类，2022年修订版）》由37张表单组成，其中必填表2张，选填表35张（纳税申报表单结构如图4-1所示、填报表单如表4-3所示）。纳税人实际填报表单的数量一般为8~10张，其中《企业所得税年度纳税申报基础信息表》《中华人民共和国企业所得税年度纳税申报表（A类）》（表4-4）、《一般企业收入明细表》《一般企业成本支出明细表》《期间费用明细表》《纳税调整项目明细表》《职工薪酬支出及纳税调整明细表》《减免所得税优惠明细表》等为常用表单。纳税人应当根据行业类型、涉税业务发生情况正确选择适合本企业

企业所得税年度纳税申报表部分表原样式及填报说明

的表单进行填报。

为贯彻落实《企业所得税法》及有关税收政策,进一步减轻纳税人办税负担,在《国家税务总局关于企业所得税年度纳税申报有关事项的公告》(国家税务总局公告 2022 年第 27 号)对《中华人民共和国企业所得税年度纳税申报表(A 类,2017 年版)》部分表单和填报说明进行修订,具体如下:

对《资产折旧、摊销及纳税调整明细表》(A105080)、《企业重组及递延纳税事项纳税调整明细表》(A105100)、《免税、减计收入及加计扣除优惠明细表》(A107010)、《研发费用加计扣除优惠明细表》(A107012)、《减免所得税优惠明细表》(A107040)的表单样式及填报说明进行修订;对《纳税调整项目明细表》(A105000)的填报说明进行修订。企业搬迁完成当年,向主管税务机关报送企业所得税年度纳税申报表时,不再报送《企业政策性搬迁清算损益表》。这些规定适用于 2022 年度及以后年度企业所得税汇算清缴申报。

小贴士

纳税人做好企业所得税年度汇算清缴工作,应遵循有关税收法规、财务制度规定,在准确会计核算的基础上,注意以下几个问题:

(1)申报汇缴工作应该按照规定的期限办理。如果纳税人因不可抗力,不能按期办理纳税申报的可按照《税收征收管理法》的规定,办理延期纳税申报。

(2)财产损失要申报后方能在税前扣除。

(3)减免优惠应提请备案,才能享受税收优惠政策。

(4)纳税事项需要调整。企业所得税汇算清缴一般会涉及账务调整和纳税事项调整。账务调整是针对违反会计制度规定所作的账内调整,通过调整使之符合会计规定;纳税调整则是针对会计与税法差异的所作的账外调整,即只在纳税申报表内调整,通过调整使之符合税法规定。

(5)年度亏损需要弥补,期限不得超过 5 年。

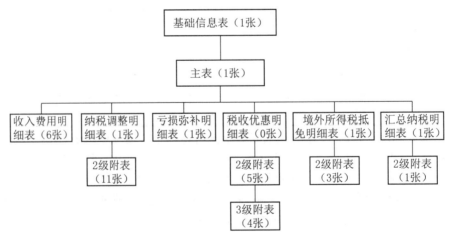

图 4-1 纳税申报表单结构

表 4 - 3　　　　　　　　　　　**企业所得税年度纳税申报表填报表单**

表单编号	表　单　名　称	是否填报
A000000	企业所得税年度纳税申报基础信息表	✓
A100000	中华人民共和国企业所得税年度纳税申报表（A 类）	✓
A101010	一般企业收入明细表	☐
A101020	金融企业收入明细表	☐
A102010	一般企业成本支出明细表	☐
A102020	金融企业支出明细表	☐
A103000	事业单位、民间非营利组织收入、支出明细表	☐
A104000	期间费用明细表	☐
A105000	纳税调整项目明细表	☐
A105010	视同销售和房地产开发企业特定业务纳税调整明细表	☐
A105020	未按权责发生制确认收入纳税调整明细表	☐
A105030	投资收益纳税调整明细表	☐
A105040	专项用途财政性资金纳税调整明细表	☐
A105050	职工薪酬支出及纳税调整明细表	☐
A105060	广告费和业务宣传费跨年度纳税调整明细表	☐
A105070	捐赠支出及纳税调整明细表	☐
A105080	资产折旧、摊销及纳税调整明细表	☐
A105090	资产损失税前扣除及纳税调整明细表	☐
A105100	企业重组及递延纳税事项纳税调整明细表	☐
A105120	特殊行业准备金及纳税调整明细表	☐
A106000	企业所得税弥补亏损明细表	☐
A107010	免税、减计收入及加计扣除优惠明细表	☐
A107011	符合条件的居民企业之间的股息、红利等权益性投资收益优惠明细表	☐
A107012	研发费用加计扣除优惠明细表	☐
A107020	所得减免优惠明细表	☐
A107030	抵扣应纳税所得额明细表	☐
A107040	减免所得税优惠明细表	☐
A107041	高新技术企业优惠情况及明细表	☐
A107042	软件、集成电路企业优惠情况及明细表	☐
A107050	税额抵免优惠明细表	☐
A108000	境外所得税收抵免明细表	☐
A108010	境外所得纳税调整后所得明细表	☐
A108020	境外分支机构弥补亏损明细表	☐
A108030	跨年度结转抵免境外所得税明细表	☐
A109000	跨地区经营汇总纳税企业年度分摊企业所得税明细表	☐
A109010	企业所得税汇总纳税分支机构所得税分配表	☐

说明：企业应当根据实际情况选择需要填报的表单。

表 4-4 　　　　中华人民共和国企业所得税年度纳税申报表(A 类)

行次	类别	项　　目	金　额
1	利润总额计算	一、营业收入(填写 A101010\101020\103000)	
2		减:营业成本(填写 A102010\102020\103000)	
3		减:税金及附加	
4		减:销售费用(填写 A104000)	
5		减:管理费用(填写 A104000)	
6		减:财务费用(填写 A104000)	
7		减:资产减值损失	
8		加:公允价值变动收益	
9		加:投资收益	
10		二、营业利润(1-2-3-4-5-6-7+8+9)	
11		加:营业外收入(填写 A101010\101020\103000)	
12		减:营业外支出(填写 A102010\102020\103000)	
13		三、利润总额(10+11-12)	
14	应纳税所得额计算	减:境外所得(填写 A108010)	
15		加:纳税调整增加额(填写 A105000)	
16		减:纳税调整减少额(填写 A105000)	
17		减:免税、减计收入及加计扣除(填写 A107010)	
18		加:境外应税所得抵减境内亏损(填写 A108000)	
19		四、纳税调整后所得(13-14+15-16-17+18)	
20		减:所得减免(填写 A107020)	
21		减:弥补以前年度亏损(填写 A106000)	
22		减:抵扣应纳税所得额(填写 A107030)	
23		五、应纳税所得额(19-20-21-22)	
24	应纳税额计算	税率(25%)	
25		六、应纳所得税税额(23×24)	
26		减:减免所得税税额(填写 A107040)	
27		减:抵免所得税税额(填写 A107050)	
28		七、应纳税额(25-26-27)	
29		加:境外所得应纳所得税税额(填写 A108000)	
30		减:境外所得抵免所得税税额(填写 A108000)	
31		八、实际应纳所得税税额(28+29-30)	
32		减:本年累计实际已缴纳的所得税税额	
33		九、本年应补(退)所得税税额(31-32)	
34		其中:总机构分摊本年应补(退)所得税税额(填写 A109000)	
35		财政集中分配本年应补(退)所得税税额(填写 A109000)	
36		总机构主体生产经营部门分摊本年应补(退)所得税税额(填写 A109000)	

项　目　小　结

本项目全面介绍了企业所得税纳税实务的基本理论、基本方法和基本技能。重点阐述了企业所得税的纳税人、征税范围和税率以及税收优惠政策;根据企业所得税纳税申报表的项目主要内容,介绍了企业所得税应纳税所得额和应纳税额的计算方法;指出如何规范申报与缴纳企业所得税。结合丰富的案例训练提升企业所得税涉税业务处理技能,增强企业所得税纳税责任风险意识。

技　能　训　练

一、单项选择题

1. 根据税法的规定,下列属于企业所得税纳税人的是(　　　)。

A. 个体工商户　　　　　　　　　　B. 个人独资企业

C. 合伙企业　　　　　　　　　　　D. 非居民企业

2. 根据企业所得税法律制度的规定,下列各项中,属于非居民企业的是(　　　)。

A. 依法在中国境内成立,或者依照外国(地区)法律成立但实际管理机构在中国境内的企业

B. 依法在中国境内成立,但收入全部来源于境外的企业

C. 依法在中国境外成立,在中国境内设立机构、场所的企业

D. 依法在中国境外成立,在中国境内未设立机构、场所,也没有来源于中国境内所得的企业

3. 根据企业所得税法律制度的规定,我国对在中国境内未设立机构场所的非居民企业给予所得税税率优惠,其实际执行时为(　　　)。

A. 10%　　　　　　　　　　　　　B. 15%

C. 20%　　　　　　　　　　　　　D. 35%

4. 下列各项税金中,纳税人在计算企业所得税应纳税所得额时不得扣除的是(　　　)。

A. 增值税　　　　　　　　　　　　B. 土地增值税

C. 城镇土地使用税　　　　　　　　D. 城市维护建设税

5. 根据企业所得税法律制度的规定,企业发生的下列(　　　)支出,在发生当期可以直接扣除。

A. 收益性支出　　　　　　　　　　B. 固定资产

C. 生产性生物资产　　　　　　　　D. 无形资产

6. 下列收入中,属于企业所得税法规定的不征税收入的是(　　　)。

A. 转让财产收入　　　　　　　　　B. 财政拨款收入

C. 国债利息收入　　　　　　　　　D. 居民企业之间的股息收入

7. 下列关于企业所得税的优惠政策的说法中,正确的是(　　　)。

A. 企业购置并实际使用规定的环境保护、节能节水、安全生产等专用设备的,该专用设备的投资额的 40% 可以从企业当年的应纳税额中抵免

B. 创投企业从事国家需要重点扶持和鼓励的创业投资,可以按投资额的 70% 在投资当年抵扣应纳税所得额

C. 企业综合利用资源,生产符合国家产业政策规定的产品所取得的收入,可以在计算应纳税所得额时减计收入 10%

D. 企业安置残疾人员所支付的工资,按支付给残疾职工工资的 50% 加计扣除

8. 根据企业所得税法律制度的规定,企业为开发新技术、新产品、新工艺发生的研究开发费用,未形成无形资产计入当期损益的,在按照规定据实扣除的基础上,按照研究开发费用的一定比例加计扣除,该比例为( )。

A. 75% 　　　　　　　　　　 B. 100%

C. 175% 　　　　　　　　　　 D. 200%

9. 某企业是国家需要重点扶持的高新技术企业。2023 年该企业的应纳税所得额为 300 万元,该企业当年应缴纳的企业所得税税额为( )万元。

A. 30 　　　　　　　　　　 B. 45

C. 60 　　　　　　　　　　 D. 75

10. 下列各项中,属于企业所得税的计税依据是( )。

A. 收入总额 　　　　　　　　 B. 利润总额

C. 应纳税额 　　　　　　　　 D. 应纳税所得额

11. 根据企业所得税法律制度的有关规定,下列各项中,不计入企业所得税应纳税所得额的是( )。

A. 纳税人取得的国家规定之外的财政性补贴

B. 纳税人购买国债的利息收入

C. 纳税人接受捐赠的非货币性资产

D. 纳税人取得的先征后返的流转税

12. 根据企业所得税法律制度的规定,在计算应纳税所得额时,下列项目中可以税前据实扣除的是( )。

A. 业务招待费支出 　　　　　 B. 合理的工资薪金支出

C. 捐赠支出 　　　　　　　　 D. 利息支出

13. 根据企业所得税法律制度的规定,下列各项中,在计算企业所得税应纳税所得额时,不准扣除的是( )。

A. 固定资产转让费用 　　　　 B. 存货销售成本

C. 固定资产修理费用 　　　　 D. 投资资产成本

14. 企业发生的公益性捐赠支出,在( )以内的部分,准予在计算应纳税所得额时扣除。

A. 年度应纳税所得额 3% 　　　 B. 年度利润总额 3%

C. 年度利润总额 12% 　　　　 D. 年度应纳税所得额 12%

15. 高新技术企业和科技型中小企业亏损弥补年限为( )年。

A. 5 　　　　 B. 7 　　　　 C. 8 　　　　 D. 10

16. 根据企业所得税法律制度的规定,下列固定资产中,在计算企业所得税应纳税所得额时准予扣除折旧费的是(　　　)。

A. 未投入使用的房屋　　　　　　　B. 以经营租赁方式租入的固定资产

C. 未投入使用的机器设备　　　　　D. 以融资租赁方式租出的固定资产

17. 企业与其关联方共同开发、受让无形资产,或者共同提供、接受劳务发生的成本,在计算应纳税所得额时应当按照(　　　)进行分摊。

A. 公平交易原则　　　　　　　　　B. 独立交易原则

C. 方便管理原则　　　　　　　　　D. 节约成本原则

18. 根据企业所得税法律制度的规定,企业所得税的征收办法是(　　　)。

A. 按月征收　　　　　　　　　　　B. 按季计征,分月预缴

C. 按季征收　　　　　　　　　　　D. 按年计征,分月或分季预缴

19. 根据企业所得税法律制度的规定,扣缴义务人每次代扣的税款,应当自代扣之日起(　　　)内缴入国库。

A. 7 日　　　　　　　　　　　　　B. 10 日

C. 15 日　　　　　　　　　　　　　D. 5 日

20. 根据企业所得税法律制度的规定,企业应当自年度终了之日起(　　　)内,向税务机关报送年度企业所得税纳税申报表,并汇算清缴,结清应缴应退税款。

A. 1 个月　　　　　　　　　　　　B. 3 个月

C. 4 个月　　　　　　　　　　　　D. 5 个月

二、多项选择题

1. 根据企业所得税法律制度的规定,下列取得收入的主体中,应当缴纳企业所得税的有(　　　)。

A. 国有独资公司　　　　　　　　　B. 股份有限公司

C. 合伙企业　　　　　　　　　　　D. 高等院校

2. 根据企业所得税法律制度的规定,下列属于居民企业的有(　　　)。

A. 依照外国法律成立,实际管理机构在境外的甲公司

B. 依照外国法律成立,实际管理机构在境内的丁公司

C. 依照中国法律成立,在境外设立机构、场所的乙公司

D. 依照外国法律成立,在境内设立机构、场所的丙公司

3. 根据企业所得税法律制度的规定,下列关于所得来源地的确定说法,正确的有(　　　)。

A. 销售货物所得按照交易活动发生地确定

B. 提供劳务所得按照提供劳务的企业或者机构、场所所在地确定

C. 不动产转让所得按照转让不动产的企业或者机构、场所所在地确定

D. 权益性投资资产转让所得按照被投资企业所在地确定

4. 根据企业所得税法律制度的规定,下列收入确认中,正确的有(　　　)。

A. 特许权使用费收入,按照合同约定的特许权使用人应付特许权使用费的日期确认收入的实现

B. 股息、红利等权益性投资收益,按照被投资方作出利润分配决定的日期确认收入

的实现

  C. 租金收入,按照合同约定的承租人应付租金的日期确认收入的实现

  D. 接受捐赠收入,按照接受捐赠资产的入账日期确认收入的实现

  5. 根据企业所得税法律制度的规定,在中国境内未设立机构、场所的非居民企业从中国境内取得的下列所得中,应以收入全额作为应纳税所得额的有(　　　)。

  A. 股息、红利所得   B. 转让财产所得

  C. 利息、租金所得   D. 特许权使用费所得

  6. 根据企业所得税法律制度的规定,下列各项中,属于征税收入的有(　　　)。

  A. 接受捐赠收入 B. 国债利息收入 C. 视同销售收入 D. 财政拨款

  7. 根据企业所得税法律制度的规定,下列各项中,属于免税收入的有(　　　)。

  A. 符合条件的非营利组织的收入

  B. 符合条件的居民企业之间的股息、红利等权益性投资收益

  C. 财政拨款

  D. 国债转让收益

  8. 根据企业所得税法律制度的规定,下列各项中,属于不征税收入范围的有(　　　)。

  A. 财政拨款

  B. 依法收取并纳入财政管理的行政事业性收费

  C. 视同销售收入

  D. 国债利息收入

  9. 根据企业所得税法律制度的规定,下列有关企业所得税税率的说法中,正确的有(　　　)。

  A. 居民企业适用税率为25%

  B. 国家需要重点扶持的高新技术企业适用税率为15%

  C. 符合条件的小型微利企业适用税率为20%

  D. 未在中国境内设立机构、场所的非居民企业,取得来自中国境内的所得,适用税率为10%

  10. 以下适用25%企业所得税税率的企业有(　　　)。

  A. 在中国境内的居民企业

  B. 在中国境内设有机构、场所,且取得的所得与机构、场所有实际联系的非居民企业

  C. 在中国境内设有机构、场所,但取得的所得与机构、场所没有实际联系的非居民企业

  D. 在中国境内未设立机构场所的非居民企业

  11. 根据企业所得税法律制度的规定,可以采取加速折旧法的固定资产主要是指(　　　)类固定资产。

  A. 技术进步较快   B. 产品更新换代较快

  C. 常年处于强震动、高腐蚀状态   D. 价值特别巨大

  12. 根据企业所得税法律制度的规定,下列各项中,不得提取折旧的固定资产有(　　　)。

  A. 以经营租赁方式租出的固定资产 B. 以经营租赁方式租入的固定资产

  C. 以融资租赁方式租出的固定资产 D. 以融资租赁方式租入的固定资产

13. 根据企业所得税优惠政策的规定,企业所得税的优惠方式包括(　　　　)。

A. 加计扣除　　　　B. 加速折旧　　　　C. 减计收入　　　　D. 税额抵免

14. 根据企业所得税法律制度的规定,下列项目可以享受加计扣除的有(　　　　)。

A. 企业安置残疾人员所支付的工资

B. 企业购置节能节水专用设备的投资

C. 企业从事国家需要重点扶持和鼓励的创业投资

D. 新技术、新产品、新工艺的研究开发费用

15. 根据企业所得税法律制度的规定,下列各项中,纳税人在计算企业所得税应纳税所得额时准予扣除的项目有(　　　　)。

A. 消费税　　　　　　　　　　B. 关税

C. 土地增值税　　　　　　　　D. 增值税

16. 根据企业所得税法律制度的规定,企业发生的下列支出中,超出规定扣除标准的部分准予在以后纳税年度结转扣除的有(　　　　)。

A. 职工福利费　　　　　　　　B. 业务招待费

C. 职工教育经费　　　　　　　D. 广告费和业务宣传费

17. 根据企业所得税法律制度的规定,下列说法中正确的有(　　　　)。

A. 企业使用或者销售存货,按照规定计算的存货成本,不得在计算应纳税所得额时扣除

B. 企业对外投资期间,投资资产的成本在计算应纳税所得额时可以扣除

C. 企业转让资产,该项资产的净值,准予在计算应纳税所得额时扣除

D. 企业在汇总计算缴纳企业所得税时,其境外营业机构的亏损不得抵减境内营业机构的盈利

18. 根据企业所得税法律制度的规定,下列支出项目中,不得在企业所得税税前扣除的有(　　　　)。

A. 税收滞纳金　　　　　　　　B. 银行按规定加收的罚息

C. 违反合同的违约金　　　　　D. 交通违章罚款

19. 根据企业所得税法律制度的规定,下列支出项目中,企业所得税税前不得扣除的有(　　　　)。

A. 非广告性质的赞助支出　　　B. 未经核定的准备金支出

C. 外购货物管理不善发生的损失　D. 被没收财物的损失

20. 根据企业所得税法律制度的规定,下列关于企业所得税的纳税申报与缴纳的描述中,正确的有(　　　　)。

A. 企业纳税年度实际经营期不足 12 个月的,应当以其实际经营期为一个纳税年度

B. 企业应当自年度终了之日起 3 个月内,向税务机关报送年度企业所得税申报表

C. 企业在年度中间终止经营活动的,应当自实际经营终止之日起 60 日内,向税务机关办理当期企业所得税汇算清缴

D. 非居民企业的扣缴义务人每次代扣的税款,应当自代扣之日起 15 日内,缴入国库

三、判断题

1. 非居民企业取得来源于中国境内的所得适用税率均为 10%。　　　　　　(　　)

　　2.非居民企业从居民企业取得其公开发行并上市流通不足 12 个月的股票取得的投资收益,不属于企业所得税计税收入。　　　　　　　　　　　　　　　　　（　　）

　　3.企业发生非货币性资产交换,以及将货物、财产、劳务用于捐赠、偿债、赞助、集资、广告、样品、职工福利或者利润分配等用途的,应当视同销售货物,在所得税上确认收入。
　　　　　　　　　　　　　　　　　　　　　　　　　　　　　　　　　　（　　）

　　4.科技型中小企业开展研发活动中实际发生的研发费用,未形成无形资产计入当期损益的,在按规定据实扣除的基础上,再按照实际发生额的 75％在税前加计扣除。
　　　　　　　　　　　　　　　　　　　　　　　　　　　　　　　　　　（　　）

　　5.企业因存货盘亏、毁损、报废等原因不得从销项税额中抵扣的增值税进项税额,也不得在企业所得税前作为损失扣除。　　　　　　　　　　　　　　　　　　（　　）

　　6.企业发生的公益救济性捐赠,在应纳税所得额 12％以内的部分,准予在计算应纳税所得额时扣除。　　　　　　　　　　　　　　　　　　　　　　　　　（　　）

　　7.企业发生的支出应当区分收益性支出和资本性支出。收益性支出在发生当期直接扣除;资本性支出则不得扣除。　　　　　　　　　　　　　　　　　　　（　　）

　　8.除国务院财政、税务主管部门另有规定外,企业发生的职工教育经费支出,不超过工资薪金总额 8％的部分,准予扣除;超过部分,不得扣除。　　　　　　　（　　）

　　9.企业按照规定标准和范围为职工支付的基本社会保险费,准予扣除。　（　　）

　　10.非金融企业向金融企业借款的利息支出可以据实扣除,非金融企业向非金融企业借款的利息支出不允许在税前扣除。　　　　　　　　　　　　　　　　　（　　）

　　11.企业的烟草广告费和业务宣传费支出,一律不得在计算应纳税所得额时扣除。
　　　　　　　　　　　　　　　　　　　　　　　　　　　　　　　　　　（　　）

　　12.企业的广告费和业务宣传费支出,超过扣除限额部分,不得在以后纳税年度结转扣除。　　　　　　　　　　　　　　　　　　　　　　　　　　　　　　（　　）

　　13.通过捐赠、投资、非货币性资产交换、债务重组等方式取得的固定资产,以该资产的公允价值和支付的相关税费为计税基础。　　　　　　　　　　　　　　（　　）

　　14.企业对外投资期间,投资资产的成本在计算应纳税所得额时可以扣除。（　　）

　　15.企业在汇总计算缴纳企业所得税时,其境外营业机构的亏损不得抵减境内营业机构的盈利。　　　　　　　　　　　　　　　　　　　　　　　　　　　　　（　　）

四、计算分析题

　　1.某居民企业,2023 年计入成本、费用中的合理的实发工资 500 万元,当年实际发生的工会经费 15 万元、职工福利费 80 万元、职工教育经费 45 万元。

　　要求:计算税前可扣除的职工工会经费、职工福利费、职工教育经费以及纳税调整额。

　　2.某居民企业 2023 年向银行借入生产用资金 200 万元,借用期限 6 个月,支付借款利息 5 万元;经过批准向本企业职工借入生产用资金 60 万元,借用期限 10 个月,支付借款利息 3.5 万元。

　　要求:计算税前可扣除的利息支出。

　　3.某居民企业适用企业所得税税率 25％。2023 年实现产品销售收入 1 200 万元,视同销售收入 400 万元,债务重组收益 100 万元,发生的成本费用总额 1 600 万元,其中业务招待费支出 20 万元。

要求:假定不存在其他纳税调整事项,计算 2023 年该企业应缴纳企业所得税。

4. 某家电生产企业适用企业所得税税率 25%。2023 年取得销售收入 8 000 万元,当年发生的与生产经营相关的业务招待费 60 万元,上年因超支在税前未能扣除的与生产经营相关的业务招待费支出 5 万元;当年发生的与生产经营相关的广告费 500 万元,上年因超支在税前未能扣除的符合条件的广告费 200 万元。

要求:计算该企业 2023 年应纳税所得额时,业务招待费和广告费准予扣除数额。

5. 某家具生产企业适用企业所得税税率 25%。2023 年所得 800 万元,按规定可以弥补以前年度亏损。2017 年及以前每年均实现盈利,2017 至 2022 年未弥补以前年度亏损的应纳税所得额如表 4 - 5 所示。

表 4 - 5　　　　　　　　各年应纳税所得额　　　　　　　　单位:万元

2017 年	2018 年	2019 年	2020 年	2021 年	2022 年
-90	-490	250	-340	170	300

要求:计算该企业 2023 年应缴纳的企业所得税。

6. 某服装生产企业适用企业所得税税率 25%。2023 年经营业务如下:

(1) 销售收入 5 000 万元。

(2) 销售成本 2 200 万元。

(3) 销售费用 1 340 万元(其中广告费 900 万元),管理费用 960 万元(其中业务招待费 30 万元),财务费用 120 万元,税金及附加 80 万元。

(4) 营业外收入 140 万元,营业外支出 100 万元(含通过公益性社会团体向贫困山区捐款 60 万元,支付税收滞纳金 12 万元)。

(5) 计入成本、费用中的实发工资总额 300 万元、拨缴职工工会经费 6 万元、提取并发放职工福利费 46 万元、职工教育经费 25 万元。

要求:计算该企业实际应缴纳的企业所得税税额。

项目五　个人所得税纳税实务

素养目标

1. 树立个人所得税法律制度纳税遵从意识。
2. 培育个人所得税涉税业务处理底线思维。
3. 提高个人所得税涉税业务中分析问题和决策设计能力。

知识和能力目标

1. 了解个人所得税基本法规知识。
2. 熟悉个人所得税纳税义务人的划分依据。
3. 掌握个人所得税各应税项目征税对象及税率。
4. 掌握个人所得税各应税项目的应纳税额计算。
5. 能够进行个人所得税申报与缴纳。

思维导图

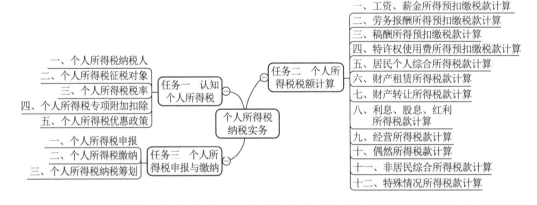

案例导入 >>

在旅游商店打工的大学毕业生小方最近有点苦恼：几个月前,他和同班同学小马同时应聘这家旅游商店,身份都是临时工,协议中的月工资均为4 000元,但每个月实际拿到手的,小马为4 000元,他却只有3 360元。小方想不通,一样的工资为什么实际所得不一样?

财务人员解释说,企业的临时人员主要有两种形式:一种是具有"雇佣关系"的临时人员,通常是指企业长期或季节性聘用的一些从事生产经营的临时人员;另一种属于"非雇佣关系"的临时人员。雇佣关系的临时人员可以按"工资薪金所得"预扣预缴个税,套用相应的税率进行预扣预缴;而非雇佣关系的临时工,则必须按照"劳务报酬所得"计算个人所得税,相对来说,"劳务报酬所得"缴纳的税费比较多。

小方听到这样的答复后,为自己当初的想法后悔。当初旅游商店要跟他签订正式合同时,他怕有合同的束缚,想换工作不方便,没想到却要为此多缴一些税。据了解,像小方这样就业不签约的大学毕业生非常多,因扣税问题带来的就业观、择业观也引发了很多人的关注。

任务一　认知个人所得税

【知识准备与业务操作】

个人所得税是以个人取得的各项应税所得为征税对象所征收的一种税。负有个人所得税纳税义务的个人不仅包括自然人,还包括个体工商户、个人独资企业和合伙企业。个人所得税来源渠道多样,性质各异。在有些国家,个人所得税是主要税种,在财政收入中占较大比重,对经济影响较大。

我国个人所得税历史要追溯到民国时期。1936年,民国政府颁布了《所得税暂行条例》,开始征收个人所得税。1943年制定了《所得税法》,将个人所得税的征收,由条例上升为法律。1980年我国制定了《个人所得税法》,扣除标准为每月800元。1993年修订的《个人所得税法》,将对外籍人员、国内居民、个体工商户的个人所得税的规定,统一纳入《个人所得税法》之中。2005年、2007年、2011年,三次将工资薪金所得的扣除费用标准,从每人每个月800元分别提高到1 600元、2 000元、3 500元。2018年对《个人所得法》进行了修订,将扣除费用标准提高到了每月5 000元,将分类税制改为综合与分类相结合税制,同时增加了六项专项附加扣除。自2022年1月1日起,开始增加3岁以下婴幼儿子女照护相关支出作为第七项附加扣除项目。

一、个人所得税纳税人

个人所得税的纳税人为符合税法规定的个人(自然人和非自然人),自然人包括中国公民、外籍个人(包括无国籍人员,下同)、香港、澳门、台湾同胞等。按照住所和居住时间两个标准划分为居民纳税人和非居民纳税人,具体见表5-1。居民纳税人负无限纳税义务,应就其来源于中国境内和境外的应税所得缴纳个人所得税。非居民纳税人负有限纳税义务,仅就其来源于中国境内的应税所得缴纳个人所得税。

除国务院财政、税务主管部门另有规定外,下列所得,不论支付地点是否在中国境内,均为来源于中国境内的所得:

(1)因任职、受雇、履约等在中国境内提供劳务取得的所得;

(2)将财产出租给承租人在中国境内使用而取得的所得;

表 5 - 1   个人所得税的纳税人

纳税人	判定标准	征收范围
居民纳税人	① 在中国境内有住所的个人 ② 在中国境内无住所,而在中国境内居住满 183 天的个人	来源于中国境内和境外的全部所得纳税
非居民纳税人	① 在中国境内无住所且不居住的个人 ② 在中国境内无住所且居住不满 183 天的个人	仅就其来源于中国境内的所得,在我国纳税

注:① "住所",是指因户籍、家庭、经济利益关系而在中国境内习惯性住所。
　　② 在中国境内无住所的个人,在中国境内居住累计满 183 天的年度连续不满六年的,经向主管税务机关备案,其来源于中国境外且由境外单位或者个人支付的所得,免予缴纳个人所得税;在中国境内居住累计满 183 天的任一年度中有一次离境超过 30 天的,其在中国境内居住累计满 183 天的年度连续年限重新起算。
　　③ 在中国境内无住所的个人,在一个纳税年度内在中国境内居住累计不超过 90 天的,其来源于中国境内的所得,由境外雇主支付并且不由该雇主在中国境内的机构、场所负担的部分,免予缴纳个人所得税。

（3）许可各种特许权在中国境内使用而取得的所得;

（4）转让中国境内的不动产等财产或者在中国境内转让其他财产取得的所得;

（5）从中国境内企业、事业单位、其他组织以及居民个人取得的利息、股息、红利所得。

【例 5 - 1】　下列人员属于个人所得税中居民纳税人的是（　　　）。

A. 2024 年在中国境内居住时间为 156 天的外籍专家

B. 自 2024 年 3 月 12 日至 2024 年 6 月 11 日在中国境内工作的外籍专家

C. 在中国境内无住所且不居住的华侨人员

D. 在北京开设小卖部的个体工商户王某

【答案与解析】　选项 D 正确。选项 A,在中国境内未住够 183 天,不构成居民纳税人;选项 B,不满足一个纳税年度住满 183 天条件;选项 C,在中国境内无住所且不居住的华侨人员为非居民纳税人。

二、个人所得税征税对象

个人所得税是对个人取得的应税所得所征收的税。个人所得的形式包括现金、实物、有价证券和其他形式的经济利益。所得为实物的,应当按照取得的凭证上所注明的价格计算应纳税所得额,无凭证的实物或者凭证上所注明的价格明显偏低的,参照市场价格核定应纳税所得额;所得为有价证券的,根据票面价格和市场价格核定应纳税所得额;所得为其他形式的经济利益的,参照市场价格核定应纳税所得额。《个人所得税法》列举征税的个人所得共有 9 项,《个人所得税法实施条例》及相关法规具体确定了各项个人所得的征税范围。

（一）工资、薪金所得

工资、薪金所得,是指个人因任职或者受雇取得的工资、薪金、奖金、年终加薪、劳动分红、津贴、补贴以及与任职或者受雇有关的其他所得。

（1）工资、薪金的收入主体略有差异。通常情况下,把直接从生产、经营或服务的劳动者(个人)的收入称为工资。而从事社会公职或管理活动的劳动者(公职人员)的收入称为薪金。但在实际立法中,各国都从简便易行的角度考虑,将工资、薪金合并为一个项目计征个人所得税。

(2) 对于一些不属于工资、薪金性质的补贴、津贴或者不属于纳税人本人工资、薪金所得项目的收入,不予征税。这些项目包括:独生子女补贴;执行公务员工资制度未纳入基本工资的补贴、津贴差额和家属成员的副食品补贴;托儿补助费;差旅费津贴、误餐补助。

(二) 劳务报酬所得

劳务报酬所得,是指个人从事劳务取得的所得,包括从事设计、装潢、安装、制图、化验、测试、医疗、法律、会计、咨询、讲学、翻译、审稿、书画、雕刻、影视、录音、录像、演出、表演、广告、展览、技术服务、介绍服务、经纪服务、代办服务以及其他劳务取得的所得。

(1) 劳务报酬所得与工资、薪金所得区别的重要标准:是否存在雇佣与被雇佣关系。劳务所得是个人独立从事某种技艺、独立提供某种劳务而所得的所得;工资、薪金所得则是个人从事非独立劳动,从所在单位领取的报酬。前者不存在雇佣与被雇佣关系,后者存在雇佣与被雇佣关系。

(2) 在校学生和因参与勤工俭学活动(包括参与学校组织的勤工俭学活动)而取得属于《个人所得税法》规定的应税项目,应依法缴纳个人所得税。

(三) 稿酬所得

稿酬所得,是指个人因其作品以图书、报刊等形式出版、发表而取得的所得。

(四) 特许权使用费所得

特许权使用费所得,是指个人提供专利权、商标权、著作权、非专利技术以及其他特许权的使用权取得的所得;提供著作权的使用权取得的所得,不包括稿酬所得。

(1) 作者将自己的文字作品手稿原件或复印件公开拍卖取得的所得,属于提供著作权的使用权所得,按特许权使用费所得项目征税。

(2) 编剧从电视剧的制作单位取得的剧本使用费,一律按特许权使用费所得征税。

(五) 经营所得

(1) 个体工商户从事生产、经营活动取得的所得,个人独资企业投资人、合伙企业的个人合伙人来源于境内注册的个人独资企业、合伙企业生产、经营的所得;

(2) 个人依法从事办学、医疗、咨询以及其他有偿服务活动取得的所得;

(3) 个人对企业、事业单位承包经营、承租经营以及转包、转租取得的所得;

(4) 个人从事其他生产、经营活动取得的所得。

(六) 财产租赁所得

财产租赁所得是指个人出租建筑物、土地使用权、机器设备、车船以及其他财产取得的所得。

小贴士

个人取得的财产转租收入,属于"财产租赁所得"的征税范围。

（七）财产转让所得

财产转让所得，是指个人转让有价证券、股权、合伙企业中的财产份额、不动产、机器设备、车船以及其他财产取得的所得。

（八）利息、股息、红利所得

利息、股息、红利所得，是指个人拥有债权、股权等而取得的利息、股息、红利所得。其中：利息一般是指存款、贷款和债券的利息。股息、红利是指个人拥有股权取得的公司、企业派息分红，按照一定比例派发的每股息金，称为股息；根据公司、企业应分配的、超过股息部分的利润，按股派发的红股，称为红利。

（九）偶然所得

偶然所得，是指个人得奖、中奖、中彩以及其他偶然性质的所得。其中，得奖是指参加各种有奖竞赛活动，取得名次获得的奖金；中奖、中彩是指参加各种有奖活动，如有奖销售、有奖储蓄或购买彩票，经过规定程序，抽中、摇中号码而取得的奖金。

个人取得的所得，难以界定应纳税所得项目的，由国务院税务主管部门确定。

【例5-2】　个人从单位取得的年终加薪、劳动分红，应视同股息、红利征税。

【答案与解析】　×　个人从单位取得的年终加薪、劳动分红，应按工资、薪金所得征税。

三、个人所得税税率

个人所得税根据不同所得项目，有超额累进税率和比例税率两种形式。

（一）工资、薪金所得

表5-2适用于居民个人工资、薪金所得预扣预缴。

表5-3适用于居民个人综合所得（工资、薪金所得，劳务报酬所得，稿酬所得和特许权使用费所得）年终汇算清缴。

全年一次性奖金应纳入居民个人综合所得税率表（表5-3），但2021年12月31日前取得的全年一次性奖金可选择按月换算后的个人税得税税率表（见表5-4）。

表5-4适用非居民个人工资、薪金所得、劳务报酬所得、稿酬所得，特许权使用费所得。

表5-2　　　　　　　　　　个人所得税税率表

（居民个人工资、薪金所得预扣预缴适用）

级数	累计预扣预缴应纳税所得额	预扣率（%）	速算扣除数
1	不超过36 000元的	3	0
2	超过36 000元至144 000元的部分	10	2 520
3	超过144 000元至300 000元的部分	20	16 920
4	超过300 000元至420 000元的部分	25	31 920
5	超过420 000元至660 000元的部分	30	52 920
6	超过660 000元至960 000元的部分	35	85 920
7	超过960 000元的部分	45	181 920

表 5 - 3　　　　　　　　**个人所得税税率表**

（综合所得适用）

级数	全年应纳税所得额	税率/%	速算扣除数
1	不超过 36 000 元的	3	0
2	超过 36 000 元至 144 000 元的部分	10	2 520
3	超过 144 000 元至 300 000 元的部分	20	16 920
4	超过 300 000 元至 420 000 元的部分	25	31 920
5	超过 420 000 元至 660 000 元的部分	30	52 920
6	超过 660 000 元至 960 000 元的部分	35	85 920
7	超过 960 000 元的部分	45	181 920

注：本表所称全年应纳税所得额是指居民个人取得综合所得以每一纳税年度收入额减除费用六万元以及专项扣除、专项附加扣除和依法确定的其他扣除后的余额。

注：非居民个人取得工资、薪金所得，劳务报酬所得，稿酬所得和特许权使用费所得，依照本表按月换算后计算应纳税额，具体的税率表如表 5 - 4 所示。

表 5 - 4　　　　　　　　**个人所得税税率表**

（2021 年 12 月 31 日前取得全年一次性奖金适用）

（非居民个人工资、薪金所得、劳务报酬所得、稿酬所得，特许权使用费所得适用）

级数	应纳税所得额	税率/%	速算扣除数
1	不超过 3 000 元的	3	0
2	超过 3 000 至 12 000 元的部分	10	210
3	超过 12 000 至 25 000 元的部分	20	1 410
4	超过 25 000 至 35 000 元的部分	25	2 660
5	超过 35 000 至 55 000 元的部分	30	4 410
6	超过 55 000 至 80 000 元的部分	35	7 160
7	超过 80 000 元的部分	45	15 160

（二）劳务报酬所得

劳务报酬所得实际是归入综合所得，按表 5 - 3 税率执行。表 5 - 5 仅适用于劳务报酬所得的预扣预缴，适用 20%、30%、40% 的三级超额累进税率。

表 5 - 5　　　　　　　　**个人所得税税率表**

（居民个人劳务报酬所得预扣预缴适用）

级数	预扣预缴应纳税所得额	预扣率/%	速算扣除数
1	不超过 20 000 元的	20	0
2	超过 20 000 至 50 000 元的部分	30	2 000
3	超过 50 000 元的部分	40	7 000

（三）稿酬所得

稿酬所得实际是归入综合所得，按表5-3税率执行。对于稿酬所得的预扣预缴，适用比例税率，税率为20%，并按收入额减征30%，故其实际税率为14%。

（四）特许权使用费所得

特许权使用费所得实际是归入综合所得，按表5-3税率执行。对于特许权使用费所得的预扣预缴，适用比例税率，税率为20%。

（五）财产租赁所得，财产转让所得，利息、股息、红利所得，偶然所得

适用比例税率，税率为20%。对储蓄存款利息所得开征、减征、停征个人所得税的具体办法，由国务院规定，并报全国人民代表大会常务委员会备案。

（六）经营所得

经营所得适用于5%至35%的五级超额累进税率（见表5-6）。

表5-6 　　　　　　　　　　　　**个人所得税税率表**

（经营所得适用）

级数	全年应纳税所得额	税率/%	速算扣除数
1	不超过30 000元的	5	0
2	超过30 000至90 000元的部分	10	1 500
3	超过90 000至300 000元的部分	20	10 500
4	超过300 000至500 000元的部分	30	40 500
5	超过500 000元的部分	35	65 500

注：本表所称全年应纳税所得额是指以每一纳税年度的收入总额减除成本、费用以及损失后的余额。经营所得包括个体工商户的生产、经营所得和对企事业单位的承包经营、承租经营所得。

【例5-3】 个体工商户的生产经营所得和企事业单位的承包经营、承租经营所得，适用（　　）的超额累进税率。

A. 5%～55% 　　　 B. 3%～45% 　　　 C. 5%～35% 　　　 D. 20%～40%

【答案与解析】 C

四、个人所得税专项附加扣除

公安、人民银行、金融监督管理等相关部门应当协助税务机关确认纳税人的身份、金融账户信息。教育、卫生、医疗保障、民政、人力资源社会保障、住房城乡建设、公安、人民银行、金融监督管理等相关部门应当向税务机关提供纳税人的子女教育、继续教育、大病医疗、住房贷款利息、住房租金、赡养老人等专项附加扣除信息。

居民个人取得工资、薪金所得时，可以向扣缴义务人提供专项附加扣除有关信息，由扣缴义务人扣缴税款时减除专项附加扣除。纳税人同时从两处以上取得工资、薪金所得，并由扣缴义务人减除专项附加扣除的，对同一专项附加扣除项目，在一个纳税年度内只能选择从一处取得的所得中减除。

（一）子女教育专项附加扣除

1. 享受扣除条件

下述受教育地点，包括在中国境内和在境外接受教育：

（1）子女年满 3 周岁以上至小学前，不论是否在幼儿园学习。

（2）子女正在接受小学、初中，高中阶段教育（普通高中、中等职业教育、技工教育）。

（3）子女正在接受高等教育（大学专科、大学本科、硕士研究生、博士研究生教育）。

2. 扣除的标准及方式

按照每个子女每月 1 000 元的标准定额扣除。多个符合扣除条件的子女，每个子女均可享受扣除。扣除人由父母双方选择确定。父母可以选择由其中一方按扣除标准的 100% 扣除，即一方每月 1 000 元扣除，也可以选择由双方分别按扣除标准的 50% 扣除，即每人每月 500 元扣除。扣除方式确定后，一个纳税年度内不能变更。

小贴士

子女包括婚生子女、非婚生子女、养子女、继子女。也包括未成年但受到本人监护的非子女。子女教育的扣除主体是子女的法定监护人，包括生父母、继父母、养父母，父母之外的其他人担任未成年人的监护人的，比照执行。

3. 扣除的起止时间

学前教育阶段，为子女年满 3 周岁当月至小学入学前一月。学历教育，为子女接受全日制学历教育入学的当月至全日制学历教育结束的当月。

特别提示：因病或其他非主观原因休学但学籍继续保留的期间，以及施教机构按规定组织实施的寒暑假等假期，可连续扣除。

4. 备查资料

纳税人子女在境内接受教育的，享受子女教育专项扣除不需留存任何资料。纳税人的子女在境外接受教育的，纳税人应当留存境外学校录取通知书、留学签证等境外教育佐证资料备查。

（二）继续教育专项附加扣除

1. 享受扣除条件

（1）学历（学位）继续教育。

（2）技能人员职业资格继续教育、专业技术人员职业资格继续教育，对于职业资格具体范围，以人力资源社会保障部公布的国家职业资格目录为准。

2. 扣除标准及方式

纳税人在中国境内接受学历（学位）继续教育的支出，在学历（学位）教育期间按照每月 400 元定额扣除。同一学历继续教育的扣除期限不能超过 48 个月。纳税人接受技能人员职业资格继续教育、专业技术人员职业资格的继续教育支出，在取得相关证书的当年，按照 3 600 元定额扣除。

【注意】　技能人员职业资格继续教育、专业技术人员职业资格继续教育支出由接受教育的纳税人本人扣除。大学本科及以下的学历继续教育可以由接受教育的本人扣除，也可以由其父母按照子女教育扣除，但对于同一教育事项，不得重复扣除。属于全日制学历教育的硕士研究生、博士研究生，由其父母按照子女教育进行扣除；属于非全日制的学历（学位）继续教育，由纳税人本人按照继续教育扣除。

特别提示:根据《个人所得税专项附加扣除暂行办法》,纳税人接受学历继续教育,可以按照每月 400 元的标准扣除;在同年又取得技能人员职业资格证书或者专业技术人员职业资格证书的,且符合扣除条件的,可按照 3 600 元的标准定额扣除,因此对同时符合此类情形的纳税人,该年度可叠加享受两类扣除,当年其继续教育专项附加扣除最多可扣除 8 400 元(400×12+3 600)。

3. 扣除的起止时间

学历(学位)继续教育,为在中国境内接受学历(学位)继续教育入学的当月至学历(学位)继续教育结束的当月,同一学历(学位)继续教育的扣除期限最长不得超过 48 个月。技能人员职业资格继续教育、专业技术人员职业资格继续教育,为取得相关证书的当年。个人所得税专项附加扣除政策从 2019 年 1 月 1 日开始实施,因此该职业资格证书应当为 2019 年后取得。

特别提示:因病或其他非主观原因休学但学籍继续保留的期间,以及施教机构按规定组织实施的寒暑假等假期,可连续扣除。

4. 备查资料

纳税人接受学历继续教育,不须保存相关资料。纳税人接受技能人员职业资格继续教育、专业技术人员职业资格继续教育的,应当留存职业资格相关证书等资料备查。

(三)住房贷款利息专项附加扣除

1. 享受扣除条件

本人或者配偶,单独或者共同使用商业银行或住房公积金个人住房贷款,为本人或配偶购买中国境内住房,而发生的首套住房贷款利息支出。首套住房贷款是指购买住房享受首套住房贷款利率的住房贷款。住房贷款利息支出是否符合首套住房贷款利息政策,可查阅贷款合同(协议),或者向办理贷款的银行、住房公积金中心进行咨询。

2. 扣除标准及方式

在实际发生贷款利息的年度,按照每月 1 000 元标准定额扣除。扣除人可以由夫妻双方约定,可以选择由其中一方扣除。具体扣除方式在一个纳税年度内不能变更。

【注意】 夫妻双方婚前分别购买住房发生的首套住房贷款,其贷款利息支出,婚后可以选择其中一套购买的住房,由购买方按扣除标准的 100% 扣除,也可以由夫妻双方对各自购买的住房分别按扣除标准的 50% 扣除,具体扣除方式在一个纳税年度内不能变更。

3. 扣除的起止时间

扣除的起止时间从贷款合同约定开始还款的当月至贷款全部归还或贷款合同终止的当月,但扣除期限最长不得超过 240 个月。纳税人只能享受一次首套住房贷款的利息扣除。对于 2019 年之后还处在还款期的,只要符合条件,就可以扣除。

4. 备查资料

纳税人需要留存备查资料包括:住房租赁合同或协议等资料。

(四)住房租金专项附加扣除

1. 享受扣除条件

住房租金支出由签订租赁住房合同的承租人扣除。夫妻双方主要工作城市相同的,只能由一方(即承租人)扣除住房租金支出。夫妻双方主要工作城市不相同的,且各自在其主要工作城市都没有住房的,可以分别扣除住房租金支出。夫妻双方不得同时分别享受住房贷款利息扣除和住房租金扣除。

2．扣除标准及方式

（1）直辖市、省会（首府）城市、计划单列市以及国务院确定的其他城市：每月1 500元。

（2）除前一项所列城市以外的市辖区户籍人口超过100万人的城市：每月1 100元；市辖区人口不超过100万（含）的城市，扣除标准为每月800元。

3．扣除的起止时间

纳税人首次享受住房租赁扣除的起始时间为租赁合同约定起租的当月，截止日期是租约结束或者在主要工作城市已有住房。

4．备查资料

备查资料主要是住房租赁合同或协议等有关资料。

（五）赡养老人专项附加扣除

1．享受扣除条件

被赡养人需年满60周岁（含），被赡养人是父母（生父母、继父母、养父母），以及子女均已去世的祖父母、外祖父母。

2．扣除标准及方式

如果纳税人为独生子女，每月扣除标准为2 000元；如果纳税人为非独生子女，可以兄弟姐妹分摊每月2 000元的扣除额度，但每人分摊的额度不能超过每月1 000元。具体分摊的方式有均摊、约定、指定分摊三种。对于约定或指定分摊的，需签订书面分摊协议，具体分摊方式和额度确定后，一个纳税年度不变。

小贴士

对于独生子女家庭，父母离异后重新组建家庭，在新组建的两个家庭中，如果纳税人对其亲生父母的一方或者双方是唯一法定赡养人，则纳税人可以按照独生子女标准享受每月2 000元赡养老人专项附加扣除。在填写专项附加扣除信息表时，纳税人需注明与被赡养人的关系。父母双方健全或一方健全，都不影响扣除标准。

3．扣除的起止时间

被赡养人年满60周岁的当月至赡养义务终止的年末。

4．备查资料

纳税人需要留存备查资料包括：约定或指定分摊的书面分摊协议等资料。

（六）大病医疗专项附加扣除

1．享受扣除条件

纳税人发生的医药费用支出（医保目录范围内的）可以选择由本人或其配偶一方扣除；未成年子女发生的医药费用支出可以选择由其父母一方扣除。纳税人及其配偶、未成年子女发生的医药费用支出，按规定分别计算扣除额。需注意的是：目前此项扣除未将纳税人的父母纳入大病医疗扣除范围，只涉及夫妻自身以及子女。

2.扣除标准及方式

每年基本医保相关的医药费用,扣除医保报销后个人负担(是指医保目录范围内的自付部分)累计超过 15 000 元的部分,且不超过 80 000 元的部分。

3.扣除的起止时间

计算时间为医疗保障信息系统记录的医药费用实际支出的当年,在次年 3 月 1 日至 6 月 30 日汇算清缴时扣除。新税法实施首年发生的大病医疗支出,要在 2020 年才能办理。

4.备查资料

纳税人需要留存备查资料包括:大病患者医药服务收费及医保报销相关票据原件或复印件,或者医疗保障部门出具的纳税年度医药费用清单等资料。

【例 5-4】　员工小刚于 2024 年 4 月新入职 M 餐饮企业,开始领工资,其 6 月份才首次向 M 餐饮企业报送正在上幼儿园的 5 岁女儿的相关信息。则 6 月份小刚可在 M 餐饮企业发工资时扣除的子女教育支出金额为(　　　)元。

A. 0　　　　　　　　B. 1 000　　　　　　　C. 2 000　　　　　　　D. 3 000

【答案与解析】　选项 D 正确。2024 年 4 月至 6 月,共 3 个月,每个月子女教育专项附加为 1 000 元。所以 2024 年 6 月扣除的子女教育支出金额为 3 000 元(1 000 元/月×3 个月)。

(七)3 岁以下婴幼儿照护个人所得税专项附加扣除

1.享受扣除条件

纳税人照护 3 岁以下婴幼儿子女的相关支出,按照每个婴幼儿每月 1 000 元的标准定额扣除。

2.扣除标准及方式

父母可以选择由其中一方按扣除标准的 100% 扣除,也可以选择由双方分别按扣除标准的 50% 扣除,具体扣除方式在一个纳税年度内不能变更。

3.扣除的起止时间

为婴幼儿出生的当月至年满 3 周岁的前一个月。

4.备查资料

子女的出生医学证明等资料。

五、个人所得税优惠政策

(一)免税项目

下列各项个人所得,免征个人所得税:

(1)省级人民政府、国务院部委和中国人民解放军军以上单位,以及外国组织、国际组织颁发的科学、教育、技术、文化、卫生、体育、环境保护等方面的奖金。

(2)国债和国家发行的金融债券利息。国债利息,是指个人持有中华人民共和国财政部发行的债券而取得的利息。所称国家发行的金融债券利息,是指个人持有经国务院批准发行的金融债券而取得的利息。

(3)按照国家统一规定发给的补贴、津贴。这里的补贴、津贴是指按照国务院规定发给的政府特殊津贴、院士津贴,以及国务院规定免予缴纳个人所得税的其他补贴、津贴。

(4)福利费、抚恤金、救济金。其中,福利费是指根据国家有关规定,从企业、事业单位、国家机关、社会组织提留的福利费或者工会经费中支付给个人的生活补助费;救济金,是指各级人民政府民政部门支付给个人的生活困难补助费。

（5）保险赔款。

（6）军人的转业费、复员费、退役金。

（7）按照国家统一规定发给干部、职工的安家费、退职费、基本养老金或者退休费、离休费、离休生活补助费。

（8）依照有关法律规定应予免税的各国驻华使馆、领事馆的外交代表、领事官员和其他人员的所得。

（9）中国政府参加的国际公约、签订的协议中规定免税的所得。

（10）国务院规定的其他免税所得，由国务院报全国人民代表大会常务委员会备案。

（二）减税项目

（1）有下列情形之一的，可以减征个人所得税，具体幅度和期限由省、自治区、直辖市人民政府规定，并报同级人民代表大会常务委员会备案：一是残疾、孤老人员和烈属的所得；二是因自然灾害遭受重大损失的。国务院可以规定其他减税情形，报全国人民代表大会常务委员会备案。

（2）从2022年1月1日起，对个人养老金实施递延纳税优惠政策。在缴费环节，个人向个人养老金资金账户的缴费，按照12 000元/年的限额标准，在综合所得或经营所得中据实扣除；在投资环节，计入个人养老金资金账户的投资收益暂不征收个人所得税；在领取环节，个人领取的个人养老金，不并入综合所得，单独按照3%的税率计算缴纳个人所得税，其缴纳的税款计入"工资、薪金所得"项目。

（三）暂免征税项目

根据《财政部、国家税务总局关于个人所得税若干政策问题的通知》和有关文件的规定，对下列所得暂免征收个人所得税：

（1）外籍个人以非现金形式或实报实销形式取得的住房补贴、伙食补贴、搬迁费、洗衣费。

（2）外籍个人按合理标准取得的境内、境外出差补贴。

（3）外籍个人取得的语言训练费、子女教育费等，经当地税务机关审核批准为合理的部分。

（4）个人举报、协查各种违法、犯罪行为而获得的奖金。

（5）个人办理代扣代缴税款手续，取得的扣缴手续费。

（6）个人转让自用达5年以上，并且是唯一的家庭生活用房的所得。

（7）对股票转让所得，暂不征收个人所得税。

（8）为支持新型冠状病毒感染的肺炎疫情防控工作，自2020年1月1日起：①对参加疫情防控工作的医务人员和防疫工作者按照政府规定标准取得的临时性工作补助和奖金，免征个人所得税。②单位发给个人用于预防新型冠状病毒感染的肺炎的药品、医疗用品和防护用品等实物（不包括现金），不计入工资、薪金收入，免征个人所得税。

【例5-5】　下列各项所得，免征个人所得税的是（　　）。

A. 个人的房屋租赁所得

B. 保险赔款

C. 残疾、孤老人员和烈属的所得

D. 个人因任职从上市公司取得的股票增值权所得

【答案与解析】 选项 B 正确。选项 A 属于"财产租赁所得";选项 C,残疾、孤老人员和烈属的所得属于减税项目;选项 D 属于"工资薪金所得"。

任务二 个人所得税税额计算

【知识准备与业务操作】

各国税法对个人收入的扣除项目及扣除标准的规定不同,个人所得税的税基在国家间的差异较大。但总的来看,作为扣除项目的必要费用可分为两类:一类是个人为取得收入所必须支付的有关费用,如差旅费、利息支出、维修费、灾害保险费等;另一类是生计费用,主要包括基本生活费、赡养费、教育支出、医疗费、人寿保险、退休金,以及对贫困亲戚的资助等。以上费用扣除形式有多种,如据实扣除、限额扣除或限率扣除、定额扣除,以及限额内由自己负担、超限额部分允许扣除。

根据 2018 年 8 月 31 日第十三届全国人民代表大会常务委员会第五次会议《关于修改〈中华人民共和国个人所得税法〉的决定》第七次修正,2018 年 12 月 18 日中华人民共和国国务院令第 707 号第四次修订《中华人民共和国个人所得税法实施条例》,自 2019 年 1 月 1 日起,我国个人所得税由原来的分类税制转变采取综合与分类相结合的计税方法。有关部门依法将纳税人、扣缴义务人遵守本法的情况纳入信用信息系统,并实施联合激励或者惩戒。此外,税法规定,对扣缴义务人按照所扣缴的税款,税务机关应支付给扣缴义务人 2% 的手续费,并应当填开退还书;扣缴义务人凭退还书,按照国库管理有关规定办理退库手续。

一、工资、薪金所得预扣缴税款计算

(一)一般支付方式的计算

扣缴义务人向居民个人支付工资、薪金所得时,按照累计预扣法计算预扣税款,并按月办理扣缴申报。累计预扣法,是指扣缴义务人在一个纳税年度内预扣预缴税款时,以纳税人在本单位截至本月取得工资、薪金所得累计收入减除累计免税收入、累计减除费用、累计专项扣除、累计专项附加扣除和累计依法确定的其他扣除后的余额为累计预扣预缴应纳税所得额,适用个人所得税预扣率表(见表 5-2),计算累计应预扣预缴税额,再减除累计减免税额和累计已预扣预缴税额,其余额为本期应预扣预缴税额。余额为负值时,暂不退税。纳税年度终了后余额仍为负值时,由纳税人通过办理综合所得年度汇算清缴,税款多退少补。具体计算公式如下:

本期应预扣预缴税额=(累计预扣预缴应纳税所得额×预扣率-速算扣除数)-累计减免税额-累计已预扣预缴税额

累计预扣预缴应纳税所得额=累计收入-累计免税收入-累计减除费用-累计专项扣除-累计专项附加扣除-累计依法确定的其他扣除

其中:累计减除费用,按照 5 000 元/月乘以纳税人当年截至本月在本单位的任职

受雇月份数计算。即纳税人如果 5 月份入职,则扣缴义务人发放 5 月份工资扣缴税款时,减除费用按 5 000 元计算;6 月份发工资扣缴税款时,减除费用按 10 000 元计算,以此类推。

专项扣除,包括居民个人按照国家规定的范围和标准缴纳的基本养老保险、基本医疗保险、失业保险等社会保险费和住房公积金等。

专项附加扣除,包括子女教育、继续教育、大病医疗、住房贷款利息或者住房租金、赡养老人等支出,具体范围、标准和实施步骤由国务院确定,并报全国人民代表大会常务委员会备案。

依法确定的其他扣除,包括个人缴付符合国家规定的企业年金、职业年金,个人购买符合国家规定的商业健康保险、税收递延型商业养老保险的支出,以及国务院规定可以扣除的其他项目。

专项扣除、专项附加扣除和依法确定的其他扣除,以居民个人一个纳税年度的应纳税所得额为限额;一个纳税年度扣除不完的,不结转以后年度扣除。

【例 5-6】 X 旅游景区员工马鑫 2022 年入职,2024 年每月应发工资均为 10 000 元,每月减除费用 5 000 元,"三险一金"等专项扣除为 1 500 元,从 1 月起享受子女教育专项附加扣除 1 000 元,没有减免收入及减免税额等情况,计算前三个月的个人所得税预扣预缴税额。

【答案与解析】

2024 年 1 月应预扣预缴税额=(10 000-5 000-1 500-1 000)×3%=75(元)

2024 年 2 月应预扣预缴税额=(10 000×2-5 000×2-1 500×2-1 000×2)×3%-75=75(元)

2024 年 3 月应预扣预缴税额=(10 000×3-5 000×3-1 500×3-1 000×3)×3%-75-75=75(元)

进一步计算可知,该纳税人全年累计工资薪金预扣预缴应纳税所得额为 30 000 元,一直适用 3%的税率,因此各月应预扣预缴的税款相同。

【例 5-7】 H 饭店员工张天 2020 年入职,2024 年每月应发工资均为 30 000 元,每月减除费用 5 000 元,"三险一金"等专项扣除为 4 500 元,从 1 月起享受子女教育、赡养老人两项专项附加扣除共计 2 000 元,没有减免收入及减免税额等情况,计算前三个月的个人所得税预扣预缴税额。

【答案与解析】

2024 年 1 月应预扣预缴税额=(30 000-5 000-4 500-2 000)×3%=555(元)

2024 年 2 月应预扣预缴税额=(30 000×2-5 000×2-4 500×2-2 000×2)×10%-2 520-555=625(元)

2024 年 3 月应预扣预缴税额=(30 000×3-5 000×3-4 500×3-2 000×3)×10%-2 520-555-625=1 850(元)

(二)全年一次性奖金的计算

为确保新税法顺利平稳实施,稳定社会预期,让纳税人享受税改红利,财政部、税务总局制发了《关于个人所得税法修改后有关优惠政策衔接问题的通知》(财税〔2018〕164 号,以下简称《通知》),对纳税人在 2019 年 1 月 1 日至 2021 年 12 月 31 日期间取得的全年一次性奖金,可以不并入当年综合所得,以奖金全额除以12个月的数额,按照综合所得月度税率表(见表5-4),确定适用税率和速算扣除数,单独计算纳税,以避免部分纳税人因全年一次性奖金并入综合所得后提高适用税率。

$$应纳税额＝全年一次性奖金×适用税率－速算扣除数$$

对部分中低收入者而言,如将全年一次性奖金并入当年工资薪金所得,扣除基本减除费用、专项扣除、专项附加扣除等后,可能根本无需缴税或者缴纳很少税款。而如果将全年一次性奖金采取单独计税方式,反而会产生应纳税款或者增加税负。同时,如单独适用全年一次性奖金政策,可能在税率换档时出现税负突然增加的"临界点"现象。因此,《通知》专门规定,居民个人取得全年一次性奖金的,可以自行选择计税方式,请纳税人自行判断是否将全年一次性奖金并入综合所得计税。也请扣缴单位在发放奖金时注意把握,以便于纳税人享受减税红利。

小贴士

2022年之后,居民个人的全年一次性奖金仍可执行单独计税的办法,直到2027年12月31日。

【例5-8】 王某为中国公民,2024年1月获得上年度全年一次性奖金24 000元。王某选择全年一次性奖金不纳入当年综合所得,请计算王某全年一次性奖金应纳的个人所得税税额。

【答案与解析】

第一步:找税率,24 000÷12＝2 000元,对应的税率为3％,速算扣除数为0。

第二步:计算应纳税额,应纳税额＝24 000×3％＝720(元)。

(三)个人购买符合规定的商业健康保险产品的支出扣除

《关于将商业健康保险个人所得税试点政策推广到全国范围实施的通知》(财税〔2017〕39号)规定:自2017年7月1日起,个人购买符合规定的商业健康保险产品的支出可在个人所得税法规定减除费用标准之外限额扣除。

对个人购买符合规定的商业健康保险产品的支出,允许在当年(月)计算应纳税所得额时予以税前扣除,扣除限额为2 400元/年(200元/月)。单位统一为员工购买符合规定的商业健康保险产品的支出,应分别计入员工个人工资薪金,视同个人购买,按上述限额予以扣除。

小贴士

适用商业健康保险税收优惠政策的纳税人,是指取得工资薪金所得、连续性劳务报酬所得的个人,以及取得个体工商户生产经营所得、对企事业单位的承包承租经营所得的个体工商户业主、个人独资企业投资者、合伙企业合伙人和承包承租经营者。

【例5-9】　某五星级酒店税务主管王某一般工资为9 000元,仅考虑减除费用5 000元,不考虑其他因素,思考实行财税〔2017〕39号文件后,王某在新政前后个人所得税的区别是多少?

【答案与解析】　以前每个月应交个税为(9 000-5 000)×3%=120元;购商业健康险后应缴:(9 000-5 200)×3%=114元;相比较每月少交6元(120-114)。

二、劳务报酬所得预扣缴税款计算

扣缴义务人向居民个人支付劳务报酬所得时,应当按次或按月预扣预缴税款。劳务报酬所得以收入减除费用后的余额为收入额。减除费用在预扣预缴税款时,劳务报酬所得每次收入不超过4 000元的,减除费用按800元计算;每次收入4 000元以上的,减除费用按收入的20%计算。劳务报酬所得的应纳税所得额,以每次收入额为预扣预缴应纳税所得额,计算应预扣预缴税额。劳务报酬所得适用个人所得税预扣率表5-5。具体计算公式为:

(1)预扣预缴应纳税所得额。

① 每次收入<4 000元的:预扣预缴应纳税所得额=每次收入-800

② 每次收入≥4 000元以上的:预扣预缴应纳税所得额=每次收入×(1-20%)

(2)应预扣预缴税额。

$$应预扣预缴税额=预扣预缴应纳税所得额×预扣率-速算扣除数$$

小贴士

劳务报酬所得属于一次性收入的,以取得该项收入为一次;属于同一项目连续性收入的,以一个月内取得的收入为一次。

【例5-10】　歌星王某2024年4月一次取得表演收入40 000元。请计算其应预扣预缴个人所得税税额。

【答案与解析】　应预扣预缴税额=40 000×(1-20%)×30%-2 000=7 600(元)

三、稿酬所得预扣缴税款计算

扣缴义务人向居民个人支付稿酬所得时,应当按次或者按月预扣预缴税款。稿酬所得以收入减除费用后的余额为收入额;而且,稿酬所得的收入额减按70%计算。减除费用在预扣预缴税款时,稿酬所得每次收入不超过4 000元的,减除费用按800元计算;每次收入4 000元以上的,减除费用按收入的20%计算。稿酬所得的应纳税所得额以每次收入额为预扣预缴应纳税所得额,计算应预扣预缴税额。稿酬所得适用20%的比例预扣率,并按收入额减征30%,故其实际税率为14%。具体计算公式为:

(1)预扣预缴应纳税所得额。

① 每次收入<4 000元的:预扣预缴应纳税所得额=每次收入额-800

② 每次收入≥4 000元以上的:预扣预缴应纳税所得额=每次收入额×(1-20%)

(2)应预扣预缴税额。

应预扣预缴税额=预扣预缴应纳税所得额×14%

小贴士

稿酬所得属于一次性收入的,以取得该项收入为一次;属于同一项目连续性收入的,以一个月内取得的收入为一次。

【例 5-11】　某作家 2024 年 7 月取得一次未扣除个人所得税的稿酬收入 20 000 元。请计算其应预扣预缴个人所得税税额。

【答案与解析】　应预扣预缴税额=预扣预缴应纳税所得额×14%=20 000×(1-20%)×14%=2 240(元)

四、特许权使用费所得预扣缴税款计算

扣缴义务人向居民个人支付特许权使用费所得时,应当按次或者按月预扣预缴税款。特许权使用费所得以收入减除费用后的余额为收入额。减除费用在预扣预缴税款时,特许权使用费所得每次收入不超过 4 000 元的,减除费用按 800 元计算;每次收入 4 000 元以上的,减除费用按收入的 20% 计算。特许权使用费所得的应纳税所得额以每次收入额为预扣预缴应纳税所得额,计算应预扣预缴税额。特许权使用费所得适用 20% 的比例预扣率。具体计算公式为:

(1)预扣预缴应纳税所得额。

① 每次收入<4 000 元的:

$$预扣预缴应纳税所得额=每次收入额-800$$

② 每次收入≥4 000 元以上的:

$$预扣预缴应纳税所得额=每次收入额×(1-20\%)$$

小贴士

每次收入以某项使用权的一次转让所取得的收入为一次;对个人从事技术转让中所支付的中介费,若能提供有效合法凭证,允许从其所得中扣除。

(2)应预扣预缴税额。

$$应预扣预缴税额=预扣预缴应纳税所得额×20\%$$

小贴士

特许权使用费所得属于一次性收入的,以取得该项收入为一次;属于同一项目连续性收入的,以一个月内取得的收入为一次。

【例 5-12】　A 旅游股份有限公司从孙某手中购买一项非专利技术的使用权,合同约定应支付使用费 50 000 元(含税),请问孙某应预扣预缴个人所得税多少元?

【答案与解析】　孙某应预扣预缴个人所得税税额＝50 000×（1－20％）×20％＝8 000（元）

五、居民个人综合所得税款计算

符合下列条件的个人，其全年取得综合所得需要办理汇算清缴的情形包括：

（1）从两处以上取得综合所得，且综合所得年收入额减除专项扣除的余额超过6万元；

（2）取得劳务报酬所得、稿酬所得、特许权使用费所得中一项或者多项所得，且综合所得年收入额减除专项扣除额余额超过6万元；

（3）纳税年度内预缴税额低于应纳税额；

（4）纳税人申请退税，应当提供其在中国境内开设的银行账户，并在汇算清缴地就地办理税款退税。

汇算清缴的具体办法由国务院税务主管部门制定。

2019年1月1日起，根据新个税法的规定，居民个人的综合所得（综合所得指四项劳动性所得：工薪所得、劳务报酬所得、稿酬所得、特许权使用费所得），以每一纳税年度的收入额减除费用6万元以及专项扣除、专项附加扣除和依法确定的其他扣除后的余额，为应纳税所得额。劳务报酬所得、稿酬所得、特许权使用费所得以收入减除20％的费用后的余额为收入额。在此基础上，稿酬所得的收入额再减按70％计算。

提示：劳务报酬所得、稿酬所得、特许权使用费所得预扣预缴时收入额为每次收入减除费用后的余额，其中，"收入不超过4 000元的，费用按800元计算；每次收入4 000元以上的，费用按20％计算"。在此基础上，稿酬所得的收入额再减按70％计算。

居民个人办理年度综合所得汇算清缴时，应当依法计算劳务报酬所得、稿酬所得、特许权使用费所得的收入额，并入年度综合所得计算应纳税款，税款多退少补。综合所得适用个人所得税税率表5-3。具体的计算公式为：

全年应纳税所得税额＝（全年应纳税所得额×税率－速算扣除数）－累计减免税额－累计已预扣预缴税额

全年应纳税所得额＝综合所得金额－免税收入－减除费用－专项扣除（三险一金）－专项附加扣除（包括子女教育、继续教育、大病医疗、住房贷款利息或者住房租金、赡养老人等支出）－依法确定的其他扣除。

【例5-13】　续【例5-6】，假定X旅游景区员工马鑫年度个税汇算时，除了工资收入以外，还在当年11月获得稿酬费5 000元，此外没有其他综合所得。请问马鑫2024年应纳个人所得税税额是多少？

【答案与解析】

全年应纳税所得额＝10 000×12＋5 000×（1－20％）×70％－60 000－1 500×12－1 000×12＝32 800（元）

应纳个人所得税税额＝32 800×3％＝984（元）

2024年累计预扣预缴工资薪金个人所得税税额＝75×12＝900（元）

2024年预扣预缴稿酬个人所得税税额＝5 000×（1－20％）×14％＝560（元）

根据计算，马鑫2024年应纳税款984元，而马鑫2024年预扣预缴个人所得税税额

1 460 元(900＋560),则马鑫可以申请退税 476 元(1 460－984)。

【例5-14】 续【例5-7】,假定 H 饭店员工张天年度个税汇算时,只有工资收入,没有其他综合所得,请问 2024 年应纳个人所得税税额是多少?

【答案与解析】

全年应纳税所得额＝30 000×12－60 000－4 500×12－2 000×12＝222 000(元)

应纳个人所得税税额＝222 000×20%－16 920＝27 480(元)

张天 2024 年累计预扣预缴个税 27 480 元(见表 5-7)与年度应纳税款 27 480 元是一致的,张天就可以不用办理 2024 年的自行纳税申报、汇算清缴。

表 5-7 每月预扣预缴个税明细表 单位:元

月份	每月应发工资	每月减除费用	每月专项扣除	每月专项附加扣除	每月预扣预缴个税
1 月	30 000	5 000	4 500	2 000	555
2 月	30 000	5 000	4 500	2 000	625
3 月	30 000	5 000	4 500	2 000	1 850
4 月	30 000	5 000	4 500	2 000	1 850
5 月	30 000	5 000	4 500	2 000	1 850
6 月	30 000	5 000	4 500	2 000	1 850
7 月	30 000	5 000	4 500	2 000	1 850
8 月	30 000	5 000	4 500	2 000	2 250
9 月	30 000	5 000	4 500	2 000	3 700
10 月	30 000	5 000	4 500	2 000	3 700
11 月	30 000	5 000	4 500	2 000	3 700
12 月	30 000	5 000	4 500	2 000	3 700
合计	360 000	60 000	54 000	24 000	27 480

六、财产租赁所得税款计算

(一)收入、费用的确定

财产租赁所得按次计税,以一个月取得的收入为一次。按税法规定,财产租赁所得以每次取得的收入减除规定费用后的余额为应纳税所得额,规定费用特指以下内容:

(1)财产租赁过程中缴纳的税费。该项税费须提供完税凭证,才能从财产租赁收入中扣除。

(2)向出租方支付的租金。

(3)由纳税人负担的该出租财产实际开支的修缮费用。该费用须提供有效、准确的修缮费支出凭证。修缮费的扣除,以每次 800 元为限。一次扣除不完的,准予在下一次继续扣除,直到扣完为止。

(4)税法规定的费用扣除标准。每次收入不超过 4 000 元,定额减除费用 800 元;每次收入在 4 000 元以上,定率减除 20% 的费用。

（二）应纳税额的计算

1. 应纳税所得额

（1）每次（月）收入不足 4 000 元的：

应纳税所得额＝每次（月）收入额－准予扣除项目－修缮费（800 元为限）－800 元

（2）每次（月）收入在 4 000 元以上的：

应纳税所得额＝｛每次（月）收入额－准予扣除项目－修缮费（800 元为限）｝×（1－20％）

2. 应纳税额

$$应纳税额＝应纳税所得额×适用税率$$

小贴士

　　财产租赁所得适用 20％ 的比例税率。但对于个人按市场价格出租的居民住房取得的所得，自 2001 年 1 月 1 日起暂减按 10％ 的税率征收个人所得税。

【例 5-15】　何某于 2024 年 1 月将其自有房屋出租给张某居住。何某每月取得租金收入 2 500 元。当年 2 月份因下水道堵塞找人修理，发生修理费用 500 元，有正式发票。计算何某全年租金收入应缴纳的个人所得税。（不考虑其他税费）

【答案与解析】

① 1 月应纳税额＝（2 500－800）×10％＝170（元）

② 2 月应纳税额＝（2 500－500－800）×10％＝120（元）

③ 3～12 月应纳税额同 1 月

④ 全年应纳税额＝170×11＋120＝1 990（元）

七、财产转让所得税款计算

　　财产转让所得以转让财产的收入减除财产原值和合理费用后的余额为应纳税所得额。计算公式如下：

$$应纳税所得额＝每次收入－财产原值－合理费用$$
$$应纳税额＝应纳税所得额×20％$$

1. 每次收入

每次收入指一件财产的所有权一次转让的收入。

2. 财产原值

① 有价证券，为买入价以及买入时按照规定交纳的有关费用。

② 建筑物，为建造费或购进价格以及其他有关费用。

③ 土地使用权，为取得土地使用权所支付的金额，开发土地的费用以及其他有关费用。

④ 机器设备、车船，为购进价格、运输费、安装费以及其他有关费用。

⑤ 其他财产，参照以上方法确定。

⑥ 纳税义务人未提供完整、准确的财产原值凭证的,不能正确计算财产原值的,由主管税务机关核定其财产原值。

3. 合理费用

财产转让所得计税时允许扣除的合理费用,是指卖出财产时按照规定支付的有关税费。

小贴士

个人转让不动产的,税务机关应当根据不动产登记等相关信息核验应缴的个人所得税,登记机构办理转移登记时,应当查验与该不动产转让相关的个人所得税的完税凭证。个人转让股权办理变更登记的,市场主体登记机构应当查验与该股权交易相关的个人所得税的完税凭证。

【**例 5 - 16**】　我国公民金先生为 X 国际旅行社公司的高级技术人员,2024 年 9 月转让购买的三居室精装修房屋一套,售价 230 万元,转让过程中支付的相关税费 13.8 万元。该套房屋的购进价为 100 万元,购房过程中支付的相关税费为 3 万元。所有税费支出均取得合法凭证。请计算转让房屋所得应缴纳的个人所得税。

【**答案与解析**】　转让房屋所得应缴纳的个人所得＝（230－100－13.8－3）×20％＝22.64（万元）

八、利息、股息、红利所得税款计算

利息、股息、红利所得按次纳税。利息、股息、红利所得以对方支付利息、股息、红利时取得的收入为一次。利息、股息、红利所得和偶然所得,以每次收入额为应纳税所得额。计算公式为:

$$应纳税额＝应纳税所得额×适用税率＝每次收入额×20％$$

【**例 5 - 17**】　中国公民张先生是 B 旅游股份有限公司的大股东,2024 年 6 月 20 日持有该上市公司的股票。2024 年 7 月 11 日取得 B 旅游股份有限公司的股票红利 2 000 元。请计算取得的股票红利应缴纳的个人所得税。

【**答案与解析**】　张先生取得的股票红利应缴纳的个人所得税＝2 000×20％＝400（元）

九、经营所得税款计算

经营所得包括个体工商户的生产、经营所得和对企事业单位的承包经营、承租经营所得。经营所得,以每一纳税年度的收入总额减除成本、费用以及损失后的余额,为应纳税所得额。其中,成本、费用,是指生产、经营活动中发生的各项直接支出和分配计入成本的间接费用以及销售费用、管理费用、财务费用;损失,是指生产、经营活动中发生的固定资产和存货的盘亏、毁损、报废损失,转让财产损失,坏账损失,自然灾害等不可抗力因素造成的损失以及其他损失。

取得经营所得的个人,没有综合所得的,计算其每一纳税年度的应纳税所得额时,应当减除费用 6 万元、专项扣除、专项附加扣除以及依法确定的其他扣除。专项附加扣除在办理汇算清缴时减除。

从事生产、经营活动,未提供完整、准确的纳税资料,不能正确计算应纳税所得额的,由主管税务机关核定应纳税所得额或者应纳税额。

（一）个体工商户的生产、经营所得税款的计算

1. 应纳税所得额的确定

个体工商户的生产、经营所得,以每一纳税年度的收入总额,减除成本、费用、税金、损失、其他支出以及允许弥补的以前年度亏损后的余额,为应纳税所得额。

（1）收入。个体工商户从事生产经营以及与生产经营有关的活动（以下简称生产经营）取得的货币形式和非货币形式的各项收入,为收入总额。包括:销售货物收入、提供劳务收入、转让财产收入、利息收入、租金收入、接受捐赠收入、其他收入。

（2）成本。成本是指个体工商户在生产经营活动中发生的销售成本、销货成本、业务支出以及其他耗费。

（3）费用。费用是指个体工商户在生产经营活动中发生的销售费用、管理费用和财务费用,已经计入成本的有关费用除外。

（4）税金。税金是指个体工商户在生产经营活动中发生的除个人所得税和允许抵扣的增值税以外的各项税金及其附加。

（5）损失。损失是指个体工商户在生产经营活动中发生的固定资产和存货的盘亏、毁损、报废损失,转让财产损失,坏账损失,自然灾害等不可抗力因素造成的损失以及其他损失。

（6）其他支出。其他支出是指除成本、费用、税金、损失外,个体工商户在生产经营活动中发生的与生产经营活动有关的、合理的支出。

个体工商户的生产、经营所得的计税一般有查账征收和核定征收方式两种。

2. 采用查账征税

对于能正确设置账簿,账目设置和核算都符合规定,能按规定保管有关账簿、凭证和有关纳税资料,且能正确计算应纳税所得额,达到税法规定的个体工商户一般采用查账征收方式征收个人所得税。取得经营所得的个人,没有综合所得的,计算其每一纳税年度的应纳税所得额时,应当减除费用6万元、专项扣除、专项附加扣除以及依法确定的其他扣除。专项附加扣除在办理汇算清缴时减除（具体的税率见表5-6）。

计算公式如下:

$$应纳税所得额=收入总额-（成本+费用+损失+准予扣除的税金）-规定的费用减除标准-专项扣除-专项附加扣除-亏损弥补$$
$$年应纳税额=应纳税所得额×适用税率-速算扣除数$$

在上述公式中,准予在所得税前列支的项目及列支标准:

（1）工资、薪金支出。个体工商户实际支付给从业人员的、合理的工资薪金支出,准予扣除。个体工商户业主本人的工资薪金支出不得税前扣除,但其可按每年60 000元（每月5 000元）的标准在税前扣除所得税费用。

（2）按照国务院有关主管部门或者省级人民政府规定的范围和标准,为其业主和从业人员缴纳的基本养老保险费、基本医疗保险费、失业保险费、生育保险费、工伤保险费和住房公积金。

（3）业主本人缴纳的补充养老保险费、补充医疗保险费。

（4）在生产经营活动中发生的合理的不需要资本化的借款费用。

（5）在生产经营活动中发生的向金融企业借款的利息支出以及向非金融企业和个人借款的利息支出,不超过按照金融企业同期同类贷款利率计算的数额的部分。

（6）发生的与生产经营活动有关的业务招待费,按照实际发生额的60%扣除,但最高不得超过当年销售（营业）收入的5‰。

（7）每一纳税年度发生的与其生产经营活动直接相关的广告费和业务宣传费不超过当年销售（营业）收入15%的部分,可以据实扣除;超过部分,准予在以后纳税年度结转扣除。

（8）参加财产保险,按照规定缴纳的保险费。

（9）发生的合理的劳动保护支出。

（10）通过公益性社会团体或者县级以上人民政府及其部门,用于《公益事业捐赠法》规定的公益事业的捐赠,捐赠额不超过其应纳税所得额30%的部分可以据实扣除;直接对受益人的捐赠不得扣除,财政部、国家税务总局规定可以全额在税前扣除的捐赠支出项目,按有关规定执行。

（11）按照规定缴纳的摊位费、行政性收费、协会会费等,按实际发生数额扣除。

3. 采用核定征税

从事生产、经营活动,未提供完整、准确的纳税资料,不能正确计算应纳税所得额的,由主管税务机关核定应纳税所得额或者应纳税额。

由于个体工商户大多账证不健全,很难达到税法规定的查账征收标准。有下列情形之一的,主管税务机关应采取核定征收方式征收个人所得税:

（1）依照法律、行政法规的规定可以不设账簿的。

（2）依照法律、行政法规的规定应设而未设账簿的。

（3）擅自销毁账簿或者拒不提供纳税资料的。

（4）发生纳税义务,未按照规定的期限办理纳税申报,经地税机关责令限期申报,逾期仍不申报的。

（5）纳税人申报的计税依据明显偏低,又无正当理由的。

（6）虽设置账簿,但收入总额及成本费用支出均不能正确核算,不能向主管地税机关提供真实、准确、完整纳税资料,难以查实的。

（7）账簿设置和核算虽然符合规定,但并未按规定保存有关账簿、凭证及有关纳税资料的。

核定征收方式包括定额征收、核定应税所得率以及其他合理的征收方式。

① 采用定额征收方式的,由主管地税机关参照同行业、同规模和同地域业主的生产经营状况,集体评议后确定税收定额。

② 采用核定应税所得率征收方式的,计算公式如下:

$$应纳税所得额 = 收入总额 \times 应税所得率 或$$
$$= 成本费用支出额 / (1 - 应税所得率) \times 应税所得率$$
$$年应纳税额 = 应纳税所得额 \times 适用税率 - 速算扣除数$$

【例 5 - 18】 某个体工商户,2024 年有关经营情况如下:

(1) 取得餐饮服务收入 200 万元(不含增值税);发生营业成本 140 万元;发生税费 14 万元(不含增值税);发生管理费用 25 万元;发生销售费用 5 万元。

(2) 在管理费用和销售费用中共列支从业人员全年工资 28.8 万元;在管理费用中列支业主全年工资 9.6 万元。

(3) 当年向业主朋友借款 30 万元,支付利息费用 2 万元,同期同类银行贷款利息率为 4%。

(4) 管理费用中含业务招待费 2 万元。

(5) 当年向从业人员列支人寿险 0.4 万元。

(6) 销售费用中含宣传费 1 万元。

(7) 2024 年业主的专项扣除 3 万元,专项附加扣除 1.8 万元。

【答案与解析】

(1) 会计利润=200-140-14-25-5=16(万元)

(2) 业主工资不能列支,需调增应纳税所得额 9.6 万元

(3) 利息扣除标准=30×4%=1.2(万元);调增应纳税所得额=2-1.2=0.8(万元)

(4) 全年销售收入 200 万元;扣除标准 1=2×60%=1.2(万元);扣除标准 2=200×5‰=1(万元);调增应纳税所得额=2-1=1(万元)

(5) 不得扣除,需调增应纳税所得额 0.4 万元

(6) 全年销售收入 200 万元;扣除标准=200×15%=30(万元)

应纳税所得额=16+9.6(业主工资)+0.8(利息)+1(招待费)+0.4(人寿险)-6(业主扣除费用)-3(专项扣除)-1.8(专项附加扣除)=17(万元)

应纳税额=17×20%-1.05=2.35(万元)

(二)企事业单位承包、承租经营所得税款的计算

对企事业单位承包、承租经营所得,没有综合所得的,计算其每一纳税年度的应纳税所得额时,应当减除每月 5 000 元、专项扣除、专项附加扣除以及依法确定的其他扣除。专项附加扣除在办理汇算清缴时减除。具体的税率见表 5-6,计算公式如下:

$$全年应纳税所得额=经营收入(含工资)-上缴费用-5\,000×承包、承租月数$$
$$-专项扣除-专项附加扣除$$
$$全年应纳税额=应纳税所得额×适用税率-速算扣除数$$

【例 5 - 19】 范某 2024 年承包某旅游商店,承包期限 1 年,取得承包经营所得 97 000 元。此外,范某还按月从商店领取工资,每月 4 000 元,假定范某 2024 年专项扣除 20 000 元,专项附加扣除 12 000 元。计算范某全年应缴纳的个人所得税。

【答案与解析】

全年应纳税所得额=(97 000+4 000×12)-5 000×12-20 000-12 000=53 000(元)

全年应纳税额=53 000×10%-1 500=3 800(元)

十、偶然所得税款计算

偶然所得按次纳税,以每次收入为一次。计算公式如下:

$$应纳税额=应纳税额=每次收入额×20\%$$

> **小贴士**
>
> 　　偶然所得税中个人取得单张有奖发票奖金所得不超过800元（含800元）的，暂免征收个人所得税；超过800元的，应全额按"偶然所得"项目征收个人所得税。而个人因参加企业有奖销售活动而取得的赠品所得，应按"偶然所得"项目，由举办有奖销售活动的企业（单位）代扣代缴个人所得税。

　　【例5-20】 我国公民金先生为Y国际旅游集团的高级技术人员，2024年5月其在商场购物，中奖获得奖金40 000元，试计算金先生应缴纳的个人所得税。

　　【答案与解析】 个人中奖应纳税款＝40 000×20％＝8 000（元）

十一、非居民综合所得税款计算

　　新个税法规定，非居民个人取得工资、薪金所得、劳务报酬所得、稿酬所得、特许权使用费所得，按月或者按次分项计算个人所得税，不合并计算缴纳个人所得税。

　　非居民个人的工资、薪金所得，以每月收入额减除费用5 000元后的余额为应纳税所得额；劳务报酬所得、稿酬所得、特许权使用费所得，以每次收入额为应纳税所得额，按适用的个人所得税税率（见表5-4）计算应纳税额。劳务报酬所得、稿酬所得、特许权使用费所得以收入减除20％的费用后的余额为收入额；其中，稿酬所得的收入额减按70％计算。

　　非居民个人在一个纳税年度内税款扣缴方法保持不变，达到居民个人条件时，应当告知扣缴义务人基础信息变化情况，年度终了后，按照居民个人有关规定办理汇算清缴。

　　【例5-21】 李某是非居民个人，2024年12月取得劳务报酬所得20 000元。请计算这笔所得应扣缴的个人所得税税额。

　　【答案与解析】 应扣缴个人所得税税额＝（20 000－20 000×20％）×20％－1 410＝1 790（元）

十二、特殊情况所得税款计算

　　（一）个人发生捐赠支出的个人所得税的计算

　　个人将其所得对教育、扶贫、济困等公益慈善事业进行捐赠，是指个人将其所得通过中国境内的公益性社会组织、国家机关向教育、扶贫、济困等公益慈善事业的捐赠；所称应纳税所得额，是指计算扣除捐赠额之前的应纳税所得额。

　　个人将其所得对教育、扶贫、济困等公益慈善事业进行捐赠，捐赠额未超过纳税人申报的应纳税所得额30％的部分，可以从其应纳税所得额中扣除；国务院规定对公益慈善事业捐赠实行全额税前扣除的，从其规定。

　　【例5-22】 陈某在2024年3月1日参加旅游商场抽奖活动，中奖5 000元，将其中的2 000元通过民政部门捐赠给灾区。请计算该个人应缴纳的个人所得税。

　　【答案与解析】

　　捐赠支出扣除限额5 000×30％＝1 500（元）

　　因实际捐赠支出2 000元高于捐赠支出扣除限额1 500元，故捐赠金额只能扣除1 500元。

$$应纳税额＝（5 000－1 500）×20％＝700（元）$$

（二）境外缴纳税额抵免的计算

根据税法规定，对个人所得税的居民纳税人，应就其来源于中国境内、境外的所得计算个人所得税。但纳税义务人从中国境外取得的所得，已在境外缴纳个人所得税，可以从其应纳税额中抵免已在境外缴纳的个人所得税税额，但抵免额不得超过该纳税人境外所得依照税法规定计算的应纳税额，即居民个人抵免已在境外缴纳的综合所得、经营所得以及其他所得的所得税税额的限额（以下简称抵免限额）。

除国务院财政、税务主管部门另有规定外，来源于中国境外一个国家（地区）的综合所得抵免限额、经营所得抵免限额以及其他所得抵免限额之和，为来源于该国家（地区）所得的抵免限额。

纳税义务人在中国境外某一个国家或者地区实际已经缴纳的个人所得税税额，低于依据规定计算出的来源于该国家（地区）所得的抵免限额的，应当在中国缴纳差额部分的税款（来自某国家或者地区境外已纳税额小于该国家或者地区的抵免限额）；超过来源于该国家（地区）所得的抵免限额的，其超过部分不得在本纳税年度的应纳税额中扣除，但是可以在以后纳税年度来源于该国家（地区）所得的抵免限额的余额中补扣。补扣期限最长不得超过 5 年（来自某国家或者地区境外已纳税额大于该国家或者地区的抵免限额）。居民个人申请抵免已在境外缴纳的个人所得税税额，应当提供境外税务机关出具的税款所属年度的有关纳税凭证。

居民个人从中国境内和境外取得的综合所得、经营所得，应当分别合并计算应纳税额；从中国境内和境外取得的其他所得，应当分别单独计算应纳税额。

【例 5 - 23】 居民纳税人李某 2024 年 3 月在 B 国取得投资红利所得 10 000 元。该纳税人已按 B 国税法规定，缴纳了个人所得税 2 500 元。请计算李某在中国需要补缴的个人所得税税款。

【答案与解析】

① 计算在 B 国取得的红利所得按我国税法规定计算的应纳税额。

应纳税额＝10 000×20％＝2 000（元）

这一数额就是从 B 国取得的所得在中国缴税时的抵免限额。

② 从 B 国取得的所得在中国不需要补缴税款。

该纳税人在 B 国实际缴纳的税款 2 500 元，超出了其抵免限额 2 000 元，因此，只能在限额内抵免 2 000 元。同时，从 B 国取得的所得在中国不需要补缴税款。在 B 国缴纳税款未抵免完的 500 元，可在以后 5 年内该纳税人从 B 国取得的所得中的征税抵免限额有余额时补扣。

（三）两人以上共同取得同一项目收入的纳税计算

两个以上的个人共同取得同一项目收入的，应当对每个人取得的收入分别按照个人所得税法的规定计算纳税。

【例 5 - 24】 A 旅游职业院校 5 位教师共同编写出版一本 70 万字的教材，2024 年 11 月共取得稿酬收入 21 000 元。其中主编一人得主编费 1 000 元，其余稿酬 5 人平分。计算各教师 2024 年 11 月应预扣预缴个人所得税税额。

【答案与解析】

（1）扣除主编费后所得＝21 000－1 000＝20 000（元）

（2）平均每人所得＝20 000÷5＝4 000（元）

（3）主编应预扣预缴个人所得税税额＝[(1 000＋4 000)×(1－20%)]×70%×20%＝560（元）

（4）其余四人每人应预扣预缴个人所得税税额＝4 000×(1－20%)×70%×20%＝448（元）

【例5-25】 中国公民钱某为A旅游集团公司的高级职员，2024年其收入情况如下：(1)雇佣单位每月支付工资、薪金16 900元；(2)取得全年一次奖金50 000元；(3)取得特许权使用费收入18 000元；(4)受托为B旅行社做线上旅游路线的设计，历时3个月，共取得设计费40 000元；(5)购物中奖奖金20 000元；(6)钱某当年度专项扣除30 000元，专项附加扣除24 000元。假定2024年的全年一次性奖金并入当年综合所得，计算钱某2024年应缴纳的个人所得税税额。

【答案与解析】

《财政部 税务局关于延续实施全年一次性奖金个人所得税政策的公告》(财政部 税务总局公告2023年第30号)规定：居民个人取得全年一次性奖金，也可以选择并入当年综合所得计算纳税，公告执行至2027年12月31日。

（1）钱某2024年综合所得＝16 900×12＋50 000＋18 000×(1－20%)＋40 000×(1－20%)＝299 200（元）

（2）钱某2024年综合所得应纳所得额＝299 200－60 000－30 000－24 000＝185 200（元）

（3）钱某2024年综合所得应纳所得税额＝185 200×20%－16 920＝20 120（元）

（4）钱某个人中奖应纳税款＝20 000×20%＝4 000（元）

（5）钱某2024年应纳个人所得税＝20 120＋4 000＝24 120（元）

任务三 个人所得税申报与缴纳

【知识准备与业务操作】

个人所得税以所得人为纳税人，以支付所得的单位或者个人为扣缴义务人。纳税人有中国公民身份证号码的，以中国公民身份证号码为纳税人识别号；纳税人没有中国公民身份证号码的，由税务机关赋予其纳税人识别号。扣缴义务人扣缴税款时，纳税人应当向扣缴义务人提供纳税人识别号。

一、个人所得税申报

有下列情形之一的，纳税人应当依法办理纳税申报：

（1）取得综合所得需要办理汇算清缴；

（2）取得应税所得没有扣缴义务人；

（3）取得应税所得，扣缴义务人未扣缴税款；

（4）取得境外所得；

（5）因移居境外注销中国户籍；

（6）非居民个人在中国境内从两处以上取得工资、薪金所得；

（7）国务院规定的其他情形。

小贴士

扣缴义务人应当按照国家规定办理全员全额扣缴申报,并向纳税人提供其个人所得和已扣缴税款等信息。对扣缴义务人按照规定扣缴的税款,不包括税务机关、司法机关等查补或责令补扣的税款,按年付给 2‰ 的手续费。

二、个人所得税缴纳

（一）简便优化部分纳税人个人所得税预扣缴方法

《国家税务总局关于进一步简便优化部分纳税人个人所得税预扣预缴方法的公告》（2020 年第 19 号）优化了两类纳税人的预扣预缴方法,自 2021 年 1 月 1 日起施行。

（1）上一完整纳税年度各月均在同一单位扣缴申报了工资薪金所得个人所得税且全年工资薪金收入不超过 6 万元的居民个人。具体来说需同时满足三个条件:①上一纳税年度 1 月至 12 月均在同一单位任职且预扣预缴申报了工资薪金所得个人所得税;②上一纳税年度 1 月至 12 月的累计工资薪金收入（包括全年一次性奖金等各类工资薪金所得,且不扣减任何费用及免税收入）不超过 6 万元;③本纳税年度自 1 月起,仍在该单位任职受雇并取得工资薪金所得。

（2）按照累计预扣法预扣预缴劳务报酬所得个人所得税的居民个人,如保险营销员和证券经纪人。同样需同时满足以下三个条件:①上一纳税年度 1 月至 12 月均在同一单位取酬且按照累计预扣法预扣预缴申报了劳务报酬所得个人所得税;②上一纳税年度 1 月至 12 月的累计劳务报酬（不扣减任何费用及免税收入）不超过 6 万元;③本纳税年度自 1 月起,仍在该单位取得按照累计预扣法预扣预缴税款的劳务报酬所得。

小贴士

扣缴义务人采用自然人电子税务局扣缴客户端和自然人电子税务局 WEB 端扣缴功能申报的,扣缴义务人在计算并预扣本年度 1 月份个人所得税时,系统会根据上一年度扣缴申报情况,自动汇总并提示可能符合条件的员工名单,扣缴义务人根据实际情况核对、确认后,即可按 19 号《公告》规定的方法预扣预缴个人所得税。采用纸质申报的,扣缴义务人则需根据上一年度扣缴申报情况,判断符合《公告》规定的纳税人,再按本公告执行,并需从当年 1 月份税款扣缴申报起,在《个人所得税扣缴申报表》相应纳税人的备注栏填写"上年各月均有申报且全年收入不超过 6 万元"。

【例 5-26】　小王在 2023 年 1 月至 3 月在 X 酒店工作,4 月至 12 月在 Y 酒店工作,且全年工薪收入为 5 万元,假设 2024 年,小王还是在 Y 酒店工作,请问小王的个人所得税预扣预缴是否适用于《公告》?

【答案与解析】　因小王 2023 年并非都在 Y 酒店工作,则不适用《公告》。

（二）个人所得税汇算清缴

居民个人取得综合所得,按年计算个人所得税;有扣缴义务人的,由扣缴义务人按月或者按次预扣预缴税款;需要办理汇算清缴的,应当在取得所得的次年3月1日至6月30日间办理汇算清缴。预扣预缴办法由国务院税务主管部门制定。

取得综合所得需要办理汇算清缴,包括下列情形:

（1）在两处或者两处以上取得综合所得,且综合所得年收入额减去专项扣除的余额超过6万元的;

（2）取得劳务报酬所得、稿酬所得、特许权使用费所得中一项或多项所得,且综合所得年收入额减去专项扣除的余额超过6万元;

（3）纳税年度内预缴税额低于应纳税额的。

【例5-27】　中国居民个人小马为自由职业者,2023年全年取得劳务报酬收入为100 000元,缴纳社会保险每月2 500元、享受子女教育和赡养老人两项专项附加扣除每月2 000元。除上述所得外,小马没有其他类别收入。请问小马是否需要汇算清缴申报?

【答案与解析】

$100\ 000 \times (1 - 20\%) - 2\ 500 \times 12 = 50\ 000$ 元 $< 60\ 000$ 元,所以小马不需要汇算清缴申报。

【例5-28】　H精品民宿企业在2023年收到税务的个人所得税扣缴税款的2%手续费10 000元,企业内部展开了讨论。有人认为,缴税业务都是办税员在处理,所以10 000元应该用于奖励代扣代缴工作做得较好的办税员。有人认为,办税员是属于财务部,而且财务部其他人员也做了与涉税业务相关的工作,应该奖励财务部的全部员工。还有人认为,这10 000元是企业所有员工缴纳个人所得税税款的2%计算得来,应按工资比例分给H精品民宿企业每个员工。请问你认为应该如何处理这笔10 000元呢?

【答案与解析】

《关于进一步加强代扣代收代征税款手续费管理的通知》（财行〔2019〕11号,以下简称11号文）第三条规定,法律、行政法规规定的代扣代缴税款,税务机关按不超过代扣税款的2%支付手续费,且支付给单个扣缴义务人年度最高限额70万元,超过限额部分不予支付。对于法律、行政法规明确规定手续费比例的,按规定比例执行。11号文第四条规定,"三代"单位所取得的手续费收入应单独核算,计入本单位收入,用于与"三代"业务直接相关的办公设备、人员成本、信息化建设、耗材、交通费等管理支出。因此,企业取得的手续费可作为企业与代扣代缴业务相关的税额支出,也可以作为奖励企业财务人员。

三、个人所得税纳税筹划

"未雨绸缪",意思是趁着天没下雨,先修缮房屋门窗。比喻事先做好准备工作,预防意外的事情发生,出自《诗经·豳风·鸱鸮》。个人所得税税款的缴纳,在纳税申报之前,应做好纳税筹划工作,在国家税收法律允许的范围内,为纳税人实现经济利益最大化。

【例5-29】　2024年3月,员工小王与其妻子小丫均在X旅游景区工作,受其夫妻的书面委托,景区为其办理2023年个人所得税综合所得年度汇算,2023年1月至12月,居民纳税人小王从X旅游景区取得工资薪金收入105 000元,2023年专项扣除和依法确定的其他扣除合计为20 000元;2023年1月至12月,居民纳税人小丫从X旅游景区取得工资薪金收入320 000元,2023年专项扣除和依法确定的其他扣除60 000元,夫妻二人育有一女,在读小学,子女教育符合专项附加扣除规定,假设夫妻两人2023年无其他收入。

【答案与解析】

对于子女教育专项附加扣除,可以选择夫妻其中一方按扣除标准的100%扣除,也可以由夫妻双方分别扣除的50%扣除,最后选择夫妻双方总的应纳个人所得税额最低的纳税方案。

筹划方案1:选择小王按扣除标准的100%扣除子女教育专项附加

夫妻双方总应纳个人所得税额=(105 000-60 000-20 000-12 000)×3%+(320 000-60 000-60 000)×20%-16 920=23 470(元)

筹划方案2:选择小丫按扣除标准的100%扣除子女教育专项附加

夫妻双方总应纳个人所得税额=(105 000-60 000-20 000)×3%+(320 000-60 000-60 000-12 000)×20%-16 920=21 430(元)

筹划方案3:选择由夫妻双方分别按扣除标准的50%扣除子女教育专项附加

夫妻双方总应纳个人所得税额=(105 000-60 000-20 000-6 000)×3%+(320 000-60 000-60 000-6 000)×20%-16 920=22 450(元)

因为方案2,夫妻双方总应纳个人所得税额是21 430元,是3个筹划方案中最低,所以应选择由小丫按扣除标准的100%扣除子女教育专项附加。

项　目　小　结

本项目系统阐述了我国个人所得税相关实务的基本内容,举例说明了不同应税项目、征税对象、税率、专项附加扣除标准、计算原理、具体计算方法。结合丰富的案例训练提升个人所得税涉税业务处理技能水平和基本的纳税筹划能力。关注个人所得税的最新改革动态,树立个人所得税法律制度纳税遵从意识,提高个人所得税涉税业务中分析问题和决策设计能力,达到合理节税。

技　能　训　练

一、单项选择题

1. 我国现行个人所得税采用的征税制度是(　　)。

A. 综合税制　　　　　　　　　　　B. 分类税制

C. 综合与分类相结合的税制　　　　D. 单一税制

2. 吴某在浙江省杭州市下城区全额购买了一套住房,同时他在杭州市西湖区租房,以方便小孩读书,请问其租金每月的扣除标准是(　　)。

A. 0元　　　　　　B. 1 500元　　　　　　C. 1 100元　　　　　　D. 800元

3. 下列属于非居民纳税人的自然人是(　　)。

A. 在中国境内无住所且不居住,但有来源于中国境内所得的居民

B. 在中国境内无住所的居民

C. 在中国境内无住所的居民,但居住时间满 183 天

D. 在中国境内有住所,但目前未居住的居民

4. 夫妻双方生了两个宝宝,一个宝宝已满三周岁,另一个宝宝是七周岁,夫妻双方不可以选择的子女教育扣除方式是( )。

A. 男方扣 200 元,女方扣 1 800 元　　B. 夫妻双方各扣 1 000 元

C. 仅男方扣 2 000 元　　　　　　　　D. 仅女方扣 2 000 元

5. 老员工刘珂 2024 年 2 月份向单位首次报送其正在上幼儿园的 3 岁儿子相关信息。则当 2 月份该员工可在本单位发工资时扣除子女教育支出( )元。

A. 0　　　　　　B. 1 000　　　　　C. 2 000　　　　　D. 5 000

6. 下列各项中,不属于个人所得税继续教育专项附加扣除范围的是( )。

A. 在职硕士研究生教育支出

B. 花艺兴趣培训支出

C. 初级会计师培训支出并在当年取得证书

D. 资产评估师培训支出并在当年取得证书

7. 男女双方在结婚前各自买了一套房,都属于各自名下的首套房,结婚后,不属于住房贷款利息的扣除方式是( )。

A. 选择男方的房子,让他扣 100%　　B. 选择女方的房子,让她扣 100%

C. 选择夫妻各自的住房,各自扣 50%　　D. 选择夫妻各自的住房,各自扣 100%

8. 个人独资企业和合伙企业投资者作为个人所得税纳税义务人,其生产经营所得应比照( )应税项目征收个人所得税。

A. 经营所得　　　　　　　　　　　B. 工资、薪金所得

C. 利息、股息、红利所得　　　　　　D. 特许权使用费所得

9. 王某生病后在医保目录范围内总共花了 7 万元,医保报销了 3 万元,剩 4 万元是自付部分,其大病医疗专项附加扣除的金额是( )。

A. 4 万元　　　　　　　　　　　　B. 2.5 万元

C. 7 万元　　　　　　　　　　　　D. 8 万元

10. 非独生子女赡养老人专项附加扣除方法不能选择的是( )。

A. 平均分摊,每个子女分摊金额不能超过 1 000 元

B. 约定分摊,每个子女分摊金额不能超过 1 000 元

C. 指定分摊,其中一个子女分摊金额超过 1 000 元

D. 指定分摊,每个子女分摊金额不能超过 1 000 元

二、计算题

1. 朱某是非居民个人,2024 年 7 月取得一项非专利技术的使用权收入 16 000 元,请计算这笔收入应扣缴的个人所得税税额。

2. 潘某 2024 年 1 月取得上年度全年一次性奖金收入 20 000 元,潘某选择全年一次性奖金不纳入当年综合所得,请计算潘某全年一次性奖金个人所得税税额。

3. H 旅行社张某 2024 年 11 月个人取得劳务报酬所得 2 000 元,请计算这笔所得应预扣预缴税额。

4. 中国公民方先生 2024 年 3 月取得稿酬所得 40 000 元,请计算这笔所得应预扣预

缴税额。

5. Y 旅游集团为了拓展业务，扩大影响，在 2024 年春节通过微信公众号，向社会各界派发网络红包 30 万元，请计算该集团需应代扣代缴个人所得税。

6. 2024 年 1 月 1 日，何天与某旅游院校签订承包合同经营招待所，承包期为 3 年。2024 年招待所实现承包经营利润 15 万元，按合同规定承包人每年应从承包经营利润中上缴承包费 3 万元。假定不考虑专项扣除和专项附加扣除，计算承包人 2024 年的应纳个人所得税税额。

7. 何某是非居民个人，2024 年 5 月取得稿酬所得 10 000 元，请计算这笔收入应扣缴个人所得税税额。

8. 某饭店员工陈忠 2020 年入职，2024 年 1 月应发工资为 30 000 元，每月减除费用 5 000 元，"三险一金"等专项扣除为 1 500 元，1 月份享受的专项附加扣除 1 500 元，没有减免收入及减免税额等情况，计算陈忠 2024 年 1 月的个人所得税预扣预缴税额。

9. 以第 8 题资料，假定陈忠 2024 年 2 月应发工资为 32 000 元，每月减除费用 5 000 元，"三险一金"等专项扣除为 1 500 元，2 月份享受的专项附加扣除 2 500 元，没有减免收入及减免税额等情况，计算陈忠 2024 年 2 月的个人所得税预扣预缴税额。

10. 以第 8 题和第 9 题资料，假定陈忠 2024 年 3 月应发工资为 35 000 元，每月减除费用 5 000 元，"三险一金"等专项扣除为 1 500 元，3 月份享受的专项附加扣除 4 500 元，没有减免收入及减免税额等情况，计算陈忠 2024 年 3 月的个人所得税预扣预缴税额。

11. 中国居民赵又婷 2024 年每月取得工资收入为 10 000 元，缴纳"三险一金"2 500 元、享受子女教育和赡养老人两项专项附加扣除 2 000 元。2024 年赵又婷为他人提供咨询服务，取得劳务报酬所得 10 000 元。请问：赵又婷是否需要汇算清缴申报？

三、纳税筹划题

2024 年 3 月 31 日，受员工董一（居民纳税人）的委托，公司为其 2023 年取得的年终奖进行纳税筹划，董一取得 2023 年终奖共计 50 000 元，2023 年 1 月至 12 月取得的工资薪金收入共计 120 000 元，其中个人负担的社保每月 500 元可扣除，专项附加扣除每月 3 000 元（子女教育每月 1 000 元，住房贷款利息每月 1 000 元，赡养老人每月 1 000 元），假设无其他项目综合所得收入。请进行个人所得税的纳税筹划。

项目六　关税纳税实务

素养目标 ▸

1. 关注世界经济形式,关注中国外贸新业态发展。
2. 培育正确的价值观,防风险、守底线,防止"假企业""假出口""假申报"。
3. 培养关税涉税业务处理法律底线思维。
4. 守国门,促发展,深入理解关税政策对我国产业的守护和促进作用。

知识和能力目标 ▸

1. 了解关税的概念及特点。
2. 熟悉关税的纳税人、征税对象、税则和税率。
3. 熟悉进出口关税完税价格的确定方法 。
4. 掌握关税的计税依据和应纳税额的计算方法。
5. 掌握关税的优惠政策。
6. 能够进行关税征收。

思维导图 ▸

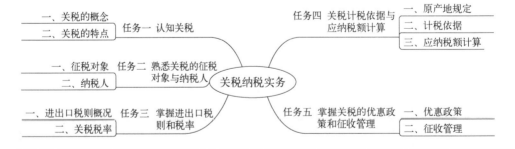

案例导入 >>

为贯彻落实党的二十大精神和党中央、国务院决策部署,充分发挥关税作为国内国际双循环联结点的作用,以高水平对外开放助力构建新发展格局、推动高质量发展,经国务院批准,国务院关税税则委员会发布公告,2023 年调整了部分商品的进出口关税。

为增强国内国际两个市场、两种资源的联动效应,2023年1月1日起,我国对1020项商品实施低于最惠国税率的进口暂定税率。

降低关税有助于让世界分享中国发展机遇、推动构建人类命运共同体。这是中国依托超大规模市场优势,以国内大循环吸引全球资源要素的重要举措,彰显了中国推进高水平对外开放、维护多元稳定的国际经济格局和经贸关系的决心。

从供给角度看,通过降低关税、进一步推动贸易便利化等措施,以企业为主体扩大重要原材料、先进技术装备以及关键零部件等进口,既有利于优化生产要素供给结构,扩大优质产品供给,也有利于补齐产业链供应链短板,提升产业链供应链韧性和安全水平。例如,对钾肥、未锻轧钴等实施零关税,降低部分木材和纸制品、硼酸、铌酸锂、电子墨水屏、燃料电池用氧化铱、风力发电机用滚子轴承等商品进口关税。

从需求角度看,当前中国居民消费结构正在发生明显变化,由生存型消费向发展型消费转变、由数量型消费向质量型消费转变、由模仿型消费向个性化消费转变的趋势十分明显。既符合消费升级大方向,有利于满足人民群众对美好生活的向往,也有利于吸引消费回流、将消费留在国内。例如,降低婴幼儿食用的均化混合食品、冻蓝鳕鱼、腰果等食品,咖啡机、榨汁器、电吹风等小家电的进口关税。

近年来,优质药物和医疗服务的需求在迅速增长。为了降低中国居民医药消费成本、保障人民健康,对部分抗癌药原料、抗病毒药原料、镇癌痛药品实施零关税,降低假牙、血管支架用原料、造影剂等医疗用品进口关税。

任务一 认 知 关 税

情景案例>>

为扩大面向全球的高标准自由贸易区网络,持续推进高水平对外开放,推动建设开放型世界经济,根据我国与有关国家或地区签署的自由贸易协定和优惠贸易安排,2023年将对19个协定项下、原产于29个国家或者地区的部分商品实施协定税率。其中,根据《区域全面经济伙伴关系协定》(RCEP)有关规定以及协定对印度尼西亚生效情况,自2023年1月2日起,将对原产于印度尼西亚的部分商品实施RCEP协定税率。

【知识准备与业务操作】

一、关税的概念

关税是海关依法以进出关境的货物和物品为征税对象,就其进出口流转额征收的一种税。货物和物品在计征关税时有不同的计税规则。这里需要注意四点:

(1)进出境的"境"指关境,又称"海关境域""海关领域",是国家《中华人民共和国海关法》(以下简称《海关法》)全面实施的领域。通常情况下,一国关境与国境是一致的,包括国家全部的领土、领海、领空。但在某些情况下却不一致,比如当某一国家在国境内设立了自由港、自由贸易区的时候,该国家的关境就小于国境。

(2)此处的"货物"指贸易性商品。

(3)"物品"是指入境旅客随身携带的行李物品、个人邮递物品、各种运输工具上的服务人员携带进口的自用物品、馈赠物品以及其他方式进境的个人物品。

(4)海关在征收进口货物、物品关税的同时,还代征进口增值税和消费税。

关税法是指国家制定的调整关税征收与缴纳权利义务关系的法律规范。我国现行关税法律规范以全国人民代表大会于 1987 年 1 月 22 日通过、2017 年 11 月 4 日第五次修正的《中华人民共和国海关法》为法律依据,以国务院于 2003 年 11 月发布的《中华人民共和国进出口关税条例》(2011 年 1 月 8 日、2013 年 12 月 7 日和 2016 年 2 月 6 日进行了三次修订),以及由国务院关税税则委员会审定并报国务院批准,作为条例组成部分的《中华人民共和国海关进出口税则》和《中华人民共和国海关入境旅客行李物品和个人邮递物品征收进口税办法》为基本法规,由负责关税政策制定和征收管理的主管部门依据基本法规拟定的管理办法和实施细则为主要内容。

二、关税的特点

关税作为单独的税种,除了具有一般税收的强制性、无偿性和相对固定性,还具有以下特点:

(一)关境性

货物或物品只有在进出关境时,才征收关税,对于在境内流转的商品,只征收国内税,不征收关税。同时,货物在进出境环节一次性征收关税后,在境内流通的任何环节都不再征收关税。

(二)价外税

关税的完税价格中不包括关税,即在征收关税时,是以实际成交价格为计税依据,关税不包括在内。但海关代为征收增值税、消费税时,组成计税价格中包括关税。

(三)关税的征税对象只限于进出境的有形货物和物品

进出境的贸易性商品和用于个人消费的非贸易性商品通常是有形的实物商品。对于无形商品,海关则无法单独征收关税,只能在它们的价值体现在某种实物进境时,对有关实物及其载体征收关税。

(四)涉外性

关税的种类与税率高低直接影响到国际经济贸易。关税经常被主权国家用作对外政治、经济斗争的手段。同时,关税的政策措施往往也与一国经济、外交政策紧密相关,因此,关税不只是反映简单的经济关系,也成为一种政治关系,具有涉外性。

(五)灵活性

关税可根据国家需要改变政策措施、修订、改变税率。若要抑制某种商品的进口,可提高该种商品的进口关税税率,反之,可降低税率;为鼓励本国商品出口,可降低商品出口关税税率或采取零税率。

(六)征收机关为海关

国内各种税一般都由税务机关负责征收,关税则由海关依法征收。根据《海关法》的规定,海关是国家进出境的监督管理机关。海关依照法律法规规定,监管进出境的运输工具、货物、行李物品、邮递物品和其他物品,征收关税和其他税、费,查缉走私,并编制海关统计和办理其他海关业务。在我国,海关除征收关税外,还要代征进口环节货物应缴纳的增值税和消费税。

任务二　熟悉关税的征税对象与纳税人

【知识准备与业务操作】

一、征税对象

征税对象是税法最基本的要素,体现着征税的最基本界限,决定着某一种税的基本征税范围。同时,征税对象也决定了各个不同税种的名称,如消费税、土地增值税、个人所得税等,这些税种因征税对象、性质不同,税名也就不同。征税对象随社会生产力的发展而变化。在自然经济中,土地和人口是主要的征税对象。在商品经济中,货物、劳务、企业利润和个人所得等成为主要的征税对象。

关税是海关依法对进出境货物、物品征收的一种税。它的征税对象是准许进出境的货物和物品。货物指贸易性商品;物品是指入境旅客随身携带的行李物品、个人邮递物品、各种运输工具上的服务人员携带进口的自用物品、馈赠物品以及其他方式进境的个人物品。

二、纳税人

关税的纳税人包括进口货物收货人、出口货物发货人、进出境物品的所有人。一般情况下,对于携带入境的物品,推定其携带人为所有人;对分离运输的行李,推定相应的进出境旅客为所有人;对以邮递方式进境的物品,推定其收件人为所有人;以邮递或其他运输方式出境的物品,推定其寄件人或托运人为所有人。

任务三　掌握进出口税则和税率

【知识准备与业务操作】

一、进出口税则概况

进出口税则是一国政府根据国家关税政策和经济政策,通过一定的立法程序制定公布实施的进出口货物和物品应税的关税税率表。进出口税则以税率表为主体,通常包括实施税则的法令、使用税则的有关说明和附录等。《中华人民共和国进出口税则》是我国海关凭以征收关税的法律依据,也是我国关税政策的具体体现。我国现行税则包括《中华人民共和国进出口关税条例》《税率适用说明》《中华人民共和国进出口税则》《进口商品从量税、复合税、滑准税税目税率表》《进口商品关税配额税目税率表》《进口商品税则暂定税率表》《出口商品税则暂定税率表》《非全税目信息技术产品税率表》等。

进出口税则税目调整表

进口商品特惠税率表

税率表作为税则主体,包括税则商品分类目录和税率栏两大部分。税则商品分类目录是将种类繁多的商品加以综合,按照其不同特点分门别类地简化成数量有限的商品类目,分别编号按序排列,并逐号列出该号中应列入的商品名称。商品分类的原则即归类规则,包括归类总规则和各类、章、目的具体注释。税率栏是按商品分类目录逐项定出的税率栏目。我国现行进口税则为四栏税率,出口税则为一栏税率。1992 年 1 月起,我国开始实施以《商品名称及编码协调制度》为基础的进出口税则,适应了国内改革开放和对外经济贸易发展的需要。2022 年 12 月 31 日根据《中华人民共和国进出口关税条例》及相关规定,公布了《中华人民共和国进出口税则(2023)》,自 2023 年 1 月 1 日起实施。法律、行政法规对进出口关税税目、税率调整另有规定的,从其规定。

二、关税税率

（一）进口关税税率

我国进口关税设置最惠国税率、协定税率、特惠税率、普通税率、关税配额税率五种税率。一定期限内对进口货物可以实行暂定税率。

1. 最惠国税率

原产于共同适用最惠国待遇条款的世界贸易组织成员的进口货物,原产于与我国签订含有相互给予最惠国待遇条款的双边贸易协定的国家或者地区的进口货物,以及原产于我国境内的进口货物,适用最惠国税率。以从价方式计征关税的最惠国税率,在最惠国税率栏中列明;以其他方式计征关税的最惠国税率在最惠国税率栏脚注中列明。

2. 协定税率

原产于与我国签订含有关税优惠条款的区域性贸易协定的国家或者地区的进口货物,适用协定税率。当最惠国税率低于或等于协定税率时,按相关协定的规定执行。

为支持"一带一路"和自由贸易区建设,加快推进我国与相关国家的经济贸易合作,营造有利于经济长期健康稳定发展的外部条件,2019 年我国对原产于 23 个国家或地区的部分商品实施协定税率,其中进一步降税的有中国与新西兰、秘鲁、哥斯达黎加、瑞士、冰岛、澳大利亚、韩国、格鲁吉亚自贸协定以及亚太贸易协定。根据内地与香港、澳门签署的货物贸易协议,对原产于香港、澳门的进口货物将全面实施零关税。

3. 特惠税率

原产于与我国签订含有特殊关税优惠条款的贸易协定的国家或者地区的进口货物,适用特惠税率。例如:我国对原产于孟加拉国和老挝的部分商品,实施亚太贸易协定项下特惠税率;对原产于埃塞俄比亚联邦民主共和国等与我国建交的最不发达国家的商品适用特惠税率。

4. 普通税率

普通税率适用于原产于上述国家或地区以外的其他国家或地区的进口货物,以及原产地不明的进口货物。按照普通税率征税的进口货物,经国务院关税税则委员会特别批准,可以适用最惠国税率。适用最惠国税率、协定税率、特惠税率的国家或者地区名单,由国务院关税税则委员会决定。

5. 关税配额税率

关税配额税率是关税配额内的进口货物,适用税率较低的配额税率,超出该数量的进口商品,按不同情况分别适用最惠国税率、协定税率、特惠税率或普通税率。我国目前对小麦、玉米、大米、糖、羊毛、毛条、棉花和化肥共 8 类产品实行关税配额管理。《2017 年关税调整方案》规定继续对小麦等 8 类商品实施关税配额管理,税率不变。其中,对尿素、复合肥、磷酸氢铵 3 种化肥的配额税率继续实施 1% 的暂定税率。继续对配额外进口的一定数量棉花实施滑准税。

6. 进口暂定税率

暂定税率是根据国家需要在一定时期内实行的一种进口关税税率。其适用原则是:适用最惠国税率的进口货物有暂定税率的,应当适用暂定税率;适用协定税率、特惠税率的进口货物有暂定税率的,应当从低适用税率;适用普通税率的进口货物,不适用暂定税率。为积极扩大进口,削减进口环节制度性成本,助力供给侧结构性改革,从 2019 年起,我国对 706 项商品实施进口暂定税率,包括新增对杂粮和部分药品生产原料实施零关税,适当降低棉花滑准税和部分毛皮进口暂定税率,取消有关锰渣等 4 种固体废物的进口暂定税率,取消氯化亚砜、新能源汽车用锂离子电池单体的进口暂定税率,恢复执行最惠国税率;继续对国内发展亟须的航空发动机、汽车生产线焊接机器人等先进设备、天然饲草、天然铀等资源性产品实施较低的进口暂定税率。

（二）出口关税税率

我国出口税则为一栏税率,即出口税率。国家仅对少数资源性产品及易于竞相杀价、盲目进口和需要规范出口秩序的半成品征收出口关税。1992 年对 47 种商品计征出口关税,税率为 20%～40%。

现行税则对 102 余种商品计征出口关税,主要包括鳗鱼苗、部分有色金属矿砂及其精矿、生锑、磷、氟钽酸钾、苯、山羊板皮（经退鞣处理的除外）、部分铁合金、各种铁废碎料、铜和铝原料及其制品、镍锭和锑锭等。但对上述范围内部分商品实行 0～30% 的暂定税率。为适应出口管理制度的改革需要,促进能源资源产业的结构调整、提质增效。自 2019 年 1 月 1 日起,对化肥、磷灰石、铁矿砂、矿渣、煤焦油、木浆等 94 项商品不再征收出口关税。与进口暂定税率一样,出口暂定税率优先于出口税则中规定的出口税率。

《中华人民共和国进出口税则（2023）》整合了税委会公告 2022 年第 11 号等文件对关税税目、出口暂定税率,以及本国子目注释等的调整。

出口商品
税率表

（三）特别关税

特别关税包括报复性关税、反倾销税与反补贴税、保障性关税。征收特别关税的货物、适用国别、税率、期限和征收办法,由国务院关税税则委员会决定,由海关总署负责实施。

任务四　关税计税依据与应纳税额计算

情景案例>>

　　进口汽车那么贵,是因为关税高吗?

　　进口汽车那么贵,还真不完全是因为关税高。一辆进口车需缴纳三种税:关税、增值税、消费税。其中,关税税率为15%,增值税税率为13%,消费税税率则因排气量不同,从1%～40%不等。而且,由于计税公式的不同,消费税和增值税往往比关税高出很多。

以一辆从德国进口的4.4排量的宝马X6为例,假设这款车完税价格是50万元人民币,那么它的关税为7.5万元,增值税为12.5万元,消费税则高达38.3万元,总的进口成本为108.3万元。

【知识准备与业务操作】

一、原产地规定

由于产自不同国家或地区的进口货物适用不同的关税税率,为便于正确运用进口税则的各栏税率,就需要确定进口货物的原产国。我国原产地规定基本上采用了"全部产地生产标准"和"实质性加工标准"两种国际上通用的原产地标准。

（一）全部产地生产标准

全部产地生产标准,是指进口货物"完全在一个国家内生产或制造",生产或制造国即为该货物的原产国。完全在一国生产或制造的进口货物包括:

（1）在该国领土或领海内开采的矿产品。

（2）在该国领土上收获或采集的植物产品。

（3）在该国领土上出生或由该国饲养的活的动物及从其所得产品。

（4）在该国领土上狩猎或捕捞所得的产品。

（5）在该国领土获得的除第（1）项至第（4）项范围之外的其他天然生成的物品。

（6）在该国收集的只适用于做再加工制造的废碎料和废旧物品。

（7）在该国的船只上卸下的海洋捕捞物,以及由该国船只在海上取得的其他产品。

（8）在该国加工船上加工上述第（7）项所列物品所得的产品。

（9）从该国领海以外享有专有开采权的海床或者海床底土获得的物品。

（10）在该国完全使用上述（1）～（9）项所列产品加工成的制成品。

在确定货物是否在该国领土完全获得时,不考虑下列微小加工或者处理的情形:

（1）为运输、贮存期间保存货物而作的加工或者处理。

（2）为货物便于装卸而作的加工或者处理。

（3）为货物销售而作的包装等加工或者处理。

（二）实质性加工标准

实质性加工标准,是适用于确定有两个或两个以上国家参与生产的产品的原产国的标准,其基本含义是:经过几个国家加工、制造的进口货物,以最后一个对货物进行经济上可以视为实质性加工的国家作为有关货物的原产国。实质性加工是指产品加工后,在进出口税则中四位数税号一级的税则归类已经有了改变,或者加工增值部分所占新产品总值的比例已超过30%及以上的。

（三）其他

对机器、仪器、器材或车辆所用零件、部件、配件、备件及工具,如与主件同时进口且数量合理的,其原产地按主件的原产地确定;分别进口的,则按各自的原产地确定。

二、计税依据

计税依据是指计算应纳税额的根据。计税依据是课税对象的量的表现。计税依据的数额同税额成正比例,计税依据的数额越多,应纳税额也越多。课税对象同计税依据有密切的关系。前者是从质的方面对征税的规定,即对什么征税;后者则是从量的方面对征税的规定,即如何计量。如 1984 年中国产品税条例(草案)规定的课税对象是列举的产品,而计税依据则是产品的销售收入。有些税的课税对象和计税依据是一致的,如所得税中的应税所得额既是课税对象,又是计税依据;有些税的课税对象和计税依据是不一致的,如房产税的课税对象是房产,计税依据则是房产的价值或租金。

关税以进出口货物的完税价格为计税基础。《海关法》规定,进出口货物的完税价格,由海关以该货物的成交价格为基础审查确定。成交价格不能确定时,完税价格由海关依法估定。

(一)进口货物的完税价格

一般进口货物的完税价格包括货物的货价、货物运抵我国境内输入地点起卸前的运输及其相关费用、保险费(即采购费)。我国境内输入地为入境海关地,包括内陆河、江口岸,一般为第一口岸。货物的货价以成交价格为基础,即买方为购买该货物,并按《完税价格办法》规定调整后的实付或应付价格。

实际或应付价格调整指买方为购买进口货物直接或间接支付的总额,即作为卖方销售进口货物的条件,由买方向卖方或为履行卖方义务向第三方已经支付或将要支付的全部款项。如下列费用或者价值未包括在进口货物的实付或应付价格中,应当计入完税价格。

(1)由买方负担的除购货佣金以外的佣金和经纪费。购货佣金指买方为购买进口货物向自己的采购代理人支付的劳务费用。经纪费指买方为购买进口货物向代表买卖双方利益的经纪人支付的劳务费用。

(2)由买方负担的与该货物视为一体的容器费用。

(3)由买方负担的包装材料和包装劳务费用。

(4)与该货物的生产和向中国境内销售有关,由买方以免费或低于成本的方式提供并可以按适当比例分摊的料件、工具、模具、消耗材料及类似货物的价款,以及在境外开发、设计等相关服务的费用。

(5)与该货物有关并作为卖方向我国销售该货物的一项条件,应当由买方直接或间接支付的特许权使用费。

(6)卖方直接或间接从买方对该货物进口后转售、处置或使用所得中获得的收益。

下列费用,如能与该货物实付或者应付价格区分,不得计入完税价格:

(1)厂房、机械、设备等货物进口后的基建、安装、装配、维修和技术服务的费用(不包括保修费)。

(2)货物运抵境内输入地点之后的运输费用。

(3)进口关税及其他国内税收。

（4）为在境内复制进口货物而支付的费用。

（5）境内外技术培训及境外考察费用。

进口货物的价格不符合成交价格条件或者成交价格不能确定的,海关应当依次以相同货物成交价格方法、类似货物成交价格方法、倒扣价格方法、计算价格方法及其他合理方法确定的价格为基础,估定完税价格。

陆运、空运和海运进口货物的运费和保险费,应当按照实际支付的费用计算。如果进口货物的运费无法确定或未实际发生,海关应当按照该货物进口同期运输行业公布的运费率(额)计算运费;按照"货价加运费"总额的3‰计算保险费。

邮运的进口货物,应当以邮费作为运输及其相关费用、保险费;以境外边境口岸价格条件成交的铁路或公路运输进口货物,海关应当按照货价的1‰计算运输及其相关费用、保险费;作为进口货物自驾进口的运输工具,海关在核定完税价格时,可以不另行计入运费。

【例6-1】   某市甲公司为增值税一般纳税人,主要从事化妆品生产销售。2024年4月发生以下业务:以空运方式从境外进口化妆品一批。该批化妆品境外成交价格加运费折合人民币200万元。经海关审查,公司申报的完税价格未包含保险费。公司的解释是相关费用无法确定。海关对此依法进行调整征税,甲公司取得海关开具的完税凭证。

要求:计算甲公司进口化妆品应缴纳的关税税额(假定进口化妆品关税税率为50％)。

【答案与解析】

甲公司进口化妆品应缴纳的关税税额＝200×(1+3‰)×50％＝100.3(万元)

（二）出口货物的完税价格

出口货物的完税价格,由海关以该货物向境外销售的成交价格为基础审查确定,并应包括货物运至我国境内输出地点装卸前的运输及其相关费用、保险费,但其中包含的出口关税税额应当扣除。

出口货物的成交价格是指该货物出口销售到我国境外时买方向卖方实付或应付的价格。出口货物的成交价格中含有支付给境外的佣金的,如果单独列明,应当扣除。

出口货物的成交价格不能确定时,完税价格由海关依次使用下列方法估定:

（1）同时或大约同时向同一国家或地区出口的相同货物的成交价格。

（2）同时或大约同时向同一国家或地区出口的类似货物的成交价格。

（3）根据境内生产相同或类似货物的成本、利润和一般费用、境内发生的运输及其相关费用、保险费计算所得的价格。

（4）按照合理方法估定的价格。

【例6-2】   下列各项中,应计入出口货物完税价格的是(   )。

A. 出口关税税额

B. 单独列明的支付给境外的佣金

C. 货物在我国境内输出地点装卸后的运输费用

D. 货物运至我国境内输出地点装卸前的保险费

【答案与解析】   D。出口货物的完税价格由海关以该货物向境外销售的成交价格为基础审查确定,并应包括货物运至我国境内输出地点装载前的运输及其相关费用、保险费,但其中包含的出口关税税额应当扣除。

三、应纳税额计算

应纳税额是指企业按照税法的规定,经过计算得出的应向征税机关缴纳的税费金额。

（一）应纳税额计算

1. 从价税应纳税额计算

目前,我国海关计征关税标准主要是从价税。计算公式为:

$$关税税额＝应税进(出)口货物数量×单位完税价格×税率$$

2. 从量税应纳税额计算

我国目前对原油、啤酒和胶卷等进口商品征收从量税。计算公式为:

$$关税税额＝应税进(出)口货物数量×单位货物税额$$

3. 复合税应纳税额计算

我国目前仅对录像机、放像机、摄像机、数字照相机和摄录一体机等进口商品征收复合税。计算公式为:

$$关税税额＝\dfrac{应税进(出)口}{货物数量}×\dfrac{单位货}{物税额}＋\dfrac{应税进(出)口}{货物数量}×\dfrac{单位完}{税价格}×税率$$

4. 滑准税应纳税额计算

滑准税是根据实物的不同价格适用不同税率的一类特殊的从价关税,其特点是可保持实行滑准税商品的国内市场价格的相对稳定,而不受国际市场价格波动的影响。计算公式为:

$$关税税额＝应税进(出)口货物数量×单位完税价格×滑准税税率$$

（二）税务处理

【例6-3】　某商场于2024年5月进口一批高档化妆品。该批货物在国外的售价为200万元,货物运抵我国入关前发生的运输费、保险费和其他费用分别为16万元、10万元、8万元。货物报关后,该商场按规定缴纳了进口环节的增值税和消费税,并取得了海关开具的缴款书。从海关将该批化妆品运往商场所在地,取得的增值税专用发票上注明运输费用10万元、增值税进项税额0.9万元,该批化妆品当月在国内全部销售,取得不含税销售额800万元(假定此化妆品进口关税税率20％,增值税税率13％,消费税税率15％)。

要求:计算该批化妆品进口环节应缴纳的关税税额、增值税税额和国内销售环节应缴纳的增值税税额。

【答案与解析】

关税的组成计税价格＝200＋16＋10＋8＝234(万元)

应纳进口关税＝234×20％＝46.8(万元)

进口环节应纳增值税的组成计税价格＝(234＋46.8)÷(1－15％)＝330.35(万元)

进口环节应纳增值税税额＝330.35×13％＝42.95(万元)

进口环节应纳消费税税额＝330.35×15％＝49.55(万元)

国内销售环节应纳增值税税额＝800×13％－0.9－42.95＝60.15(万元)

任务五　掌握关税的优惠政策和征收管理

【知识准备与业务操作】

一、优惠政策

关税的优惠政策包括法定减免税、特定减免税和临时减免税。根据《海关法》的规定，除法定减免税外的其他减免税均由国务院决定。在我国加入世界贸易组织之前，减征关税以税则规定税率为基准；在我国加入世界贸易组织之后，以最惠国税率或者普通税率为基准。国务院关税税则委员会 2021 年 12 月 15 日宣布，从 2022 年 1 月 1 日起，对 954 项商品实施低于最惠国税率的进口暂定税率。同时，随着《区域全面经济伙伴关系协定》（RCEP）于 2022 年 1 月 1 日起生效，RCEP 成员将在 10 年左右时间内基本实现 90% 的产品享受零关税。

（一）法定减免税

法定减免税是税法中明确列出的减税或免税。符合税法规定可予减免税的进出口货物，纳税义务人无须提出申请，海关可按规定直接予以减免税。如关税税额在人民币 50 元以下的一票货物（2016 年 7 月 14 日，中国海关明确反倾销税、反补贴税、保障措施关税、报复性关税起征点，均为每票货物 50 元）；无商业价值的广告品和货样；外国政府、国际组织无偿赠送的物资；进出境运输工具装载的途中必需的燃料、物料和饮食用品等。

（二）特定减免税

特定减免税即政策性减免税，是指在法定减免税之外，国家按照国际通行规则和我国实际情况，制定发布的有关进出口货物减免关税的政策。制定减免税货物一般有地区、企业和用途的限制，海关需要进行后续管理，也需要进行减免税统计。如一些科教用品、残疾人专用品、慈善捐赠物资、重大技术装备等。

（三）临时减免税

临时减免税是指除了法定和特定减免税以外的其他减免税，即由国务院根据《海关法》对某个单位、某类商品、某个项目或某批进出口货物的特殊情况，给予特别照顾，一案一批，专文下达的减免税。一般有单位、品种、期限、金额或数量等限制，不能比照执行。

我国已加入世界贸易组织，为遵循统一、规范、公平、公开的原则，有利于统一税法、公平税负、平等竞争，国家严格控制减免税，一般不办理个案临时性减免税。

情景案例 >>

2021 年 3 月 31 日，新型显示器件的生产企业迎来了喜讯，根据税务总局关于 2021—2030 年支持新型显示产业发展进口税收政策的通知（财关税〔2021〕19 号），为加快提高新一代信息技术，支持新型显示产业发展，自 2021 年 1 月 1 日至 2030 年 12 月 31 日，对新型显示器件（即薄膜晶体管液晶显示器件、有源矩阵有机发光二极管显示器件、Micro-LED 显示器件）生产企业进口国内不能生产或性能不能满足需求的自用生产性(含研发用)原材料、消耗品和净化室配套系统、生产设备(包括进口设备和国产设备)零配件,对新型显示产业的关键原材料、零配件(即靶材、光刻胶、掩模版、偏光片、彩色滤光膜)生产企业进口国内不能生产或性能不能满足需求的自用生产性原材料、消耗品,免征进口关税。根据国内产业发展、技术进步等情况,财政部、海关总署、税务总局将会同国家发展改革委、工业和信息化部对上述关键原材料、零配件类型适时调整。所述国内不能生产或性能不能满足需求的免税进口商品清单,由工业和信息化部会同国家发展改革委、财政部、海关总署、税务总局另行制定印发,并动态调整。

同时,承建新型显示器件重大项目的企业自 2021 年 1 月 1 日至 2030 年 12 月 31 日期间进口新设备,除《国内投资项目不予免税的进口商品目录》《外商投资项目不予免税的进口商品目录》和《进口不予免税的重大技术装备和产品目录》所列商品外,对未缴纳的税款提供海关认可的税款担保,准予在首台设备进口之后的 6 年(连续 72 个月)期限内分期缴纳进口环节增值税,6 年内每年(连续 12 个月)依次缴纳进口环节增值税总额的 0%、20%、20%、20%、20%、20%,自首台设备进口之日起已经缴纳的税款不予退还。在分期纳税期间,海关对准予分期缴纳的税款不予征收滞纳金。

二、征收管理

税收征收管理是税务机关为了贯彻税收的基本法规,实现税收计划,协调征纳关系,组织税款入库而开展的组织管理和监督检查等各项活动的总称。即税务机关对纳税人依法征税和进行税务监督管理的总称。

(一)关税的缴纳

关税税款缴纳是指关税纳税人、扣缴义务人依照国家法律、行政法规的规定实现的税款依法通过不同方式缴纳入库的过程。纳税人、扣缴义务人应按税法规定的期限及时足额缴纳应纳税款,以完全彻底地履行应尽的纳税义务。

进口货物自运输工具申报进境之日起 14 日内,出口货物在货物运抵海关监管区后装货的 24 小时以前,应由进出口货物的纳税义务人向货物进(出)境地海关申报,海关根据税则归类和完税价格计算应缴纳的关税和进口环节代征税,并填发税款缴款书。纳税义务人应当自海关填发税款缴款书之日起 15 日内,向指定银行缴纳税款。如关税缴纳期限的最后 1 日是周末或法定节假日,则关税缴纳期限顺延至周末或法定节假日过后的第 1 个工作日。为方便纳税人,经申请且海关同意,进(出)口货物的纳税义务人可以在设有海关的指运地(启运地)办理海关申报、纳税手续。

关税纳税义务人因不可抗力或者在国家税收政策调整的情形下,不能按规缴纳税款的,经海关总署批准,可以延期缴纳税款,但最长不得超过 6 个月。

(二)关税的强制执行

纳税义务人未在关税缴纳期限内缴纳税款,即构成关税滞纳。为保证海关征收关税决定的有效执行和国家财政收入的及时入库,《海关法》赋予海关对滞纳关税的纳税义务人强制执行的权利。

强制措施主要有两类:

一是征收关税滞纳金。滞纳金自关税缴纳期限届满滞纳之日起,至纳税义务人缴纳关税之日起,按滞纳税款万分之五的比例按日征收,周末或法定节假日不予扣除。具体计算公式为：

$$关税滞纳金金额＝滞纳关税税额×滞纳金征收比例×滞纳天数$$

【例6-4】　阳明公司进口一批货物，海关于2024年2月1日填发税款缴纳书，经审核货物的到岸价折合人民币2 000万元，但公司迟至2024年2月27日才缴清了税款。已知该货物的关税税率为10%，增值税税率为13%。

要求：计算阳明公司应缴纳的税款滞纳金。

【答案与解析】

应缴纳的关税税额＝2 000×10%＝200（万元）

应缴纳的增值税税额＝（2 000＋200）×13%＝286（万元）

关税和增值税缴纳期限届满日为2月15日，从2月16日至缴纳关税之日2月27日止，滞纳天数为12天。

应缴纳的税款滞纳金＝（200＋286）×0.5‰×12＝2.916（万元）

二是强制征收。如纳税义务人自海关填发缴款书之日起3个月仍未缴纳税款，经海关关长批准，海关可以采取强制扣缴、变价抵缴等强制措施。强制扣缴即海关从纳税义务人在开户银行或者其他金融机构的存款中直接扣缴税款。变价抵缴即海关将应税货物依法变卖，以变卖所得抵缴税款。

（三）关税的退还

关税退还是关税纳税义务人按海关核定的税额缴纳关税后，因某种原因，海关将实际征收多于应当征收的税额退还给原纳税义务人的一种行政行为。根据《海关法》，海关多征的税款，海关发现后应当立即退还。

按规定，有下列情形之一的，进出口货物的纳税义务人可以自缴纳税款之日起1年内书面声明理由，连同原纳税收据向海关申请退税并加算银行同期活期存款利息，逾期不予受理：

（1）因海关误征，多纳税款的。

（2）海关核准免验进口的货物，在完税后，发现有短卸情形，经海关审查认可的。

（3）已征出口关税的货物，因故未将其运出口，申报退关，经海关查验属实的。

对已征进口关税的货物和已征出口关税的货物，因货物品种或者规格原因（非其他原因），原状复运出境或进境的，经海关查验属实的，也应退还已征关税。海关应当自受理退税申请之日起30日内查实并通知纳税义务人办理退税手续或不予退税的决定。纳税义务人应当自收到海关准予退税的通知之日起3个月内办理有关退税手续。

（四）关税的补征和追征

关税追征是由于纳税人违反海关规定造成少征或漏征关税，非因纳税人违反海关规定造成短征关税的，称为补征。根据《海关法》规定，进出境货物和物品放行后，海关发现少征或漏征税款，应当自缴纳税款或货物、物品放行之日起1年内，向纳税义务人补征；因纳税义务人违反规定而造成的少征或者漏征的税款，自纳税义务人应缴纳税款之日起3年内可以追征，并从缴纳税款之日起按日加收少征或者漏征税款万分之五的滞纳金。

（五）关税纳税争议

为保护纳税人合法权益，我国《海关法》和《进出口关税条例》都规定了纳税义务人对海关确定的进出口货物的征税、减税、补税或者退税等有异议时，有提出申诉的权利。在纳税义务人同海关发生纳税争议时，应当缴纳税款，并可以依法申请行政复议；对复议决定仍不服的，可以依法向人民法院提起诉讼。

纳税争议的内容一般为进出境货物和物品的纳税义务人对海关在原产地认定、税则归类、税率或汇率适用、完税价格确定、关税减征、免征、追征、补征和退还等征税行为是否合法或适当，是否侵害了纳税义务人的合法权益，而对海关征收关税的行为表示异议。

纳税争议的申诉程序：纳税义务人自海关填发税款缴款书之日起 30 日内，向原征税海关的上一级海关书面申请复议。逾期申请复议的，海关不予受理。海关应当自收到复议申请之日起 60 日内作出复议决定，并以复议决定书的形式正式答复纳税义务人。纳税义务人对海关复议决定仍然不服的，可以自收到复议决定书之日起 15 日内，向人民法院提起诉讼。

项 目 小 结

关税是海关依法对进出境货物、物品征收的一种税。它的征税对象是准许进出境的货物和物品，货物和物品在计征关税时有不同的计税规则。进口货物的收货人、出口货物的发货人、进出境物品的所有人，是关税的纳税义务人。关税的征税基础是关税完税价格。进口货物以海关审定的成交价值为基础的到岸价格为关税完税价格；出口货物以该货物销售给境外的离岸价格减去出口税后，经过海关审查确定的价格为完税价格。目前世界各国普遍征收的是进口关税，出口一般实行免税，只对少数资源产品、部分原材料及半成品征收出口关税。关税由海关征收，其减免分为法定减免、特定减免和临时减免。了解关税的缴纳期限与缴纳方式，熟关税征纳的程序，掌握关税的追补和退补。

技 能 训 练

一、单项选择题

1. 下列各项中，对于关税纳税义务人说法正确的是（　　　）。

A. 甲委托乙从境外购买一台数码相机，并由乙带回境内交给甲，甲为关税纳税义务人

B. 丙从境外邮寄化妆品给丁，并委托丁交给戊，戊为关税纳税义务人

C. 小王给远在美国的小李邮寄了茶叶等家乡特产，小李为关税纳税义务人

D. 天意公司以邮寄方式向德国某公司出口一批货物，天意公司为关税纳税义务人

2. 某企业从境外进口一批货物，货物价款折合人民币 20 万元，另支付与进口货物相关的特许权使用费 2 万元，货物运抵我国境内输入地点起卸前发生运费 3 万元、保险费 1 万元，企业向自己的采购代理人支付购货佣金 0.5 万元。已知该货物进口关税税率为 10%，则该企业进口该批货物时应缴纳关税（　　　）万元。

A. 2.4　　　　　　　　　　　　　B. 2.6

C. 2.45　　　　　　　　　　　　D. 2.65

3. 海关估价时,如果有多个相同或者类似货物的成交价格,应以(　　　)为基础,估定进口货物的完税价格。

A. 最高的成交价格　　　　　　　B. 最低的成交价格

C. 平均的成交价格　　　　　　　D. 加权平均价格

4. 某公司于 2022 年 12 月 30 日(周五)进口一批货物并于当日申报进境,次日海关填发了税款缴款书,则该公司最晚向银行缴纳关税税款的期限为 2023 年(　　　)。

A. 1 月 13 日　　　　　　　　　B. 1 月 14 日

C. 1 月 15 日　　　　　　　　　D. 1 月 16 日

5. 某企业 2024 年 1 月 10 日从境外进口一批化妆品,设备价款折合人民币 300 000元,货物运抵我国境内输入地点起卸前发生运费、保险费合计 20 000 元。该企业于 1 月12 日向海关申报缴纳关税,海关当日填发了税款缴款书。假设企业于 2 月 6 日缴纳关税,已知设备关税税率为 10%,则该企业应缴纳关税滞纳金(　　　)元。

A. 176　　　　　　　　　　　　B. 192

C. 208　　　　　　　　　　　　D. 224

二、多项选择题

1. 下列各项中,应计入进口关税完税价格的有(　　　)。

A. 买方为购买进口货物向自己的采购代理人支付的劳务费用

B. 买方为购买进口货物向代表买卖双方利益的经纪人支付的劳务费用

C. 卖方直接或间接从买方对该货物进口后转售、处置或使用所得中获得的收益

D. 进口货物在境内的复制权费

2. 根据《关税法》的有关规定,下列各项中,应当计入出口关税完税价格的有(　　　)。

A. 出口关税

B. 出口货物运至我国境内输出地点装载前发生的保险费

C. 出口货物运至我国境内输出地点装载后发生的运输费

D. 出口货物在成交价格中未单独列明的支付给国外的佣金

3. 下列进出口货物中,其运费及其相关费用、保险费的计算,正确的有(　　　)。

A. 邮运的进口货物,应当以邮费作为运输及其相关费用、保险费

B. 以境外边境口岸价格条件成交的铁路或公路运输进口货物,海关应当按照货价的
1% 计算运输及其相关费用、保险费

C. 作为进口货物的自驾运输工具,海关在审查完税价格时,可以不另行计入运费

D. 出口货物的销售价格应包括离境口岸至境外口岸之间的运输、保险费

4. 下列货物、物品予以减免关税的有(　　　)。

A. 关税税额在人民币 50 元以下的一批货物

B. 有商业价值的广告品和货样

C. 外国政府无偿赠送的物资

D. 进出境运输工具装载的途中必需的燃料

5. 下列关于关税征收管理的说法中,正确的有(   )。

A. 进出境货物和物品放行后,海关发现少征或者漏征税款,应当自缴纳税款或者货物、物品放行之日起 1 年内,向纳税义务人补征

B. 因纳税人违反规定而造成的少征或者漏征的税款,自纳税人应缴纳税款之日起 3 年以内可以追征

C. 海关多征的税款,海关发现后应当立即退还

D. 因海关误征,多缴纳关税的,纳税人可以自缴纳税款之日起 3 年内,书面声明理由,连同原纳税收据向海关申请退税并加算银行同期活期存款利息

三、综合题

某市具有进出口经营权的甲企业系增值税一般纳税人。2024 年 8 月,甲企业进口一批化妆品,成交价格为 100 万元(折合人民币,下同),支付境内技术培训费共计 2 万元。运抵我国境内输入地点起卸前的运保费无法确定,海关按同类货物同城运输费估定运费为 5 万元。缴纳进口税后海关放行。甲企业将此批化妆品从海关运往企业,支付运输公司(一般纳税人)不含税运费 1 万元,并取得增值税专用发票。当月将此批化妆品全部销售,取得含税销售额 226 万元。

已知:该批化妆品进口关税税率为 15%,消费税税率为 15%;本月取得的票据均能在当月认证并允许抵扣。

要求:

(1)计算其关税完税价格。

(2)计算其进口环节应纳关税。

(3)计算其进口环节应纳的税额合计。

(4)计算内销环节实际应缴纳的各项税金及附加合计。

项目七　消费税纳税实务

素养目标

1. 关注消费税改革，了解国家产业结构调整的决心。
2. 培育绿色、智能、健康、安全的消费观。
3. 培养消费税涉税业务底线思维。

知识和能力目标

1. 熟悉消费税的纳税人、征税对象、税目和税率。
2. 能确定计税依据并正确计算应纳税税额。
3. 掌握消费税已纳税款扣除的范围及方法。
4. 熟悉税收征收管理的程序和方1法。
5. 能够进行消费税申报与缴纳。

思维导图

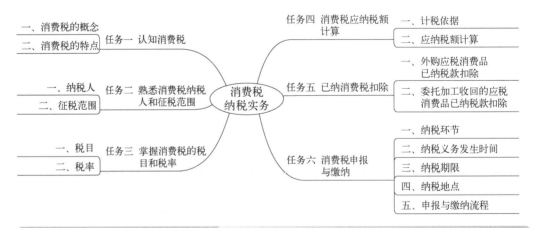

案例导入 >>

　　S市江醇酿酒厂是年纳增值税、消费税过千万元的大型企业，主要产品为白酒、酒精及饮料。2023年1月初，市国税局直属征收分局在审查其纳税申报时，发现纳税情况异常，特别是消费税应纳税额与上年同期相比下降很大。1月21日，征收分局派员对其 2023 年 7 月至 12 月份纳税情况进行了检查。

通过检查产品销售明细账,税务人员发现各类应征消费税产品依法定税率计算的应纳税额与申报数额一致,但酒精的产品销售收入达 2 158 万元,与 2021 年同期相比,增长了 38％,增幅较大。对此,企业财务人员解释说,2022 年以来,酿酒厂进行了产品结构调整,减少了白酒产量,扩大了酒精生产规模,由于酒精不纳消费税,所以在总的应税收入增长的情况下,应纳消费税额却减少了。

为了弄清情况,税务人员又对产品账进行了检查,白酒产量比 2021 年同期增长了 11％,酒精产量比 2021 年同期增长了 13.8％,增长幅度不大。企业生产的食用酒精全部记入"产成品——食用酒精"账户,2018 年 7 月至 12 月结转食用酒精销售成本 102 万元,结转工业酒精及医用酒精销售成本 996 万元,合计结转酒精销售成本 1 098 万元,与酒精产品销售收入明显不符。由此推断,企业存在混淆酒类产品销售与酒精产品销售的问题。

税务人员对包括该厂门市部在内的 8 个购货单位的 16 份销货发票进行外调,发现开给本厂门市部的两份大额发票记账联与发票联产品名称不符,记账联为"食用酒精",发票联为"粮食白酒"。再核对这两笔业务的核算情况,发现"主营业务收入——食用酒精"账页后面单设一账页,户名为"门市部",只登记产品销售数量、销售金额,未登记单价及单位成本。该企业混淆产品销售收入、逃避纳税的问题终于查清。销售明细账的"门市部"户记载 2022 年 7 月至 12 月份销售食用酒精 5.37 吨,实现销售收入 537 万元,实际为粮食白酒销售收入,共少计消费税 107.937 万元。

【案例解析】

对纳税人税目税率的审查,要针对产品品种多、税率不一的实际,注意对产品投入、产出及销售情况的对比分析,从中寻找疑点,再通过必要的检查,外调有关凭证,将问题落实清楚。S 市江酵酿酒厂将高税率白酒按酒精记销售,少计消费税。根据《税收征收管理法》第 40 条规定,属逃避纳税义务的行为。征收分局决定除令其补缴消费税 107.937 万元外,并处 1 倍罚款。

讨论:

(1) 根据现行的消费税法律制度,消费税税目包括哪些?

(2) 如何确定白酒的计税方法?如果该酒厂销售白酒与食用酒精的销售额未分别核算,如何计税?

任务一 认知消费税

【知识准备与业务操作】

一、消费税的概念

根据《中华人民共和国消费税暂行条例》(以下简称《消费税暂行条例》)的规定,消费税是对在我国境内生产、委托加工和进口特定消费品的单位和个人就其销售额或销售量征收的一种税。

消费税是世界各国广泛实行的税种,在开征国和地区税收收入总额中占有相当比重。特别是发展中国家,大多以商品课税为主体,而消费税又是其中一个主要税种,地位尤其重要。我国消费税是 1994 年税制改革中设置的税种,是由原产品税演变出来,与实行普遍调节的增值税配套,对某些产品进行特殊调节。消费税与增值税的关系如表 7-1 所示。

表 7-1　　　　　　　　　　　消费税与增值税的关系

联　　系	区　　别
(1) 两者都是对货物征收 (2) 对于从价定率征收消费税的商品,征收消费税的同时需要征收增值税,两者计税依据一致 (3) 两者都属于流转税 (4) 两者都具有转嫁性 (5) 消费税纳税人同时是增值税纳税人	(1) 两者征收范围不同:增值税对货物普遍征收,消费税对特定货物征收 (2) 两者与价格的关系不同:增值税是价外税,消费税是价内税 (3) 两者的纳税环节不同:消费税是单一环节征收,增值税是在货物所有的流转环节道道征收 (4) 两者的计税方法不同:增值税是按照两类纳税人来计算的,消费税的计算方法是根据应税消费品来划分

二、消费税的特点

我国现行消费税的征税对象主要是与居民消费相关的最终消费品和消费行为,与其他税种相比,具有以下特点。

（一）征收项目的选择性

目前,各国消费税都是对特定消费品或消费行为征收的税种,征税范围虽然有所不同,但都是在人们普遍消费的大量消费品或消费行为中有选择地确定若干个征税项目,在税法中列举征税。现行消费税税目共有 15 个,主要包括了特殊消费品、奢侈品、高能耗消费品、不可再生的资源消费品和税基广大、消费普遍、不影响人民群众生活水平,力求体现目前我国对产业结构、消费水平和消费结构以及节能、环保等方面的要求,同时又具有一定财政意义的普通消费品。

（二）征收环节的单一性

消费税是在生产(进口)、流通或消费的某一环节一次征收(卷烟除外),而不是在消费品生产、流通或消费的每个环节多次征收,即通常所说的一次课征。

（三）税率设计的针对性

消费税以调节生产、消费为主要职责,税率是针对不同消费品,甚至同一消费品的不同品种设计的,税率档次较多,不同税目之间的税负水平相差较大。在税率形式的选择上,现行消费税也具有较大的灵活性,既采用比例税率,也采用定额税率,少数品种还同时采用两种税率,即复合税率。

（四）征收目的的调控性

现代税收有为政府筹集财政资金和调控经济运行的双重职责,但不同税种具体职责的侧重点有所不同。而消费税侧重于贯彻政府的产业政策,调节和指导消费,发挥税收的宏观调控作用。

（五）税收负担的转嫁性

消费税是一种间接税,无论在哪个环节征收,税款最终都要转嫁到消费者身上,由消费者负担。我国现行的消费税实行价内税,税款作为价格构成要素计入应税消费品的销售价格而逐步转嫁,这与增值税采用价外税形式的税负转嫁形成鲜明对比。

任务二 熟悉消费税纳税人和征税范围

【知识准备与业务操作】

一、纳税人

根据《消费税暂行条例》的规定,消费税的纳税义务人是在中华人民共和国境内生产、委托加工和进口应税消费品的单位和个人,以及国务院确定的销售应税消费品的其他单位和个人。

这里所说的"单位",具体包括企业、行政单位、事业单位、军事单位、社会团体及其他单位;"个人"是指个体工商户和其他个人。"在中华人民共和国境内"是指生产、委托加工和进口应税消费品的起运地或所在地在境内。

二、征税范围

（一）自产应税消费品

（1）自产应税消费品用于销售的,在生产销售环节纳税。

（2）自产应税消费品自己使用的,按其不同用途区别对待:

① 纳税人自产应税消费品用于连续生产应税消费品的,不纳税。例如,卷烟厂自产烟丝生产卷烟,自产的烟丝不纳税。

② 纳税人自产应税消费品用于生产非应税消费品和在建工程、管理部门、非生产机构、提供劳务,以及用于馈赠、赞助、集资、广告、样品、职工福利、奖励等方面的,在移送使用环节纳税。例如,卷烟厂将自产卷烟发给职工,属于视同销售行为,应征收消费税。

工业企业以外的单位和个人的下列行为视为应税消费品的生产行为,按规定征收消费税:

（1）将外购的消费税非应税产品以消费税应税产品对外销售的。

（2）将外购的消费税低税率应税产品以高税率应税产品对外销售的。

【例7-1】 某企业生产的高档护肤类化妆品,用于下列（ ）用途时应征收消费税。

A. 促销活动中的赠送品　　　　　　B. 本企业职工运动会奖品

C. 加工生产其他系列高档护肤类化妆品　D. 电视广告的样品

【答案与解析】 ABD。选项C,纳税人自产应税消费品用于连续生产应税消费品的,不纳税。

（二）委托加工应税消费品

委托加工的应税消费品是指由委托方提供原料和主要材料,受托方只收取加工费和代垫部分辅助材料加工的应税消费品。对于由受托方提供原材料生产的应税消费品,或者受托方先将原材料卖给委托方,然后再接受加工的应税消费品,以及由受托方以委托方名义购进原材料生产的应税消费品,不论在财务上是否作为销售处理,都不得作为委托加工应税消费品,而应当按照销售自制应税消费品缴纳消费税。

委托加工应税消费品，除受托方为个人外，由受托方在向委托方交货时代收代缴消费税。

委托加工的应税消费品，委托方用于连续生产应税消费品的，所纳税款准予按规定抵扣。

委托方将收回的应税消费品，以不高于受托方的计税价格出售的，为直接出售，不再缴纳消费税；委托方以高于受托方的计税价格出售的，不属于直接出售，需按照规定申报缴纳消费税，在计税时准予扣除受托方已代收代缴的消费税。

（三）进口应税消费品

单位和个人进口应税消费品，于报关进口时缴纳消费税。为了减少征税成本，进口环节缴纳的消费税由海关代征。

（四）零售超豪华小汽车和金银首饰

对超豪华
小汽车加
征消费税
有关事项
的通知

对超豪华小汽车，在生产（进口）环节按现行税率征收消费税的基础上，在零售环节加征消费税。

金银首饰消费税由生产销售环节征收改为零售环节征收。改为零售环节征收消费税的金银首饰仅限于金、银和金基、银基合金首饰，以及金、银和金基、银基合金的镶嵌首饰（简称金银首饰）及铂金首饰。

下列业务视同零售业，在零售环节缴纳消费税：

（1）为经营单位以外的单位和个人加工金银首饰（包括带料加工、翻新改制、以旧换新等，不包括修理和清洗）。

（2）经营单位将金银首饰用于馈赠、赞助、集资、广告样品、职工福利、奖励等方面。

（3）未经中国人民银行总行批准，经营金银首饰批发业务的单位将金银首饰销售给经营单位。

（五）批发卷烟

卷烟除了在生产环节征收消费税以外，还在批发环节加征一道复合计征的消费税。具体规定为：

（1）烟草批发企业将卷烟销售给"零售单位"的，要再征一道复合计征消费税；烟草批发企业将卷烟销售给其他烟草"批发企业"的，不缴纳消费税。

（2）批发企业在计算应纳税额时，不得扣除卷烟中已含的生产环节的消费税税款。

小贴士

消费税属于价内税，一般情况下只征收一次，只有"卷烟"例外。卷烟在生产环节、批发环节征收两次消费税，但这两个环节一般不是同一个纳税人，卷烟生产企业是生产环节的纳税人，批发企业是批发环节的纳税人。

【例7-2】　下列单位中不属于消费税纳税人的是（　　　）。

A. 对外批发卷烟的卷烟批发企业　　　　B. 委托加工应税消费品的单位

C. 进口小汽车的单位　　　　　　　　　D. 进口金银首饰的单位

【答案与解析】　D。金银首饰在零售环节交消费税，在进口环节不交消费税。

【例7-3】　下列环节既征消费税又征增值税的有（　　　）。

A. 高尔夫球及球具的生产环节　　　　　B. 高档手表的零售环节

C. 卷烟的批发环节 D.啤酒屋自产啤酒的销售环节

【答案与解析】 ACD。根据税法规定,高档手表属于应税消费品,但不在零售环节征收。

任务三 掌握消费税的税目和税率

【知识准备与业务操作】

一、税目

根据《消费税暂行条例》的规定,消费税税目共 15 个,具体内容如下:

（一）烟

凡是以烟叶为原料加工生产的产品,不论使用何种辅料,均属于本税目的征收范围。本税目包括卷烟、雪茄烟和烟丝 3 个子税目。

1. 卷烟

卷烟是指将各种烟叶切成烟丝,按照配方要求均匀混合,加入糖、酒、香料等辅料,用白色盘纸、棕色盘纸、涂布纸或烟草薄片经机器或手工卷制的普通卷烟和雪茄型卷烟。包括甲类烟和乙类烟。

甲类卷烟,即每标准条(200 支,下同)调拨价格在 70 元(不含增值税)以上(含 70 元)的卷烟,税率调整为 56%。

乙类卷烟,即每标准条调拨价格在 70 元(不含增值税)以下的卷烟,税率调整为 36%。

2. 雪茄烟

雪茄烟包括各种规格型号的雪茄烟。

3. 烟丝

烟丝是指以烟叶为原料加工生产的不经卷制的散装烟。

4. 电子烟

按照财政部、海关总署、税务总局联合发布的《财政部 海关总署 税务总局关于对电子烟征收消费税的公告》(2022 年第 33 号,以下简称 33 号公告)的规定,电子烟消费税的征税对象为电子烟产品,包括烟弹、烟具以及烟弹与烟具组合销售的电子烟产品。其中,电子烟的定义按照国家市场监督管理总局、国家标准化管理委员会发布的《电子烟》强制性国家标准(GB 41700-2022)确定。

（二）酒

本税目包括白酒(粮食白酒、薯类白酒)、黄酒、啤酒、其他酒。

具体征税范围包括:

1. 白酒

白酒包括粮食白酒和薯类白酒。

(1) 粮食白酒,是指以高粱、玉米、大米、糯米、大麦、小麦、小米、青稞等各种粮食为原料,经过糖化、发酵后,采用蒸馏方法酿制的白酒。

（2）薯类白酒，是指以白薯（红薯、地瓜）、木薯、马铃薯（土豆）、芋头、山药等各种干鲜薯类为原料，经过糖化、发酵后，采用蒸馏方法酿制的白酒。用甜菜酿制的白酒，比照薯类白酒征税。

2.黄酒

黄酒是指以糯米、粳米、籼米、大米、黄米、玉米、小麦、薯类等为原料，经加温、糖化、发酵、压榨酿制的酒。包括各种原料酿制的黄酒和酒度超过 12 度（含 12 度）的土甜酒。

3.啤酒

啤酒是指以大麦或其他粮食为原料，加入啤酒花，经糖化、发酵、过滤酿制的含有二氧化碳的酒。

4.其他酒

其他酒是指除粮食白酒、薯类白酒、黄酒、啤酒以外，酒度在 1 度以上的各种酒。其征收范围包括糠麸白酒、其他原料白酒、土甜酒、复制酒、果木酒、汽酒、药酒等等。

小贴士

对饮食业、商业、娱乐业举办的啤酒屋（啤酒坊）利用啤酒生产设备生产的啤酒，应当征收消费税。国税函〔2008〕742 号文件中规定，调味料酒不征消费税。

《国家税务总局关于配制酒消费税适用税率问题的公告》（2011 年第 53 号）规定，对企业以白酒和酒精为酒基，加入果汁、香料、色素、药材、补品、糖、调料等配制或泡制的酒，一律按照酒基所用原料确定白酒的适用税率。酒基所用原料无法确定的，一律按粮食白酒的税率征收消费税。对以黄酒为酒基生产的配制酒或泡制酒，按"其他酒"的税率征收消费税。

（三）高档化妆品

高档化妆品的征收范围包括高档美容、修饰类化妆品、高档护肤类化妆品和成套化妆品。高档美容、修饰类化妆品和高档护肤类化妆品是指生产（进口）环节销售（完税）价格（不含增值税）在 10 元/毫升（克）或 15 元/片（张）及以上的美容、修饰类化妆品和护肤类化妆品。

舞台、戏剧、影视演员化妆用的上妆油、卸妆油、油彩，不属于本税目的征收范围。

关于调整化妆品消费税政策的通知

小贴士

根据财税〔2016〕103 号文规定，自 2017 年 10 月 1 日起，取消对普通美容、修饰类化妆品征收消费税，将"化妆品"税目更名为"高档化妆品"，税率调整为 15%。

（四）贵重首饰及珠宝玉石

本税目征收范围包括以金、银、白金、宝石、珍珠、钻石、翡翠、珊瑚、玛瑙等高贵稀有物质以及其他金属、人造宝石等制作的各种纯金银首饰及镶嵌首饰（含人造金银、合成金银首饰等）；经采掘、打磨、加工的各种珠宝玉石。

（五）鞭炮、焰火

鞭炮，又称爆竹，是用多层纸密裹火药，接以药引线，制成的一种爆炸品。

焰火，指烟火剂，一般系包扎品，内装药剂，点燃后烟火喷射，呈各种颜色，有的还变幻成各种景象，分平地小焰火和空中大焰火两类。

【注意】　体育活动中使用的发令纸、鞭炮引线，不按本税目征收。

（六）成品油

成品油税目下设汽油、柴油、石脑油、溶剂油、航空煤油、润滑油、燃料油七个子目。

1. 汽油

本税目的征收范围包括车用汽油、航空汽油、启动汽油及烷基化油。

2. 柴油

本税目的征收范围包括轻柴油、重柴油、农用柴油、军用柴油。

3. 石脑油

石脑油又叫轻汽油、化工轻油，是以石油加工生产的或二次加工汽油经加氢精制而得的用于化工原料的轻质油。石脑油的征收范围包括除汽油、柴油、煤油、溶剂油以外的各种轻质油、混合芳烃、重芳烃、混合碳八、稳定轻烃、轻质煤焦油等。

4. 溶剂油

溶剂油是以石油加工生产的用于涂料和油漆生产、食用油加工、印刷油墨、皮革、农药、橡胶、化妆品生产和机械清洗、胶粘行业的轻质油。橡胶填充油、溶剂油原料、石油醚、粗白油、轻质白油、部分工业白油（5 号、7 号、10 号、15 号、22 号、32 号、46 号）属于溶剂油征收范围。

5. 航空煤油

航空煤油也叫喷气燃料，是以石油加工生产的作为喷气发动机和喷气推进系统中能源的石油燃料。航天煤油参照航空煤油暂缓征收消费税。

6. 润滑油

润滑油是用于内燃机、机械加工过程的润滑产品。润滑油分为矿物性润滑油、植物性润滑油、动物性润滑油和化工原料合成润滑油。润滑油的征收范围包括以石油为原料加工的矿物性润滑油、矿物性润滑油基础油。植物性润滑油、动物性润滑油和化工原料合成润滑油不属于润滑油的征收范围。

7. 燃料油

燃料油也称重油、渣油。燃料油征收范围包括用于电厂发电、船舶锅炉燃料、加热炉燃料、冶金和其他工业炉燃料的各类燃料油。

（七）摩托车

本税目征收范围包括轻便摩托车和摩托车。

轻便摩托车，是指最大设计车速不超过 50 千米/时，发动机气缸总工作容积不超过 50 毫升的两轮机动车。

摩托车，是指最大设计车速超过 50 千米/时，发动机气缸总工作容积超过 50 毫升，空车质量不超过 400 千克（带驾驶室的正三轮车及特种车的空车质量不受此限）的两轮和三轮机动车。

小贴士

　　最大设计车速不超过 50 千米/小时,发动机气缸总工作容积不超过 50 毫升三轮摩托车不征收消费税。

　　(八)小汽车

　　汽车是指由动力驱动,具有 4 个或 4 个以上车轮的非轨道承载的车辆。本税目征收范围包括:

　　(1)乘用车,即含驾驶员座位在内最多不超过 9 个座位(含)的,在设计和技术特性上用于载运乘客和货物的各类乘用车。用排气量小于 1.5 升(含)的乘用车底盘(车架)改装、改制的车辆属于乘用车征收范围。

　　(2)中轻型商用客车,即含驾驶员座位在内的座位数在 10 至 23 座(含 23 座)的,在设计和技术特性上用于载运乘客和货物的各类中轻型商用客车。用排气量大于 1.5 升的乘用车底盘(车架)或用中轻型商用客车底盘(车架)改装、改制的车辆属于中轻型商用客车征收范围。

　　(3)超豪华小汽车,依据财税〔2016〕129 号文规定,"小汽车"税目下增设"超豪华小汽车"子税目。征收范围为每辆零售价格 130 万元(不含增值税)及以上的乘用车和中轻型商用客车,即乘用车和中轻型商用客车子税目中的超豪华小汽车。

小贴士

　　车身长度大于 7 米(含),并且座位在 10～23 座(含)的商用客车不属于中轻型商用客车征税范围,不征收消费税。

　　电动汽车不属于本税目征收范围。

　　企业购进货车或厢式货车改装生产的商务车、卫星通信车等专用汽车不属于消费税征税范围,不征收消费税。

　　(九)高尔夫球及球具

　　高尔夫球及球具是指从事高尔夫球运动所需的各种专用装备,包括高尔夫球、高尔夫球杆及高尔夫球包(袋)等。本税目征收范围包括高尔夫球、高尔夫球杆(包括杆头、杆身和握把)、高尔夫球包(袋)。

　　(十)高档手表

　　高档手表是指销售价格(不含增值税)每只在 10 000 元(含)以上的各类手表。本税目征收范围包括符合这一标准的各类手表。

　　(十一)游艇

　　游艇是指长度大于 8 米小于 90 米,船体由玻璃钢、钢、铝合金、塑料等多种材料制作,可以在水上移动的水上浮载体。按照动力划分,游艇分为无动力艇、帆艇和机动艇。本税目征收范围包括艇身长度大于 8 米(含)小于 90 米(含),内置发动机,可以在水上移动,一般为私人或团体购置,主要用于水上运动和休闲娱乐等非牟利活动的各类机动艇。无动力艇、帆艇不征收消费税。

（十二）木制一次性筷子

木制一次性筷子,又称卫生筷子,是指以木材为原料经过锯段、浸泡、旋切、刨切、烘干、筛选、打磨、倒角、包装等环节加工而成的各类一次使用的筷子。本税目征收范围包括各种规格的木制一次性筷子。未经打磨、倒角的木制一次性筷子也属于本税目征税范围。竹制一次性筷子和木制(非一次性)筷子不征收消费税。

（十三）实木地板

实木地板是指以木材为原料,经锯割、干燥、刨光、截断、开榫、涂漆等工序加工而成的块状或条状的地面装饰材料。本税目征收范围包括各类规格的实木地板、实木指接地板、实木复合地板及用于装饰墙壁、天棚的侧端面为榫、槽的实木装饰板。未经涂饰的素板也属于本税目征税范围。

（十四）电池

电池是一种将化学能、光能等直接转换为电能的装置,一般由电极、电解质、容器、极端,通常还有隔离层组成的基本功能单元,以及用一个或多个基本功能单元装配成的电池组。本税目征税范围包括原电池、蓄电池、燃料电池、太阳能电池和其他电池。

1. 原电池

原电池又称一次电池,是按不可以充电设计的电池。按照电极所含的活性物质分类,原电池包括锌原电池、锂原电池和其他原电池。

（1）锌原电池。以锌作负极的原电池,包括锌二氧化锰原电池、碱性锌二氧化锰原电池、锌氧原电池(又称锌空气原电池)、锌氧化银原电池(又称锌银原电池)、锌氧化汞原电池(又称汞电池、氧化汞原电池)等。

（2）锂原电池。以锂作负极的原电池,包括锂二氧化锰原电池、锂亚硫酰氯原电池、锂二硫化铁原电池、锂二氧化硫原电池、锂氧原电池(又称锂空气原电池)、锂氟化碳原电池等。

（3）其他原电池。指锌原电池、锂原电池以外的原电池。

原电池又分为无汞原电池和含汞原电池。汞含量低于电池重量的 0.000 1%(扣式电池按 0.000 5%)的原电池为无汞原电池;其他原电池为含汞原电池。

2. 蓄电池

蓄电池又称二次电池,是按可充电、重复使用设计的电池。包括酸性蓄电池、碱性或其他非酸性蓄电池、氧化还原液流蓄电池和其他蓄电池。

（1）酸性蓄电池。一种含酸性电解质的蓄电池,包括铅蓄电池(又称铅酸蓄电池)等。铅蓄电池,指含以稀硫酸为主电解质、二氧化铅正极和铅负极的蓄电池。

（2）碱性或其他非酸性蓄电池。一种含碱性或其他非酸性电解质的蓄电池,包括金属锂蓄电池、锂离子蓄电池、金属氢化物镍蓄电池(又称氢镍蓄电池、镍氢蓄电池)、镉镍蓄电池、铁镍蓄电池、锌氧化银蓄电池(又称锌银蓄电池)、碱性锌二氧化锰蓄电池(又称可充碱性锌二氧化锰电池)、锌氧蓄电池(又称锌空气蓄电池)、锂氧蓄电池(又称锂空气蓄电池)等。

关于对电池、涂料征收消费税的通知

（3）氧化还原液流电池。一种通过正负极电解液中不同价态离子的电化学反应来实现电能和化学能互相转化的储能装置,目前主要包括全钒液流电池。全钒液流电池是通过正负极电解液中不同价态钒离子的电化学反应来实现电能和化学能互相转化的储能装置。

（4）其他蓄电池。除上述以外的蓄电池。

小贴士

自 2016 年 1 月 1 日起,对铅蓄电池按 4% 税率征收消费税。

3. 燃料电池

燃料电池,是指通过一个电化学过程,将连续供应的反应物和氧化剂的化学能直接转换为电能的电化学发电装置。

4. 太阳能电池

太阳能电池,是将太阳光能转换成电能的装置,包括晶体硅太阳能电池、薄膜太阳能电池、化合物半导体太阳能电池等,但不包括用于太阳能发电储能用的蓄电池。

5. 其他电池

其他电池是除原电池、蓄电池、燃料电池、太阳能电池以外的电池。

（十五）涂料

涂料是指涂于物体表面能形成具有保护、装饰或特殊性能的固态涂膜的一类液体或固体材料之总称。

涂料由主要成膜物质、次要成膜物质等构成。按主要成膜物质涂料可分为油脂类、天然树脂类、酚醛树脂类、沥青类、醇酸树脂类、氨基树脂类、硝基类、过滤乙烯树脂类、烯类树脂类、丙烯酸酯类树脂类、聚酯树脂类、环氧树脂类、聚氨酯树脂类、元素有机类、橡胶类、纤维素类、其他成膜物类等。

施工状态下挥发性有机物（Volatile Organic Compounds，VOC）含量低于 420 克/升（含）的涂料免征消费税。

二、税率

（一）税率形式

我国现行消费税税率分别采用比例税率、定额税率和复合税率三种形式,根据不同税目或子目确定相应的税率或单位税额。

1. 比例税率

比例税率主要适用于价格差异较大,计量单位不规范的应税消费品。包括高档化妆品、鞭炮焰火、贵重首饰及珠宝玉石、高档手表、实木地板、一次性木筷、游艇、摩托车、小汽车、电池和涂料等。

2. 定额税率

定额税率主要适用于那些价格差异不大,计量单位规范的应税消费品。包括黄酒、啤酒、成品油等。

3. 复合税率

复合税率主要适用于价格差异较大、税源较多的卷烟和白酒两类消费品。卷烟批发环节从价税税率11%,并按0.005元/支加征从量税。

我国现行消费税税目税率如表7-2所示。

表7-2 消费税税目税率表

税目	计税单位	税率	
		定额税率/元	比例税率/%
一、烟			
1.卷烟	支	0.003	
（1）甲类卷烟：			56
每标准条（200支）对外调拨价格≥70元（不含增值税）			
（2）乙类卷烟：			36
每标准条（200支）对外调拨价格＜70元（不含增值税）			
2.雪茄烟			36
3.烟丝			30
4.卷烟批发环节	支	0.005	11
5.电子烟			
生产（进口）环节			36%
批发环节			11%
二、酒			
1.白酒	500克或500毫升	0.50	20
2.黄酒	吨	240	
3.啤酒			
（1）甲类啤酒：	吨	250	
每吨啤酒出厂价格（含包装物及包装物押金）≥3 000元（不含增值税）			
（2）乙类啤酒：	吨	220	
每吨啤酒出厂价格（含包装物及包装物押金）＜3 000元（不含增值税）			
4.其他酒			10
三、高档化妆品			15
四、贵重首饰及珠宝玉石			
其中金银首饰			
1.金银首饰、铂金首饰和钻石及钻石饰品（零售环节）			5
2.其他贵重首饰及珠宝玉石（生产环节）			10
五、鞭炮、焰火			15
六、成品油	升		
汽油		1.52	
石脑油		1.52	
溶剂油		1.52	
润滑油		1.52	
柴油		1.2	
燃料油		1.2	
航空煤油（暂缓征收）		1.2	

关于调整卷烟消费税的通知

税 目	计税单位	税 率	
		定额税率/元	比例税率/%
七、摩托车 1.汽缸容量250毫升 2.汽缸容量在250毫升以上的			3 10
八、小汽车 1.乘用车 　(1)汽缸容量(排气量,下同)在1.0升(含)以 　　下的 　(2)汽缸容量在1.0升以上至1.5升(含)的 　(3)汽缸容量在1.5升以上至2.0升(含)的 　(4)汽缸容量在2.0升以上至2.5升(含)的 　(5)汽缸容量在2.5升以上至3.0升(含)的 　(6)汽缸容量在3.0升以上至4.0升(含)的 　(7)汽缸容量在4.0升以内的 2.中轻型商用客车 3.超豪华小汽车(零售环节)			 1 3 5 9 12 25 40 5 10
九、高尔夫球及球具			10
十、高档手表			20
十一、游艇			10
十二、木制一次性筷子			5
十三、实木地板			5
十四、电池 无汞原电池、金属氢化物镍蓄电池、锂原电池、 锂离子蓄电池、太阳能电池、燃料电池和全钒液 流电池			4 免征
十五、涂料 施工状态下挥发性有机物(Volatile Organic Compounds,VOC)含量低于420克/升(含)的			4 免征

小贴士

　　纳税人兼营卷烟批发和零售业务的,应当分别核算批发和零售环节的销售额、销售数量;未分别核算批发和零售环节销售额、销售数量的,按照全部销售额、销售数量计征批发环节消费税。

　　(二)适用税率确定

　　消费税采取列举法按具体应税消费品设置税目税率,征税界限清楚,一般不容易出错。但存在下列情况时,纳税人应按相关规定确定适用税率:

1. 适用最高税率的情形

（1）纳税人兼营不同税率的应税消费品，应当分别核算不同税率应税消费品的销售额或销售数量，未分别核算的，按最高税率征税。

（2）纳税人将应税消费品与非应税消费品以及适用税率不同的应税消费品组成成套消费品销售的，应根据成套消费品的销售额按应税消费品中适用最高税率的消费品税率征税。

2. 配制酒适用税率的确定

配制酒（露酒）是指以发酵酒、蒸馏酒或食用酒精为酒基，加入可食用或药食两用的辅料或食品添加剂，进行调配、混合或再加工制成的、并改变了其原酒基风格的饮料酒。

（1）以蒸馏酒或食用酒精为酒基，同时符合以下条件的配制酒，按消费税税目税率表"其他酒"10%适用税率征收消费税：①具有国家相关部门批准的国食健字或卫食健字文号。②酒精度低于38度（含）。

（2）以发酵酒为酒基，酒精度低于20度（含）的配制酒，按消费税税目税率表"其他酒"10%适用税率征收消费税。

（3）其他配制酒，按消费税税目税率表"白酒"适用税率征收消费税。

上述蒸馏酒或食用酒精为酒基是指酒基中蒸馏酒或食用酒精的比重超过80%（含）；发酵酒为酒基是指酒基中发酵酒的比重超过80%（含）。

3. 卷烟适用税率的确定

（1）纳税人自产自用的卷烟应当按照纳税人生产的同牌号规格的卷烟销售价格确定征税类别和适用税率。没有同牌号规格卷烟销售价格的，一律按照卷烟最高税率征税。

（2）委托加工的卷烟按照受托方同牌号规格卷烟的征税类别和适用税率征税。没有同牌号规格卷烟的，一律按照卷烟最高税率征税。

（3）残次品卷烟应当按照同牌号规格正品卷烟的征税类别确定适用税率。

（4）下列卷烟不分征税类别一律按照56%卷烟税率征税，并按照每标准箱150元计征定额税：①白包卷烟。②手工卷烟。③未经国务院批准纳入计划的企业和个人生产的卷烟。

（5）卷烟由于接装过滤嘴、改变包装或其他原因提高销售价格后，应按照新的销售价格确定征税类别和适用税率。

【例7-4】 某啤酒厂生产甲类和乙类啤酒，"五一"节促销期间，直接销售甲类啤酒200吨，取得收入80万元，直接销售乙类啤酒300吨，取得收入75万元，销售甲类啤酒和乙类啤酒礼品盒取得收入12万元（内含甲类啤酒和乙类啤酒各18吨），上述收入均不含增值税。

要求：计算该企业应纳消费税税额。

【答案与解析】 纳税人将适用税率不同的应税消费品组成成套消费品销售的，应根据成套消费品的销售额按应税消费品中适用最高税率的消费品税率征税。

应纳消费税税额＝（200＋18×2）×250＋300×220＝59 000＋66 000＝125 000（元）

【例7-5】 下列卷烟，不分征税类别一律按照56%的税率征收消费税的有（　　　　）。

A. 白包卷烟　　　B. 进口卷烟　　　C. 手工卷烟　　　D. 雪茄烟

【答案与解析】 AC。依据消费税法律制度规定，下列卷烟不分征税类别一律按照

56%卷烟税率征税,并按照每标准箱150元计征定额税:①白包卷烟。②手工卷烟。③未经国务院批准纳入计划的企业和个人生产的卷烟。

任务四　消费税应纳税额计算

【知识准备与业务操作】

一、计税依据

（一）实行从量定额的计税依据

1. 从量定额销售数量的确定

（1）销售应税消费品的,为应税消费品的销售数量。

（2）自产自用应税消费品的,为应税消费品的移送使用数量。

（3）委托加工应税消费品的,为纳税人收回的应税消费品数量。

（4）进口的应税消费品,为海关核定的应税消费品进口征税数量。

2. 从量定额的换算标准

为了规范不同产品的计量单位,《消费税暂行条例实施细则》中具体规定了"吨"与"升"两个计量单位的换算标准,如表7-3所示。

表7-3　　　　　　　　从量定额的换算标准

品　目	换　算　标　准	品　目	换　算　标　准
白　酒	500毫升=500克	石脑油	1吨=1 385升
啤　酒	1吨=988升	溶剂油	1吨=1 282升
黄　酒	1吨=962升	润滑油	1吨=1 126升
汽　油	1吨=1 388升	燃料油	1吨=1 015升
柴　油	1吨=1 176升	航空煤油	1吨=1 246升

（二）实行从价定率的计税依据

（1）实行从价定率办法征税的应税消费品,计税依据为应税消费品的销售额。应税消费品的销售额包括销售应税消费品从购买方收取的全部价款和价外费用,不包括向购买方收取的增值税税额。这与增值税税基是一致的,即都是以含消费税而不含增值税的销售额作为计税依据。

（2）含增值税销售额的换算:

　　　　应税消费品的销售额=含增值税的销售额÷（1+增值税税率或征收率）

（3）包装物押金的规定。

① 应税消费品连同包装物销售的,无论包装物是否单独计价,也不论在财务上如何核算,均应并入应税消费品的销售额中征收消费税。

② 包装物不作价随同产品销售,而是收取押金,此项押金则不应并入应税消费品销

售额中征税。但对逾期未收回的包装物不再退还的和已收取 1 年以上的押金，应并入应税消费品的销售额，按照应税消费品的适用税率征收消费税。

③ 对既作价随同应税消费品销售的包装物，又另外收取的包装物押金，凡纳税人在规定的期限内不予退还的，均应并入应税消费品的销售额，按照应税消费品的适用税率征收消费税。

④ 对酒类产品生产企业销售酒类产品（不包括啤酒、黄酒）而收取的包装物押金，无论押金是否返还及会计上如何核算，均应并入酒类产品销售额中征收消费税。

会计处理：不单独计价的包装物的消费税随产品计入税金及附加，单独计价的包装物的消费税计入其他业务成本。

关于包装物的税务处理如表 7 - 4 所示。

表 7 - 4　　　　　　　　　　　包装物的税务处理

具 体 情 况	相 关 规 定
一般应税消费品押金	逾期：征收消费税和增值税
	未逾期：不征收消费税和增值税
酒类产品包装物押金（啤酒、黄酒除外）	不管是否逾期，收取时征收消费税和增值税
啤酒、黄酒、成品油包装物押金	逾期：征收增值税，不征收消费税
	未逾期：不征收增值税和消费税

小贴士

啤酒包装物押金不包括供重复使用的塑料周转箱的押金；白酒生产企业向商业销售单位收取的"品牌使用费"，应并入白酒销售额中征收消费税。

【例 7 - 6】 某酒厂当年 12 月销售粮食白酒 3 000 千克，取得不含税价 100 万元，包装物押金 5 万元，按事先约定的期限，包装物 2 个月后归还厂家。

要求：计算该酒厂应纳消费税税额。

【答案与解析】 根据有关规定，酒类包装物押金在收取时应计入当期的销售额。包装物押金为含税收入，需换算为不含税收入后并入销售额征税。

$$该酒厂应纳消费税税额＝(100＋5÷1.13)×20\%＋3\ 000×2×0.5÷10\ 000$$
$$＝21.18（万元）$$

（三）复合计征销售额和销售数量的确定

根据消费税法律的规定，卷烟和白酒实行从价定率和从量定额相结合的复合计税办法征收消费税。关于销售额与销售数量的确定分别遵从前述规定。

（四）计税依据的若干特殊规定

（1）计税价格的核定。应税消费品计税价格明显偏低又无正当理由的，税务机关有权核定其计税价格。应税消费品计税价格的核定权限规定如下：①卷烟、白酒和小汽车的计税价格由国家税务总局核定,送财政部备案。②其他应税消费品的计税价格由省、自治区和直辖市国家税务局核定。③进口应税消费品的计税价格由海关核定。

（2）纳税人通过自设非独立核算门市部销售的自产应税消费品,应当按照门市部对外销售额或者销售数量计算征收消费税。

（3）纳税人自产的应税消费品用于换取生产资料和消费资料、投资入股和抵偿债务等方面,应当以纳税人同类应税消费品的最高销售价格为计税依据计算消费税。

会计处理:以生产的应税消费品换取生产资料、消费资料、抵债、支付代购手续费等也视为销售,在会计上作为销售处理。

【例7-7】 某汽车制造厂以自产小汽车（消费税税率为5%）20辆投资某租赁公司,取得20%股份,双方确认的价值为750万元。该厂生产的同一型号的小汽车售价分别为40万元/辆、38万元/辆、36万元/辆。

要求:计算用作投资入股的小汽车应缴纳的消费税税额。

【答案与解析】 纳税人自产的应税消费品用于换取生产资料和消费资料、投资入股和抵偿债务等方面,应当以纳税人同类应税消费品的最高销售价格为计税依据计算消费税税额。

应纳消费税税额＝40×20×5%＝40（万元）

（4）关于金银首饰征收消费税的若干规定。

① 金银首饰连同包装物销售的,无论包装物是否单独计价,也无论会计上如何核算,均应并入金银首饰的销售额计征消费税。

② 带料加工的金银首饰,应按受托方销售同类金银首饰的销售价格确定计税依据征收消费税。没有同类金银首饰销售价格,按照组成计税价格计算纳税。组成计税价格的计算公式为:

$$组成计税价格＝（材料成本＋加工费）÷（1－金银首饰消费税税率）$$

③ 纳税人采用以旧换新（含翻新改制）方式销售的金银首饰,应按实际收取的不含增值税的全部价款确定计税依据征收消费税。（此时金银首饰增值税计税依据也照此计算）

④ 生产、批发、零售单位用于馈赠、赞助、集资、广告、样品、职工福利、奖励等方面的金银首饰,应按纳税人销售同类金银首饰的销售价格确定计税依据征收消费税;没有同类金银首饰销售价格的,按照组成计税价格计算纳税。组成计税价格的计算公式为:

$$组成计税价格＝［购进原价×（1＋利润率）］÷（1－金银首饰消费税税率）$$

纳税人为生产企业时,公式中的"购进原价"为生产成本,公式中的"利润率"一律定为6%。

⑤ 金银首饰消费税改变纳税环节后,用已税珠宝玉石生产的镶嵌首饰,在计税时一律不得扣除已纳消费税税款。

（5）电子烟消费税计税价格的确定。

根据《财政部 海关总署 税务总局关于对电子烟征收消费税的公告》（2022年第33号）的规定,纳税人从事生产、批发电子烟业务的,按生产、批发电子烟的销售额作为计税价格。其中,电子烟生产环节纳税人采用代销方式销售电子烟的,以经销商（代理商）销售给电子烟批发企业的销售额（含收取的全部价款和价外费用）为电子烟生产环节纳税人的计税价格。

（6）纳税人销售的应税消费品，以人民币以外的货币结算销售额的，其销售额的人民币折合率可以选择销售额发生的当天或者当月 1 日的人民币汇率中间价。纳税人应在事先确定采用何种折合率，确定后 1 年内不得变更。

【例 7-8】　某商场为增值税一般纳税人，主要经营批发和零售业务，当年 4 月有关生产经营情况如下：珠宝首饰柜台采用以旧换新方式销售金银首饰，实际取得零售收入 9.36 万元，该批首饰市场零售价为 15.21 万元；销售钻石首饰取得零售收入 17.55 万元，修理钻石饰品取得修理收入 0.468 万元，销售其他首饰取得零售收入 14.04 万元；销售服装取得不含税收入 600 万元。

要求：计算该商场应缴纳的消费税税额。

【答案与解析】　根据消费税法律制度规定，金银及钻石首饰改在零售环节征收消费税，采用以旧换新方式销售金银首饰，以实际取得的收入为销售额。销售服装不征消费税。

应纳消费税税额＝（9.36＋17.55）÷（1＋13%）×5%＝1.19（万元）

二、应纳税额计算

（一）生产销售应纳消费税计算

消费税应纳税额的计算方法有三种，如表 7-5 所示。

表 7-5　　　　　　　　消费税应纳税额的计算方法

计税方法	适用范围	计算公式
从价定率计税	除以下列举项目之外的应税消费品	应纳税额＝销售额×比例税率
从量定额计税	列举 3 种：啤酒、黄酒、成品油	应纳税额＝销售数量×单位税额
复合计税	列举 3 种：粮食白酒、薯类白酒、卷烟	应纳税额＝销售额×比例税率＋销售数量×单位税额

【例 7-9】　某摩托车厂为增值税一般纳税人，下设一家非独立核算的门市部，当年 5 月该厂将生产的一批摩托车交于门市部，计价 60 万元。门市部将其对外销售，取得含税销售额 77.22 万元。摩托车消费税税率为 3%。

要求：计算该项业务应缴纳的消费税税额。

【答案与解析】　纳税人通过自设非独立核算门市部销售的自产应税消费品，应按照门市部对外销售额或者销售数量征收消费税。

应缴纳的消费税税额＝77.22÷（1＋13%）×3%＝2.05（万元）

【例 7-10】　某酒厂当年 12 月份生产一种新粮食白酒，对外赞助 0.2 吨。已知该白酒无同类产品出厂价，生产成本每吨 35 000 元，成本利润率为 10%，粮食白酒定额税率为每斤 0.5 元，比例税率为 20%。

要求：计算该厂当月应缴纳的消费税税额。

【答案与解析】　根据消费税法律制度的规定，白酒实行复合方法计征消费税。

从量税＝0.2×2 000×0.5＝200（元）

从价税＝［0.2×35 000×（1＋10%）＋200］÷（1－20%）×20%＝1 975（元）

应纳消费税税额＝200＋1 975＝2 175(元)

(二) 自产自用应纳税额计算

(1) 用于连续生产的应税消费品,不缴纳消费税。

(2) 用于其他方面(指用于生产非应税消费品、在建工程、管理部门、非生产机构、提供劳务以及用于馈赠、赞助、集资、广告、样品、职工福利、奖励等),于移送使用时缴纳消费税,按照纳税人生产的同类消费品的销售价格计算纳税;没有同类消费品销售价格的,按照组成计税价格纳税。具体如下:

① 实行从价定率办法计征消费税的,其计算公式为:

$$组成计税价格＝成本＋利润＋消费税$$

或:　　　　$$组成计税价格＝(成本＋利润)÷(1－消费税税率)$$

$$应纳税额＝组成计税价格×比例税率$$

② 实行复合计税办法计征消费税的,其计算公式为:

$$组成计税价格＝(成本＋利润＋自产自用数量×定额税率)÷(1－消费税税率)$$

$$应纳税额＝组成计税价格×比例税率＋销售数量×单位税额$$

式中,"成本"是指应税消费品的产品生产成本。"利润"是指根据应税消费品的全国平均成本利润率计算的利润。应税消费品全国平均成本利润率由国家税务总局确定,具体标准如表7-6所示。

表7-6　　　　　　　　　消费税的全国平均成本利润率

项　目	成本利润率/%	项　目	成本利润率/%
甲类卷烟	10	贵重首饰及珠宝玉石	6
乙类卷烟	5	乘用车	8
雪茄烟	5	中轻型商用客车	5
烟丝	5	高尔夫球及球具	10
粮食白酒	10	高档手表	20
薯类白酒	5	游艇	10
其他酒	5	木制一次性筷子	5
高档化妆品	5	实木地板	5
鞭炮、焰火	5	乘用车	8
电池	4	涂料	7

注:参照甲类卷烟标准,电子烟的全国平均成本利润率暂定为10%。

同类消费品的销售价格是指纳税人或者代收代缴义务人当月销售的同类消费品的销售价格,如是当月同类消费品各期销售价格高低不同,应按销售数量加权平均计算。但销售的应税消费品有下列情形之一的,不得列入加权平均计算:①销售价格明显偏低又无正当理由的。②无销售价格的。

如果当月无销售或者当月未完结,应按同类消费品上月或者最近月份的销售价格计算纳税。

会计处理:自产自用应税消费品,不符合会计上确认收入定义的情况,不作收入处理。

【例7-11】 某化工生产企业于2024年3月将本单位生产的高档化妆品,对外捐赠给客户作为市场推广。该类产品没有同类消费品销售价格,生产成本为10 000元,成本利润率为5%。

要求:计算此项业务应纳消费税税额。

【答案与解析】 高档化妆品为应税消费品,没有同类产品售价,按组成计税价格计税。

应纳消费税税额=10 000×(1+5%)÷(1-15%)×15%=1 852.94(元)

【例7-12】 某手表厂为增值税一般纳税人,生产各种礼品手表。当年5月为某外事部门制造纪念表300只,每只不含税价9 000元;制造国宾表12只,每只不含税价1.5万元;为某银行成立100周年特制尊贵金表2只,消耗黄金59克,不含税价合计18万元;赠送某关系企业一只光电纯银手表,无同类售价,成本利润率20%,成本为8 689元。

要求:计算上述业务应缴纳的消费税税额。

【答案与解析】 应征消费税的高档手表每只销售价格(不含增值税)10 000元(含10 000元)以上;赠送应税消费品视同销售行为,应征消费税;无同类产品售价的,按组成计税价格计税。

赠送客户的手表组成计税价格=8 689×(1+20%)÷(1-20%)=13 033.5(元),大于10 000元,属于高档表,应征消费税。

应纳消费税税额=(12×15 000+180 000+13 033.5)×20%=74 606.7(元)

(三)委托加工应纳消费税的计算

委托加工的应税消费品,按照受托方的同类消费品的销售价格计算纳税,没有同类消费品销售价格的,按照组成计税价格计算纳税。具体如下:

1.从价定率办法计征消费税

实行从价定率办法计征消费税的,其计算公式为:

$$组成计税价格=(材料成本+加工费)÷(1-比例税率)$$
$$应纳税额=组成计税价格×比例税率$$

2.复合计税办法计征消费税

实行复合计税办法计征消费税的,其计算公式为:

$$组成计税价格=(材料成本+加工费+委托加工数量×定额税率)÷(1-比例税率)$$
$$应纳税额=组成计税价格×比例税率+委托加工数量×定额税率$$

材料成本是指委托方所提供加工材料的实际成本。委托加工应税消费品的纳税人,必须在委托加工合同上如实注明(或以其他方式提供)材料成本,凡未提供材料成本的,受托方主管税务机关有权核定其材料成本。

加工费是指受托方加工应税消费品向委托方索取的全部费用(包括代垫辅助材料的实际成本),不包括增值税税款。

【例7-13】 甲企业委托乙企业加工一批应税消费品,甲企业为乙企业提供原材料等,实际成本为7 000元,支付乙企业加工费2 000元,其中包括乙企业代垫的辅助材料500元。已知适用消费税税率10%。受托方无同类消费品销售价格。

要求:计算乙企业代收代缴应税消费品的消费税税额。

【答案与解析】

组成计税价格＝(材料成本＋加工费)÷(1－消费税税率)

　　　　　　＝(70 000＋2 000)÷(1－10%)＝80 000(元)

乙企业代收代缴消费税税额＝80 000×10%＝1 000(元)

(四)进口环节应纳消费税计算

1. 基本规定

纳税人进口应税消费品,按照组成计税价格和规定的税率计算应纳税额。

对我国驻外使领馆工作人员、外国驻华机构及人员、非居民常住人员、政府间协议规定等应税(消费税)进口自用,且完税价格130万元及以上的超豪华小汽车消费税,按照生产(进口)环节税率和零售环节税率(10%)加总计算,由海关代征。

(1)从价定率办法计征消费税。实行从价定率办法计征消费税的,其计算公式为:

　　组成计税价格＝(关税完税价格＋关税)÷(1－消费税比例税率)

　　应纳税额＝组成计税价格×消费税比例税率

(2)复合计税办法计征消费税。实行复合计税办法计征消费税的,其计算公式为:

$$组成计税价格＝\frac{关税完税价格＋关税＋进口数量×定额税率}{1－消费税比例税率}$$

$$应纳税额＝组成计税价格×消费税比例税率＋进口数量×定额税率$$

(3)从量定额办法计征消费税。实行从量定额办法计征消费税的,其计算公式为:

$$应纳税额＝进口数量×定额税率$$

式中,"进口数量"是指海关核定的应税消费品进口征税数量,"关税完税价格"是指海关核定的关税计税价格。

2. 跨境电子商务零售进口税收政策

自2016年4月8日起,为营造公平竞争的市场环境,促进跨境电子商务零售进口健康发展,根据财关税〔2016〕18号文对跨境电子商务零售(企业对消费者,即B2C)进口税收政策规定如下:

(1)跨境电子商务零售进口商品按照货物征收关税和进口环节增值税、消费税,购买跨境电子商务零售进口商品的个人作为纳税义务人,实际交易价格(包括货物零售价格、运费和保险费)作为完税价格,电子商务企业、电子商务交易平台企业或物流企业可作为代收代缴义务人。

(2)跨境电子商务零售进口税收政策适用于从其他国家或地区进口的、《跨境电子商务零售进口商品清单》范围内的以下商品:

① 所有通过与海关联网的电子商务交易平台交易,能够实现交易、支付、物流电子信息"三单"比对的跨境电子商务零售进口商品。

② 未通过与海关联网的电子商务交易平台交易,但快递、邮政企业能够统一提供交易、支付、物流等电子信息,并承诺承担相应法律责任进境的跨境电子商务零售进口商品。

③ 不属于跨境电子商务零售进口的个人物品以及无法提供交易、支付、物流等电子信息的跨境电子商务零售进口商品,按现行规定执行。

(3) 跨境电子商务零售进口商品的单次交易限值为人民币 2 000 元,个人年度交易限值为人民币 20 000 元。在限值以内进口的跨境电子商务零售进口商品,关税税率暂设为 0%;进口环节增值税、消费税取消免征税额,暂按法定应纳税额的 70% 征收。超过单次限值、累加后超过个人年度限值的单次交易,以及完税价格超过 2 000 元限值的单个不可分割商品,均按照一般贸易方式全额征税。

(4) 跨境电子商务零售进口商品自海关放行之日起 30 日内退货的,可申请退税,并相应调整个人年度交易总额。

(5) 跨境电子商务零售进口商品购买人(订购人)的身份信息应进行认证;未进行认证的,购买人(订购人)身份信息应与付款人一致。

【例 7-14】　某进出口公司从国外进口同一品牌型号的小轿车 60 辆,每辆轿车海关核定的到岸价格为 12 万元。已知该小轿车适用的关税税率为 30%,消费税税率为 9%。

要求:计算进口这批小轿车应缴纳的增值税税额和消费税税额。

【答案与解析】

组成计税价格=12×60×(1+30%)÷(1-9%)=1 028.57(万元)

进口环节应纳增值税税额=1 028.57×13%=133.71(万元)

进口环节应纳消费税税额=1 028.57×9%=92.57(万元)

任务五　已纳消费税扣除

【知识准备与业务操作】

为了避免重复征税,现行消费税法律制度规定,将外购应税消费品和委托加工收回的应税消费品继续生产应税消费品销售的,可以将外购应税消费品和委托加工收回应税消费品已缴纳的消费税给予扣除。

一、外购应税消费品已纳税款扣除

用外购已缴纳消费税的应税消费品连续生产应税消费品的,税法规定,在对这些连续生产出的应税消费品计算税款时,应按当期生产领用数量计算准予扣除外购的应税消费品已纳消费税税款。

(一)扣除范围

(1) 外购已税烟丝生产的卷烟。

(2) 外购已税高档化妆品生产的高档化妆品。

(3) 外购已税珠宝玉石生产的贵重首饰及珠宝玉石。

(4) 外购已税鞭炮焰火生产的鞭炮焰火。

关于高档化妆品消费税征收管理事项的公告

（5）外购已税杆头、杆身和握把为原料生产的高尔夫球杆。

（6）外购已税木制一次性筷子为原料生产的木制一次性筷子。

（7）外购已税实木地板为原料生产的实木地板。

（8）外购已税汽油、柴油、石脑油、润滑油、燃料油为原料生产的应税成品油。

（9）外购已税摩托车连续生产摩托车（如用外购两轮摩托车改装三轮摩托车）。

外购电池、涂料大包装改成小包装或者外购电池、涂料不经加工只贴商标的行为，视同应税消费品的生产行为。发生上述生产行为的单位和个人应按规定申报缴纳消费税。

纳税人从葡萄酒生产企业购进（以下简称外购）、进口葡萄酒连续生产应税葡萄酒的，准予从葡萄酒消费税应纳税额中扣除所耗用应税葡萄酒已纳消费税税款。如本期消费税应纳税额不足抵扣的，余额留待下期抵扣。

小贴士

在消费税 15 个税目中，除酒、小汽车、高档手表、游艇、电池、涂料外，其余 9 个科目有扣税规定。扣税范围必须在同一税目下，扣除标准为按生产领用数量扣除。

（二）扣除方法

采用领用扣税法。即按当期生产领用数量计算准予扣除外购的应税消费品已纳的消费税税款。计算公式为：

$$\begin{array}{l}\text{当期准予抵扣} \\ \text{的外购应税消} \\ \text{费品已纳税款}\end{array} = \begin{array}{l}\text{当期准予扣除} \\ \text{的外购应税} \\ \text{消费品的买价}\end{array} \times \begin{array}{l}\text{外购应税} \\ \text{消费品的} \\ \text{适用税率}\end{array}$$

$$\begin{array}{l}\text{当期准予扣} \\ \text{除的应税消} \\ \text{费品的买价}\end{array} = \begin{array}{l}\text{期初库存的} \\ \text{外购应税消} \\ \text{费品的买价}\end{array} + \begin{array}{l}\text{当期购进} \\ \text{的应税消费} \\ \text{品的买价}\end{array} - \begin{array}{l}\text{期末库存的} \\ \text{外购应税消} \\ \text{费品的买价}\end{array}$$

外购已税消费品的买价是指购货发票上注明的销售额（不包括增值税税款）。

（三）扣税环节

（1）纳税人用外购的已税珠宝、玉石原料生产的改在零售环节征收消费税的金银首饰（镶嵌首饰），在计税时一律不得扣除外购珠宝、玉石的已纳税款。

（2）允许扣除已纳税款的应税消费品只限于从工业企业购进的应税消费品和进口环节已缴纳消费税的应税消费品，对从境内商业企业购进应税消费品的已纳税款，一律不得扣除。

（3）根据消费税法律制度的相关规定，对自己不生产应税消费品，而只是购进后再销售应税消费品的工业企业，其销售的高档化妆品、鞭炮、焰火和珠宝、玉石，凡不能构成最终消费品直接进入消费品市场，而需进一步生产加工的，应当征收消费税，同时允许扣除上述外购应税消费品的已纳消费税税款。

【例 7-15】 某工艺品厂既加工金银首饰，又加工珠宝玉石。因加工需要，外购以下货物用于加工，其中，不得从应纳消费税额中扣除外购已纳消费税额的为（　　　）。

A. 外购已税钻石用于镶嵌白金钻戒　　B. 外购已税珍珠用于加工珍珠项链

C. 外购已税玉石用于镶嵌镀金手链　　D. 外购已税玉石用于镶嵌纯金戒指

【答案与解析】　AD。选项 AD，纳税人用外购的已税珠宝、玉石原料生产的改在零售环节征收消费税的金银首饰(镶嵌首饰)，在计税时一律不得扣除外购珠宝、玉石的已纳税款。选项 C，镶嵌镀金手链不属于应税消费品。

【例 7-16】　根据消费税法律制度的相关规定，对自己不生产应税消费品，而只是购进后再销售应税消费品的工业企业，其销售的(　　　　)，凡不能构成最终消费品直接进入消费品市场，而需进一步生产加工的，应当征收消费税，同时允许扣除上述外购应税消费品的已纳消费税税款。

A. 高档化妆品　　B. 烟及酒　　C. 鞭炮焰火　　D. 珠宝玉石

【答案与解析】　ACD。这个规定仅限于高档化妆品、鞭炮焰火和珠宝玉石。

【例 7-17】　某高档化妆品生产企业为增值税一般纳税人，2024 年 5 月上旬从国外进口一批散装高档化妆品，关税完税价格为 150 万元，进口关税为 60 万元。6 月企业将进口的散装高档化妆品的 80% 生产加工为成套化妆品 7 800 件，对外批发销售 600 件，取得含税销售额 54.48 万元，该企业 6 月销售高档香水发生不含税销售额 290 万元。

要求：计算该企业国内生产化妆品缴纳的消费税税额。

【答案与解析】　进口应税消费品的组成计税价格＝关税完税价格＋关税＋消费税额

以进口应税消费品生产应税消费品的，在计算应税消费品的应纳消费税额时，应扣除应税消费品的已纳税款。

当月准予扣除的消费税＝(150＋60)÷(1－15%)×15%×80%＝29.65(万元)

国内生产销售化妆品缴纳的消费税＝(290＋54.48÷1.13)×15%－29.65
＝21.08(万元)

二、委托加工收回的应税消费品已纳税款扣除

委托加工的应税消费品已由受托方代收代缴消费税，委托方收回后用于连续生产应税消费品的，按照消费税法律制度的规定，其已纳消费税税款在计征消费税时可以扣除。委托加工应税消费品已纳税款的扣除与外购应税消费品已纳税款的扣除范围相同。具体如下：

(1) 以委托加工收回的已税烟丝为原料生产的卷烟。

(2) 以委托加工收回的已税高档化妆品原料生产的高档化妆品。

(3) 以委托加工收回的已税珠宝、玉石原料生产的贵重首饰及珠宝、玉石。

(4) 以委托加工收回的已税鞭炮、焰火原料生产的鞭炮、焰火。

(5) 以委托加工收回的已税杆头、杆身和握把为原料生产的高尔夫球杆。

(6) 以委托加工收回的已税木制一次性筷子原料生产的木制一次性筷子。

(7) 以委托加工收回的已税实木地板原料生产的实木地板。

(8) 以委托加工收回的已税汽油、柴油、石脑油、燃料油、润滑油为原料生产的应税成品油。

(9) 以委托加工收回的已税摩托车零件生产的摩托车(如用外购两轮摩托车改装三轮摩托车)。

(10) 以委托地加工收回的已税石脑油、燃料油为原料生产的应税消费品。

计算公式为：

$$
\begin{array}{c}
当期准予扣 \\
除的委托加 \\
工应税消费 \\
品已纳税款
\end{array}
=
\begin{array}{c}
期初库存 \\
的委托加工 \\
应税消费品 \\
已纳税款
\end{array}
+
\begin{array}{c}
当期收回 \\
的委托加工 \\
应税消费品 \\
已纳税款
\end{array}
-
\begin{array}{c}
期末库存 \\
的委托加工 \\
应税消费品 \\
已纳税款
\end{array}
$$

【例 7-18】 甲企业委托乙企业生产烟丝一批,甲企业提供的加工材料成本为 6 000 元,乙企业收取加工费 2 000 元(不含增值税)。对于受托加工的烟丝,乙企业没有同类消费品的销价可作参考。乙企业在向甲企业交货时,代收代缴消费税。甲企业收回委托加工烟丝后用于继续生产卷烟,已知该企业期初库存的委托加工烟丝价值 5 万元,期末库存的委托加工烟丝价值 3 万元。

要求:计算甲企业当期可抵扣的税款。

【答案与解析】 乙企业没有同类消费品的销价可作参考,因此,应按税法规定的组成计税价格计算代收代缴的消费税税额。甲企业收回烟丝用于连续生产卷烟,可按当月生产领用烟丝数量计算可抵扣的消费税税额。

$$
\begin{aligned}
乙企业代收代缴消费税税额 &= (材料成本+加工费)\div(1-消费税税率)\times消费税税率 \\
&= (6\,000+2\,000)\div(1-30\%)\times30\% \\
&= 3\,428.57(元)
\end{aligned}
$$

$$
\begin{aligned}
甲企业当期准予抵扣的烟丝税额 &= 50\,000\times30\%-30\,000\times30\%+3\,428.57 \\
&= 9\,428.57(元)
\end{aligned}
$$

任务六 消费税申报与缴纳

【知识准备与业务操作】

一、纳税环节

消费税以生产经营的起始环节或最终使用的消费环节作为纳税环节,具体分为以下几种情况:

(一) 生产环节

(1) 纳税人生产的应税消费品,由生产者于销售时纳税。

(2) 生产者自产自用的应税消费品,用于本企业连续生产的不征税,用于其他方面的,于移送使用时纳税。

(3) 委托加工的应税消费品,由受托方在向委托方交货时代收代缴。

(二) 进口环节

进口的应税消费品,由进口报关者于报关进口时纳税。

(三) 零售环节

对超豪华小汽车,在生产(进口)环节按现行税率征收消费税的基础上,在零售环节加征消费税。

金银首饰消费税在零售环节征收。纳税人销售(指零售)金银首饰(含以旧换新),于销售时纳税;用于馈赠、赞助、广告、样品、职工福利、奖励等方面的金银首饰,于移送时纳税;来料加工、翻新改制的金银首饰,于受托方交货时纳税。

(四)批发环节

除生产环节外,对卷烟批发环节加征一道消费税。

二、纳税义务发生时间

根据《消费税暂行条例》的规定,消费税的纳税义务发生时间按货款结算方式或行为发生时间分别确定。

(1)纳税人销售的应税消费品,其纳税义务发生时间分别为:

① 纳税人采用赊销及分期收款方式的,其纳税义务发生时间为销售合同规定的收款日期当天。

② 纳税人采用预收货款结算方式的,其纳税义务发生时间为发出应税消费品的当天。

③ 纳税人采用托收承付和委托银行收款结算方式销售的应税消费品,其纳税义务发生时间为发出消费品且办妥托收手续的当天。

④ 纳税人采用其他方式结算的,其纳税义务发生时间为收讫销售款或者取得索取销售款凭据的当天。

(2)纳税人自产自用的应税消费品,其纳税义务发生时间为移送使用的当天。

(3)纳税人委托加工的应税消费品,其纳税义务发生时间为纳税人提货的当天。

(4)纳税人进口的应税消费品,其纳税义务发生时间为报关进口的当天。

三、纳税期限

根据《消费税暂行条例》的规定,消费税的纳税期限分别为 1 日、3 日、5 日、10 日、15 日、1 个月或者 1 个季度。纳税人的具体纳税期限由主管税务机关根据其应纳税额的大小分别核定;不能按固定期限纳税的,可以按照每次取得的销售收入计算纳税。

纳税人以 1 个月或者以 1 个季度为一期纳税的,自期满之日起 15 日内申报纳税;以 1 日、3 日、5 日、10 日、15 日为一期纳税的,自期满之日起 5 日内预缴税款,于次月 1 日起 15 日内申报纳税并结清上月应纳税款。

纳税人进口应税消费品,应当自海关填发税款缴款证的次日起 15 日内缴纳税款。

四、纳税地点

消费税的纳税地点分为以下几种情况:

(1)纳税人销售的应税消费品及自产自用的应税消费品,一般应当向纳税人机构所在地或居住地的主管税务机关申报纳税。

(2)纳税人总机构和分支机构不在同一县(市)的,应在生产应税消费品的分支机构所在地缴纳消费税。但经国家税务总局及所属分局批准,纳税人分支机构应纳的消费税税款也可由总机构汇总向总机构所在地主管税务机关缴纳。

(3)纳税人到外县(市)销售或委托外县(市)代销自产应税消费品的,应事先向其所在地主管税务机关提出申请,并于应税消费品销售后,回纳税人机构所在地或居住地缴纳消费税。

(4)委托加工的应税消费品,除受托方为个人外,由受托方向受托方机构所在地主管税务机关报缴应纳的消费税税款。委托个体经营者加工的应税消费品,一律由委托方收回后在委托方所在地缴纳消费税。

(5)进口的应税消费品,由进口人或者其代理人向报关地海关申报纳税。

(6)个人携带或者邮寄进境的应税消费品的消费税,连同关税一并计征,具体办法由国务院关税税则委员会会同有关部门制定。

(7)纳税人销售的应税消费品,如因质量等原因被购买者退回时,经机构所在地或者居住地税务机关审核批准后,可退还已缴纳的消费税税款。

(8)出口的应税消费品办理退税后,发生退关,或者国外退货进口时予以免税的,报关出口必须及时向其机构所在地或者居住地税务机关申报补缴已退还的消费税税款。

纳税人直接出口的应税消费品办理免税后,发生退关或者国外退货,进口时已予以免税的,经机构所在地或者居住地税务机关批准,可暂不办理补税,待其转为国内销售时,再申报补缴消费税。

五、申报与缴纳流程

(一)填写申报表

在中华人民共和国境内生产、委托加工和进口消费税暂行条例规定的消费品的单位和个人,以及国务院确定的销售规定的消费品的其他单位和个人,依据相关税收法律、法规、规章及其他有关规定,在规定的纳税申报期限内填报消费税申报表及附表、其他相关资料,向税务机关进行纳税申报。

消费税申报表包括烟类应税消费品、卷烟(批发)、酒类、成品油、小汽车、电池、涂料和其他类等。

纳税人可以填写适用的消费税纳税申报表及附表(税务网站下载或办税服务厅领取),加盖公章,就近报送任一办税服务厅。消费税纳税申报表及附表按纳税人类型有以下几种:

(1)烟类应税消费品申报,领取《烟类应税消费品消费税纳税申报表》及附表。

(2)酒类应税消费品申报,领取《酒类消费品消费税纳税申报表》。

(3)成品油类应税消费品申报,领取《成品油消费税纳税申报表》及附表。

(4)小汽车类应税消费品申报,领取《小汽车消费税纳税申报表》及附表。

(5)其他应税消费品申报,领取《其他应税消费品消费税纳税申报表》及附表。

(二)办理申报

纳税人持填写好的消费税纳税申报表、附表和以下资料到办税服务厅申报纳税窗口进行申报,或通过网络远程报送创建的电子申报表。纳税人到办税服务厅申报纳税窗口申报还需报送:

(1)外购应税消费品连续生产应税消费品的,提供外购应税消费品增值税专用发票(抵扣联)原件和复印件。如果外购应税消费品的增值税专用发票属于汇总填开的,除提供增值税专用发票(抵扣联)原件和复印件外,还应提供随同增值税专用发票取得的由销售方开具并加盖财务专用章或发票专用章的销货清单原件和复印件。

（2）委托加工收回应税消费品连续生产应税消费品的，提供"代扣代收税款凭证"原件和复印件。

（3）进口应税消费品连续生产应税消费品的，提供"海关进口消费税专用缴款书"原件和复印件。

（4）扣缴义务人必须报送《消费税代扣代缴税款报告表》。

（5）抵减进口葡萄酒消费税退税，纳税人还需报送《海关进口消费税专用缴款书》复印件。

（6）享受免征石脑油消费税的生产企业，还需报送《石脑油使用管理证明单》。

（7）税务机关要求报送的其他资料。

需要注意的是，纳税人采取电子方式办理纳税申报的，应当按照税务机关规定的期限和要求保存有关资料，并定期书面报送主管税务机关。

（三）缴纳税款

经税务机关审核，纳税人提供的资料完整、填写内容准确、各项手续齐全、无违章问题，符合条件的，当场办结，并在《消费税纳税申报表》上签章，返还一份给纳税人。当期申报有税款的，纳税人需缴纳税款，税务机关确认税款缴纳后开具完税凭证予以办结。

项　目　小　结

本项目全面介绍了消费税的概念和基本理论知识；重点阐述了消费税的征税范围、税目、税率形式、计税方法、消费税的申报与缴纳；强调指出包装物押金的税务处理规定，消费税已纳税款的扣除范围、方法和扣除环节；结合丰富的案例训练提升消费税涉税业务处理的技术水平、增强纳税责任风险意识。

技　能　训　练

一、单项选择题

1. 根据消费税法律制度的规定，下列选项中，不属于消费税特点的是（　　　）。

　A. 征收方法具有单一性　　　　　　　B. 税收调节具有特殊性

　C. 消费税具有转嫁性　　　　　　　　D. 征税项目具有选择性

2. 在《消费税暂行条例》有关消费税纳税义务人的表述中所提到的"中华人民共和国境内"，是指生产、委托加工和进口应税消费品的（　　　）在境内。

　A. 生产地　　　　　　　　　　　　　B. 销售地

　C. 起运地或所在地　　　　　　　　　D. 消费地

3. 根据消费税法律制度的规定，下列有关消费税税目的说法中，正确的是（　　　）。

　A. 果啤应按"其他酒"征收消费税

　B. 调味料酒应按啤酒征收消费税

C. 对啤酒源、菠萝啤酒应按啤酒征收消费税

D. 对以黄酒为酒基生产的配置或泡制酒,按黄酒征收消费税

4. 根据税法规定,下列说法中不正确的是(   )。

A. 应税消费品征收消费税的,其税基不含增值税

B. 凡是征收增值税的货物都需征收消费税

C. 应税消费品征收增值税的,其税基含有消费税

D. 增值税属于价外税,消费税属于价内税

5. 某化妆品厂将其生产的高档口红与普通洗发水组成成套礼盒出售,口红不含税售价为 160 元,洗发水不含税售价为 40 元,成套礼盒不含税售价为每套 200 元,当期化妆品厂共计销售该成套礼盒 1 000 套。已知高档化妆品消费税税率为 15%,则该业务应缴纳消费税(   )元。

A. 48   B. 60

C. 60 000   D. 30 000

6. 某卷烟厂当年 3 月销售自产甲类卷烟 100 标准箱,每箱不含税售价为 20 000 元;销售自产乙类卷烟 60 标准箱,每箱不含税售价为 12 000 元;销售雪茄烟、烟丝取得不含税销售额合计 18 000 元,未分别核算销售额。则该卷烟厂当月应缴纳消费税(   )元。

A. 1 385 680   B. 1 409 680

C. 1 533 280   D. 1 553 680

7. 某烟草公司当年 4 月份进口 400 标准箱卷烟,关税完税价格合计为 600 万元,进口关税 180 万元,则进口卷烟消费税适用的比例税率为(   )。

A. 5%   B. 30%

C. 36%   D. 56%

8. 某啤酒厂为增值税一般纳税人,当年 4 月份销售其生产的啤酒 200 吨,每吨啤酒价税合计销售额为 3 100 元,另每吨啤酒收取包装物押金 234 元,当月包装物押金未逾期。则该业务应缴纳消费税(   )元。

A. 44 000   B. 50 000

C. 88 000   D. 100 000

9. 下列行为中,既不缴纳增值税也不缴纳消费税的是(   )。

A. 卷烟厂将自产的卷烟赠送给协作单位

B. 酒厂将自产的酒精移送用于继续生产白酒

C. 地板厂将生产的新型实木地板奖励给有突出贡献的职工

D. 汽车厂将自产的应税小汽车赞助给某艺术节组委会

10. 某酒厂为增值税一般纳税人,当年 5 月份生产白酒共 300 千克,当月共销售 200 千克,每千克售价为 100 元(不含增值税);销售白酒的同时向购货方价外收取了品牌使用费 1 130 元、包装物押金 226 元。则该酒厂当月应缴纳消费税(   )元。

A. 16 240   B. 16 440

C. 16 480.8   D. 24 540

11. 某化妆品厂(增值税一般纳税人)销售其生产的高档化妆品,取得不含税销售额合计 120 万元;发货时替购货方代垫运费 6.54 万元,取得运输公司开具给购货方的运输发

票;与购货方结算时,将运输发票转交给购货方并收回了运费;当期因部分化妆品包装物逾期未收回,没收了上期购货方支付的包装物押金11.3万元并不再退还。则当期该化妆品厂应缴纳消费税(　　)万元。

A. 36　　　　　　　　　　　　B. 19.5

C. 38　　　　　　　　　　　　D. 40.8

12. 某高尔夫球具厂为增值税一般纳税人,下设一非独立核算的门市部,当年8月该厂将生产的一批成本价70万元的高尔夫球具移送至门市部,门市部将其中的80%对外销售,取得含税销售额74.58万元。高尔夫球具的消费税税率为10%,成本利润率为10%,该项业务应缴纳的消费税税额为(　　)万元。

A. 5.13　　　　　　　　　　　B. 6

C. 6.6　　　　　　　　　　　　D. 7.72

13. 某企业将生产的100套成套化妆品作为奖励发给本厂职工,该成套化妆品无同类产品销售价格,其生产成本为每套350元。国家税务总局核定的该产品的成本利润率为5%,则该业务应缴纳消费税(　　)元。

A. 10 500　　　　　　　　　　B. 11 025

C. 15 000　　　　　　　　　　D. 15 750

14. 某化妆品厂(增值税一般纳税人)当年8月外购已税香水精,取得的增值税专用发票上注明的价款为280万元,增值税36.4万元;当月领用部分外购香水精用于继续生产化妆品,已知本月期初库存外购已税香水精10万元,期末库存外购的已税香水精150万元,该企业当月可扣除的外购香水精已纳消费税税额为(　　)万元。

A. 21　　　　　B. 42　　　　　C. 87　　　　　D. 140

15. 某化工公司(增值税一般纳税人)当年8月销售自产高档化妆品一批,开具的普通发票上注明价款为226 000元,另将货物送货上门,向购买方收取运费4 520元,当期领用外购已税酒精用于继续生产化妆品,领用酒精的买价为45 000元(不含税)。则该公司当期应缴纳消费税(　　)元。

A. 58 950　　　　　　　　　　B. 60 000

C. 30 600　　　　　　　　　　D. 71 604

16. 甲企业委托乙企业加工一批实木地板,甲企业提供原材料的实际成本为7 000元,另支付乙企业加工费2 500元(不含税),其中包括乙企业代垫的辅助材料价款500元(不含税)。已知实木地板消费税税率为5%,乙企业无同类实木地板的销售价格。则该业务中,乙企业应代收代缴消费税(　　)元。

A. 473.68　　　　　　　　　　B. 475

C. 500　　　　　　　　　　　　D. 550

17. 甲商贸公司委托乙啤酒厂(增值税一般纳税人)生产50吨啤酒,甲公司提供原材料的成本为10万元,啤酒生产完工以后,甲公司将啤酒全部收回,并向乙啤酒厂支付了加工费,取得的普通发票上注明的价款6.78万元,其中包含乙啤酒厂代垫的辅料费2.26万元。已知该啤酒适用消费税税率为250元/吨,乙啤酒厂无同类啤酒销售价格,则该业务中,乙啤酒厂应代收代缴消费税(　　)元。

A. 3 500　　　　　B. 4 000　　　　　C. 4 400　　　　　D. 12 500

18. 甲企业为增值税小规模纳税人,当年 5 月接受乙卷烟厂委托加工烟丝。乙卷烟厂提供烟叶的成本为 49 000 元(不含税),另支付甲企业代垫辅助材料费以及加工费,普通发票上注明价款 7 210 元。已知甲企业无同类烟丝销售价格,成本利润率为 5%,烟丝消费税税率为 30%。根据上述业务,下列说法中正确的是( )。

    A. 甲企业应缴纳消费税 25 200 元,应代收代缴增值税 210 元

    B. 甲企业应缴纳消费税 24 000 元,应缴纳增值税 216.3 元

    C. 甲企业应代收代缴消费税 24 000 元,应缴纳增值税 210 元

    D. 甲企业应代收代缴消费税 24 090 元,应缴纳增值税 2 400 元

19. 某汽车销售公司当年 5 月进口 12 辆乘用车,消费税税率为 9%,每辆车的关税完税价格为 30 万元,关税税率为 80%;进口中轻型商用客车 8 辆,消费税税率为 5%,每辆车的关税完税价格为 25 万元,关税税率为 30%,则该汽车销售公司进口环节应缴纳消费税( )万元。

    A. 42.4   B. 46.13   C. 71.32   D. 77.77

20. 甲企业进口某外国品牌黄酒 600 吨,已知每吨黄酒的关税完税价格为 2 500 元,关税税率为 40%,消费税定额税率为 240 元/吨。该企业进口环节应缴纳的消费税为( )元。

    A. 144 000   B. 165 600

    C. 225 000   D. 369 000

21. 某首饰生产加工企业(增值税一般纳税人)当年 8 月发生如下业务:将自产玉手镯 10 只奖励给职工,每只手镯成本为 90 元,成本利润率为 6%。该企业同类玉手镯不含税售价为每只 200 元。将自产镀金手链、银手链销售给百货商场(有金银经营资质),共取得含税销售额 28 080 元,未分别核算其销售额。则下列说法中正确的是( )。

    A. 将自产玉手镯奖励给职工,应视同销售缴纳消费税 100 元

    B. 将自产镀金手链、银手链销售,应缴纳消费税 1 242.48 元

    C. 上述业务合计应缴纳消费税 1 342.48 元

    D. 上述业务合计应缴纳消费税 2 684.96 元

22. 某金店采取以旧换新方式销售金银饰品,则其消费税的计税依据为( )。

    A. 实际收取的含增值税的全部价款   B. 同类新金银首饰的不含税销售价格

    C. 新金银饰品的组成计税价格   D. 实际收取的不含增值税的全部价款

23. 下列环节中不需要征收消费税的是( )。

    A. 白酒的生产销售环节   B. 金银首饰的批发环节

    C. 小汽车的进口环节   D. 卷烟的批发环节

24. 根据消费税法律制度的有关规定,下列选项中应征收消费税的是( )。

    A. 农用拖拉机专用轮胎   B. 收割机专用轮胎

    C. 手扶拖拉机专用轮胎   D. 中轻型商用客车

25. 某白酒生产企业当年 5 月生产新型白酒 20 吨,当月领用 5 吨用于奖励优秀职工。已知该新型白酒每吨生产成本为 12 万元,成本利润率为 10%,企业无同类产品销售价格。则该企业当月应缴纳消费税( )万元。

    A. 12.6   B. 15.5   C. 16.5   D. 17.13

26. 根据消费税法律制度的相关规定,下列表述中不正确的是(　　)。

A. 消费税的纳税期限分别为1日、3日、5日、10日、15日、1个月或者1个季度

B. 纳税人不能按照固定期限缴纳消费税的,可以按次纳税

C. 纳税人以1个季度为1个纳税期的,自期满之日起15日内申报纳税

D. 纳税人以1个月为1个纳税期的,自期满之日起5日内预缴税款,于次月1日起15日内申报纳税并结清上月税款

二、多项选择题

1. 下列选项中,属于消费税纳税人的有(　　)。

A. 生产应税消费品的外商投资企业　　　　B. 从境内购买应税消费品的个人

C. 进口应税消费品的单位　　　　　　　　D. 委托加工应税消费品的单位

2. 根据消费税法律制度的有关规定,下列消费品中,属于高档化妆品税目的有(　　)。

A. 香水、香水精、香粉　　　　　　　　　B. 高档护肤类化妆品

C. 指甲油　　　　　　　　　　　　　　　D. 舞台、戏剧、影视演员化妆用的卸妆油

3. 根据消费税法律制度的有关规定,下列说法中不正确的有(　　)。

A. 电动汽车应按小汽车税目征收消费税

B. 卡丁车属于小汽车税目征收范围

C. 厢式货车改装生产的卫星通信车应按小汽车税目征收消费税

D. 中轻型商用客车属于小汽车税目的征收范围

4. 下列选项中属于消费税征税范围的有(　　)。

A. 高尔夫球　　　　　　　　　　　　　　B. 高尔夫球杆的杆头

C. 高尔夫球杆的杆身和握把　　　　　　　D. 高尔夫车

5. 下列有关消费税税率的表述中,正确的有(　　)。

A. 纳税人兼营不同税率的应税消费品,应当分别核算不同税率应税消费品的销售额或销售数量,按各自适用税率计算征收消费税

B. 纳税人兼营不同税率的应税消费品,未分别核算不同税率应税消费品的销售额或销售数量的,按最高税率征收消费税

C. 纳税人将应税消费品与非应税消费品组成成套消费品出售的,应根据应税消费品的销售额或销售数量按适用税率计算征收消费税

D. 纳税人将适用税率不同的应税消费品组成成套消费品出售的,应分别核算不同税率应税消费品的销售额或销售数量,按各自适用税率计算征收消费税

6. 下列关于卷烟适用的消费税税率的表述中,正确的有(　　)。

A. 纳税人自产自用的卷烟没有同牌号规格卷烟销售价格的,一律按卷烟最高税率征收消费税

B. 委托加工的卷烟没有委托方同牌号规格卷烟的,一律按卷烟最高税率征收消费税

C. 白包卷烟不分征税类别,一律按56%卷烟税率征税,并按定额每标准箱150元计算征收消费税

D. 手工卷烟不分征税类别,一律按56%卷烟税率征税,并按定额每标准箱150元计算征收消费税

7. 下列行为中,应征收消费税的有(   )。

A. 将自产应税消费品用于对外捐赠

B. 将自产应税消费品用于继续生产应税消费品

C. 将自产应税消费品用于换取生产资料

D. 将外购已税消费品用于继续生产非应税消费品

8. 下列行为中,应同时征收增值税和消费税的有(   )。

A. 卷烟批发商将外购卷烟销售给其他卷烟批发商

B. 企业将自产香水精用于继续生产普通护肤品

C. 企业将生产的实木地板用于不动产在建工程

D. 零售商零售金银首饰

9. 下列自产自用应税消费品的行为中,应征收消费税的有(   )。

A. 用于本企业连续生产应税消费品

B. 用于奖励代理商销售业绩

C. 用于本企业生产性基建工程

D. 作为样品赠送给消费者试用

10. 纳税人销售应税消费品时向购货方收取的下列费用中,属于价外费用且应计入应税消费品的销售额计征消费税的有(   )。

A. 包装物租金

B. 因购货方延期付款向其收取的违约金

C. 所售应税消费品的品牌使用费

D. 运输装卸费

11. 将自产应税消费品用于下列情形的,应以纳税人同类应税消费品的最高销售价格作为计税依据计算消费税的有(   )。

A. 用于抵债的

B. 作为职工福利的

C. 用于换取生产资料的

D. 用于对外投资入股的

12. 将自产应税消费品用于下列项目的,应视同销售征收消费税的有(   )。

A. 移送用于职工福利

B. 移送用于生产应税消费品

C. 移送用于样品

D. 移送用于管理部门

13. 根据消费税法律制度的规定,下列情形中不准予扣除外购应税消费品已纳消费税税款的有(   )。

A. 以外购已税烟丝为原料生产卷烟

B. 以外购已税珠宝玉石为原料生产珠宝玉石

C. 以外购已税汽车轮胎连续生产小汽车

D. 以外购已税酒精为原料生产白酒

14. 下列对委托加工应税消费品有关消费税税务处理的表述中,正确的有(   )。

A. 由受托方提供原材料生产的应税消费品,应当按照受托方销售自制应税消费品缴纳消费税

B. 受托方为消费税的纳税人

C. 纳税人委托个体经营者加工应税消费品,于委托方收回后在委托方所在地缴纳消费税

D. 如果受托方没有按照规定代收代缴消费税,委托方应补缴税款

15. 卷烟回购企业从联营企业购进后再直接销售的卷烟,若不再征收消费税,需要满足的条件有(   )。

A. 委托联营企业加工卷烟时向联营企业提供所需加工卷烟牌号

B. 委托联营企业加工卷烟时向联营企业提供税务机关已公示的消费税计税价格

C. 联营企业必须按照已公示的调拨价格申报缴纳消费税

D. 回购企业将回购卷烟再销售的收入与自产卷烟的销售收入分开核算

16. 对于委托加工应税消费品,受托方没有按规定代收代缴消费税税款的,下列说法中不正确的有(   )。

A. 受托方代委托方补缴税款

B. 委托方补缴税款

C. 按受托方同类消费品价格补缴税款

D. 委托方收回应税消费品后直接销售的按销售额计税补征

17. 根据《消费税暂行条例》的规定,下列可按当期生产领用量计算扣除委托加工收回应税消费品已纳消费税的有(   )。

A. 首饰厂将委托加工收回的玉石抛光打孔串成项链

B. 化妆品厂将委托加工收回的高档口红连续生产高档化妆品

C. 首饰厂将委托加工收回的已税珠宝玉石连续生产黄金镶嵌首饰

D. 家具厂以委托加工收回的已税实木地板为原料生产实木地板

18. 根据消费税法律制度的规定,下列应税消费品中,应在零售环节缴纳消费税的有(   )。

A. 翡翠玉佛   B. 铂金项链

C. 珊瑚珠串   D. 黄金镶嵌翡翠耳钉

19. 下列关于金银首饰计税依据的说法中,正确的有(   )。

A. 纳税人销售金银首饰,其计税依据为不含增值税的销售额

B. 金银首饰连同包装物销售,包装物单独计价的,不需要并入金银首饰的销售额计征消费税

C. 带料加工的金银首饰,应按委托方销售同类金银首饰的销售价格确定计税依据征收消费税

D. 纳税人采用以旧换新方式销售金银首饰的,应按实际收取的不含增值税的全部价款确定计税依据征收消费税

20. 下列关于金银首饰消费税征收管理的表述中,正确的有(   )。

A. 纳税人销售(指零售)的金银首饰,于销售时纳税

B. 纳税人用于馈赠、赞助、广告、样品、职工福利、奖励方面的金银首饰,于移送时纳税

C. 带料加工的金银首饰,于收取加工款时纳税

D. 纳税人总机构与分机构不在同一县(市)的,除特殊规定外,分机构应纳税款应在所在地缴纳

21. 某卷烟批发企业(增值税一般纳税人)的总机构设在 A 县。2019 年 4 月批发卷烟给卷烟零售商,取得不含增值税销售额 50 万元,批发雪茄烟取得不含增值税销售额 20 万

元;当月,其在 B 县的分支机构批发卷烟给卷烟零售商,取得不含税销售额 30 万元,批发烟丝取得不含税销售额 10 万元,总机构当期发生可抵扣进项税 9 万元,分支机构当期发生可抵扣进项税 5 万元。根据上述资料,下列说法中正确的有( )。

A. 分支机构应在 B 县税务机关缴纳消费税 1.5 万元

B. 分支机构应在 B 县税务机关缴纳增值税 1.4 万元

C. 总机构应在 A 县税务机关缴纳消费税 8.89 万元

D. 总机构应在 A 县税务机关缴纳增值税 0.1 万元

22. 以下关于消费税纳税地点的表述中,正确的有( )。

A. 委托加工的应税消费品,除受托方为个人外,由受托方向机构所在地或者居住地的主管税务机关报缴税款

B. 纳税人到外县(市)销售或者委托外县(市)代销自产应税消费品的,于应税消费品销售后,回纳税人核算地缴纳税款

C. 纳税人总机构与分支机构不在同一县(市)的,一律由总机构汇总向总机构所在地主管税务机关申报纳税

D. 委托个体经营者加工应税消费品,由委托方收回后在委托方所在地缴纳消费税

23. 下列表述中,符合消费税纳税义务发生时间有关规定的有( )。

A. 纳税人采取赊销和分期收款结算方式销售应税消费品的,纳税义务发生时间为收款日期的当天

B. 纳税人自产自用的应税消费品,纳税义务发生时间为移送使用的当天

C. 纳税人委托加工的应税消费品,纳税义务发生时间为委托方支付加工费的当天

D. 纳税人采取预收货款结算方式销售应税消费品的,纳税义务发生时间为发出应税消费品的当天

24. 根据消费税法律制度的有关规定,下列表述中正确的有( )。

A. 各种配制酒均按白酒税率征收消费税

B. 以发酵酒为酒基,酒精度低于 20 度(含)的配制酒,按消费税税目税率表"其他酒"10% 适用税率征收消费税

C. 对以黄酒为酒基生产的配制或泡制酒,按"其他酒"的税率征收消费税

D. 调味料酒不征收消费税

25. 下列有关消费税计税价格核定权限的表述中,正确的有( )。

A. 卷烟和白酒的计税价格由国家税务总局核定,送财政部备案

B. 小汽车的计税价格由国家税务总局核定,送财政部备案

C. 进口的应税消费品的计税价格由海关核定

D. 高档化妆品的计税价格由国家税务总局核定,送财政部备案

26. 纳税人在办理消费税纳税申报时,如需办理消费税税款抵扣手续,应当按照规定提供相关资料。下列有关表述中正确的有( )。

A. 外购应税消费品连续生产应税消费品的,应提供外购应税消费品增值税专用发票(抵扣联)原件和复印件

B. 委托加工收回应税消费品连续生产应税消费品的,应提供受托方提供加工劳务开具的增值税专用发票(抵扣联)原件和复印件

  C. 进口应税消费品连续生产应税消费品的,提供《海关进口消费税专用缴款书》原件和复印件

  D. 外购应税消费品连续生产应税消费品,如果外购应税消费品的增值税专用发票属于汇总填开的,仅需提供销售方开具的销货清单原件和复印件

三、判断题

  1. 对于应税消费品而言,在征收消费税的同时必定征收增值税。   ( )

  2. 某油脂厂自己不生产化妆品,从某化妆品店购入化妆品,加工后外销,则外购化妆品的已纳消费税额允许在计税时扣除。   ( )

  3. 生产企业直接出口的应税消费品如果发生退关、退货的,报关出口者应向其所在地主管税务机关申报补缴已退的消费税款。   ( )

  4. 凡酒类产品生产企业销售酒类产品而收取的包装物押金,无论押金是否返还与会计上如何核算,均需并入酒类产品销售额中,依酒类产品的适用税率征收消费税。( )

  5. 某乡镇企业将购买的小客车底盘和零部件委托给某汽车改装厂,加工改制成货车自用,该货车不需要缴纳消费税。   ( )

  6. 某汽车制造厂销售自产小汽车计算应纳消费税时,准予按生产领用数量扣除外购汽车轮胎已纳消费税税额。   ( )

  7. 纳税人兼营不同税率的应税消费品,将不同税率的应税消费品组成成套消费品销售的,凡是分别核算不同税率消费品的销售额的,应按各自适用税率计算缴纳消费税。

                             ( )

  8. 当货物为应税消费品时,其增值税的纳税环节也是消费税的纳税环节,征收增值税时也应同时征收消费税。   ( )

  9. 某烟厂设立一独立核算的门市部,门市部销售的卷烟应按门市部销售额计征消费税。   ( )

  10. 纳税人销售的应税消费品,如因质量等原因由购买方退回时,经所在地主管税务机关审核批准后,可退还已征收的消费税税款,纳税人可自行直接抵减应纳税额。( )

四、计算分析题

  1. 甲白酒生产企业为增值税一般纳税人,当年5月发生如下业务:

  (1) 从乙酒厂(增值税一般纳税人)购进酒精,取得的增值税专用发票上注明不含税价款为60万元,该发票已于当月通过认证。

  (2) 领用外购酒精的40%用于生产白酒,当月共生产白酒25吨,每吨成本为9万元,成本利润率为10%。

  (3) 采取预收货款结算方式向丙烟酒批发商销售白酒6吨,预收全部货款,价税合计金额为126.36万元,未开具销售发票,双方合同约定货物于12月发出;以每吨20万元(不含增值税)的价格向丁商场销售其生产的白酒10吨,双方签订的销售合同规定,甲企业当月应收取60%的货款,其余40%的货款于下月付清。但由于丁商场货币资金紧张,当月实际支付了30%的货款。

  (4) 领取自产白酒2吨,用于奖励优秀职工。

  (5) 将自产白酒3吨用于抵顶上月欠某公司债务。

  已知:甲白酒生产企业生产销售白酒的最低不含税销售价格为18万元/吨,平均不含

税销售价格为 20 万元/吨,最高不含税销售价格为 22 万元/吨;白酒消费税税率为 20% 加 0.5 元/500 克。

要求:根据以上资料,回答下列问题:

① 甲企业当月应缴纳的增值税为( )万元。

A. 17   B. 20.8   C. 28.9   D. 37.4

② 根据业务(3),甲企业当月应缴纳的消费税为( )万元。

A. 12.3   B. 24.6   C. 34.5   D. 41

③ 根据业务(5),甲企业应缴纳的消费税为( )万元。

A. 7.73   B. 11.1   C. 12.3   D. 13.5

④ 甲企业当月应缴纳的消费税为( )万元。

A. 40.53   B. 45.1   C. 46.3   D. 57

2. 甲家具厂(增值税一般纳税人)当年 8 月发生如下业务:

(1) 向农业生产者收购木材 30 吨,收购凭证上注明支付收购货款 60 万元;向铁路运输公司支付运费 5 万元(含税),取得运输单位开具的增值税专用发票。

(2) 木材验收入库后,将其运往乙地板厂加工成未上漆的实木地板 A,取得乙厂开具的增值税专用发票,注明支付加工费 10 万元,增值税 1.3 万元;甲厂收回实木地板 A 时,乙厂代收代缴了甲厂的消费税,乙厂无同类实木地板销售价格。

(3) 进口实木地板 B 一批,支付价款折合人民币 12 万元,运抵我国境内输入地点起卸前的运费 2 万元,保险费 1 万元,取得海关缴款书;支付口岸至厂区运费 1 万元(含税),取得运输公司开具的增值税专用发票。

(4) 分别领取委托加工收回实木地板 A 的 50% 和进口实木地板 B 的 40%,用于继续加工生产高级实木地板 C,当月生产高级实木地板 C 共 2 500 箱,销售该实木地板 1 200 箱,取得不含税销售额 360 万元。

已知:实木地板消费税税率为 5%;实木地板成本利润率为 5%;进口关税税率为 30%;收购凭证的抵扣率为 11%;上述相关发票均经过认证。

要求:根据以上资料回答下列问题:

① 甲家具厂当期进口环节应缴纳增值税( )万元。

A. 2.68   B. 3.32   C. 2.67   D. 3.72

② 甲家具厂当期进口环节应缴纳消费税( )万元。

A. 0.71   B. 0.82   C. 1.03   D. 1.35

③ 甲家具厂当期应向税务机关缴纳的增值税为( )万元。

A. 34.9   B. 48.74   C. 50.72   D. 51.81

④ 乙地板厂应代收代缴消费税( )万元。

A. 3.27   B. 3.69   C. 3.61   D. 3.95

⑤ 甲家具厂当期销售应税消费品应向税务机关缴纳的消费税为( )万元。

A. 13.45   B. 20.22   C. 16.43   D. 18

3. 某汽车制造厂是增值税一般纳税人,为赞助一次汽车拉力赛,无偿赠送主办单位越野车 3 辆,每辆车生产成本 15 万元,不含税售价 20 万元,适用的消费税税率为 5%。

要求:计算该汽车制造厂应纳消费税税额。

4.某酒厂为增值税一般纳税人,7月份销售粮食白酒20 000千克,不含税收入100万元,收取包装物押金58 500元;销售啤酒300吨,每吨不含税收入2 700元,收取包装物押金每吨351元。

要求:计算该酒厂当月应纳消费税税额。

5.某化妆品厂为增值税一般纳税人,当年8月份销售高档化妆品1 000套,单价900元;受托加工高档化妆品50套,加工费10 000元,代垫辅助材料500元,委托方提供原材料成本为156 000元;另外该厂所属非独立核算的销售门市部本月从成品库领取高档化妆品30套,每套成本价700元,用于对外赞助。

要求:计算该化妆品厂本月应纳增值税税额和消费税税额。

项目八 其他税种纳税实务

素养目标

1. 了解近年来完成立法工作的主要税种,分析其在依法治国中的作用。
2. 思考小税种单独立税的目的,领悟国家在具体领域所做的努力。

知识和能力目标

1. 理解房产税、契税、城镇土地使用税等税种的纳税人的含义。
2. 掌握房产税、契税、城镇土地使用税等税种的征收范围、计税依据、税收优惠。
3. 能够计算房产税、契税、城镇土地使用税等税种的应纳税额。

思维导图

一、纳税人、征税范围、税率　任务一　房产税　　任务六　印花税　一、纳税人、征税范围、税率
二、计税依据、应纳税额计算　　　纳税实务　　　　纳税实务　二、计税依据、应纳税额计算
　　三、税收优惠、征收管理　　　　　　　　　　　　三、税收优惠、征收管理

一、纳税人、征税范围、税率　任务二　契税　　任务七　资源税　一、纳税人、征税范围、税率
二、计税依据、应纳税额计算　　纳税实务　　　纳税实务　二、计税依据、应纳税额计算
　　三、税收优惠、征收管理　　　　　　　　　　　三、税收优惠、征收管理

一、纳税人、征税范围、税率　任务三　土地　　任务八　城市维护　一、纳税人、征税范围、税率
二、计税依据、应纳税额计算　增值税纳税实务　建设税纳税实务　二、计税依据、应纳税额计算
　　三、税收优惠、征收管理　　　　　　其他税种　　　　三、税收优惠、征收管理
　　　　　　　　　　　　　　　　　纳税实务

一、纳税人、征税范围、税率　任务四　城镇土地　任务九　环境保护　一、纳税人、征税范围、税率
二、计税依据、应纳税额计算　使用税纳税实务　税纳税实务　二、计税依据、应纳税额计算
　　三、税收优惠、征收管理　　　　　　　　　　　三、税收优惠、征收管理

一、纳税人、征税范围、税率　任务五　车船　　任务十　耕地占　一、纳税人、征税范围、税率
二、计税依据、应纳税额计算　税纳税实务　用税纳税实务　二、计税依据、应纳税额计算
　　三、税收优惠、征收管理　　　　　　　　　　　三、税收优惠、征收管理

案例导入 >>

S 房地产公司位于 X 市,于 2009 年 7 月通过竞价出让方式拍得某地块的土地使用权,面积 8 817 平方米,土地成交价为 9 050 万元,随后取得国有土地使用证,在此基础上开发四期项目。S 房地产公司于 2012 年 10 月取得该市 2012 年商品房屋建设预备项目计划备案回执,于 2015 年 6 月 3 日取得该市 2012 年商品房屋建设正式项目计划备案回执,由此项目正式立项。公司开发项目类型包括普通住宅、车位、商铺,于 2015 年 8 月取得建筑工程施工许可证,建设规模 69 836 平方米,签订建筑安装工程承包合同,合同价格 12 056.73 万元。2017 年 12 月,项目取得预售许可证,可售面积共 60 751.1 平方米,其中普通住宅面积 53 453.08 平方米,车位 2 132.74 平方米,商铺 5 165.28 平方米。截至 2022 年 2 月 28 日,普通住宅、车位和商铺已售面积占可售面积比例分别为 98.50%、82.11% 和 18.10%。

2023 年年初,该项目被该省税务局选中作为重点税源贡献对象,要求在 2023 年度内完成清算。2023 年 4 月 1 日,公司收到国家税务总局 X 市税务局第三税务分局发出的土地增值税清算通知书,要求 2023 年 6 月 29 日办理土地增值税清算申报手续,税款所属期为 2009 年 12 月 1 日至 2023 年 2 月 28 日。

S 房地产公司收到清算通知书后,随即开展清算工作,聘请 X 市 B 税务师事务所出具了《土地增值税清算鉴证报告》,并于 2023 年 5 月 24 日向税务局报送《土地增值税纳税申报表》及相关清算资料。

2023 年 9 月,S 房地产公司收到税务局关于该项目土地增值税清算的结案报告书。税务局根据 S 房地产公司提供的清算资料,审核发现关联交易不合规、成本分摊不合规等问题,共调减可扣除开发成本、费用约 1.30 亿元,确定补缴土地增值税约 8 678 万元,四期项目土地增值税总税额为 1.52 亿元。

思考:

(1) S 公司的土地增值税清算比例为多少?

(2) S 公司在进行土地增值税清算时,涉及哪些税种?

任务一　房产税纳税实务

【知识准备与业务操作】

房产税是以房产为征收对象,按照房产的计税价值或房产租金收入向房产所有人或经营管理人等征收的一种税。国务院于 1986 年 9 月 15 日颁布《中华人民共和国房产税暂行条例》,2008 年 12 月 31 日国务院发布第 546 号令,自 2009 年 1 月 1 日起废止《城市房地产税暂行条例》,外商投资企业、外国企业和组织以及外籍个人依照《房产税暂行条例》缴纳房产税。至此,在全国范围内实行内外统一的房产税。

一、房产税的纳税人

房产税的纳税人指在我国城市、县城、建制镇和工矿区内拥有房屋产权的单位和个

人。具体包括:

(1)产权属于国家所有的,其经营管理的单位为纳税人;产权属于集体和个人的,集体单位和个人为纳税人。

(2)产权出典的,承典人为纳税人。

(3)产权所有人、承典人均不在房地产所在地的,房产代管人或使用人为纳税人。

(4)产权未确定及租典纠纷未解决的,房产代管人或使用人为纳税人。

(5)纳税单位和个人无偿使用房产管理部门、免税单位及纳税单位的房产,由使用人代为缴纳房产税。

(6)房地产开发企业未出售的商品房,不征收房产税;对于已使用或出租、出借的商品房按规定征收房产税。

二、房产税的征税范围

房产税征税范围指城市、县城、建制镇和工矿区(不包括农村)的房屋。

独立于房屋之外的建筑物,如围墙、烟囱、水塔、菜窖、室外游泳池等,不属于房产税的征税对象。

三、房产税应纳税额计算

我国现行房产税采用比例税率。从价计征和从租计征实行不同标准的比例税率。

(一)房产税计征的基本规定(表8-1)

表8-1　　　　　　　　　　　房产税计征的基本规定

计征方法	计征依据	税率	计算公式
从价计征	以房产原值一次扣除10%～30%后的余值为计税依据。具体扣除比例由省、自治区、直辖市人民政府确定	1.2%	应纳税额＝应税房产原值×(1－扣除比例)×1.2%
从租计征	(1)以房屋出租取得的租金收入为计税依据,包括货币收入和实物收入,但不含增值税 (2)以劳务或其他形式为报酬抵付房租收入的,应当根据当地同类房产的租金水平,确定一个标准租金额从租计征	12%	应纳税额＝租金收入×12%
	(1)个人按市场价格出租的居民住房收取的租金 (2)企业事业单位、社会团体以及其他组织按市场价格向个人出租用于居住的住房	4%	应纳税额＝租金收入×4%

(二)房屋原值确定

(1)房产原值应包括与房屋不可分割的各种附属设备或一般不单独计算价值的配套设施,主要有暖气、卫生、通风、照明、煤气等设备;各种管线;电梯、升降机、过道、晒台等。

(2)凡以房屋为载体,不可随意移动的附属设备和配套设施,如给排水、采暖、消防、中央空调、电气及智能化楼宇设备等,无论在会计核算是否单独记账与核算,都应计入房产原值,计征房产税。

(三)投资联营的房产

(1)对以房产投资联营、投资者参与投资利润分配、共担风险的,按房产余值作为计税依据计缴房产税。

（2）对以房产投资收取固定收入、不承担经营风险的，实际上是以联营名义取得房屋租金，应当以出租方取得的租金收入为计税依据计缴房产税。

（四）融资租赁房屋

融资租赁房屋的房产税，由承租人自融资租赁合同约定开始日的次月起，依照房产余值缴纳房产税。合同未约定开始日的，由承租人自合同签订的次月起，依照房产余值缴纳房地产。

【例 8-1】　某企业一幢房产，原值 800 000 元，已知适用的房产税税率为 1.2%，当地规定的房产税扣除比例为 30%。计算该企业每年应缴纳的房产税税额。

【答案与解析】　应纳房产税＝800 000×（1－30%）×1.2%＝6 720（元）

四、房产税税收优惠

（一）非营利性机构自用房产免征房产税

（1）国家机关、人民团体和军队自用的房产免征房产税。

（2）由国家财政部门拨付事业经费（全额或差额）的单位（学校、医疗卫生单位、托儿所、幼儿园、敬老院及文化、体育、艺术类单位）所有的、本身业务范围内使用的房产免征房产税。

（3）宗教寺庙、公园、名胜古迹自用的房产免征房产税。

（4）非营利性医疗机构、疾病控制机构和妇幼保健机构等卫生机构自用的房产免征房产税。

（5）老年服务机构自用的房产免征房产税。

（二）个人所有非营业用的房产免征房产税

对个人拥有的营业用房或出租的房产，不属于免税房产，应照章征税。

（三）经财政部批准免税的其他房产

（1）毁损不堪居住的房屋和危险房屋，经有关部门鉴定，在停止使用后，可免征房产税。

（2）纳税人因房屋大修导致连续停用半年以上的，在房屋大修期间免征房产税。

（3）在基建工地为基建工地服务的各种工棚、材料棚、休息棚和办公室、食堂、茶炉房、汽车房等临时性房屋，施工期间一律免征房产税；施工结束后施工企业将这种临时性房屋交还或估价转让给基建单位的，应从基建单位接收的次月起，照章纳税。

（4）公共租赁住房免征房产税。公共租赁住房经营单位应单独核算公共租赁住房租金收入，未单独核算的，不得享受免征房产税优惠政策。

对廉租房经营管理单位按照政府规定价格、向规定保障对象出租廉租住房的租金收入，免征房产税。

（5）体育馆的房产税优惠政策。

① 国家机关、军队、人民团体、财政补助事业单位、居民委员会、村民委员会拥有的体育场馆，用于体育活动的房产，免征房产税。

② 经费自理事业单位、体育社会团体、体育基金会、体育类民办非企业单位拥有并运营管理的体育场馆，符合相关条件的，其用于体育活动的房产，免征房产税。

③ 企业拥有并运营管理的大型体育场馆，其用于体育活动的房产，减半征收房产税。

④ 享受上述税收优惠体育场馆的运动场地用于体育活动的天数不得低于全年天数的 70%。

（6）对高校学生公寓免征房产税。

（7）自 2022 年 1 月 1 日至 2024 年 12 月 31 日，由省、自治区、直辖市人民政府根据本地区实际情况，依据"六税两费"优惠政策相关规定，对增值税小规模纳税人、小型微利企业和个体工商户可以在 50% 的税额幅度内减征房产税。

小贴士

对个人出租住房,不区分用途,按 4% 的税率征收房产税;对企事业单位、社会团体以及其他组织按市场价格向个人出租用于居住的住房,减按 4% 的税率征收房产税。

五、房产税征收管理

（一）纳税义务发生时间

（1）纳税人将原有房产用于生产经营,从生产经营之月起,缴纳房产税。

（2）纳税人自行新建房屋用于生产经营,从建成之次月起,缴纳房产税。

（3）纳税人委托施工企业建设的房屋,从办理验收手续之次月起,缴纳房产税。

（4）纳税人购置新建商品房,自房屋交付使用之次月起,缴纳房产税。

（5）纳税人购置存量房,自办理房屋权属转移、变更登记手续,房地产权属登记机关签发房屋权属证书之次月起,缴纳房产税。

（6）纳税人出租、出借房产,自交付出租、出借本企业房产之次月起,缴纳房产税。

（7）房地产开发企业自用、出租、出借本企业建造的商品房,自房屋使用或交付之次月起,缴纳房产税。

（8）纳税人因房产的实物或权利状态发生变化而依法终止房产税纳税义务的,其应纳税款的计算截止到房产的实物或权利状态发生变化的当月末。

小贴士

房产税的纳税义务发生时间基本上都是从次月起,但纳税人将原有房产用于生产经营,从生产经营之月起,缴纳房产税。

（二）纳税地点

房产税在房产所在地缴纳。房产不在同一地方的纳税人,应按房产的坐落地点分别向房产所在地的税务机关申报纳税。

（三）纳税期限

房产税实行按年计算、分期缴纳的征收方法,具体纳税期限由省、自治区、直辖市人民政府确定。

任务二　契税纳税实务

【知识准备与业务操作】

契税指国家在土地、房屋权属转移时,按照当事人双方签订的合同(契约)以及所确定价格的一定比例,向权属承受人征收的一种税。1997 年 7 月 7 日,国务院颁布《中华人民共和国契税暂行条例》,2020 年 8 月 11 日,全国人民代表大会常务委员会第二十一会议通过《中华人民共和国契税法》,自 2021 年 9 月 1 日起施行。

一、契税的纳税人

契税的纳税人,是指在我国境内转移土地、房屋权属,承受的单位和个人。

二、契税的征税范围

(1)土地使用权出让,应向国家交付土地使用权出让金,契税应以土地出让金为计税依据,不得因减免土地出让金而减免契税。

(2)土地使用权转让,包括出售、赠与、互换,不包括土地承包经营权和土地经营权的转移。

(3)房屋买卖、赠与、互换,以房产抵债或实物交换房屋,均视同房屋买卖,应由产权承受人按房屋现值缴纳契税;以房产投资、入股,属于房屋产权转移,应视同房屋买卖,由产权承受方缴纳契税。

(4)以获奖方式取得房屋产权,实质上是接受赠与房产的行为,应缴纳契税。

(5)以预购方式或预付集资建房款方式或买房拆料或翻建新房的方式承受土地、房屋权属,视同土地、房屋权属的转让,需要缴纳契税。

三、契税的税率

契税采用比例税率,并实行 3‰～5‰ 的幅度税率。契税的具体适用税率,由省、自治区、直辖市人民政府在前款规定的税率幅度内提出,报同级人民代表大会常务委员会决定,并报全国人民代表大会常务委员会和国务院备案。省、自治区、直辖市可以依照税法规定的程序对不同主体、不同地区、不同类型的住房的权属转移确定差别税率。

四、契税的计税依据

(1)土地使用权出让、出售、房屋买卖,为土地、房屋权属转移合同确定的成交价格,包括应交付的货币以及实物、其他经济利益对应的价款。

(2)土地使用权赠与、房屋赠与以及其他没有价格的转移土地、房屋权属行为,由征收机关参照土地使用权出售、房屋买卖的市场价格核定。

纳税人申报的成交价格明显偏低且无正当理由的,由税务机关依照《税收征收管理法》的规定核定。

(3)土地使用权互换、房屋互换,以互换土地使用权、房屋的价格差额为计税依据。

五、契税应纳税额计算

应纳税额＝计税依据×税率

【例 8-2】 王一拥有一套价值 90 万元的住房,赵二拥有一套 60 万元的住房,双方交换住房,赵二给王一补差价 30 万元。价格不含增值税,契税税率 3‰。下列各项中,正确的是( )。

A. 王一应纳契税 2.7 万元   B. 赵二应纳契税 0.9 万元

C. 王一应纳契税 0.9 万元   D. 赵二应纳契税 2.7 万元

【答案与解析】 房屋交换以所交换的价格差额为计税依据。答案选 B,王一不缴纳契税。交换价格不相等的,由多交付货币、实物、无形资产或其他经济利益的一方缴纳契税。$30 \times 3\% = 0.9$(万元)。

六、契税的税收优惠

(1) 国家机关、事业单位、社会团体、军事单位承受土地、房屋用于办公、教学、医疗、科研和军事设施的,免征契税。

(2) 非营利性的学校、医疗机构、社会福利机构承受土地、房屋权属用于办公、教学、医疗、科研、养老、救助的,免征契税。

(3) 承受荒山、荒地、荒滩地使用权用于农、林、牧、渔业生产,免征契税。

(4) 婚姻关系存续期间夫妻之间变更土地、房屋权属,免征契税,夫妻因离婚分割共同财产发生土地、房屋权属变更的,免征契税。

(5) 法定继承人通过继承承受土地、房屋权属,免征契税。

(6) 依照法律规定应当予以免税的外国驻华使馆、领事馆和国际组织驻华代表机构承受土地房屋权属,免征契税。

(7) 省、自治区、直辖市可以决定对下列情形免征或者减征契税:

① 土地、房屋被县级以上人民政府征收、征用,重新承受土地、房屋权属;

② 因不可抗力灭失住房,重新承受住房权属。

七、契税的征收管理

(一)纳税义务发生时间

契税的纳税义务发生时间是纳税人签订土地、房屋权属转移合同的当天,或者纳税人取得其他具有土地、房屋权属转移合同性质凭证的当天。

(二)纳税地点

契税实行属地征收管理。纳税人发生契税纳税义务时,应向土地、房屋所在地的税务征收机关缴纳。

(三)纳税期限

纳税人应当在依法办理土地、房屋权属登记手续前申报缴纳税款。

任务三　土地增值税纳税实务

【知识准备与业务操作】

土地增值税是对有偿转让国有土地使用权、地上建筑物及其附着物产权并取得增值性收入的单位和个人所征收的一种税。土地增值税法是用以调整国家与土地增值税纳税人之间征纳关系的法律规范。它的基本法律依据是1993年12月国务院颁布的《中华人民共和国土地增值税暂行条例》和1995年1月财政部制定的《中华人民共和国土地增值税暂行条例实施细则》。

我国开征土地增值税是国家运用税收手段规范房地产市场秩序,合理调节土地增值收益分配,维护国家权益,促进房地产市场健康发展的重要举措。

一、土地增值税的纳税人

土地增值税的纳税人是转让国有土地使用权、地上建筑物及其附着物产权(以下简称转让房地产)并取得收入的单位和个人。包括机关、团体、部队、企业事业单位、个体工商户及国内其他单位和个人,还包括外商投资企业、外国企业及外国机构、华侨、港澳台同胞及外国公民等。

二、土地增值税的征税范围

土地增值税的课税对象是有偿转让国有土地使用权及地上建筑物和其他附着物产权所取得的增值额。

(一)征税范围的一般规定

(1)土地增值税只对转让国有土地使用权的行为课税,对出让国有土地的行为不征税。

(2)土地增值税既对转让国有土地使用权课税,也对转让地上建筑物及其他附着物的产权征税。

(3)土地增值税只对有偿转让的房地产征税,对以继承、赠与等方式无偿转让的房地产,不予征税。但是,不征收土地增值税的房地产赠与行为只包括以下两种情况:

① 房产所有人、土地使用权所有人将房屋产权、土地使用权赠与直系亲属或承担直接赡养义务人的行为。

② 房产所有人、土地使用权所有人通过中国境内非营利的社会团体、国家机关将房屋产权、土地使用权赠与教育、民政和其他社会福利、公益事业的行为。其中,社会团体是指中国青少年发展基金会、希望工程基金会、宋庆龄基金会、减灾委员会、中国红十字会、中国残疾人联合会、全国老年基金会、老年促进会,以及经民政部门批准成立的其他非营利的公益性组织。

(二)征税范围的特殊规定

(1)企业改制重组。

① 企业发生整体改建的(不改变原企业的投资主体,并承继原企业权利、义务),对改建前的企业将国有土地、房屋权属转移、变更到改建后的企业,暂不征土地增值税。

② 按照法律规定或合同约定,两个或两个以上企业合并为一个企业,且原企业投资主体存续的,对原企业将国有土地、房屋权属转移、变更到合并后的企业,暂不征土地增值税。

③ 按照法律规定或合同约定,企业分设为两个或两个以上与原企业投资主体相同的企业,对原企业将国有土地、房屋权属转移、变更到分立后的企业,暂不征土地增值税。

④ 单位、个人在改制重组时以国有土地、房屋进行投资,对其将国有土地、房屋权属转移、变更到被投资的企业,暂不征土地增值税。

⑤ 上述政策不适用于房地产开发企业。

(2)房地产开发企业将开发的部分房地产转为企业自用或用于出租等商业用途时,如果产权未发生转移,不征收土地增值税。

(3)房地产的交换指一方以房地产与另一方的房地产进行交换的行为,计征土地增值税。但对居民个人之间互换自有居住用房地产的,经当地税务机关核实,可以免征土地增值税。

(4)合作建房。一方出地,另一方出资金,双方合作建房,建成后按比例分房自用的,暂免征收土地增值税;建成后转让的,应征收土地增值税。

（5）房地产出租，指房地产所有者或土地使用者，将房产或土地使用权租赁给承租人使用，由承租人向出租人支付租金的行为，不属于土地增值税的征税范围。

（6）房地产抵押，指房产所有者或土地使用者作为债务人或第三人向债权人提供不动产作为清偿债务的担保而不转移权属的法律行为。在抵押期间不征收土地增值税；如果抵押期满以房地产抵债，发生房地产权属转移的，应列入土地增值税的征税范围。

（7）房地产代建行为，指房地产开发公司代客户进行房地产的开发，开发完成后向客户收取代建收入的行为，因没有发生房地产权属转移，不属于土地增值税的征税范围。

（8）房地产的重新评估。国有企业在清产核资时对房地产进行重新评估而产生的评估增值，因没有发生房地产权属的转移和房产产权、土地使用权人也未取得收入，不属于土地增值税的征税范围。

（9）土地使用者处置土地使用权。土地使用者转让、抵押或置换土地，土地使用者享有占有、使用、收益或处分该土地的权利，且有合同等证据表明其有实质转让、抵押或置换了土地并取得了相应的经济收益，土地使用者及其对方当事人应依税法规定缴纳税款。

三、土地增值税税率

土地增值税实行四级超率累进税率，是我国唯一一个采用超率累进税率的税种，其税率如表 8-2 所示。

表 8-2   土地增值税四级超率累进税率表

级数	增值额与扣除项目金额的比例	税率/%	速算扣除系数/%
1	不超过 50% 的部分	30	0
2	超过 50%~100% 的部分	40	5
3	超过 100%~200% 的部分	50	15
4	超过 200% 的部分	60	35

四、土地增值税计税依据

土地增值税的计税依据是纳税人转让房地产所取得的增值额。

（一）应税收入的确定

纳税人转让房地产取得的应税收入，应包括转让房地产的全部价款及有关的经济收益。从收入的形式来看，包括货币收入、实物收入和其他收入。

（1）货币收入指纳税人转让房地产而取得的现金、银行存款和国库券、金融债券、企业债券、股票等有价债券。

（2）实物收入指纳税人转让房地产而取得的各种实物形态的收入，如钢材、水泥等建材，房屋、土地等不动产等，这些一般按照公允价值确定应税收入。

（3）其他收入指纳税人转让房地而取得无形资产收入或具有财产价值的权利，如专利权、商标权、著作权、专有技术使用权、土地使用权、商誉权等，这些一般要进行专门评估，按照评估价格确认应税收入。

纳税人取得的收入为外国货币的，应按取得收入当天或当月 1 日国家公布的市场汇价折合人民币，据以计算土地增值税额。当月以分期收款方式取得的外币收入，也应按实际收款日或收款当月1日国家公布的市场汇价折合成人民币。

（二）准予扣除的项目及其金额

准予纳税人从房地产转让收入额减除的扣除项目金额具体包括以下内容：

（1）取得土地使用权所支付的金额，指纳税人为取得土地使用权支付的地价款和按国家统一规定缴纳的有关费用之和。

（2）房地产开发成本，指纳税人开发房地产项目实际发生的成本，主要包括土地征用及拆迁补偿费、前期工程费、建筑安装工程费、基础设施费、公共配套设施费、开发间接费用。

（3）房地产开发费用，指与房地产开发项目有关的销售费用、管理费用、财务费用。《土地增值税暂行条例实施细则》规定，财务费用中的利息支出，凡能够按照转让房地产项目计算分摊并提供金融机构证明的，允许据实扣除，但是最高不能超过按商业银行同类同期贷款利率计算的金额，其他房地产开发费用，以取得土地使用权所支付的金额和房地产开发成本计算的金额之和的5%以内计算扣除。凡不能按转让房地产项目计算分摊利息支出或不能提供金融机构证明的，房地产开发费用以取得土地使用权所支付的金额和房地产开发成本计算的金额之和的10%以内计算扣除。

（4）与转让房地产有关的税金，包括城市维护建设税、印花税，教育费附加和地方教育附加视同税金扣除。

（5）财政部确定的其他扣除项目，对从事房地产开发的纳税人，允许按取得土地使用权时所支付的金额和房地产开发成本之和，加计20%的扣除。

（6）转让旧房的，应按房屋及建筑物的评估价格、取得土地使用权所支付的地价款和按国家统一规定缴纳的有关费用以及在转让环节缴纳的税金作为扣除项目金额计征土地增值税。评估价格指转让已使用过的房屋及建筑物时，由政府批准设立的房地产评估机构评定的重置成本价乘以成新度折扣率后的价格。评估价格须经当地税务机关确认。

对取得土地使用权时未支付地价款或不能提供已支付的地价款凭据的，不允许扣除土地使用权时所支付的金额。

五、土地增值税应纳税额计算

土地增值税按照纳税人转让房地产所取得的增值额和规定的税率计算征收，可采取分步计算法和速算扣除法。

1. 分步计算法

分步计算法下，土地增值税应纳税额的计算公式是：

$$应纳税额 = \sum(每级距的增值额 \times 适用税率)$$

2. 速算扣除法

速算扣除法下，计算步骤及公式：

（1）计算增值额。

$$增值额 = 不含增值税收入额 - 扣除项目金额$$

（2）计算增值率。

$$增值率 = 不含增值税收入额 \div 扣除项目金额 \times 100\%$$

（3）确定适用税率。按照计算出的增值率，从土地增值税率表中确定适用税率。

(4) 计算应纳税额。

$$应纳税额＝增值额×税率－扣除项目金额×速算扣除系数$$

【例8-3】 2023年某国有企业利用空地进行住宅商品房开发,按照国家有关规定补交土地出让金2 600万元,缴纳相关税费145万元;住宅开发成本2 500万元,其中含装修费用300万元;房地产开发费用中的利息支出260万元(未能提供金融机构证明);当年住宅全部销售完毕,取得不含增值税销售收入共计8 400万元;缴纳城市维护建设税和教育费附加42万元;缴纳印花税4.2万元。该公司所在省规定的房地产开发费用的计算扣除比例为10%。

要求:计算该企业销售住宅应缴纳的土地增值税税额。

【答案与解析】 包括房地产开发企业在内的纳税人在转让房地产环节缴纳的印花税,可以计入扣除;非房地产开发企业不允许按照取得土地使用权所支付金额和房地产开发成本合计数的20%加计扣除。

(1) 住宅销售收入8 400万元。

(2) 确定转让房地产的扣除项目金额:

取得土地使用权所支付的金额＝2 600＋145＝2 745(万元)

住宅开发成本2 500万元

房地产开发费用＝(2 745＋2 500)×10%＝524.5(万元)

与转让房地产有关的税金＝42＋4.2＝46.2(万元)

转让房地产扣除项目金额＝2 745＋2 500＋524.5＋46.2＝5 815.7(万元)

(3) 转让房地产的增值额＝8 400－5 815.7＝2 584.3(万元)

(4) 增值额与扣除项目金额之比＝2 584.3÷5 815.7×100%＝44.44%,小于50%。

(5) 应纳土地增值税税额＝2 584.3×30%＝775.29(万元)

六、土地增值税税收优惠

(1) 纳税人建造普通标准住宅出售,增值额未超过扣除项目金额20%的,予以免税;超过20%的,应按全部增值额缴纳土地增值税。

(2) 因国家建设需要依法征用、收回的房地产,免征土地增值税。

(3) 企事业单位、社会团体以及其他组织转让旧房作为廉租住房、经济适用住房房源且增值额未超过扣除项目金额20%的,免征土地增值税。

(4) 居民个人转让住房免征土地增值税。

七、土地增值税征收管理

(一)纳税申报

纳税人应在转让房地产合同签订后7日内,到房地产所在地主管税务机关办理纳税申报。

纳税人采取预售方式销售房地产的,对在项目全部竣工结算前转让房地产取得的收入,税务机关可以预征土地增值税。

(二)纳税清算

1. 土地增值税的清算单位

土地增值税以国家有关部门审批的房地产开发项目为单位进行清算,对于分期开发的项目,以分期项目为单位清算。开发项目中同时包括普通住宅和非普通住宅的,应分别计算增值额。

2. 土地增值税的清算条件

(1) 符合下列情形之一的,纳税人应进行土地增值税的清算:

① 房地产开发项目全部竣工、完成销售的。

② 整体转让未竣工决算房地产开发项目的。

③ 直接转让土地使用权的。

(2) 符合下列情形之一的,主管税务机关可要求纳税人进行土地增值税清算:

① 已竣工验收的房地产开发项目,已转让的房地产建筑面积占整个项目可售建筑面积比例在 85% 以上,或该比例未超过 85%,但剩余的可售建筑面积已经出租或自用的。

② 取得销售(预售)许可证满 3 年仍未销售完毕的。

③ 纳税人申请注销税务登记但未办理土地增值税清算手续的。

④ 省级税务机关规定的其他情形。

3. 土地增值税清算应报送的资料

(1) 房地产开发企业清算土地增值税书目申请、土地增值税纳税申报表。

(2) 项目竣工决算报表、取得土地使用权所支付的地价款凭证、国有土地使用权出让合同、银行贷款利息结算通知单、项目工程合同结算单、商品房购销合同统计表等于转让房地产的收入、成本和费用有关的证明材料。

(3) 主管税务机关要求报送的其他与土地增值税有关的证明材料等。

纳税人委托税务中介机构审核鉴证的清算项目,还应报送中介机构出具的《土地增值税清算税款鉴证报告》。

4. 清算后再转让房地产的处理

在土地增值税清算时未转让的房地产,清算后销售或有偿转让的,纳税人应按规定进行土地增值税的纳税申报,扣除项目金额按清算时的单位建筑面积成本费用乘以销售或转让面积计算。计算公式为:

单位建筑面积成本费用＝清算时的扣除项目总金额÷清算时的总建筑面积

5. 土地增值税的核定征收

房地产开发企业有以下情形之一的,税务机关可以参照与其开发规模和收入水平相近的当地企业的土地增值税税负情况,按不低于预征率的征收率核定征收土地增值税:

① 依照法律、行政法规的规定应当设置但未设置账簿的。

② 擅自销毁账簿或者拒不提供纳税资料的。

③ 虽设置账簿,但账目混乱或成本资料、收入凭证、费用凭证残缺不全,难以确定转让收入或扣除项目金额的。

④ 符合土地增值税清算条件,未按照规定的期限办理清算手续,经税务机关责令期限清算,逾期仍不清算的。

⑤ 申报的计税依据明细偏低,又无正当理由的。

(三)纳税地点

土地增值税纳税人发生应税行为应向房地产所在地主管税务机关缴纳税款。这里的

房地产所在地是指房地产的坐落地。纳税人转让的房地产坐落在两个或两个以上地区的,应按房地产所在地分别申报纳税:

（1）纳税人是法人的,当转让的房地产坐落地与其机构所在地或经营所在地一致时,则在办理税务登记的原管辖税务机关申报纳税即可;如果转让的房地产坐落地与其机构所在地或经营所在地不一致时,则应向房地产坐落地所管辖的税务机关申报纳税。

（2）纳税人是自然人的,当转让的房地产坐落地与其居住所在地一致时,则在居住所在地税务机关申报纳税;当转让的房地产坐落地与其居住所在地不一致时,在办理过户手续所在地的税务机关申报纳税。

小贴士

土地增值税、房产税、契税的纳税地点规定都是一样的:到房地产所在地主管纳税机关缴纳。

任务四　城镇土地使用税纳税实务

【知识准备与业务操作】

城镇土地使用税是国家在城市、县城、建制镇和工矿区范围内,对使用土地的单位和个人,以其实际占用的土地面积为计税依据,按照规定的税额计算征收的一种税。1988年9月27日国务院颁布《中华人民共和国城镇土地使用税暂行条例》。2006年12月30日国务院对《中华人民共和国城镇土地使用税暂行条例》进行了修订。之后,财政部、国家税务总局又陆续发布了一些有关城镇土地使用税的规定、办法。

一、城镇土地使用税的纳税人

城镇土地使用税的纳税人,是指在税法规定的征税范围内使用土地的单位和个人。根据用地者的不同,为以下四种情况:

（1）城镇土地使用税由拥有土地使用权的单位或个人缴纳。

（2）拥有土地使用权的纳税人不在土地所在地的,由代管人或实际使用人缴纳。

（3）土地使用权未确定或权属纠纷未解决的,由实际使用人纳税。

（4）土地使用权共有的,共有各方均为纳税人,由共有各方按实际使用土地的面积占总面积的比例分别缴纳。

二、城镇土地使用税的征税范围

城镇土地使用税的征税范围是税法规定的纳税区域内的土地。凡在城市、县城、建制镇、工矿区范围内的土地,不论是国家所有还是集体所有,都属于城镇土地使用税的征税范围。

【注意】　城镇土地使用税的征税范围不包括农村的土地。

三、城镇土地使用税税率

城镇土地使用税采用定额税率。按大、中、小城市和县城、建制镇、工矿区分别规定每平方米城镇土地使用税年应纳税额,如表 8 – 3 所示。

表 8 – 3　　　　　　　　　城镇土地使用税税率

级　　别	人口/人	每平方米税额/元
大城市	50 万以上	1.5～30
中等城市	20 万～50 万	1.2～24
小城市	20 万以下	0.9～18
县城、建制镇、工矿区	—	0.6～12

四、城镇土地使用税的计税依据

城镇土地使用税的计税依据是纳税人实际占用的土地面积。土地面积以平方米为计量标准。纳税人实际占用土地面积的确定方法有:

(1) 纳税人持有房地产管理部门核发的土地使用证书的,以证书确定的土地面积为准。

(2) 尚未核发土地使用证书的,应当由纳税人据实申报土地面积,并据以纳税,待核发土地使用证后再作调整。

五、城镇土地使用税应纳税额计算

城镇土地使用税以纳税人实际占用的土地面积为计税依据,按照规定的适用税额计算征收。计算公式为:

$$年应纳税额＝实际占用应税土地面积(平方米)×适用税额$$

六、城镇土地使用税税收优惠

(一) 城镇土地使用税减免的一般规定

根据《城镇土地使用税暂行条例》及相关规定,下列土地免征城镇土地使用税:

(1) 国家机关、人民团体、军队自用的土地。

(2) 由国家财政部门拨付事业经费的单位自用的土地。

(3) 宗教寺庙、公园、名胜古迹自用的土地。

(4) 市政街道、广场、绿化地带等公共用地。

(5) 直接用于农、林、牧、渔业的生产用地。

(6) 经批准开山填海整治的土地和改造的废弃土地,从使用的月份起免缴土地使用税 5～10 年。

(7) 由财政部另行规定免税的能源、交通、水利设施用地和其他用地。

小贴士

公园、名胜古迹内的索道公司经营用地,应按规定缴纳城镇土地使用税。

（二）城镇土地使用税税收优惠的特殊规定

1. 免税单位与纳税单位之间无偿使用的土地

对免税单位无偿使用纳税单位的土地(如公安、海关等单位使用铁路、民航等单位的土地),免征城镇土地使用税;对纳税单位无偿使用免税单位的土地,纳税单位应照章缴纳城镇土地使用税。纳税单位与免税单位共同使用、共有使用权土地上的多层建筑,对纳税单位按其占用的建筑面占建筑总面积比例计征城镇土地使用税。

2. 房地产开发公司开发建造商品房的用地

房地产开发公司开发建造商品房的用地,除经批准开发建设经济适用房的用地外,对各类房地产开发用地一律不得减免城镇土地使用税。在商品住房等开发项目中配套建造安置住房的,依据政府部门出具的相关材料、房屋征收(拆迁)补偿协议或棚户区改造合同(协议),按改造安置住房建筑面积占总建筑面积比例免征城镇土地使用税。

3. 企业的铁路专用线、公路等用地

对企业的铁路专用线、公路等用地,除另有规定外,在企业厂区(包括生产、办公及生活区)以内的,应照章征收城镇土地使用税;在厂区以外、与社会公用地段未加隔离的,暂免征收城镇土地使用税。

4. 自 2016 年 1 月 1 日起,企业范围内的荒山、林地、湖泊等占地全额征收城镇土地使用税

5. 石油天然气(含页岩气、煤层气)生产企业用地

(1)下列石油天然气生产建设用地暂免征收城镇土地使用税:地质勘探、钻井、井下作业、油气田地面工程等施工临时用地;石油天然气生产企业厂区以外的铁路专用线、公路及输油(气、水)管道用地;油气长输管线用地;石油天然气生产企业厂区以外的公共绿化用地和向社会开放的公园用地。

(2)在城市、县城、建制镇以外工矿区的消防、防洪排涝、防风、防沙设施用地,暂免征收城镇土地使用税。

(3)除上述列举免税的土地外,其他油气生产及办公、生活区用地,依照规定征收城镇土地使用税。

(4)享受上述税收优惠的用地,用于非税收优惠用途的,不得享受税收优惠。

6. 林业系统用地

(1)对林区的育林地、运材道、防火道、防火设施用地,免征城镇土地使用税。

(2)林业系统的森林公园、自然保护区可比照公园免征城镇土地使用税。

(3)林业系统的林区贮木场、水运码头用地,暂予免征城镇土地使用税。

(4)除上述列举免税的土地外,对林业系统的其他生产用地及办公、生活区用地,均应征收城镇土地使用税。

7. 盐场、盐矿用地

(1)对盐场、盐矿的生产厂房、办公、生活区用地,应照章征收城镇土地使用税。

(2)盐场的盐滩、盐矿的矿井用地,暂免征收城镇土地使用税。

8. 电力行业用地

(1)火电厂厂区围墙内的用地均应征收城镇土地使用税;对厂区围墙外的灰场、输灰管、输油(气)管道、铁路专用线用地,免征城镇土地使用税;厂区围墙外的其他用地,应

照章征收城镇土地使用税。

（2）水电站的发电厂房用地，生产、办公、生活用地，应征收城镇土地使用税；对其他用地给予免税照顾。

（3）对供电部门的输电线路用地、变电站用地，免征收城镇土地使用税。

9. 水利设施用地

水利设施及其管护用地（如水库库区、大坝、堤防、灌渠、泵站等用地），免征城镇土地使用税；其他用地，如生产、办公、生活用地，应照章征收城镇土地使用税。

10. 交通部门港口用地

（1）对港口的码头用地，免征收城镇土地使用税。

（2）对港口的露天堆货场地，原则上应征收城镇土地使用税。

11. 民航机场用地

（1）机场飞行区（包括跑道、滑行道、停机坪、安全带、夜航灯光区）用地、场内外通讯导航设施用地和飞行区四周排水防洪设施用地，免征收城镇土地使用税。

（2）在机场道路中，场外道路用地免征城镇土地使用税；场内道路用地依照规定征收城镇土地使用税。

（3）机场工作区（包括办公、生产和维修用地及候机楼、停车场）用地、生活区用地、绿化用地，均须按照规定征收城镇土地使用税。

12. 邮政部门的土地

（1）对坐落在城市、县城、建制镇、工矿区范围内的邮政部门的土地，应当依法征收城镇土地使用税。

（2）对坐落在城市、县城、建制镇、工矿区范围以外的，尚在县邮政局内核算的土地，在单位财务账中划分清楚的，不征收城镇土地使用税。

13. 体育馆的城镇土地使用税优惠政策

（1）国家机关、军队、人民团体、财政补助事业单位、居民委员会、村民委员会拥有的体育场馆，用于体育活动的土地，免征城镇土地使用税。

（2）经费自理事业单位、体育社会团体、体育基金会、体育类民办非企业单位拥有并运营管理的体育场馆，符合相关条件的，其用于体育活动的土地，免征城镇土地使用税。

（3）企业拥有并运营管理的大型体育场馆，其用于体育活动的土地，减半征收城镇土地使用税。

（4）享受上述税收优惠体育场馆的运动场地用于体育活动的天数不得低于去年自然天数的 70%。

14. 物流企业用地

自 2020 年 1 月 1 日起至 2027 年 12 月 31 日，对物流企业自有（包括自用和出租）或承租的大宗商品仓储设施用地，减按所属土地等级适用税额标准的 50% 计征城镇土地使用税。

15. 卫生机构和非营利性科研机构用地

卫生机构和非营利性科研机构自用的土地对非营利性医疗机构、疾病控制机构和妇幼保健机构等卫生机构和非营利性科研机构自用的土地，免征城镇土地使用税。

【例8-4】　2024年甲服装公司(位于某县城)实际占地面积40 000平方米,其中办公楼占地面积1 000平方米,厂房仓库占地面积25 000平方米,厂区外铁路专用线、公路等用地14 000平方米。当地规定的城镇土地使用税为每平方米5元。

要求:计算甲服装公司当年应纳城镇土地使用税。

【答案与解析】　对企业的铁路专用线、公路等用地除另有规定者外,在企业厂区(包括生产、办公及生活区)以内的,应照章征收土地使用税;但是对厂区以外、与社会公用地段未加隔离的,暂免征收城镇土地使用税。

应纳城镇土地使用税＝(40 000－14 000)×5＝130 000(元)

(三)省、自治区、直辖市税务局确定的城镇土地使用税减免优惠

(1)个人所有的居住房屋及院落用地。

(2)房产管理部门在房租调整改革前经租的居民住房用地。

(3)免税单位职工家属宿舍用地。

(4)集体和个人开办的各类学校、医院、托儿所、幼儿园用地。

七、城镇土地使用税征收管理

(一)纳税义务发生时间

(1)纳税人购置新建商品房,自房屋交付使用之次月起,缴纳城镇土地使用税。

(2)纳税人购置存量房,自办理房屋权属转移、变更登记手续,房地产权属登记机关签发房屋权属证书之次月起,缴纳城镇土地使用税。

(3)纳税人出租、出借房产,自交付出租、出借房产之次月起,缴纳城镇土地使用税。

(4)以出让或转让方式有偿取得土地使用权的,应由受让方从合同约定交付土地时间的次月起缴纳城镇土地使用税;合同未约定交付土地时间的,由受让方从合同签订的次月起缴纳城镇土地使用税。

(5)纳税人新征用的耕地,自批准征用之日起满1年时开始缴纳土地使用税。

(6)纳税人新征用的非耕地,自批准征用次月起缴纳城镇土地使用税。

(二)纳税地点

城镇土地使用税在土地所在地缴纳。

纳税人使用的土地不属于同一省、自治区、直辖市管辖的,由纳税人分别向土地所在地税务机关缴纳城镇土地使用税;在同一省、自治区、直辖市管辖范围内,纳税人跨地区使用的土地,其纳税地点由各省、自治区、直辖市税务局确定。

小贴士

城镇土地使用税的纳税地点是土地所在地的税务机关,非机构所在地。

(三)纳税期限

城镇土地使用税按年计算、分期缴纳,具体纳税期限由省、自治区、直辖市人民政府确定。

任务五　车船税纳税实务

【知识准备与业务操作】

车船税指对在中国境内车船管理部门登记的车辆、船舶依法征收的一种税。2011年2月25日,第十一届全国人民代表大会常务委员会第十九次会议通过《中华人民共和国车船税法》。2011年12月5日,国务院发布了《中华人民共和国车船税法实施条例》。

一、车船税的纳税人

车船税的纳税人,是指在中华人民共和国境内属于税法规定的车辆、船舶(简称车船)的所有人或者管理人。

从事机动车第三者责任强制保险业务的保险机构为机动车车船税的扣缴义务人。

二、车船税的征税范围

车船税的征税范围是在中华人民共和国境内属于车船税法所规定的应税车辆和船舶。包括:

(1)依法应当在车船登记管理部门登记的机动车辆和船舶。

(2)依法不需要在车船登记管理部门登记的、在单位内部场所行驶或者作业的机动车辆和船舶。

三、车船税税目

车船税的税目分为5大类,包括乘用车、商用车、其他车辆、摩托车和船舶。乘用车为核定载客人数9人(含)以下的车辆;商用车包括客车和货车,其中客车为核定载客人数9人(含)以上的车辆(包括电车),货车包括半挂牵引车、挂车、客货两用汽车、三轮汽车和低速载货汽车等;其他车辆包括专用作业车和轮式专用机械车等(不包括拖拉机)。船舶包括机动船舶、非机动驳船、拖船和游艇。

小贴士

依法不需要在车船登记管理部门登记的机场、港口、铁路战场内部行驶或作业的车船,自车船税法实施之日起5年内免征车船税。

四、车船税税率

车船税采用定额税率,又称固定税额。车船的适用税额依照税法规定的《车船税税目税额表》执行,具体如表8-4所示。

表 8 - 4 车船税税目税额表

税　目		计税单位	年基准税额/元	备　注
乘用车[按发动机气缸容量(排气量)分档]	1.0 升(含)以下的	每　辆	60~360	核定载客人数 9 人(含)以下
	1.0 升以上至 1.6 升(含)的		300~540	
	1.6 升以上至 2.0 升(含)的		360~660	
	2.0 升以上至 2.5 升(含)的		660~1 200	
	2.5 升以上至 3.0 升(含)的		1 200~2 400	
	3.0 升以上至 4.0 升(含)的		2 400~3 600	
	4.0 升(含)以上的		3 600~5 400	
商用车	客　车	每　辆	480~1 440	核定载客人数 9 人以上(包括电车)
	货　车	整备质量每吨	16~120	1. 包括半挂牵引车、三轮汽车和低速载货汽车等 2. 挂车按照货车税额的 50% 计算
其他车辆	专业作业车	整备质量每吨	16~120	不包括拖拉机
	轮式专用机械车	整备质量每吨	16~120	
摩托车		每　辆	36~180	
船　舶	机动船舶	净吨位每吨	3~6	拖船、非机动驳船分别按照机动船舶税额的 50% 计算;游艇的税额另行规定
	游　艇	艇身长度每米	600~2 000	

小贴士

拖船、非机动驳船的应纳税额减半征收,所以要乘以 50%。

五、车船税的计税依据

车船税以车船的计税单位数量为计税依据。按车船的种类和性能,分别确定每辆、整备质量、净吨位每吨和艇身长度每米为计税单位。

六、车船税应纳税额计算

(1) 车船税各税目应纳税额的计算公式为:

乘用车、客车和摩托车的应纳税额＝辆数×适用年基准税额

货车、专用作业车和轮式专用机械车的应纳税额＝整备质量吨位数×适用年基准税额

机动船舶的应纳税额＝净吨位数×适用年基准税额

拖船和非机动驳船的应纳税额＝净吨位数×适用年基准税额×50%

游艇的应纳税额＝艇身长度×适用年基准税额

（2）购置的新车船，购置当年的应纳税额自纳税义务发生的当月起按月计算。计算公式为：

应纳税额＝适用年基准税额÷12×应纳税月份数

（3）保险机构代收代缴车船税和滞纳金的计算。

① 购买短期交强险的车辆。对于境外机动车临时入境、机动车临时上道路行驶、机动车距规定的报废期限不足 1 年而购买短期交强险的车辆，保单中"当年应缴"项目的计算公式为：

应纳税额＝计税单位×年单位税额×应纳税月份数÷12

其中，应纳税月份数为交强险有效期起始日期的当月至截止日期当月的月份数。

② 已向税务机关缴税的车辆或税务机关已批准减免税的车辆。对已向税务机关缴税的车辆或税务机关已批准减免税的车辆，保单中"当年应缴"项目应为零。对于税务机关已批准减税的机动车，保单中"当年应缴"项目应根据减税前的应纳税额扣除依据减税证明中注明的减税幅度计算的减免税确定，计算公式为：

减税车辆应纳税额＝减税前应纳税额×（1－减税幅度）

③ 对于 2007 年 1 月 1 日前购置的车辆或曾经缴纳过车船税的车辆，保单中"往年补缴"项目的计算公式为：

往年补缴＝计税单位×年单位税额×（本次缴税年度－前次缴税年度－1）

其中，对于 2007 年 1 月 1 日前购置的车辆，纳税人从未缴纳车船税的，前次缴税年度设定为 2006 年。

④ 对于 2007 年 1 月 1 日以后购置的车辆，纳税人从购置时一直未缴纳车船税的，保单中"往年补缴"项目的计算公式为：

往年补缴＝购置当年欠缴的税款＋购置年度以后欠缴的税款

其中，购置当年欠缴的税款＝计税单位×年单位税额×应纳税月份数÷12。应纳税月份数为车辆登记日期的当月起至该年度终了的月份数。若车辆尚未到车船管理部门登记，则应纳税月份数为购置日期的当月起至该年度终了的月份数。

购置年度以后欠缴的税款＝计税单位年单位税额×（本次缴税年度－车辆登记年度－1）

⑤ 滞纳金计算。

对于纳税人在应购买交强险截止日期以后购买交强险的，或以前年度没有缴纳车船税的，保险机构在代收代缴税款的同时，还应代收代缴欠缴税款的滞纳金。

保单中"滞纳金"项目为各年度欠税应加收滞纳金之和。

每一年度欠税应加收的滞纳金＝欠税金额×滞纳天数×0.5‰

滞纳天数的计算自应购买交强险截止日期的次日起到纳税人购买交强险当日止。纳税人连续两年以上欠缴车船税的,应分别计算每一年度欠税应加收的滞纳金。

【例 8-5】 A 企业 2024 年初拥有小轿车 2 辆。当年 5 月,1 辆小轿车被盗,按规定办理退税。通过公安机关侦查,8 月份被盗车辆失而复得并取得公安机关相关证明。当地小轿车车船税年税额 500 元/辆。

要求:计算该企业 2024 年应纳车船税额。

【答案与解析】 该企业被盗后复得的小轿车应纳税月份数为 9 个月,即 1—4 月和 8—12 月应纳车船税。

该企业 2024 年应纳车船税额＝500×1＋500×1×(4＋5)÷12＝875(元)

七、车船税的税收优惠

(一)免征车船税的规定

以下车船享有免征优惠:

(1)捕捞、养殖渔船。

(2)军队、武装警察部队专用的车船。

(3)警用车船。

(4)依照法律规定应当予以免税的外国驻华使领馆、国际组织驻华代表机构及其有关人员的车船。

(5)使用新能源车船。

(6)临时入境的外国车船和香港特别行政区、澳门特别行政区、台湾地区的车船。

(7)按照规定缴纳船舶吨税的机动船舶,自车船税法实施之日起 5 年内免征车船税。

(8)依法不需要在车船登记管理部门登记的机场、港口、铁路站场内部行驶或者作业的车船,自车船税法实施之日起 5 年内免征车船税。

(二)车船税其他税收优惠

(1)对符合标准的新能源车船免征车船税,对符合标准的节能汽车减半征收车船税。

减半征收车船税的节能乘用车应同时符合以下标准:

① 获得许可在中国境内销售的排量为 1.6 升以下(含 1.6 升)的燃用汽油、柴油的乘用车(含非插电式混合动力、双燃料和两用燃料乘用车)。

② 综合工况燃料消耗量应符合标准。

减半征收车船税的节能商用车应同时符合以下标准:

① 获得许可在中国境内销售的燃用天然气、汽油、柴油的轻型和重型商用车(含非插电式混合动力、双燃料和两用燃料轻型和重型商用车)。

② 燃用汽油、柴油的轻型和重型商用车综合工况燃料消耗量应符合标准。

免征车船税的新能源汽车是指纯电动商用车、插电式(含增程式)混合动力汽车、燃料电池商用车。纯电动乘用车和燃料电池乘用车不属于车船税征税范围,对其不征车船税。免征车船税的新能源汽车应同时符合以下标准:

① 获得许可在中国境内销售的纯电动商用车、插电式(含增程式)混合动力汽车、燃料电池商用车。

② 符合新能源汽车产品技术标准。

③ 通过新能源汽车专项检测,符合新能源汽车标准。

④ 新能源汽车生产企业或进口新能源汽车经销商在产品质量保证、产品一致性、售后服务、安全监测、动力电池回收利用等方面符合相关要求。

免征车船税的新能源船舶应符合以下标准:船舶的主推进动力装置为纯天然气发动机。发动机采用微量柴油引燃方式且引燃油热值占全部燃料总热值的比例不超过5%的,视同纯天然气发动机。

（2）对受地震、洪涝等严重自然灾害影响纳税困难以及其他特殊原因确需减免税的车船,可以在一定期限内减征或免征车船税。具体减免期限和数额由省、自治区、直辖市人民政府确定,报国务院备案。

（3）省、自治区、直辖市人民政府根据当地实际情况,可以对公共交通车船,农村居民拥有并主要在农村地区使用的摩托车、三轮汽车和低速载货汽车定期减征或免征车船税。

八、车船税征收管理

（一）纳税义务发生时间

车船税纳税义务发生时间为取得车船所有权或者管理权的当月。以购买车船的发票或其他证明文件所载日期的当月为准。

（二）纳税地点

车船税的纳税地点为车船的登记地或者车船税扣缴义务人所在地。

扣缴义务人代收代缴车船税的,纳税地点为扣缴义务人所在地。纳税人自行申报缴纳车船税的,纳税地点为车船登记地的主管税务机关所在地。

依法不需要办理登记的车船,其车船税的纳税地点为车船的所有人或者管理人所在地。

（三）纳税申报

车船税按年申报,分月计算,一次性缴纳。纳税年度为公历1月1日至12月31日。

任务六 印花税纳税实务

【知识准备与业务操作】

印花税是对经济活动和经济交往中书立、领受、使用的应税凭证征收的一种税。2021年6月10日,第十三届全国人民代表大会常务委员会第二十九次会议通过了《中华人民共和国印花税法》,2022年7月1日起正式施行(以下简称《印花税法》)。

一、印花税的纳税人

印花税的纳税人为在中华人民共和国境内书立应税凭证、进行证券交易的单位和个人。在中华人民共和国境外书立、在境内使用的应税凭证的单位和个人,应当依照《印花税法》规定缴纳印花税。

根据书立、领受、使用应税凭证的不同,纳税人可以分为:

（1）书立应税凭证的纳税人,为对应税凭证有直接权利义务关系的单位和个人。

（2）采用委托贷款方式书立的借款合同纳税人,为受托人和借款人,不包括委托人。

（3）按买卖合同或者产权转移书据税目缴纳印花税的拍卖成交确认书纳税人,为拍卖标的的产权人和买受人,不包括拍卖人。

证券交易印花税对证券交易的出让方征收,不对受让方征收。

二、税目与税率

（一）税目

印花税税目是指《印花税法》明确规定的应当纳税的项目,它具体划定了印花税的征税范围。一般来说,列入税目的就要征税,未列入的不征税。

（二）税率

印花税的税率有比例税率和定额税率两种形式,具体规定如表 8-5 所示。

表 8-5　　　　　　　　　　印花税税率

税　目		税　率	备　注
合同（书面合同）	借款合同	借款金额的万分之零点五	不包括同业拆借的借款合同;按照借款本金计算,不包含利息
	融资租赁合同	租金的万分之零点五	
	买卖合同	价款的万分之三	产品买卖,不包括个人书立的动产买卖合同、不动产合同
	承揽合同	报酬的万分之三	
	建设工程合同	价款的万分之三	
	运输合同	运输费用的万分之三	不包括管道运输合同
	技术合同	价款、报酬或者使用费的万分之三	不包括专利权、专有技术使用权转让书据
	租赁合同	租金的千分之一	
	保管合同	保管费的千分之一	
	仓储合同	仓储费的千分之一	
	财产保险合同	保险费的千分之一	不包括再保险合同
产权转移书据	土地使用权出让合同	价款的万分之五	
	土地使用权、房屋等建筑物和构筑物所有权转让书据	价款的万分之五	
	股权转让书据	价款的万分之五	
	商标专用权、著作权、专利权、专有技术使用权转让书据	价款的万分之三	
营业账簿		实收资本（或股本）、资本公积合计金额的价款的万分之二点五	仅按账簿的经济用途确定征免界限,无需考虑账簿人是否属于经济组织;车间,门市,仓库等设置的额账簿不贴印花
证券交易		成交金额的千分之一	
房屋产权证、工商营业执照、商标注册证、专利证、土地使用证		按每本5元贴花	副本或者抄本免征印花税

三、不属于印花税的征税范围情形的凭证

不属于印花税的征税范围的有以下几种：

（1）人民法院的生效法律文书，仲裁机构的仲裁文书，监察机关的监察文书。

（2）县级以上人民政府及其所属部门按照行政管理权限征收、收回或者补偿安置房地产书立的合同、协议或者行政类文书。

（3）总公司与分公司、分公司与分公司之间书立的作为执行计划使用的凭证。

四、印花税的计税依据

印花税的计税依据为各种应税凭证上所记载的计税金额。同一应税凭证载有两个以上税目事项并分别列明金额的，按照各自适用的税目税率分别计算应纳税额；未分别列明金额的，从高适用税率。

（1）应税合同的计税依据，为合同所列的金额，不包括列明的增值税税额。未列明金额的，印花税的计税依据按照实际结算的金额确定。

（2）应税产权转移书据的计税依据，为产权转移书据所列的金额，不包括列明的增值税税额。未列明金额的，印花税的计税依据按照实际结算的金额确定。

（3）应税营业账簿的计税依据，为账簿记载的实收资本（股本）、资本公积合计金额。

（4）证券交易的计税依据，为成交金额。

（5）不记载金额的营业账簿、政府部门发给的房屋产权证、工商营业执照、专利证等权利许可证照，以及日记账和各种明细分类账簿等辅助性账簿，以凭证或者账簿的件数作为计税依据。

（6）纳税人有以下情形的，地方税务机关可以核定纳税人印花税的计税依据：

① 未按照规定建立印花税应税凭证登记簿，或未如实登记和完整保存应税凭证的；

② 拒不提供应税凭证或不如实提供应税凭证，致使计税依据明显偏低的；

③ 采用按期汇总缴纳办法的，未按地方税务机关规定的期限报送汇总缴纳印花税情况报告，经地方税务机关责令期限报告，逾期仍不报告或者地方税务机关在检查中发现纳税人有未按照规定汇总缴纳印花税的。

（7）同一应税合同、应税产权转移书据中涉及两方以上纳税人，且未列明纳税人各自涉及金额的，以纳税人平均分摊的应税凭证所列金额（不包括列明增值税税款）确定计税依据。

（8）境内货物多式联运，采用在起运地统一结算全程运费的，以全程运费作为运输合同的计税依据，由起运地运费结算双方缴纳印花；采用分程结算运费的，以分程的运费作为计税依据，由分别由办理运费结算的各方缴纳印花税。

（9）纳税人多贴的印花税票，不可退税及抵缴税款。

五、印花税应纳税额计算

（1）实行比例税率的凭证，印花税应纳税额的计算公式为：

$$应纳税额＝应税凭证计税金额×比例税率$$

（2）实行定额税率的凭证，印花税应纳税额的计算公式为：

$$应纳税额＝应税凭证件数×定额税率$$

（3）营业账簿中记载资金的账簿，印花税应纳税额的计算公式为：

$$应纳税额＝（实收资本＋资本公积）×0.5‰$$

（4）其他账簿按件贴花，每件 5 元。印花税应纳税额的计算公式为：

$$应纳税额＝应税账簿件数×5$$

小贴士

（1）记载资金的营业账簿自 2018 年 5 月 1 日起减半征收（0.25‰）。

（2）其他营业账簿自 2018 年 5 月 1 日起免征。

六、印花税的税收优惠

下列凭证免征印花税：

（1）应税凭证的副本或者抄本；

（2）依照法律规定应当予以免税的外国驻华使馆、领事馆和国际组织驻华代表机构为获得馆舍书立的应税凭证；

（3）中国人民解放军、中国人民武装警察部队书立的应税凭证；

（4）农民、家庭农场、农民专业合作社、农村集体经济组织、村民委员会购买农业生产资料或者销售农产品书立的买卖合同和农业保险合同；

（5）无息或者贴息借款合同、国际金融组织向中国提供优惠贷款书立的借款合同；

（6）财产所有权人将财产赠与政府、学校、社会福利机构、慈善组织书立的产权转移书据；

（7）非营利性医疗卫生机构采购药品或者卫生材料书立的买卖合同；

（8）个人与电子商务经营者订立的电子订单。

（9）2022 年 1 月 1 日至 2024 年 12 月 31 日，由省、自治区、直辖市人民政府根据地区实际情况以及宏观调控需要，对增值税小规模纳税人、小型微利企业和个体工商户可以在 50％的税额幅度内减征资源税、城市维护建设税、房产税、城镇土地使用税、印花税（不含证券交易印花税）、耕地占用税和教育费附加、地方教育附加。

根据国民经济和社会发展的需要，国务院对居民住房需求保障、企业改制重组、破产、支持小型微型企业发展等情形，可以规定减征或者免征印花税，报全国人民代表大会常务委员会备案。

（10）对发电厂与电网之间、电网与电网之间签订的购售电合同，按照购销合同征收印花税。电网与用户之间签订的供用电合同不属于印花税列举征税的凭证，不征收印花税。

（11）对个人出租、承租住房签订的租赁合同，免征印花税。对个人销售或者购买住房，暂免征收印花税。

（12）对与高校学生签订的高校学生公寓租赁合同，免征印花税。

纳税人享受印花税优惠政策，实行"自行判别、申报享受、有关资料留存备查"的办理方式。税人对留存备查资料的真实性、完整性和合法性承担法律责任。

【例8-6】 判断：企业签订的商品房销售合同应当按照"购销合同"税目计算缴纳印花税。

【答案与解析】 ×。企业签订的商品房销售合同应当按照"产权转移书据"税目计算缴纳印花税。

七、印花税的征收管理

（一）纳税义务发生时间

印花税的纳税义务发生时间为纳税人书立应税凭证或者完成证券交易的当日。

证券交易印花税扣缴义务发生时间为证券交易完成的当日。

（二）纳税地点

纳税人为单位的，应当向其机构所在地的主管税务机关申报缴纳印花税；纳税人为个人的，应当向应税凭证书立地或者纳税人居住地的主管税务机关申报缴纳印花税。

不动产产权发生转移的，纳税人应当向不动产所在地的主管税务机关申报缴纳印花税。

证券登记结算机构为证券交易印花税的扣缴义务人，应当向其机构所在地的主管税务机关申报解缴税款以及银行结算的利息。

（三）纳税期限

印花税按季、按年或者按次计征。实行按季、按年计征的，纳税人应当自季度、年度终了之日起十五日内申报缴纳税款；实行按次计征的，纳税人应当自纳税义务发生之日起十五日内申报缴纳税款。

证券交易印花税按周解缴。证券交易印花税扣缴义务人应当自每周终了之日起五日内申报解缴税款以及银行结算的利息。

（四）缴纳方法

印花税可以采用粘贴印花税票或者由税务机关依法开具完税凭证的方式缴纳。印花税票粘贴在应税凭证上的，由纳税人在每枚税票的骑缝处盖戳注销或者画销。印花税票由国务院税务主管部门监制。

任务七　资源税纳税实务

【知识准备与业务操作】

资源税是对在我国领域和管辖的其他海域开发应税资源的单位和个人征收的一种税。资源税法是用以调整国家与资源纳税人之间征纳关系的法律规范。1993年12月25日国务院颁布的《中华人民共和国资源税暂行条例》，并于2011年9月30日完成修订。2019年8月26日，第十三届全国人民代表大会常务委员会第12次会议通过了《中华人民共和国资源税法》（以下简称《资源税法》），并于2020年9月1日起施行。

一、资源税的纳税人

（1）资源税的纳税人，是指在中华人民共和国领域及管辖海域开采应税资源的单位和个人。进口的矿产品和盐不征收资源税。

（2）纳税人自用应税产品的下列情形视同销售缴纳资源税：以应税产品用于非货币性资产交换、捐赠、偿债、赞助、集资、投资、广告、样品、职工福利利润分配或者连续生产非应税产品（用于连续生产应税产品的移动时暂不纳税）。

（3）开采陆上海洋油气资源的中外合作油气田，在 2011 年 11 月 1 日前已签订合同继续缴纳矿区使用费的，不缴纳资源税；合同期满后，依法缴纳资源税。

二、资源税的征税范围

从理论上讲，资源税的征税范围应当包括一切可以开发和利用的国有资源，《资源税法》中包括能源矿产、金属矿产、非金属矿产、水汽矿产和盐 5 大类。

（一）能源矿产

（1）原油指开采的天然原油，不包括人造石油。

（2）天然气、页岩气、天然气水合物。

（3）煤炭指原煤和以未税原煤加工的洗选煤。

（4）煤成（层）气。

（5）铀、钍。

（6）油页岩、油砂、天然沥青、石煤。

（7）地热。

（二）金属矿产

（1）黑色金属，包括铁、锰、铬、钒、钛。

（2）有色金属。

（三）非有色金属

（1）矿物类，包括石墨、硅藻土、高岭土、硫铁矿、自然硫、磷、萤石、工业用金刚石、冰洲石、蓝晶石、硅线石、长石、滑石、明矾石、叶蜡石、硅灰石、透辉石、重晶石、毒重石、方解石、蛭石、沸石、透闪石、工业电气石、石棉、石膏、石灰岩、珍珠岩、其他黏土等。

（2）岩石类包括浮石、麦饭石、含钾岩石、天然油石、砂石、火山灰、火山渣、泥炭等。

（3）宝玉石石类包括宝石、玉石、宝石级金刚石、玛瑙、黄玉、碧玺。

（四）水汽矿产

（1）二氧化碳气、硫化氢气、氦气、氡气。

（2）矿泉水。

（五）盐

（1）钠盐、钾盐、镁盐、锂盐。

（2）天然卤水。

（3）海盐指海水晒制的盐，不包括提取地下卤水晒制的盐。

纳税人以自产原矿直接销售，或者自用于应税资源税情形的，按照原矿计征资源税。纳税人以自采原矿洗选加工为选矿产品销售，或者将选矿产品自用于应税资源税情形的，按照选矿产品计征资源税，在原矿移送环节不缴纳资源税。

三、资源税税目

现行资源税共设置 5 个一级税目,17 个二级子税目,具体税目 164 个,具体按照表 8-6《资源税税目税率表》相关规定执行。

四、资源税税率

资源税采用从价定率和从量定额两种形式,依照《资源税税目税率表》及财政部的有关规定执行。

表 8-6　　　　　　　　　　　　资源税税目税率表

税　　　　目			征税对象	税　　率
一、能源矿产		(1) 原油	原矿	6%
		(2) 天然气、页岩气、天然气水合物	原矿	6%
		(3) 煤	原矿或选矿	2%~10%
		(4) 煤成(层)气	原矿	1%~2%
		(5) 铀、钍	原矿	4%
		(6) 油页岩、油砂、天然沥青、石煤	原矿或选矿	1%~4%
		(7) 地热	原矿	1%~20% 或每立方米 1~30 元
二、金属矿产	黑色金属	铁、锰、铬、钒、钛	原矿或选矿	1%~9%
	有色金属	铜、铅、锌、锡、镍、锑、镁、钴、铋、汞	原矿或选矿	2%~10%
		铝土矿	原矿或选矿	2%~9%
		钨	选矿	6.5%
		钼	选矿	8%
		金、银	原矿或选矿	2%~6%
		铂、钯、钌、锇、铱、铑	原矿或选矿	5%~10%
		轻稀土	选矿	7%~12%
		中重稀土	选矿	20%
		铍、锂、锆、锶、铷、铯、铌、钽、锗、镓、铟、铊、铪、铼、镉、硒、碲	原矿或选矿	2%~10%
三、非金属矿产	矿物类	高岭土	原矿或选矿	1%~6%
		石灰岩	原矿或选矿	1%~6% 或每吨或每立方米 1~10 元
		磷	原矿或选矿	3%~8%
		石墨	原矿或选矿	1%~6%
		萤石、硫铁矿、自然硫	原矿或选矿	1%~8%

税 目		征税对象	税 率
三、非金属矿产	矿物类	原矿或选矿	1%~12%
	天然石英砂、脉石英、粉石英、水晶、工业用金刚石、冰洲石、蓝晶石、硅线石（矽线石）、长石、滑石、刚玉、菱镁矿、颜料矿物、天然碱、芒硝、钠硝石、明矾石、砷、硼、溴、膨润土、硅藻土、陶瓷土、耐火黏土、铁矾土、凹凸棒石黏土、海泡石黏土、伊利石黏土、累托石黏土		
	叶蜡石、硅灰石、透辉石、珍珠岩、云母、沸石、重晶石、毒重石、方解石、蛭石、透闪石、工业用电气石、白垩、石棉、蓝石棉、红柱石、石榴子石、石膏	原矿或选矿	2%~12%
	其他黏土（铸型用黏土、砖瓦用黏土、陶粒用黏土、水泥配料用黏土、水泥配料用红土、水泥配料用黄土、水泥配料用泥岩、保温材料用黏土）	原矿或选矿	1%~5%或每吨或每立方米0.1~5元
	岩石类 大理岩、花岗岩、白云岩、石英岩、砂岩、辉绿岩、安山岩、闪长岩、板岩、玄武岩、片麻岩、角闪岩、页岩、浮石、凝灰岩、黑曜岩、霞石正长岩、蛇纹岩、麦饭石、泥灰岩、含钾岩石、含钾砂页岩、天然油石、橄榄岩、松脂岩、粗面岩、辉长岩、辉石岩、正长岩、火山灰、火山渣、泥炭	原矿或选矿	1%~10%
	砂石	原矿或选矿	1%~5%或每吨或每立方米0.1~5元
	宝石石类 宝石、玉石、宝石级金刚石、玛瑙、黄玉、碧玺	原矿或选矿	4%~20%
四、水汽矿产	二氧化碳气、硫化氢气、氦气、氡气	原矿	2%~5%
	矿泉气	原矿	1%~20%每立方米1~30元
五、盐	钠盐、钾盐、镁盐、锂盐	选矿	3%~15%
	天然卤水	原矿	3%~15%每立方米1~10元
	海盐		2%~5%

五、资源税应纳税额计算

（一）从价定率

从价定率的计税依据为计税销售额。计税销售额，指纳税人销售应税产品向购买方收取的全部价款，不包括收取的增值税税款。计算公式为：

$$应纳税额＝销售额×适用税率$$

计入销售额的运杂费用，凡是取得增值税发票或其他合法有效凭据的，准予从销售额中扣除。相关运杂费用指应税产品从坑口或洗选（加工）地到车站、码头或购买方指定地点的运输费用、建设基金以及随运销产生的装卸、仓储、港杂费用。

特殊情形下的销售额包括：

（1）有视同销售行为而无销售额的，或申报的销售额明显偏低且无正当理由的，应按照下列顺序确定其应税产品计税价格：

① 纳税人最近时期同类产品的平均销售价格。

② 其他纳税人最近时期同类产品的平均销售价格。

③ 按后续加工非应税产品销售价格，减去后续加工环节的成本利润后确定。

④ 应税产品组成计税价格＝成本×（1＋成本利润率）÷（1－资源税税率）

（2）外购应税产品。

① 纳税人以自采未税产品和外购应税产品混合销售或混合加工为应税产品销售的，准予扣减外购应税产品的购进金额或购进数量。

已税产品购进金额当期不足扣减的，可结转下期扣减。

纳税人应当单独核算外购产品的购进数量或购进金额，未准确核算的，一并计算缴纳资源税。

扣减当期外购应税产品购进金额和数量，应当依据外购应税产品的增值税发票、海关进口增值税专用缴款书或其他合法有效凭据。

② 纳税人以外购原矿与自采原矿混合为原矿销售，或以外购选矿产品与自产选矿产品混合为选矿产品销售的，在计算应税产品销售额或销售数量时，直接扣减外购原矿或外购选矿产品的购进金额或购进数量。

纳税人以外购原矿与自采原矿混合洗选加工为选矿产品销售的，在计算应税产品销售额或销售数量时，按下列方法扣减：

准予扣减的外购应税产品购进金额（数量）＝外购原矿购进金额（数量）×（本地区原矿适用税率÷本地区选矿产品适用税率）

【例8-7】　某煤炭企业将外购100万元原煤与自采200万元原煤混合洗选加工为选煤销售，选煤销售额450万元。当地原煤税率3％，选煤税率2％。

要求：计算准予扣减的外购应税产品购进金额。

【答案与解析】　准予扣减的外购应税产品购进金额＝100×（3％÷2％）＝150（万元）

（二）从量定额

从量定额征收的，以应税产品的销售数量为计税依据。计算公式为：

$$应纳税额＝课税数量×单位税额$$

销售数量,包括纳税人开采或生产应税产品的实际销售数量和需视同销售的自用数量。

六、资源税税收优惠

(一) 免税项目

(1) 开采原油以及在油田范围内运输原油过程中用于加热的原油、天然气。

(2) 煤炭开采企业因安全生产需要抽采的煤成(层)气。

(二) 减征项目

(1) 低丰度油气田开采的原油、天然气,资源税减征20%。

(2) 高含硫天然气、3次采油和深水油气田,资源税减征30%。

(3) 稠油、高凝油,资源税减征40%。

(4) 从衰竭期矿山开采的矿产品,资源税减征30%。

(三) 可由省、自治区、直辖市人民政府决定的减免税

(1) 自2022年1月1日至2024年12月31日,对增值税小规模纳税人、小型微利企业和个体工商户可以在50%税额幅度内减征资源税。

(2) 自2014年12月1日至2023年8月1日,对填充开采置换出来的煤炭,资源税减征50%。

(3) 对青藏铁路公司及其所属单位运营期间自采自用的砂、石等材料免征资源税。

(4) 有下列情形之一的,省、自治区、直辖市人民政府可以决定减税或者免税,具体办法由省、自治区、直辖市人民政府提出,报同级人民代表大会常务委员会决定,并报全国人民代表大会常务委员会和国务院备案。

①纳税人开采或生产应税产品过程中,因意外事故或者自然灾害等原因遭受重大损失的。②纳税人开采共伴生矿、低品位矿、尾矿。

(四) 其他减免税执行规定

(1) 同一应税产品,其中既有享受减免政策的,又有不享受减免税政策的,按照免税、减税项目的产量占比等方法分别核算确定免税、减税项目的销售额或销售数量。

(2) 同一应税产品同时符合两项或两项以上减征资源税优惠政策的,除另有规定外,只能选择其中一项执行。

七、资源税征收管理

(一) 纳税义务发生时间

(1) 纳税人销售应税产品,其纳税义务发生时间为收讫销售款或取得销售款凭据的当天。

(2) 纳税人自产自用应税产品的纳税义务发生时间,为移送使用应税产品的当天。

(二) 纳税地点

凡是缴纳资源税的纳税人,都应当向应税产品的开采或者海盐的生产地缴纳税款。

(三) 纳税期限

资源税按月或按季度申报缴纳,不能按固定期限计算纳税的,可以按次申报纳税。

纳税人按月或按季度申报缴纳,应当自月度或季度终了之日起15日内申报纳税。

任务八　城市维护建设税纳税实务

【知识准备与业务操作】

城市维护建设税法,是指国家制定的用以调整城市维护建设税征收与缴纳之间权利与义务的法律规范。城市维护建设税是对从事工商经营,缴纳增值税、消费税的单位和个人征收的一种税,具有一种具有附加税性质的税种,按"两税"税额附加征收,其本身没有特定的、独立的课税对象。1985 年 2 月 8 日,国务院正式颁布《中华人民共和国城市维护建设税暂行条例》(以下简称《城建税暂行条例》),并于 1985 年 1 月 1 日起在全国范围内施行。2020 年 8 月 11 日,第十三届全国人民代表大会常务委员会第二十一次会议通过《中华人民共和国城市维护建设税法》,自 2021 年 9 月 1 日起施行。

一、城市维护建设税的纳税人

城市维护建设税的纳税人是在征税范围内从事工商经营,并缴纳增值税、消费税中任何一种税的单位和个人,包括国有企业、集体企业、私营企业、个体工商户、外商投资企业和外国企业及其他单位、个人。

二、城市维护建设税的征税范围

城市维护建设税征收的区域范围包括城市市区、县城、建制镇,以及税法规定征收"两税"的其他地区。

三、城市维护建设税的税率

1. 基本规定

(1) 城市维护建设税实行地区差别比例税率。按纳税人所在地的不同,其税率分别为:城市市区 7%,县城和建制镇 5%,不在城市市区、县城和建制镇 1%。

(2) 城建税的适用税率,一律按纳税人所在地的规定税率执行。县政府设在城市市区,其在市区办的企业,按照市区的规定税率计算纳税。纳税人所在地为工矿区的,应根据行政区划分按照 7%、5%、1% 的税率缴纳城市维护建设税。撤县建市后,纳税人所在市区的,城市维护建设税适用税率为 7%;纳税人所在地在市区以外其他镇的,城市维护建设税适用税率仍为 5%。

2. 特殊规定

城市维护建设税税率特殊规定如表 8-7 所示。

表 8-7　　　　　　　　城市维护建设税税率特殊规定

特殊情况	适用税率及规定
代收、代扣城市维护建设税	按缴纳"两税"的代收、代扣方所在地的规定税率
流动经营等无固定纳税地点	按缴纳"两税"所在地的规定税率
中国铁路总公司	税率统一为 5%
中外合作海上油(气)田	开采海洋石油资源的中外合作海上油(气)田所在地在海上,适用 1% 税率

四、城市维护建设税计税依据

城市维护建设税的计税依据是纳税人实际缴纳的"两税"之和,但不包括纳税人违反"两税"有关税法而征收的滞纳金和罚款。

中外合作油田开采的原油、天然气,按规定缴纳增值税后,以合作油气田缴纳的增值税税额为依据,缴纳城市维护建设税和教育费附加。享受增值税期末留抵退税政策的集成电路企业,其退还的增值税期末留抵税额应从计税依据中扣除。

五、城市维护建设税应纳税额计算

具体计算公式如下:

应纳税额＝(实际缴纳的增值税税额＋实际缴纳的消费税税额)×适用税率

【例8-8】 某企业地处市区,2024年6月应缴纳增值税125万元;缴纳消费税46万元,因故被加收滞纳金0.12万元。计算该企业当月应缴纳的城市维护建设税。

【答案与解析】 应纳税额＝(125＋46)×7%＝11.97(万元)

六、城市维护建设税的税收优惠

城建税以增值税、消费税两税税额为计税依据并同时征收,如果免征或减征两税,也就同时免征或减征城市维护建设税。

海关对进口产品代征增值税、消费税的,不征收城市维护建设税。出口产品退还增值税、消费税的,不退还已缴纳的城建税;进口产品需征收增值税、消费税的,不缴纳的城建税,简称城建税进口环节不征,出口环节不退。对国家石油储备基地第一期项目建设过程中涉及的营业税、城市维护建设税、教育费附加予以免征。为支持国家重大水利工程建设,对国家重大水利工程建设基金自2010年5月25日起免征城市维护建设税。

对两税实行先征后返、先征后退、即征即退办法的,除另有规定外,对随两税附征的城市维护建设税和教育费附加,一律不予退(返)还。

七、城市维护建设税的征收管理

城市维护建设税的征收管理、纳税环节比照增值税、消费税的有关规定办理。

(1)纳税人直接缴纳两税的,在缴纳两税地缴纳城市维护建设税。

(2)代征、代扣、代缴增值税、消费税的企业单位,同时也要代征、代扣、代缴城市维护建设税。没有代扣城市维护建设税的,应由纳税单位或个人回到其所在地申报纳税。

(3)县以上各级银行直接经营业务取得的收入,由各级银行分别在所在地纳税。县和设区的市,由县支行或区办事处在其所在地纳税,而不能分别按所属营业所的所在地计算纳税。

(4)对中国铁路总公司的分支机构预征1%增值税所应缴纳的城市维护建设税和教育费附加,由中国铁路总公司按季向北京市税务局缴纳。

增值税、消费税的纳税期限均分别是1日、3日、5日、10日、15日、1个月或者1个季度。城市维护建设税的纳税期限比照上述增值税、消费税的纳税期限,由主管税务机关根据应纳税额大小;不能按照固定期限纳税的,可以按次纳税。

小贴士

　　由于城市维护建设税是与增值税、消费税同时征收的，因此在一般情况下，城市维护建设税不单独加收滞纳金或罚款。但是，如果纳税人缴纳了两税之后，却不按规定缴纳城市维护建设税，则可以对其单独加收滞纳金，也可以单独进行罚款。

任务九　环境保护税纳税实务

【知识准备与业务操作】

　　环境保护税是为了保护和改善环境，减少污染物排放，推进生态文明建设而征收的一种税。2016 年 12 月 25 日第十二届全国人民代表大会常务委员会第二十五次会议通过的《中华人民共和国环境保护税法》（以下简称《环境保护税法》），并于 2018 年 1 月 1 日起施行。

一、环境保护税的纳税人

　　环境保护税的纳税人为在中华人民共和国领域和中华人民共和国管辖的其他海域直接向环境排放应税污染物的企业事业单位和其他生产经营者。

二、环境保护税的征税范围

　　《环境保护法》所附《环境保护税税目税额表》《应税污染物和当量值表》规定的大气污染物、水污染物、固体废物和噪声等应税污染物。

三、环境保护税的税率

　　环境保护税实行定额税率，具体税目税额如表 8-8 所示。

表 8-8　　　　　　　　　　环境保护税税目税额表

税　　目		计税单位	税　　额	备　　注
大气污染物		每污染当量	1.2～12 元	
水污染物		每污染当量	1.4～14 元	
固体废物	煤矸石	每吨	5 元	
	尾矿	每吨	15 元	
	危险废物	每吨	1 000 元	
	冶炼渣、粉煤灰、炉渣、其他固体废物（含半固态、液态废物）	每吨	25 元	

续　表

税　目		计税单位	税　额	备　注
噪声	工业噪声	超标1~3分贝	每月350元	1. 一个单位边界上有多处噪声超标,根据最高一处超标声级计算应纳税额;当沿边界长度每100米有两个以上噪声超标,按照两个单位计算应纳税额。 2. 一个单位有不同作业场所的,应当分别计算应纳税额,合并计征。 3. 昼夜均超标的环境噪声,昼夜分别计算应纳税额,累计计征。 4. 夜间频繁突发和夜间偶然突发厂界超标噪声,按等效声级和峰值噪声两种指标超标分贝值高的一项计算应纳税额
		超标4~6分贝	每月700元	
		超标7~9分贝	每月1 400元	
		超标 10~12分贝	每月2 800元	
		超标 13~15分贝	每月5 600元	
		超标 16 分贝以上	每月11 200元	

应税大气污染物和水污染物的具体适用税额的确定和调整,由省、自治区、直辖市人民政府统筹考虑本地区环境承受能力、污染物排放现状和经济社会生态发展目标要求,在《环境保护税税目税额表》规定的税额幅度内提出,报同级人民代表大会常务委员会决定,并报全国人民代表大会常务委员会和国务院备案。

四、环境保护税的计税依据

根据《环境保护税法》的规定,环保税应税污染物的计税依据按照以下方法确定:

(1)应税大气污染物按照污染物排放量折合的污染当量数确定。

(2)应税水污染物按照污染物排放量折合的污染当量确定。

(3)应税固体废物按照固体废物的排放量确定。

(4)应税噪声按照超过国家规定标准的分贝数确定。

五、环境保护税应纳税额计算

环境保护税应纳税额的计算公式如下:

应税大气污染物应纳税额＝污染当量数×具体适用税额

应税水污染物应纳税额＝污染当量数×具体适用税额

应税固体废物应纳税额＝固体废物排放量×具体适用税额

应税噪声应纳税额＝超过国家规定标准的分贝数对应的具体适用税额

应税大气污染物、水污染物、固体废物排放量和噪声的分贝数,按照下列方法和顺序计算:

(1)纳税人使用符合国家规定和监测规范的污染物自动监测设备的,按照污染物自动监测数据计算。

(2)纳税人未安装使用污染物自动监测设备的,按照监测机构出具的符合国家有关规定和监测规范的监测数据计算。

（3）因排放污染物种类多等原因不具备监测条件的，按照国务院环境保护主管部门规定的排污系数、物料衡算方法计算。

（4）不能按上述规定方法计算的，按照省、自治区、直辖市人民政府环境保护主管部门规定的抽样测算方法核定计算。

六、环境保护税税收优惠

下列情形，暂予以免征环境保护税：

（1）农业生产（不包括规模化养殖）排放应税污染物的。

（2）机动车、铁路机车、非道路移动机械、船舶和航空器等流动污染源排放应税污染物的。

（3）依法设立的城乡污水集中处理、生活垃圾集中处理场所排放相应应税污染物，不超过国家和地方规定的排放标准的。

（4）纳税人综合利用的固体废物，符合国家和地方环境保护标准的。

（5）纳税人噪声声源一个月内累计昼间超标不足 15 昼或者累计夜间超标不足 15 夜的，分别减半计算应纳税额。

（6）国务院批准免税的其他情形。

七、环境保护税的征收管理

（1）纳税义务发生时间为纳税人排放应税污染物的当日。

（2）环境保护税按月计算，按季申报缴纳。按季申报缴纳的，应当自季度终了之日起十五日内，向税务机关办理纳税申报并缴纳税款。

任务十 耕地占用税纳税实务

【知识准备与业务操作】

耕地占用税是为了合理利用土地资源，加强土地管理，保护耕地，对占用耕地建房或从事非农业建设的单位或个人，征收的一种税。2007 年 12 月 1 日国务院发布《中华人民共和国耕地占用税暂行条例》，2008 年 2 月 26 日财政部、国家税务总局发布《中华人民共和国耕地占用税暂行条例实施细则》。2018 年 12 月 29 日，第十三届全国人民代表大会常务委员会第七次会议通过《中华人民共和国耕地占用税法》（以下简称《耕地占用税法》），自 2019 年 9 月 1 日起施行。

一、耕地占用税的纳税人

耕地占用税的纳税人为在我国境内占用耕地建设建筑物、构筑物或者从事非农业建设的单位和个人。

二、耕地占用税的征税范围

耕地占用税的征税范围包括纳税人为建房或从事其他非农业建设而占用的国家所有和集体所有的耕地，耕地指用于种植农作物的土地。占用耕地建设农田水利设施的，不缴纳耕地占用税。

三、耕地占用税税率

耕地占用税实行定额税率。根据不同地区的人均耕地面积和经济发展情况实行有地区差别的幅度税额标准。

（1）人均耕地不超过 1 亩的地区（以县、自治县、不设区的市、市辖区为单位，下同），每平方米为 10～50 元。

（2）人均耕地超过 1 亩但不超过 2 亩的地区，每平方米为 8～40 元。

（3）人均耕地超过 2 亩但不超过 3 亩的地区，每平方米为 6～30 元。

（4）人均耕地超过 3 亩的地区，每平方米为 5～25 元。

各地区耕地占用税的适用税额，由省、自治区、直辖市人民政府根据人均耕地面积和经济发展等情况，在上述规定的税额幅度内提出，报同级人民代表大会常务委员会决定，并报全国人民代表大会常务委员会和国务院备案。各省、自治区、直辖市耕地占用税适用税额的平均水平，不得低于《耕地占用税法》所附《各省、自治区、直辖市耕地占用税平均税额表》规定的平均税额。

四、耕地占用税计税依据

耕地占用税以纳税人实际占用的耕地面积为计税依据，按照适用税额标准计算应纳税额，一次性缴纳。

小贴士

纳税人实际占用耕地面积的核定以农用地转用审批文件为主要依据，必要时，应当实地勘测。

五、耕地占用税应纳税额计算

耕地占用税应纳税额计算公式为：

$$应纳税额＝实际占用耕地面积（平方米）×适用税率$$

六、耕地占用税的税收优惠

（1）军事设施、学校、幼儿园、社会福利机构、医疗机构占用耕地，免征耕地占用税。

（2）铁路线路、公路线路、飞机场跑道、停机坪、港口、航道、水利工程占用耕地，减按每平方米 2 元的税额征收耕地占用税。

（3）农村居民在规定用地标准以内占用耕地新建自用住宅，按照当地适用税额减半征收耕地占用税；其中农村居民经批准搬迁，新建自用住宅占用耕地不超过原宅基地面积的部分，免征耕地占用税。

农村烈士遗属、因公牺牲军人遗属、残疾军人以及符合农村最低生活保障条件的农村居民，在规定用地标准以内新建自用住宅，免征耕地占用税。

（4）按规定免征或减征耕地占用税后，纳税人改变原占地用途的，不再属于免征或减征耕地占用税情形的，应当补缴耕地占用税。

（5）根据国民经济和社会发展的需要，国务院可以规定免征或者减征耕地占用税的其他情形，报全国人民代表大会常务委员会备案。

【例8-9】　根据耕地占用税法律制度的规定，下列各项中，免征耕地占用税的有（　　）。

A. 工厂生产车间占用的耕地　　　　B. 军用公路专用线占用的耕地

C. 学校教学楼占用的耕地　　　　　D. 医院职工住宅楼占用的耕地

【答案与解析】　答案为BC。AD属于按要求应当征收耕地占用税的范围。

七、耕地占用税的征收管理

1. 纳税义务发生时间

耕地占用税的纳税义务发生时间为纳税人收到自然资源主管部门办理占用耕地手续的书面通知的当日。纳税人应当自纳税义务发生之日起30日内申报缴纳耕地占用税。

自然资源主管部门凭耕地占用税完税凭证或者免税凭证和其他有关文件发放建设用地批准书。

2. 纳税地点和征收机构

耕地占用税由税务机关负责征收。纳税人占用耕地或其他农用地，应当在耕地或其他农用地所在地申报纳税。

项 目 小 结

本项目10个任务分别介绍了房产税、契税、土地增值税、城镇土地使用税、车船税、印花税等税种的纳税人、征税范围、税率、计税依据、应收税额、税收优惠和征收管理。本项目的重点：各种税的纳税人、征税范围、税收优惠政策和应纳税额的计算。难点：各种税征税范围的确定、税收优惠政策的应用、应纳税额的计算。

技 能 训 练

一、单项选择题

1. 下列关于缴纳车船税的说法中，错误的是（　　）。

A. 纳税人向地方税务机关缴纳车船税

B. 跨省使用的车船在登记地缴纳车船税

C. 已办理退税的被盗抢车船，失而复得的，纳税人应当从公安机关出具相关证明的次月起计算缴纳车船税

D. 车船所有人未缴纳车船税的，使用人应当代为缴纳车船税

2. 下列说法中符合城镇土地使用税规定的是（　　）。

A. 在建制镇使用土地的个人为城镇土地使用税的纳税义务人

B. 土地使用权权属纠纷未解决的，由税务机关根据情况确定纳税人

C. 纳税人尚未核发土地使用证书的,暂不纳税,核发土地使用证后再补缴税款

D. 经济发达地区城镇土地使用税适用税额标准经省级人民政府批准可以适当提高

3. 某机械制造厂 2024 年拥有货车 3 辆,每辆货车的整备质量均为 1.499 吨;挂车 1 部,其整备质量为 1.2 吨;小汽车 2 辆。已知货车车船税税率为整备质量每吨年基准税额 16 元,小汽车车船税税率为每辆年基准税额 360 元。该厂 2024 年应纳车船税为( )元。

A. 441.6 B. 792

C. 801.55 D. 811.2

4. 下列说法中,不符合车船税法定免税规定的是( )。

A. 捕捞渔船免征车船税

B. 警用车船免征车船税

C. 混合动力车免征车船税

D. 国际组织驻华代表机构车辆免征车船税

5. 下列情形中,可以享受免征土地增值税税收优惠政策的是( )。

A. 企业间互换办公用房

B. 企业转让一栋房产给政府机关用于办公

C. 房地产开发企业将建造的商品房作价入股某酒店

D. 居民因省政府批准的文化园项目建设需要而自行转让房地产

6. 下列税种中,适用超率累进税率的是( )。

A. 资源税 B. 城镇土地使用税

C. 车辆购置税 D. 土地增值税

7. 下列关于城市维护建设税计税依据的表述中,错误的是( )。

A. 免征两税时应同时免征城市维护建设税

B. 对出口产品退还增值税的,不退还已缴纳的城市维护建设税

C. 纳税人被查补两税时应同时对查补的两税补缴城市维护建设税

D. 纳税人违反两税有关税法被加收的滞纳金应计入城市维护建设税的计税依据

8. 以下关于土地增值税清算的说法中,不正确的是( )。

A. 房地产企业用建造的本项目房地产安置回迁户的,安置用房视同销售处理

B. 回迁户支付给房地产开发企业的补差价款,应作为房地产企业的销售收入

C. 房地产开发企业逾期开发缴纳的土地闲置费,在计算土地增值税时不得扣除

D. 房地产开发企业的预提费用,除另有规定外,在计算土地增值税时不得扣除

9. 某砂石厂 2024 年 3 月开采砂石 5 000 立方米,对外销售 4 000 立方米,当地砂石资源税税率为 3 元/立方米,则该厂当月应纳资源税( )万元。

A. 1.5 B. 1.2

C. 0.6 D. 0.3

10. 2024 年 11 月甲公司购买一幢办公楼,成交价格 9 991 万元(不含增值税),已知当地规定的契税税率为 3%,甲公司购买办公楼应缴纳契税税额的下列计算中,正确的是( )。

A. 9 991×(1+3%)×3%=308.721 9(万元)

B. 9 991×3‰＝299.73（万元）

C. 9 991÷（1－3‰）×3‰＝309（万元）

D. 9 991÷（1+3‰）×3‰＝291（万元）

二、多项选择题

1. 下列关于房产税的相关规定中，正确的有（　　　　）。

A. 宗教寺庙自用的房产免征房产税

B. 军队自用的房产免征房产税

C. 为鼓励利用地下人防设施，暂不征收房产税

D. 对个人拥有的用于出租的房产，不属于免税房产，应照章征税

2. 根据契税法律制度的规定，下列各项中，以成交价格作为契税计税依据的有（　　　　）。

A. 房屋买卖　　　　　　　　B. 土地使用权交换

C. 土地使用权转让　　　　　　D. 房屋赠与

3. 下列说法中，符合耕地占用税法规定的有（　　　　）。

A. 纳税义务人是占用耕地建设非农业用房的单位和个人，但从事农业用房建设的不属于耕地占用税的纳税义务人

B. 纳税义务人包括从事非农业建设的单位和个人

C. 征税范围包括国家和集体所有的耕地

D. 征税范围不包括茶园、果园和其他种植经济林木的土地

4. 下列税种中，实行按年计算分期缴纳的征收办法的有（　　　　）。

A. 房产税　　　　　　　　　B. 城镇土地使用税

C. 车辆购置税　　　　　　　　D. 关税

5. 根据车船税法律制度规定，下列各项中，应当缴纳车船税的有（　　　　）。

A. 养殖渔船　　　　　　　　B. 警用车辆

C. 工商部门执法车　　　　　　D. 城市清洁车

6. 下列属于资源税征税范围的有（　　　　）。

A. 稀土矿　　　　　　　　　B. 石灰石

C. 引火炭　　　　　　　　　D. 海盐

三、判断题

1. 扣缴义务人代扣代缴资源税，向资源税应税产品所在地主管税务机关缴纳。（　　）

2. 纳税人购买自用或进口自用应税车辆，申报的计税价格低于同类型应税车辆的最低计税价格，又无正当理由的，按申报的价格征收车辆购置税。（　　）

3. 纳税人开采或生产不同税目应税产品的，应当分别计算；不能准确提供不同税目应税产品的课税数量的，由税务机关核定税额。（　　）

4. 根据印花税法律制度的规定，办理一项业务（如货物运输、仓储保管、财产保险、银行借款等），如果既书立合同，又开立单据，合同和单据均应贴花。（　　）

5. 城镇居民第一次购买商品房，免征契税。（　　）

项目九　涉税合规及大数据分析

素养目标

1. 通过层层递进的知识结构,培养学生吃苦耐劳的劳动精神。
2. 通过涉税合规案例的学习,培养学生规范操作的职业操守。

知识和能力目标

1. 能够理解涉税业务合规判断的方法、具体内容及注意事项。
2. 能够掌握纳税风险点预判方法,熟悉纳税人风险信息收集。
3. 能够把握纳税风险点分析与评估,熟悉纳税风险点处置。

思维导图

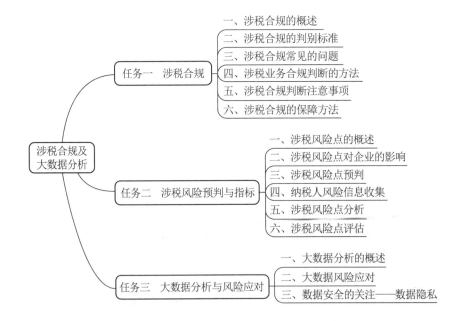

涉税合规及大数据分析

任务一　涉税合规
- 一、涉税合规的概述
- 二、涉税合规的判别标准
- 三、涉税合规常见的问题
- 四、涉税业务合规判断的方法
- 五、涉税合规判断注意事项
- 六、涉税合规的保障方法

任务二　涉税风险预判与指标
- 一、涉税风险点的概述
- 二、涉税风险点对企业的影响
- 三、涉税风险点预判
- 四、纳税人风险信息收集
- 五、涉税风险点分析
- 六、涉税风险点评估

任务三　大数据分析与风险应对
- 一、大数据分析的概述
- 二、大数据风险应对
- 三、数据安全的关注——数据隐私

案例导入 >>

2023年9月,紫云自治县税务局联合县检察院共同走访了辖区企业,上门为企业送政策、送服务,以引导企业合规经营,防范涉税风险,促进民营企业高质量发展,共同营造依法纳税、诚信纳税的良好氛围。

税检工作人员联合走访了多家企业。走访过程中,根据企业经营范围,税务部门工作人员"量体裁衣",向企业宣讲最新税费惠企政策,针对企业提出的出口退税、农产品收购发票、修建厂房及办公楼成本入账等方面问题进行细致解答;检察院工作人员向企业普及合法合规经营知识,逐一解答企业在经营中遇到的法律问题和困惑。

任务一　涉 税 合 规

【知识准备与业务操作】

一、涉税合规的概述

涉税合规是指企业在遵守相关税收法律法规的基础上,按规定履行纳税义务、及时、准确地完成税务申报、缴纳税款、备案等税务行为的过程。涉税合规判断是指对企业在经营过程中发生的涉税业务,根据国家税收法律法规的规定,进行合规性的审查和评估。涉税合规判断是企业合规管理的重要组成部分,对企业的税务风险防控和财务管理水平具有重要意义。

涉税合规包括两个方面:一是遵守法律法规,比如企业遵守税法、财政法等的行为;二是依法履行纳税义务,比如企业按时依法申报、足额缴纳税款等的行为。税务合规是企业社会责任的重要内容之一,是企业维护自身形象、保持健康可持续发展的重要保证。涉税合规不仅可以使企业避免因税收问题产生罚款等处罚,还可以增强企业信誉度,提高企业核心竞争力,实现可持续发展。

（一）涉税合规判断的原则和内容

1. 涉税合规判断应遵循的原则

（1）合法性原则。涉税合规判断必须以税收法律法规为依据,不得超越法律法规的规定。

（2）合理性原则。涉税合规判断必须符合经济活动的客观规律,不得违背商业惯例。

（3）审慎性原则。涉税合规判断必须充分考虑各种因素,不得草率作出判断。

2. 涉税业务合规判断的具体内容

涉税业务的合规判断涉及多个方面,具体内容可能因国家或地区的税法、税务政策、行业规定和具体情况而有所不同。

（1）税务注册和申报要求。企业经营应确保在税务部门注册,并按规定及时申报各种税款,包括所得税、增值税、消费税等。确认业务活动是否涉及跨境交易,是否需要进行跨境税务合规申报。

（2）合同和交易的合法性。企业经营应确保涉税合同和交易符合合同法和商法的规定。验证合同中的报价、价格、交付条件等是否符合市场标准。

（3）税务筹划的合法性。企业评估采用的税务筹划方案是否合法，是否符合税法规定。确保税务筹划不会引发税务机关的反避税调查。

（4）财务报告和会计准则。企业应确保财务报告符合国际或国家会计准则的要求。确认财务报告中的收入、费用、资产和负债是否正确反映了实际情况。

（5）税务记录的保存和备份。企业应遵守税务部门的记录保存要求，确保涉税业务的相关文件和记录得以妥善保存。

（6）反洗钱和反腐败合规。企业应遵守反洗钱和反腐败法律法规，确保资金流动的透明度和合法性。

（7）业务跨境合规。对于国际业务，企业要考虑涉税业务是否符合国际税收协定和双重征税协议。

（二）涉税合规判断的步骤和难点

1. 涉税合规判断的步骤

步骤一，识别涉税风险。企业应对其经营活动进行全面梳理，识别可能存在的涉税风险。

步骤二，分析涉税风险。企业应对已识别的涉税风险进行分析，判断其是否存在法律法规禁止或限制的情形。

步骤三，采取措施。企业应根据涉税风险的分析结果，采取相应的措施消除或降低风险。

步骤四，持续监控。企业应对涉税合规情况进行持续监控，及时发现和消除新的涉税风险。

2. 涉税合规判断的难点

（1）税收法律法规的复杂性。税收法律法规体系庞大，内容繁杂，更新频繁，企业很难全面掌握最新的税收法律法规。

（2）涉税风险的多样性。企业的经营活动涉及众多税种，涉税风险种类多样，企业难以全面识别和分析涉税风险。

（3）涉税合规措施的实施难度。涉税合规措施往往需要企业的配合，实施难度较大。

（三）涉税合规判断的意义

涉税合规判断是企业合规管理的基础，通过涉税合规判断，企业可以有效识别和消除涉税风险，确保企业经营活动合法合规。涉税合规可以帮助企业避免税务处罚，降低税务成本，保护企业合法权益。涉税合规是企业诚信经营的重要体现，可以提升企业形象和信誉，增强企业竞争力。

二、涉税合规的判别标准

纳税申报情况是判断企业税务合规的重要指标之一。企业应按时、足额、准确地申报纳税，不得有漏报、瞒报、迟报等行为。具体来说，企业应注意做好以下纳税申报工作：按时申报，企业应按照税收法律法规的规定，在规定期限内申报纳税。足额申报，企业应按照实际应纳税额申报纳税,不得少缴或漏缴税款。准确申报,企业应按照税收法律法规的规定,如实申报纳税,不得虚报、瞒报或误报税款。

三、涉税合规常见的问题

涉税合规常见的问题主要有:企业未按规定申报纳税或故意隐瞒应纳税额的漏报、瞒报税款行为;企业未按规定期限申报纳税的迟报税款行为;企业故意提高或降低应纳税额,虚报、瞒报税款的行为。

企业应避免上述不合规行为,确保纳税申报情况合规。企业依法纳税申报是税务合规的基本要求。一个企业的纳税申报是否符合要求是判断企业税务合规的重要标准之一。

四、涉税业务合规判断的方法

(一)法律法规分析法

法律法规分析法指通过对法律法规的分析,判断企业经营活动是否符合法律法规的规定。

具体内容包括:法律法规的适用范围、法律法规的具体规定、法律法规的解读、法律法规分析注意事项等。企业应建立健全法律法规分析制度,明确分析责任人、分析程序和分析方法,确保分析工作有效开展。

具体步骤包括:收集法律法规资料;分析法律法规;判断经营活动是否合规;提出改进建议。

(二)税务政策分析法

税务政策分析法是指通过对税务政策的分析,判断企业经营活动是否符合税务政策的规定。

具体内容包括:税务政策的目的、税务政策的内容、税务政策的变化、税务政策分析方法、税务政策分析的注意事项等;分析应全面、客观、公正;分析应注重实效,提出切实可行的改进建议。

具体步骤包括:收集税务政策资料;分析税务政策;判断经营活动是否合规;提出改进建议。

(三)行业惯例分析法

行业惯例分析法是指通过对行业惯例的分析,判断企业经营活动是否符合行业惯例。

具体内容包括:文本分析法,案例分析法,专家咨询法等。

具体步骤包括:收集行业惯例资料;分析行业惯例;判断经营活动是否合规;提出改进建议。

(四)内部控制分析法

内部控制分析法是指通过对企业内部控制的分析,判断企业内部控制是否有效,是否能够有效防范和控制风险。

具体内容包括:审查法,访谈法,测试法等。

具体步骤包括:确定分析范围;制定分析计划;进行分析;剖析分析结果;提出改进建议。

五、涉税合规判断注意事项

涉税业务合规判断应注意全面性、客观性、及时性、针对性等。要充分了解法律法规、税收政策和行业惯例的规定。要注重证据的收集和分析。要与企业内部控制相结合。

企业应高度重视涉税业务合规判断,确保涉税业务合法合规。涉税业务合规判断应当以国家税收法律法规为依据,不得因企业利益而违反法律规定。涉税业务合规判断应当全面、客观,不得主观臆断。涉税业务合规判断应当及时、准确,不得延误纳税申报或故意导致税务风险。

六、涉税合规的保障方法

(一)建立税务合规档案

税务合规档案是指企业在纳税过程中形成的,与税务合规有关的文件、资料的总称。税务合规档案是企业税务合规管理的重要组成部分,是企业防范税务风险、保障合法经营的重要手段,同时用于涉税稽查时的合规证据提供。

税务合规档案的主要内容有:①税收法律法规、文件。主要有税收法律、行政法规、规章、规范性文件等;②财务会计资料。主要有会计凭证、会计账簿、会计报表等;③税务申报资料。主要有税务申报表、税务票据、税务审核意见等;④其他与税务合规有关的资料,包括税务审查报告、税务检查报告、税务诉讼判决书等。

企业应建立健全税务合规档案管理制度,规范税务合规档案的管理,确保税务合规档案的完整性、准确性和及时性。

涉税合规档案管理应该注意:①规范档案管理流程。企业应按照规范流程,及时将与税务合规有关的文件、资料入档、归档。②加强档案管理监督。企业应加强对税务合规档案管理工作的监督,采取有效措施,确保档案安全保管。③档案应定期清理。企业应定期对档案进行清理,确保档案及时销毁或移交。

企业应按照上述注意事项,做好税务合规档案管理工作。企业税务合规档案是企业在税务方面的重要证明文件。一个企业的税务合规档案是否齐全、完整是判断企业税务合规的重要标准之一。

(二)建立涉税合规管理制度

税务合规管理制度是指企业为规范纳税行为、防范税务风险、保障合法经营而制定的管理制度。税务合规管理制度是企业税务合规管理的基础,是企业实现税务合规的重要保障。税务合规管理制度的内容,主要包括税收法律法规学习制度、财务管理制度、内部控制制度、税务申报制度、税务合规档案管理制度、税务风险管理制度等。

任务二　涉税风险预判与指标

情景案例>>

李先生是乙会计师事务所的注册会计师,丙企业是一家工业企业,是一般纳税人,企业长期主要制造玩具,现丙企业向乙会计师事务所注册会计师李先生咨询,如何做好企业涉税风险点预判。如果你是李先生,你觉得该怎么答复丙企业?

【知识准备与业务操作】

一、涉税风险点的概述

涉税风险点是指企业在纳税过程中可能存在的风险。涉税风险点是企业日常经营管理中的重要风险,企业应加强对涉税风险点的识别和防范,确保企业纳税合法合规。

涉税风险点主要有三个:①法律法规风险。企业在纳税过程中未能严格遵守税收法律法规,导致违法违规行为,从而产生税务风险。②会计处理风险。企业在会计处理过程中出现错误或舞弊,导致税务数据不准确,从而产生税务风险。③税务审核风险。税务机关在税务审核过程中发现企业存在涉税违法违规行为,从而产生税务风险。

二、涉税风险点对企业的影响

(一)税务处罚

企业违反税收法律法规,将受到税务机关的处罚,包括罚款、滞纳金、行政拘留等。

(二)税务纠纷

企业与税务机关因纳税事项发生争议,而导致税务纠纷,会影响企业正常经营。

(三)企业信誉损失

企业因涉税违法违规行为,将损害企业信誉,会影响企业对外合作、融资、招标等活动。

三、涉税风险点预判

涉税风险点预判是指税务机关根据纳税人的经营状况、财务状况、税务履行情况等因素,对纳税人可能存在的税务风险进行分析判断,并提出相应风险防控措施的过程。通过涉税风险点预判,税务机关可以有效识别纳税人的税务风险,并采取针对性的措施予以防控,从而维护税收公平,保障国家税收收入。涉税风险点预判是税务机关加强税收管理、防范税务风险的重要手段。

(一)确定涉税风险点的范围

企业应确定涉税风险点的范围,包括哪些方面可能会存在涉税风险。一般来说,涉税风险点主要集中在税收法律法规、会计处理、税务审核等方面。确定了涉税风险点的范围后,企业应收集与涉税风险点相关的信息,包括税收法律法规、会计处理准则、税务审核指南等。根据收集的信息,企业应对涉税风险点进行分析,判断其是否存在税务风险。对于存在税务风险的涉税风险点,企业应制定相应的防范措施,降低涉税风险。企业应持续监控涉税风险点,及时发现和消除新的涉税风险点。涉税风险点预判是企业防范税务风险的重要手段,企业应建立健全涉税风险点预判机制,确保企业纳税合法合规。

(二)涉税风险点预判的具体方法

企业可以根据自身情况,选择合适的涉税风险点预判方法。包括:①法律法规分析法。通过对税收法律法规的分析,判断企业经营活动是否符合法律法规的规定。②财务分析法。通过对企业财务数据的分析,判断企业经营活动是否存在税务风险。③咨询法。通过向税务专家咨询,获得专业意见。

(三)涉税风险程度评估

税务机关要对纳税人可能存在的税务风险进行评估,确定其风险程度。风险程度一般分为高、中、低三级。

（四）涉税风险点处置

针对高风险纳税人,税务机关要采取针对性的措施予以防控。这些措施包括:税务检查,税务稽查,税务行政处罚等。

（五）预判指标分类

涉税风险点预判指标的选择要根据纳税人的行业特点、经营模式、财务状况等因素进行。一般来说,涉税风险点预判指标有三个:①财务指标,如:利润率、负债率、流动比率等。②税务指标,如:纳税申报及时率、纳税申报准确率、纳税缴款及时率等。③经营管理指标,如:企业内部控制制度健全性、财务报表真实性等。

四、纳税人风险信息收集

纳税人风险信息收集是税务机关开展税收征管工作的重要基础。税务机关可以通过税务征管、税务稽查、税务检查等渠道收集纳税人风险信息,了解纳税人的经营状况、财务情况、涉税行为等,从而识别纳税人涉税风险,有针对性地开展税收征管工作。

纳税人风险信息收集的途径包括:纳税人申报信息;税务检查信息;大数据信息;社会举报信息等。

纳税人风险信息收集的具体步骤为:确定收集范围;制定收集计划;开展收集工作;分析收集信息;采取措施等。

五、涉税风险点分析

涉税风险点分析是指通过对纳税人经营活动和涉税行为的分析,识别纳税人可能存在的涉税风险。涉税风险点分析是涉税风险防控的重要基础,通过准确识别涉税风险点,可以有针对性地采取措施防范和控制风险。

涉税风险点分析的关键点主要是:法律法规的规定;税收政策的规定;行业惯例的规定;内部控制的有效性等。

涉税风险点分析的具体步骤为:确定分析范围;制定分析计划;开展分析工作;分析分析结果;提出改进建议等。

六、涉税风险点评估

（一）涉税风险点评估方法

涉税风险点评估是指对涉税风险点的严重程度和发生概率进行评估,确定涉税风险点的风险等级。涉税风险点评估是涉税风险防控的重要环节,通过对涉税风险点进行评估,可以有针对性地采取措施防范和控制风险。涉税风险点评估的方法主要有定量评估法和定性评估法。

定量评估法是通过使用指标体系,对涉税风险点的严重程度和发生概率进行量化评估。定性评估法是通过专家经验判断,对涉税风险点的严重程度和发生概率进行定性评估。定性评估法通常采用专家咨询法、会议评审法等方法。专家咨询法是指由专家对涉税风险点进行评估,提出评估意见。会议评审法是指由多名专家组成评审小组,对涉税风险点进行评估,形成评估意见。通过定性评估法,可以对涉税风险点的严重程度和发生概率进行综合评估,确定风险等级。工作中,企业常用定性评估法。

（二）涉税风险点评估的注意事项

涉税风险点评估的注意事项如下：涉税风险点评估要客观、公正：涉税风险点评估应基于客观事实，不得主观臆断。涉税风险点评估要全面、细致：涉税风险点评估应全面覆盖涉税风险点的各个方面，细致评估风险的严重程度和发生概率。涉税风险点评估要及时、有效：涉税风险点评估应及时发现风险，并采取有效措施防范和控制。企业应加强涉税风险点评估工作，为防范和控制涉税风险提供有力支撑。

（三）涉税风险点评估的具体步骤

涉税风险点评估的具体步骤如下。

（1）根据企业的业务特点和风险情况，确定评估的范围，包括评估的涉税风险点、评估的对象和评估的重点。

（2）根据评估范围，制定评估计划，包括评估的目的、依据、方法、步骤和标准。

（3）收集涉税风险点的相关信息，包括风险点的定义、识别、分析等。

（4）根据评估方法，对涉税风险点进行评估，确定风险等级。

（5）根据评估结果，提出改进建议，提高涉税风险防控水平。

企业应建立健全涉税风险点评估制度，明确责任人、程序和方法，确保评估工作有效开展。

（四）常用的涉税风险点评估指标

常用的涉税风险点评估指标主要有法律法规、税收政策、行业惯例、内部控制缺陷、涉税风险点的发生概率，通过对这些指标进行量化评估，可以确定涉税风险点的风险等级。涉税风险点评估是涉税风险防控的重要环节，企业应加强涉税风险点评估工作，为防范和控制涉税风险提供有力支撑。

任务三　大数据分析与风险应对

情景案例>>

丙企业是一家工业企业，是一般纳税人，企业长期主要制造玩具，丙企业有 11 家子公司，这 11 家子公司由丙企业统一核算。对丙企业应如何利用大数据分析做好财务工作，请做出思考。

【知识准备与业务操作】

数据已经成为了企业发展的重要驱动力。掌握数据，就能够预测未来，把握市场趋势。大数据分析技术一直是各个领域发展的重要驱动力，随着各种新技术的不断涌现，数据分析技术也不断创新和进步。人工智能技术、区块链技术、边缘计算技术和量子计算技术是大数据分析技术的趋势。党的二十大报告中明确提到要"提高公共安全治理水平"，强化数据等安全保障体系建设。

一、大数据分析的概述

大数据分析是指利用大数据技术对海量数据进行分析，从中发现隐藏的规律和趋势，以做出决策或采取行动。大数据分析可以用于各个领域的风险应对。大数据分析存在数据量大、数据类型多样、数据变化快等特点。大数据分析主要应用于商业领域、政府领域、科学领域等。

大数据分析涉及大量数据的采集、存储、处理和分析,采用的技术具有一定的复杂性,需要具备一定的学习能力才能掌握。大数据分析的主要技术方法有数据挖掘、机器学习、自然语言处理等。数据挖掘是从大量数据中发现有价值的模式、趋势和关联关系。机器学习是让计算机通过学习数据来提高预测和决策能力。自然语言处理是让计算机理解和处理人类语言。此外,还有常见的图像处理、音频处理、视频处理等。大数据分析工具包括 Hadoop、Spark、Python 等。通过掌握这些技术能力和工具,可以有效地进行大数据分析,从大量数据中发现有价值的信息。

二、大数据风险应对

(一)风险识别

大数据分析可以帮助识别潜在的风险,包括财务风险,如财务欺诈、财务违规、财务损失等;运营风险,如供应链中断、生产事故、客户流失等;安全风险,如网络攻击、数据泄露、知识产权侵权等。

大数据分析可以从大量数据中发现新的模式和趋势,从而识别出传统风险识别方法无法发现的潜在风险。大数据分析还可以提高风险识别的效率和准确性,为风险管理提供更加全面和深入的分析。

通过大数据分析,可以进行异常检测,识别出存在异常的数据;可以进行关联分析,发现不同数据之间的关联关系;可以进行趋势分析,发现数据的趋势变化,从而发现潜在的风险。

(二)大数据分析在风险应对中的应用

1. 风险预防

大数据分析可以帮助企业识别出潜在的风险,并采取措施预防风险的发生,如制定完善的内部控制制度、加强员工培训等。

2. 风险转移

大数据分析可以帮助企业评估风险转移的成本和收益,从而确定是否采用风险转移的方式应对风险,如购买保险等。

3. 风险承担

大数据分析可以帮助企业评估风险承担的成本和收益,从而确定是否采用风险承担的方式应对风险,如建立应急预案等。

通过大数据分析风险应对,企业可以有效地降低风险,保障企业的正常运行。

三、数据安全的关注——数据隐私

数据安全涉及经济、基础设施、金融、网络、数据、生物、资源、核、太空、海洋等各个领域。这里关注的是数据隐私,是指个人对其个人信息的控制权和自主权。大数据分析中涉及的个人数据可能包括姓名、身份证号码、电话号码、地址、银行卡号、健康数据等敏感信息。如果这些数据泄露,可能会对个人造成严重的隐私损害。

大数据分析中常见的数据隐私泄露风险有:数据泄露;数据滥用;数据识别等。

为了保护数据隐私,需要采取的措施有:数据安全保护,数据脱敏,数据告知等。主要运用在数据采集、数据存储、数据使用、数据删除等过程中。通过采取上述措施,可以有效地保护数据隐私,保障个人的权益。

项 目 小 结

涉税合规是企业管理的重中之重,一个遵守财税法规的企业,不仅能在纳税方面避免罚款及面对处罚,还能在企业之间树立形象。同时,优秀的财税管理团队也可以降低企业经营风险,提高企业毛利率,增强企业竞争力,在市场大环境下占据更大的市场份额。我们应掌握税务合规的内容,争取在工作岗位上发挥自己的力量。

数据分析技术一直是各个领域发展的重要驱动力,随着各种新技术的不断涌现,数据分析技术也不断创新和进步。掌握大数据的方法和工具、识别风险、应对风险和保障数据安全。

技 能 训 练

一、单项选择题

1. 涉税合规是指企业在(　　　)的基础上,按规定履行纳税义务、及时、准确地完成税务申报、缴纳税款、备案等税务行为的过程。

A. 申请营业许可　　　　　　　　　B. 未按规定纳税

C. 遵守相关税收法律法规　　　　　D. 未按规定经营

2. 内部控制分析法的方法,不包括(　　　)。

A. 审查法　　　　　　　　　　　　B. 访谈法

C. 推算法　　　　　　　　　　　　D. 测试法

3. 涉税风险点预判指标,不包括(　　　)。

A. 财务指标　　　　　　　　　　　B. 税务指标

C. 经营管理指标　　　　　　　　　D. 盈利指标

4. 财务报表具体审查方法,不包括(　　　)。

A. 纳税人申报信息　　　　　　　　B. 税务检查信息

C. 社会举报信息　　　　　　　　　D. 私自截取邮件

5. 大数据分析的优势,不包括(　　　)。

A. 可以发现新的模式和趋势　　　　B. 可以提高决策效率

C. 可以降低成本　　　　　　　　　D. 可以帮助企业获得政府扶持

二、多项选择题

1. 涉税风险程度评估,可以划分的等级有(　　　)。

A. 高　　　　　　　　　　　　　　B. 中

C. 低　　　　　　　　　　　　　　D. 无

2. 涉税合规档案管理应该注意（　　　　）。

A. 规范档案管理流程　　　　　　　　B. 加强档案管理监督

C. 档案应定期清理　　　　　　　　　D. 按时申报足额纳税

3. 涉税风险点评估的方法有（　　　　）。

A. 定量评估法　　　　　　　　　　　B. 定性评估法

C. 定点评估法　　　　　　　　　　　D. 定员评估法

4. 行业惯例分析法的主要方法有（　　　　）。

A. 文本分析法　　　　　　　　　　　B. 案例分析法

C. 专家咨询法　　　　　　　　　　　D. 惯例法

5. 大数据分析中常用的分析技术有（　　　　）。

A. 数据挖掘　　　　　　　　　　　　B. 机器学习

C. 人工智能　　　　　　　　　　　　D. 数据清洗

三、问答题

1. 税务合规档案管理的具体措施有哪些？

2. 检查涉税凭证是否完整、规范、是否被审计机构在审计期间正常审核，具体内容有哪些？

主要参考文献

[1] 辛连珠.企业所得税纳税申报表操作实务与风险管理[M].北京:中国财政经济出版社,2015.

[2] 全国税务师职业资格考试教材编写组.税法(Ⅰ)[M].北京:中国税务出版社,2022.

[3] 全国税务师职业资格考试教材编写组.税法(Ⅱ)[M].北京:中国税务出版社,2022.

[4] 全国税务师职业资格考试教材编写组.涉税服务实务[M].北京:中国税务出版社,2022.

[5] 全国税务师职业资格考试教材编写组.涉税服务相关法律[M].北京:中国税务出版社,2022.

[6] 中国注册会计师协会.税法[M].北京:中国财政经济出版社,2023.

编号：_____

软件授权提货单

学校和院系名称：_____（需院系盖章）

学校联系人：_____   联系方式：_____

感谢贵校使用喻竹等编写的《纳税实务》(第三版)(978-7-04-061563-0)。为便于学校统一组织教学,学校可凭本提货单向浙江衡信教育科技有限公司(简称"衡信教育")免费申请安装《税务实训平台软件》(任选 3 个模块,以学校为单位申请免费安装 1 次、60 个站点内,不限学生账号数量,自安装之日起免费使用 90 天)。

一、提货方式：

1. 凭填写完整加盖院系公章等信息的提货单,向衡信教育申请试用。

2. 填写好后联系下方衡信教育工作人员开通。

3. 本提货单最终解释权归衡信教育所有。

二、衡信教育联系方式：

联系方式:18605712366　15005716400

企业微信邮箱:ligaoqi@caidao8.com

感谢您使用本书。为方便教学，我社为教师提供资源下载、样书申请等服务，如贵校已选用本书，您只要关注微信公众号"高职财经教学研究"，或加入下列教师交流QQ群即可免费获得相关服务。

"高职财经教学研究"公众号

最新目录
样书申请
资源下载
试卷下载
云书展

师资培训　　教学服务　　教材样章

资源下载： 点击"**教学服务**"—"**资源下载**"，或直接在浏览器中输入网址（http://101.35.126.6/），注册登录后可搜索相应的资源并下载。（建议用电脑浏览器操作）

样书申请： 点击"**教学服务**"—"**样书申请**"，填写相关信息即可申请样书。

试卷下载： 点击"**教学服务**"—"**试卷下载**"，填写相关信息即可下载试卷。

样章下载： 点击"**教材样章**"，即可下载在供教材的前言、目录和样章。

师资培训： 点击"**师资培训**"，获取最新会议信息、直播回放和往期师资培训视频。

◎ 联系方式

会计QQ3群：473802328　　会计QQ2群：370279388　　会计QQ1群：554729666

（以上3个会计QQ群，加入任何一个即可获取教学服务，请勿重复加入）

联系电话：（021）56961310　　电子邮箱：3076198581@qq.com

◎ 在线试题库及组卷系统

我们研发有10余门课程试题库："基础会计""财务会计""成本计算与管理""财务管理""管理会计""税务会计""税法""审计基础与实务"等，平均每个题库近3000题，知识点全覆盖，题型丰富，可自动组卷与批改。如贵校选用了高教社沪版相关课程教材，我们可免费提供给教师每个题库生成的各6套试卷及答案（Word格式难中易三档，索取方式见上述"试卷下载"），教师也可与我们联系咨询更多试题库详情。

内容提要

本书是"十四五"职业教育国家规划教材。

本书基于典型企业的纳税实务,按照"项目导向、任务驱动"的理念进行编写,力求体现职业性和实践性。本书分为九个项目,包括认知纳税实务、税收征收管理、增值税纳税实务、企业所得税纳税实务、个人所得税纳税实务、关税纳税实务、消费税纳税实务、其他税种纳税实务、涉税合规及大数据分析。每个项目以税种认知为主线,由案例导入,设计了若干子任务,"做中学、学中教",重点培养学生的职业能力和素养。针对重点、难点,本书不仅有详细的税收理论知识讲解,而且设有"情景案例""小贴士""项目小结""技能训练"等,理实一体化,有助于学生掌握税务理论,并达到熟练运用和举一反三的效果。

本书是"税友衡信杯"全国税务技能大赛推荐用书,既可以作为高等职业本科院校、高等职专科院校财会类等财经大类专业的教材,也可以作为初级会计专业技术资格考试应试的参考书和社会相关培训用书。

图书在版编目(CIP)数据

纳税实务/喻竹等主编.—3 版.—北京:高等
教育出版社,2024.2(2024.8 重印)
ISBN 978-7-04-061563-0

Ⅰ.①纳… Ⅱ.①喻… Ⅲ.①纳税-税收管理-中国
-高等职业教育-教材 Ⅳ.①F812.423

中国国家版本馆 CIP 数据核字(2024)第 021593 号

策划编辑 毕颖娟 刘智豪 责任编辑 刘智豪 毕颖娟 封面设计 张文豪 责任印制 高忠富

出版发行	高等教育出版社		网 址	http://www.hep.edu.cn	
社 址	北京市西城区德外大街 4 号			http://www.hep.com.cn	
邮政编码	100120		网上订购	http://www.hepmall.com.cn	
印 刷	浙江天地海印刷有限公司			http://www.hepmall.com	
开 本	787 mm×1092 mm 1/16			http://www.hepmall.cn	
印 张	18.75		版 次	2017 年 9 月第 1 版	
字 数	445 千字			2024 年 2 月第 3 版	
购书热线	010-58581118		印 次	2024 年 8 月第 2 次印刷	
咨询电话	400-810-0598		定 价	42.00 元	